U0097465

古典文獻研究輯刊

十　編

潘美月・杜潔祥　主編

第 6 冊

《史記・六國年表》與史料編纂

劉 俊 男　著

國家圖書館出版品預行編目資料

《史記・六國年表》與史料編纂／劉俊男 著 — 初版 — 台北縣永和市：花木蘭文化出版社，2010〔民 99〕

目 2+326 面；19×26 公分

（古典文獻研究輯刊 十編；第 6 冊）

ISBN：978-986-254-144-9（精裝）

1. 史記 2. 年表 3. 史料 4. 研究考訂

610.11 99001807

ISBN - 978-986-254-144-9

9 789862 541449

古典文獻研究輯刊

十 編 第六冊 ISBN：978-986-254-144-9

《史記・六國年表》與史料編纂

作　　者　劉俊男

主　　編　潘美月　杜潔祥

總 編 輯　杜潔祥

企劃出版　北京大學文化資源研究中心

出　　版　花木蘭文化出版社

發 行 所　花木蘭文化出版社

發 行 人　高小娟

聯絡地址　台北縣永和市中正路五九五號七樓之三

電話：02-2923-1455 ／傳眞：02-2923-1452

網　　址　http://www.huamulan.tw 信箱 sut81518@ms59.hinet.net

印　　刷　普羅文化出版廣告事業

初　　版　2010 年 3 月

定　　價　十編 20 冊（精裝）新台幣 31,000 元

《史記・六國年表》與史料編纂

劉俊男　著

作者簡介

劉俊男，1978 年生，台灣台北人，東吳大學歷史學研究所碩士班畢業。興趣及專長為《史記》研究。

提　要

〈六國年表〉記載了周元王元年（西元前 476 年）至秦二世滅亡（西元前 207 年）約兩百七十年的歷史，為研究戰國史之重要史料。本文藉著分析〈六國年表〉序文，以深入了解司馬遷創作〈六國年表〉之意圖，並嘗試以〈六國年表〉表內文字、紀年、記事與相關史料做詳細的比對，來突顯〈六國年表〉的特色。一般而言，〈六國年表〉除了具有「整齊年差」的功能之外，亦是司馬遷「通古今之變」思想的實踐——即劃分出春秋之後至秦滅這一段歷史時期，以其中的歷史事件，說明秦與六國興滅的原因。但因史料不足和若干編輯、思想上的考量，使得〈六國年表〉幾乎僅是以秦國史料《秦記》為骨幹所撰寫出來的，雖大致保存了原始史料《秦記》的風貌，卻也使〈六國年表〉呈現的內容有不小的侷限性，無法真正全面客觀地還原戰國史實。無論如何，在漢儒一味反秦的聲浪當中，司馬遷以秦國史料《秦記》為主所撰寫的〈六國年表〉，用獨特的形式羅列了各國史事，展現出司馬遷重視在歷史事實中探索影響個人乃至於國家盛衰的因素，以給予後人借鑒和反思的精神。

目次

第一章　緒　論

第一節　研究動機

〈六國年表〉〔註 1〕是《史記》十表〔註 2〕的第三篇，內容記載了春秋以後至秦二世滅亡（西元前 476 年～前 207 年）約兩百七十年的歷史事件。〔註 3〕歷代對於此表，僅有些許評論文章和札記，數量不多。專書則大都以字詞校勘、編年校正的內容爲主。〔註 4〕不論文章、札記或專書，幾乎皆集中在清代至現

〔註 1〕〈六國年表〉，《史記》諸本如景祐本原均作〈六國表〉。瀧川資言曰：「愚按『年』字諸本無，今依史公〈自序〉及《索隱》本增。」見氏著《史記會注考證》（北京：新世界出版社，2009 年），頁 1047～1048。

〔註 2〕《史記》十表，以下簡稱史表。本文所引《史記》內容以中華書局點校本（1972 年版）爲據。

〔註 3〕司馬遷說：「余於是因《秦記》，踵《春秋》之後，起周元王，表六國時事，訖二世，凡二百七十年……。」《索隱》云：「此表起周元王元年，《春秋》迄元王八年。」（司馬遷，《史記・六國年表》，頁 687。）周元王八年即西元前 469 年，可見《索隱》認爲「踵《春秋》之後」之《春秋》所指爲《左氏春秋》。《左氏春秋》迄於魯哀公二十七年（西元前 468 年），而孔子《春秋》則迄於魯哀公十四年（西元前 481 年）西狩獲麟，這兩個《春秋》迄年均與〈六國年表〉始年有所出入。可見〈六國年表〉所記只是接續〈十二諸侯年表〉之歷史時期，此一時期與上一時期有顯著不同之特色，「二百七十年」大致只是取其成數。

〔註 4〕除了三家注與《史記會注考證》之外，專書大致上可分爲兩類，一種是對《史記》全書作註解及校正之書，其中自然也有與〈六國年表〉相關的分析或評論：如梁玉繩，《史記志疑》（北京：中華書局，1981 年），頁 387～454（〈六國年表〉部份）。王叔岷，《史記斠證》（北京：中華書局，2007 年），頁 599～692（〈六國年表〉部份）。韓兆琦編著，《史記箋證》（南昌：江西人民出版社，2003 年），頁 1103～1228（〈六國年表〉部份）。施之勉，《史記會注考證訂補》（臺北：華岡出版有限公司，1976 年），頁 381～396（〈六國年表〉部

代。這顯示史表研究在清代以前，長期受到學界忽視。〔註5〕《四庫全書總目》曾提到：

> 史家之難，在於表志，而表文經緯相牽，或連或斷，可以考証，而不可以誦讀，學者往往不觀。〔註6〕

近人楊燕起分析，以往學者對於史表認識不足，無法了解史表可經緯《史記》全書，是司馬遷「精意之所存」，實際情況誠如下列名家所言：

> 讀者莫不先看本紀，越至世家，表在乎其間，緘而不視。（劉知幾語）
>
> 凡讀司馬史者，贊其詞章，于所立表多忽之。（吳非語）
>
> 而經生家之讀《史記》，或取其筆墨之高古以爲程度，或徵其事實之詳覈以資辯議；至于諸表，各有小序，讀者未嘗不愛其文辭。而表中所列之經緯次第，初無寓目焉者。蓋有之矣，又何暇深加討論乎？（梅文鼎《讀史記十表・序》）
>
> 後世讀史者，於十表不甚省覽。即覽矣，孰是鈎深索隱，心解神悟，多所證發者？大約以十表空格遼闊，文義錯綜，不耐尋討，亦古今才學人之通病也。（徐文靖《讀史記十表・序》）〔註7〕

這對於《史記》研究來說，無疑是一件極可惜、遺憾之事。

份）。另一種則是針對〈六國年表〉內紀年問題進行探討的專文或專著：如武內義雄著、王古魯譯及商榷，〈六國表訂誤及其商榷〉，收於《金陵學報》1卷2期（南京：1931年11月），頁423～473。錢穆，《先秦諸子繫年》（北京：商務印書館，2001年）。陳夢家，《西周年代考・六國紀年》（北京：中華書局，2005年）。平勢隆郎《新編史記東周年表——中國古代紀年の研究序章》，收於《東洋文化研究所叢刊》15輯（東京：東京大學東洋文化研究所，東京大學出版會，1995年）。楊寬，《戰國史料編年輯證》（上海：上海人民出版社，2001年）。整體而言，以上兩類專著均較偏向於校對字辭，或紀年、君王世系、地理之考辨。

〔註5〕梁玉繩曰：「《史通・雜說篇》謂：『太史公之創表，列行縈紆以相屬，編字戢舂而相排，雖燕、越萬里，而於徑寸之內犬牙可接；雖昭、穆九代，而方寸之中雁行有序，使讀者閱文便睹，舉目可詳。此其所以爲快也。』《大事記》謂『《史記》十表，意義宏深』。《通志》謂『《史記》一書，功在十表』。誠哉斯語，余故參訂加詳焉。」（梁玉繩，《史記志疑》，頁281）。楊燕起評述曰：「梁玉繩所引劉知幾、呂祖謙、鄭樵對史表的評述，是清代以前最具代表性的意見。」引自楊燕起，《史記的學術成就》（北京：北京師範大學出版社，1996年），頁99。

〔註6〕見紀昀、永瑢等編撰《欽定四庫全書總目》（史部・正史類）卷四十五（臺北：臺灣商務印書館，1983年影武英殿本），原版頁16～17，《讀史記十表》之提要。

〔註7〕楊燕起，《史記的學術成就》，頁100。

史表受人忽略已久，而研究〈六國年表〉更在一定程度上受到了原始史料的限制。眾所周知，《史記》裡有關戰國史的部份，主要依據的史料乃是《秦記》，司馬遷說：

> 秦既得意，燒天下詩書，諸侯史記尤甚，爲其有所刺譏也。《詩》、《書》所以復見者，多藏人家，而史記獨藏周室，以故滅。惜哉，惜哉！獨有《秦記》，又不載日月，其文略不具。……余於是因《秦記》，踵《春秋》之後，起周元王，表六國時事，訖二世，凡二百七十年，著諸所聞興壞之端。後有君子，以覽觀焉。〔註8〕

除了秦國之《秦記》以外，各國史記幾乎都已被秦火焚毀，司馬遷因此感嘆可供其參考的戰國史史料相當稀少。近人楊寬補充說：

> 司馬遷所作《史記》，所憑戰國主要史料，除《秦記》以外，惟有縱橫家書，就是司馬遷所說「戰國之權變亦頗有可采者」，……漢初皇家書庫和民間都有收藏。〔註9〕

這些縱橫家書並非嚴謹的歷史記載，而是縱橫家學習揣摩的資料，因此大多沒有紀年，又常有誇大虛構、模擬僞托的情節。〔註10〕既然縱橫家書難以當作信史，又因《秦記》散佚已久，沒有可靠的戰國史文獻作爲憑據，這就造成了研究〈六國年表〉的根本困難。

但是，「精讀《史記》十表，是研究《史記》的一把鑰匙。」〔註11〕清代以降，史表已逐漸受到學者們的高度重視。近年出土的文獻如中國湖北省雲夢縣十一號秦墓內之《編年記》〔註12〕、湖南省長沙市馬王堆三號漢墓《戰國縱橫家書》〔註13〕等，亦增加了〈六國年表〉研究的可行性。正由於史表

〔註8〕司馬遷，《史記・六國年表》，頁687。

〔註9〕楊寬，《戰國史》（臺北：臺灣商務印書館，1997年增訂版），頁18。

〔註10〕楊寬，《戰國史料編年輯證》，前言頁2。

〔註11〕張大可，〈《史記》十表之結構與功用〉，收於氏著《史記研究》（北京：華文出版社，2002年），頁286。

〔註12〕西元1975年12月，中國湖北省雲夢縣出土了一批秦代竹簡，計有一千一百餘枚。學者將其整理爲十部份，包括：《秦律十八種》、《效律》、《秦律雜抄》、《法律答問》、《封診式》、《編年記》、《語書》、《爲吏之道》、甲種與乙種《日書》。其內容涵蓋了戰國晚期到秦始皇時期政治、經濟、文化、法律、軍事等各個層面。其中《編年記》計有五十三枚竹簡，一簡分爲上下兩欄，逐年記載了秦昭王元年（西元前306年）至秦始皇三十年（西元前217年）各種軍政大事和墓主的生平經歷，爲研究這段時期歷史的珍貴史料。

〔註13〕西元1973年底，中國湖南省長沙市馬王堆三號漢墓出土了大批帛書，其中一種

研究曾出現一段空窗期，反而顯示出關於史表的內容，不論在體例、史料結構、性質，或司馬遷的思想等各方面，都還有很大的研究空間。研究〈六國年表〉，有其積極、正面的意義存在。

第二節　研究回顧

了解《史記》中「表」這一體例的結構、性質與特色，是從事〈六國年表〉研究的基礎。但因專論〈六國年表〉的論文、專書較少，因此，本文的研究回顧且以《史記》十表整體研究的著作爲主，再論及其他與〈六國年表〉有直接相關的文章與著作。

前已述及，史表研究在清初以前並不很受重視，直到清康熙年間，汪越和徐克范合作寫成《讀史記十表》，〔註 14〕此一情況才有顯著的改善。《讀史記十表》是第一本直接以《史記》十表爲探討主題的專著，明確地突顯出「表」這一體例在《史記》研究中的重要性，可謂前無古人，貢獻極大。難能可貴的是，汪、徐二人不僅注重史表體裁上的創意，更特別注重史表中的「大義微旨」，也就是不單單從外在的體例、格式著手，更從內在的思想脈絡去了解司馬遷撰述史表的動機，這在當時實是相當了不起的識見。唯此書畢竟是開先之作，全書篇幅不多，作者除了在史表各欄位中以「按」字簡單作註之外，主要內容是所謂「缺者補，誤者刊，疑者析」，〔註 15〕即在表後以札記、條列的方式，截取史表內各處作者以爲可能有誤，或司馬遷別有微意的內容，逐

後來被定名爲《戰國縱橫家書》，內容共有二十七章，裡面有十一章的內容見於《史記》和《戰國策》，另外十六章是佚書。《戰國縱橫家書》最大之特色乃是關於蘇秦的資料較爲集中，且與《史記》和《戰國策》的記載有很大出入，爲研究戰國史的重要史料。詳見趙生群，〈《史記》、《戰國縱橫家書》相關史料考論〉，《史記文獻學叢稿》（南京：江蘇古籍出版社，2000 年），頁 164～184。

〔註 14〕《讀史記十表》是汪越在康熙年間所著，書成後交由徐克范所補，再經副都御史黃登賢進呈收入四庫。後來徐氏後人徐乃昌有感此書絕少流傳，故將其所藏原刻本交付景印，即所謂南陵先哲本，今收於《叢書集成續編》史地類第 263 冊（臺北：新文豐出版公司，1989 年），頁 298～545。《四庫全書總目》特別提到「蓋古來增減前人舊本，多在其人之身後，惟此書則同時商榷而補之，故考校頗爲精審，於讀史者尚屬有裨。」（原版頁 16～17）。汪、徐二人爲南陵同鄉，徐克范提到，汪越在書成之後，即「徧求友人商確」，卻無人回應。汪越認爲其原因不外乎是《史記》十表「其文不續、事不接，空格累紙，不耐尋討旨趣耶？」見《讀史記十表》（南陵先哲本）之徐克范〈記後〉，頁 303。

〔註 15〕汪越著、徐克范補，《讀史記十表》，頁 302，徐文靖序。

一作出評論的文字，並在每表最後列出存疑的條目。可惜的是，這些文字大都僅成句或成一小段，稍嫌簡略、零散。且以史學的角度來看，汪氏、徐氏在論述史表中諸多「微言大義」時，常缺乏充份、嚴謹的證據。〔註 16〕其影響之大，造成後人讀表時往往留下了先入爲主的成見。

關於〈六國年表〉的部份，汪氏〈讀六國表〉首先揭露了「讀六國表，以秦爲主」的要旨，也特別提到秦表詳於六國，乃因「秦自爲一代之制」，故司馬遷記載秦國制度特別地詳細。而秦滅六國，乃是因爲六國自相滅亡。讀者可以透過各種攻伐、拔地、納地、助擊、助滅的詳載，觀察到秦滅六國的大機。此外汪氏也對於表中周欄、三家分晉、田氏代齊和表中附見小國的記載方式，作出了簡單評論。〔註 17〕徐克范〈讀六國表補〉則進一步發揮汪越所論，指出六國之滅亡不在於不能合力抗秦，而在於不能自強爲政。他一一列舉各國欄位中較爲特殊的記載，來表述司馬遷「何者書，何者不書」、「書於某國，而不書於某國」之微言大義。〔註 18〕

康熙至乾隆年間，方苞寫了兩篇與〈六國年表〉相關的短文：〈書《史記》十表後〉及〈書《史記・六國年表序》後〉。〔註 19〕〈書《史記》十表後〉一文中，方苞論述了從周衰到漢興間種種歷史現象，他提到：共和之行政，是周衰落的徵兆；秦之并六國，於襄公始封時已顯露其僭端；虞、夏、殷、周、秦之興皆難，而漢之興獨易；封建本以安上而全下，故惟小弱乃能奉職效忠。史表中如以上數義，實能「究天人之分，通古今之變」。〔註 20〕楊燕起根據此文，指出方苞是第一個注意到史表中含有「歷史發展階段性」的人。他認爲方苞將史表的內容將分爲春秋及其以前、戰國、秦楚之際、漢代四個階段，司馬遷是在通古今之變的基礎上，提出歷史階段論的觀點。並且在史表序文

〔註 16〕《四庫全書總目》評述曰：「雖其間一筆一削，務以春秋筆法求之，未免或失之鑿。」但也讚其「訂訛砭漏，所得爲多，其存疑諸條，亦頗足正《史記》之牴牾。」（原版頁 16～17）。

〔註 17〕以上見汪越著、徐克范補，《讀史記十表》，頁 378～379。

〔註 18〕例如徐克范云：「秦表屢書斬首數萬至數十萬，見秦以嗜殺并天下，宜乎祚之不永也」、「日蝕災異不書于周，書于秦表者，非獨見于秦分也，以周不足係天下之存亾，亦無與天戒云耳。」（《讀史記十表》，頁 380）。

〔註 19〕此兩篇短文收於《方望溪先生全集》卷二，收於《國學基本叢書》第 320 冊（臺北：商務印書館，1968 年），頁 35～36。

〔註 20〕此外，方苞又以「太史公讀」、「余讀」這兩種不同書寫方法爲依據，認爲〈十二諸侯〉、〈六國〉、〈秦楚之際〉、〈惠景閒侯者〉四表所記，其實原是司馬談「所欲論著者」，司馬遷僅是悉論先人所次舊聞，或加以補充發揮。參同上註。

中，具體論述各階段不同的歷史特點。〔註21〕〈書《史記・六國年表序》後〉一文，則進一步描述了戰國時期各國競於謀詐的形勢以及秦成功的原因，本文第二章第三節會有較詳細的描述。

在上世紀的九零年代左右，日本學者對於史表研究取得了豐碩的成果。較具代表性的兩本著作是伊藤德男《史記十表に見る司馬遷の歷史觀》〔註22〕和藤田勝久《史記戦国史料の研究》。〔註23〕此外，稍早有寺門日出男的兩篇論文〈《史記》表の意圖〉〔註24〕和〈《史記》表における書法意識〉。〔註25〕

伊藤德男《史記十表に見る司馬遷の歷史觀》一書，分別了探討《史記》各表構成的形式與意義，再總結《史記》十表整體所呈現的內涵。關於〈六國年表〉的部份，其書第一章第三節〈六國年表の構成〉，先從編排的形式考量〈六國年表〉的製作。例如，在〈三代世表〉、〈十二諸侯年表〉排在第四位的秦（不計周欄），為何能在〈六國年表〉中被置於第一位？伊藤德男指出，公羊學主張大一統，照理秦始皇統一天下，應獲得極高的評價，不過秦之嚴刑峻法、焚書坑儒，使漢人普遍對於秦抱持唾棄的態度。但事實上，漢之統一乃建立在秦統一的前提之上，如要稱頌漢之統一，則無可避免地也必須要正視秦統一的事實。曾學習公羊學的司馬遷認為在戰國七雄中，只有秦最具有統一天下的格局，秦之統一，有其必然性。〔註26〕此外，秦國的歷史悠久，〈三代世表〉中「成王」行下十諸侯皆記有「初封」之事，唯獨秦無「初封」之事實與記載，但秦的先祖惡來卻得以與其他被封的諸侯並記在同一行之中，這顯示司馬遷追溯秦始皇帝統一天下的緣由，在撰表之時便已考慮到秦的特殊地位與歷史淵源，故〈六國年表〉秦置於首位，以及原本應置於秦上位的魯、晉、齊之消失，事實上是在〈三代世表〉就已設定好的結果。〈秦本紀〉中，司馬遷更將秦的遠祖上溯到顓頊。秦始皇之統一，其實並非一人一時之力，而是周初以來秦歷代先祖功德累積的成果。伊藤德男也一併探討〈六國年表〉中，次於秦的魏、韓、趙、楚、燕、齊排列之順序可能的理由。當

〔註21〕楊燕起，《史記的學術成就》，頁104～106。

〔註22〕伊藤德男，《史記十表に見る司馬遷の歷史觀》（東京：平河出版社，1994年）。

〔註23〕藤田勝久，《史記戦国史料の研究》（東京：東京大學出版會，1997年）。

〔註24〕寺門日出男，〈《史記》表の意圖〉，收於《中國研究集刊》1988年宇號。

〔註25〕寺門日出男，〈《史記》表における書法意識〉，收於《中國研究集刊》1989年洪號。

〔註26〕伊藤德男，《史記十表に見る司馬遷の歷史觀》，頁27～28。

時周代封建制度衰弱，較合理的因素是依據各國與秦抗爭時期的早晚、抗爭時期的強弱、抗爭時期的長短來決定排位順序。〔註 27〕又由於秦與六國對立關係的表面化是從秦獻公、秦孝公時期開始，故在其書第二章第三節〈六國年表の意義〉中，他便以秦國發展史爲探討中心，藉著秦國歷代君王發展的歷史，與各國的對抗關係作比較，突顯出秦的中央集權、秦的中原化和郡縣制度形成的過程。〔註 28〕最後第八章〈十表の意義〉總結認爲司馬遷並非根據一般的王朝更迭史來區分十表，而是根據封建制度的興衰史來撰寫十表，進而批評漢代變相的封建制度。〔註 29〕

藤田勝久《史記戦国史料の研究》一書，內容主要涵蓋了與〈六國年表〉相關的史料分析，此書在 2008 年時出了中譯本，〔註 30〕給不熟悉日文的研究者很大的方便。藤田勝久利用王國維的「二重証據法」，〔註 31〕從傳世文獻如《戰國策》（輯本）、《世本》（輯本），及出土之史料如：簡牘《竹書紀年》（輯本）、《編年記》；帛書如《戰國縱橫家書》，一一進行史料特色和性質的分析，再藉由《史記》文本中〈秦本紀〉與各個世家、年表的結構，與上述傳世文獻相對照，嘗試推論出《史記》的編纂過程，進而確認《史記》中關於戰國紀年與戰國事蹟的可信性。其書第一編第三章〈《史記》戰國紀年再探〉較爲集中地探討了〈六國年表〉的編纂過程及其特徵。藤田勝久提到，司馬遷是先根據《秦記》撰寫了〈秦本紀〉，再將《秦記》中與秦相關之記事分散、轉抄至〈六國年表〉中各國的欄位中。他並指出魏、韓、楚、田世家的紀年和〈六國年表〉中的不連續紀年有極高的相似度，且〈六國年表〉中的紀年幾乎可以涵蓋世家中的紀年，進而推論司馬遷是以〈六國年表〉中的戰國紀年，完全轉寫成《史記》世家中的戰國紀年。藤田勝久更推論《史記》有不同於「秦紀年」之「趙紀年」的存在，是使《史記》戰國紀年產生矛盾的原因之

〔註 27〕伊藤德男，《史記十表に見る司馬遷の歷史觀》，頁 28～33。

〔註 28〕伊藤德男，《史記十表に見る司馬遷の歷史觀》，頁 64～74。

〔註 29〕伊藤德男，《史記十表に見る司馬遷の歷史觀》，頁 275～289。

〔註 30〕藤田勝久著，曹峰、廣瀨薰雄譯，《史記戰國史料研究》（上海：上海古籍出版社，2008 年）。

〔註 31〕二重証據法即是利用出土之新史料與古典文獻記載相互印證。王國維曰：「吾輩生於今日，幸於紙上之材料外，更得地下之新材料。由此種材料，我輩固得據以補正紙上之材料，亦得証明古書之某部分全爲實錄，即百家不雅馴之言亦不無表示一面之事實。此二重証據法惟在今日始得爲之。」見氏著，《古史新証》（北京：清華大學出版社，1994 年），頁 1～2。

一。〔註 32〕這些具體的內容和相關問題，在本文的第三章第二、三節會有較詳細的描述。

除此之外，藤田勝久還特別考慮了司馬遷的創作意識對於他自己在取捨、編輯史料時的影響，並在其書第二編第七章〈從史料學來看戰國七國的地域特色〉，對於與〈六國年表〉互爲表裡的《史記·秦本紀》和戰國世家整體的編纂意圖，提出了綜合性的解釋。藤田勝久認爲，司馬遷主張秦承周而具有統一天下的天命，他爲了尋找六國滅亡的內部原因，故在戰國世家一連串的紀年資料中間加配了記事資料，例如列示各國先祖的功績，再通過選擇、排列各種傳說和故事，來反映各國在關鍵轉變時期的君主品德（尤其是失德行爲）。由於司馬遷相信各國之興亡必有和天象相呼應的內在因素，並按照這一運命觀去說明各國之興亡，因此他所選用的資料未必是史實，多半與他對歷史興亡的評價有關。〔註 33〕

整體來看，藤田勝久是將研究重心擺在從各種史料的比對，去推測、還原《史記》的編輯過程，雖然在某些推論的細節中含有若干臆測的成份，但是其勤於收集、整理、比對各種資料的研究方法，對於從事〈六國年表〉研究很値得參考。

另外，亦有從史表內容來分析司馬遷的歷史思想的研究論文，如張新科〈大一統：《史記》十表的共同主題〉。〔註 34〕其文認爲《史記》十表的內容雖各不相同，但是都有一個共同的思想主題，即主張大一統政治。張新科從《史記》十表的「歷時性」、「階段性」、「人物對象」、「《史記》全書體例」這四個方面來闡述《史記》中大一統的思想。如以「歷時性」和「階段性」來說，黃帝被認爲是大一統的象徵與源流，黃帝至漢代的三千年歷史大勢是由分裂到統一；十表前四表以先秦爲主，呈現往天下統一的歷史趨勢，後六表以當代史爲主，諸侯王、諸侯國問題是大一統關鍵之所在，故集中體現了漢代中央集權的過程；以「人物對象」來說，十表中的人物，無非是天子、王、侯、將、相，因爲這些人維繫著國家政治之安穩。各時代之諸侯，其作用應該也都是要維護中央統一；以「《史記》全書體例」來說，作者認爲《史記》

〔註 32〕藤田勝久著，曹峰、廣瀨薰雄譯，《史記戰國史料研究》，頁 110～119。
〔註 33〕藤田勝久著，曹峰、廣瀨薰雄譯，《史記戰國史料研究》，頁 450～472。
〔註 34〕張新科，〈大一統：《史記》十表的共同主題〉，《學術月刊》第 6 期（上海：2003 年 6 月），頁 71～76 轉頁 89。

五體中，本紀十二篇記天子，世家三十篇記諸侯，列傳七十篇記各階層人物，乃是一金字塔型結構，象徵大一統的封建秩序；本紀更作爲全書綱領，編年、記正朔，與十表互爲經緯。此外，司馬遷嚮往《春秋》大一統政治，又加以漢武帝一統時代之精神感召，使得他欲爲漢代一統政治找到合理的文化源頭，史表即體現了這樣的思想。關於〈六國年表〉的部份，張新科評論說司馬遷著重分析秦統一天下的原因，對秦統一中國的歷史功績予以充份肯定，表中的內容同樣是社會由分裂走向大一統的眞實寫照。另一篇吳象樞的短文〈《史記》十表是司馬遷欲創《春秋》第二的直接表徵〉，也表達了類似的觀點。〔註35〕

除了上述著作與〈六國年表〉有較爲直接的關聯，也有不少學者對史表作出了綜合性的研究及評述。例如阮芝生《司馬遷的史學方法與歷史思想》第四章及第五章，對於表的名稱、源流、功用，還有表在《史記》全書的排序位置及與其他四體間的關聯性，做了細緻分析。〔註36〕楊燕起《史記的學術成就》第三章〈史記的體例〉，將歷來有關史表的主要著作，做了系統且條理清晰的研究回顧，他另外強調史表的主要功用，在於展現歷史發展的階段性與天下大勢。〔註37〕白壽彝〈《史記》新論〉，亦特別提到了史表「是最大限度集中表達通古今之變」。〔註38〕徐復觀〈論史記〉〔註39〕、張大可〈《史記》十表之結構與功用〉，〔註40〕都對各表的主題與功能提出了具體分析。莊宇清《史記三代周秦諸〈表〉研究》，〔註41〕則據《史記》歷代傳本所呈現的文字乃至圖表印象的落差，析論不同時期學者對《史記》解讀的差距。

其他還有許多札記、評論類的著作，如：劉咸炘《太史公書知意》〔註42〕、

〔註35〕吳象樞，〈《史記》十表是司馬遷欲創《春秋》第二的直接表徵〉，《長春工業大學學報》社會科學版第17卷第4期（長春：2005年12月），頁75～77。

〔註36〕阮芝生，《司馬遷的史學方法與歷史思想》（臺北：國立臺灣大學博士論文，1973年），頁138～149、頁199～276。

〔註37〕楊燕起，《史記的學術成就》，頁99～112。

〔註38〕白壽彝，〈《史記》新論〉，收於瞿林東主編，施丁、廉敏分卷主編，《史記研究（上）》（北京：中國大百科全書出版社，2009年），頁24～80。

〔註39〕徐復觀，〈論《史記》〉，《兩漢思想史》卷三（臺北：臺灣學生書局，1979年），頁348～357。

〔註40〕張大可，〈《史記》十表之結構與功用〉，《史記研究》，頁286～300。

〔註41〕莊宇清，《史記三代周秦諸〈表〉研究》（宜蘭：佛光人文社會學院歷史學系碩士論文，2005年）。

〔註42〕劉咸炘，《太史公書知意》，收於《劉咸炘學術論集・史學篇（上）》（桂林：

牛運震《史記評注》〔註 43〕、李景星《四史評議》〔註 44〕、姚祖恩《史記菁華錄》〔註 45〕、潘永季《讀史記劄記》〔註 46〕、李人鑒《太史公書校讀記》〔註 47〕、崔適《史記探源》〔註 48〕等，各抒心得。這些著作的內容，有的被擷取菁華，收錄在如《史記評林》〔註 49〕、《歷代名家評史記》〔註 50〕等書籍中，可以作爲史表研究的思考重點。可惜的是，這類心得文章通常篇幅過於精簡。

大體來說，關於史表的研究，數量仍相當稀少，除了綜論性或札記式的文章外，多半以文字校正、記事矛盾辨誤、編年考據的內容爲主，嚴格來說，深入的研究還是很罕見，討論也不夠全面。因此，對於〈六國年表〉進行主題式、系統化的分析，除了可以加深研究者對《史記》「表」這一體例的認識，也可以對《史記》全書的內涵，有更充份、全面的了解。

第三節　研究目標與研究方法

若以〈六國年表〉做爲戰國史研究的資料，在史料運用時常有不小的困難與限制，因其紀年、世系有不少的錯亂，校定其年代是相當繁瑣複雜的工作。先前已有武內義雄〈六國表訂誤〉、錢穆《先秦諸子繫年》、陳夢家《六國紀年表・六國紀年考證》、楊寬《戰國史料編年輯證》、平勢隆郎《新編史記東周年表——中國古代紀年の研究序章》及其他各種校讎之著作，對戰國紀年做過詳細辨證。部分學者曾考量，司馬遷在史料的編輯、取捨過程中，有可能因爲各種主客觀因素，致使編年錯誤而留下細微的痕跡，如果針對這

廣西師範大學出版社，2007 年），頁 51～54。（〈六國年表〉部份）

〔註 43〕牛運震，《史記評注》，收於《二十五史三編》第 1 冊（湖南：岳麓書社，1994 年），頁 669。（〈六國年表〉部份）

〔註 44〕李景星，《四史評議》（長沙：岳麓書社，1986 年），頁 20。（〈六國年表〉部份）

〔註 45〕姚祖恩，《史記菁華錄》（臺北：聯經出版社，1977 年）。

〔註 46〕潘永季，《讀史記劄記》，收於《叢書集成續編》史部第 21 冊（上海：上海書店，1994 年），頁 9～31。

〔註 47〕李人鑒，《太史公書校讀記》（蘭州：甘肅人民出版社，1998 年），頁 277～280。（〈六國年表〉部份）

〔註 48〕崔適，《史記探源》（北京：中華書局，1986 年）。

〔註 49〕凌稚隆輯校，李光縉增補，有井範平補標，《補標史記評林》（臺北：蘭臺出版社，1968 年）。

〔註 50〕楊燕起、陳可青、賴長揚編，《歷代名家評史記》（臺北：博遠出版公司，1980 年）。

些跡象進行深入的探討，或許可以推敲出修正戰國紀年和各種事件正確性的若干原則。但是，從另一個角度來說，司馬遷究竟是抱持甚麼樣的思想，對史料進行取捨或剪裁、修飾？表體的設計和呈現又與這種意識有什麼關聯性？這就必須從〈六國年表〉的體例和內容中，來探索其作意和作法了。

針對學者們的相關意見，筆者想要探討和印證以下幾項主題：〈六國年表〉眞的是「以秦爲主」嗎？若然，那麼所謂的「以秦爲主」，究竟是客觀的反映了歷史發展趨勢，還是一種司馬遷用來表述其價值觀的手段？如若不然，司馬遷對於秦取天下，或各國相爭的過程，究竟抱持著甚麼樣的態度？司馬遷之記事帶有褒貶的意味嗎？此外，司馬遷在表中是透過何種形式來呈現兩百七十年的歷史發展趨勢，他如何把原始資料寫入〈六國年表〉？記事上又有甚麼特色？這些問題雖然不容易說清楚，但是筆者希望藉著相關資料的仔細比對與分析，以了解司馬遷撰寫〈六國年表〉的創作動機與歷史意識，一窺其編寫〈六國年表〉的方法和過程。

本文的研究焦點，在於對〈六國年表〉序文以及表中所記載——或所無記載之內容進行比較研究；具體來說，主要是以《史記》全書的相關內容彼此印證。將〈六國年表〉中的內容，與《史記》本紀、世家、列傳的記事作對照，並參考《戰國策》、《編年記》、《古本竹書紀年》、《戰國縱橫家書》及部份諸子書的記載，來考察司馬遷對史料編輯、取捨和撰寫的方式與原則，進而解讀〈六國年表〉編纂之意義。

第四節　章節安排

本文共分五章，除第一章緒論和第五章結論外，第二章「〈六國年表〉的創作意義〉」，先從司馬遷的陳述和歷代學者的闡釋出發，說明《史記》十表的功能以及〈六國年表〉題名和表序的相關問題。第一節著重探討司馬遷製作表的動機以及表的功能性。第二節分析「六國」一詞在《史記》中的運用，以釐清〈六國年表〉中主記八國，題名卻名之爲「六國」的原因。第三節則藉著分析〈六國年表〉序文，以了解司馬遷欲在〈六國年表〉裡探討甚麼樣的歷史變化，以及司馬遷如何把「通古今之變」的歷史觀反映在序文的內容裡。

第三章「〈六國年表〉的撰寫依據及相關史料探討」，分析〈六國年表〉

編年記事的主要依據，以及表內編年記事的取捨原則。第一節分析司馬遷撰寫〈六國年表〉所依據的主要史料《秦記》的性質與特色，藉此說明司馬遷在撰表時可能受到的限制，這是理解〈六國年表〉內容和記事特色最重要的基礎與關鍵。〔註 51〕第二節探究〈六國年表〉與〈秦本紀〉、〈秦始皇本紀〉的關係及其特徵。究竟〈六國年表〉與〈秦本紀〉、〈秦始皇本紀〉是否都根據《秦記》撰寫而成，如是，爲甚麼兩造的紀年與記事會產生種種矛盾？有必要從彼此間紀年、記事的內容作一詳細的檢討。第三節則特別分析《史記・趙世家》的內容，因爲〈趙世家〉的記事性質在《史記》全書裡相當特殊，不同於魏、韓、楚、燕、田齊等世家，有一部份的內容很可能是出自不同於《秦記》的趙國史料。

第四章「〈六國年表〉的編纂、內容與特色〉」，分析〈六國年表〉在編年以外的記事特徵，進而探討表與《史記》書中相關篇章的寫作程序。第一節探討司馬遷在〈六國年表〉內記載某些戰國故事摘要的原因，以及這些戰國故事摘要的特徵，還有司馬遷是如何把它們抄錄到年表裡的。第二節描述司馬遷在抄錄原始史料到〈六國年表〉時，對文字上作了甚麼樣的改寫，以及在此一編寫過程中可能產生的錯誤。第三節從〈六國年表〉、世家、列傳記事內容的特徵，大略推論各體在《史記》撰寫的次序。第四節則是對〈六國年表〉全表的內容做一整體性的分析，藉此了解司馬遷在〈六國年表〉中如何表述戰國時代的天下大勢，並進一步討論「秦」在〈六國年表〉裡究竟佔有甚麼樣的地位。

〔註 51〕關於這一方面可參考的資料大致有：1. 孫德謙，《太史公書義法》（臺北：中華書局，1983 年）。2.栗原朋信，〈《秦記》について〉，《秦漢史の研究》（東京：吉川弘文館，1960 年），頁 7～13。3.金德建，〈《秦記》考徵〉，《司馬遷所見書考》（上海：上海人民出版社，1963 年），頁 415～423。4.張大可，〈論《史記》取材〉，《史記研究》，頁 216～251。5.周經，《司馬遷・史記與檔案》（北京：檔案出版社，1986 年）。6.王子今，〈《秦記》考識〉，《史學史研究》第 1 期（北京：1997 年），頁 71～73。

第二章　〈六國年表〉的創作意義

第一節　《史記》十表之功能

（一）表的兩種基本功能

表之製作，基本上有實用性和思想性的功能，試述如下：

（1）實用性的功能

司馬遷言作表凡例曰：「（本紀）既科條之矣。並時異世，年差不明，作十表。」〔註1〕既因「年差不明」而作表，〔註2〕可知表的主要功能是「整齊年差」。〔註3〕簡單地說，表是以紀年（時）和國家、侯國、將相（地、人）相互配合，拿挈、統整錯綜複雜的人物或事件，用簡省的文字使之清晰地排列於表內格中。如此經緯（縱經橫緯）分明，使人易於閱覽。劉咸炘說：「凡一時數國並立者，必須有表，此理易明。」〔註4〕是也。此外，作者本人在表略成之後，因為有

〔註1〕司馬遷，《史記‧太史公自序》，頁3319。

〔註2〕史表可分爲世表、年表、月表三種。其中年表佔八篇，實爲主體，世表、月表爲變例。潘永季說：「十表主于紀年，世表、月表則是年表而一詳一略之也。」見氏著《讀史記劄記》，收於《叢書集成續編》史部第21冊，頁11。

〔註3〕邱逢年《史記闡要‧全書脈絡》云：「凡封建諸侯，擢用大臣，本紀雖書於編年之下，至於卒於某年，嗣君元年爲某帝某年，此國元年爲彼國某君某年，某國傳代幾世，國除於某帝某年，其封也何功，其除也何故，某帝某年諸國之勢如何，越某帝某年諸國之勢又如何，將相大臣其用其卒其黜陟誅戮爲何帝何年何功何罪，勢不能盡載，史公創爲表式，尺幅中一經一緯，昭穆之次，時事先後之序，強弱之勢，君臣上下得失之林，一一分明，乃本紀、世家、列傳之總會也。」轉引自楊燕起、陳可青、賴長揚編，《歷代名家評史記》，頁162～163。

〔註4〕劉咸炘，《史學述林‧史目論》，收於增補全本《推十書》丙輯（上海：上海

了較爲完整的編年資料可供參考，不僅能在相關史料的整理和運用上更加方便，也可進一步在表中補充其他零碎而不能失記的資料。〔註 5〕這兩種實用功能，在〈六國年表〉中都確實存在著。

表的呈現方式有多種變化。〔註 6〕從時間上來說，〈三代世表〉、〈十二諸侯年表〉、〈六國年表〉、〈秦楚之際月表〉、〈漢興以來諸侯王年表〉五表有連續性，囊括了漢武帝太初四年以前兩千餘年的歷史。〈三代世表〉用以「觀百世之本支」；〈十二諸侯年表〉以下至〈漢興以來諸侯王年表〉可「觀天下之大勢」；而〈高祖功臣侯者年表〉、〈惠景間侯者年表〉、〈建元以來侯者年表〉、〈建元以來王子侯者年表〉四表則體現了漢興後因應形勢所分封的眾多諸侯、王子興衰的過程，也反映了漢代君王因應這些侯王所採取的各種策略，可「觀一時之得失」。〈漢興以來將相名臣年表〉則以大事記配合相、將、御史大夫之欄位，以「觀君臣之職分」。〔註 7〕有學者說史表「打破了王朝和帝王相承的體系（本紀之體）」。〔註 8〕可以說表體在時間和空間上，都作了全面性的運用與呈現，還能用以補充其他體例之不足。

（2）思想性的功能

由於每個表都能充份反映每個歷史時期不同的特色，自然透露出作者對於世勢發展的認知，體現了作者的思想。學者多指出，表最大的功能是「明天下大勢」，劉咸炘強調：「史表所以明事勢，非以褒貶。」〔註 9〕阮芝生說：

科學技術文獻出版社，2007 年），頁 400。

〔註 5〕據學者研究，原本表體在《史記》全書的排列，是在五體之首。〈報任安書〉原云：「上計軒轅，下至于茲，爲十表，本紀十二，書八章，世家三十，列傳七十，凡百三十篇。」但至成書時已變成「著十二本紀，……作十表……作八書……作三十世家……作七十列傳，凡百三十篇。」（〈太史公自序〉）這有可能是司馬遷在無意間透露出其撰寫《史記》五體之次序。見阮芝生，《司馬遷的史學方法與歷史思想》，頁 199～202。

〔註 6〕史表依格式可區分爲「世經世國緯」（以世爲主，如〈三代世表〉）、「年經國緯」（以地爲主，如〈十二諸侯年表〉、〈六國年表〉、〈秦楚之際月表〉、〈漢興以來諸侯王年表〉）或「國經年緯」（如〈高祖功臣侯者年表〉、〈惠景間侯者年表〉、〈建元以來侯者年表〉、〈建元以來王子侯者年表〉）、「年經事緯」（〈漢興以來將相名臣年表〉）等四種。見阮芝生，《司馬遷的史學方法與歷史思想》，頁 139～141。

〔註 7〕以上說法主要依據呂祖謙，《大事記解題・卷一》，收於《四庫全書珍本》十二集（臺北：臺灣商務印書館，1977 年），頁 1～51。

〔註 8〕張大可，〈《史記》十表之結構與功用〉，《史記研究》，頁 286。

〔註 9〕劉咸炘，《太史公書知意》，收於《劉咸炘學術論集・史學篇（上）》，頁 56。

「表者，所以表天下之大勢與理亂興亡之大略，而觀一時之得失。」〔註 10〕讀者或可從表中司馬遷所選取的各項歷史事件及其發展脈絡，從中獲得教訓或啓發。但是，也有學者認爲司馬遷作表是爲了傳達出作者對於人物、事件的隱喻、褒貶觀點，如鍾惺言表乃「無言之文也。序最古，感慨往往在微言之內。」〔註 11〕汪越更說明：表「其書法謹嚴，幾於《春秋》，大義數千，炳若日星矣。至所不言，尤寓褒譏，未易測識。後人欲穿鑿立論，復所未安。誠會本紀、世家、列傳，窮厥事理，當自得之也。」〔註 12〕雖然這些論點不一定確有憑據，但也提示了表是可能富含作者思想在裡面的，而且讀者必須配合表序，留意本紀、世家、列傳等其他記載，相互參照閱讀，才能獲得作者想表達之眞意。這確實是研究史表顚撲不破的要領。

（二）表以呈現歷史發展的變化與階段性

當然，要以極少的文字統攝數千年的歷史，還要能顯示出「理亂興亡之大略」，並非易事。唯有寫史者對歷史事實有通盤的了解，對史料進行一番取捨與呈現，才能使平板的史料具有意義；而史表之製作史是如此。〔註 13〕司馬遷特別注重史表內前一時期到後一時期有甚麼不同的特色，故他於其中九表都寫了表序，並在其中概述了各表當時的相關時代背景，以及他的撰述原則及依據。〔註 14〕換句話說，司馬遷是以時間爲線索，以「表」來爲歷史做分期。這麼做的目的，除了突顯那個時代的特色，〔註 15〕也是要藉著區分不

〔註 10〕阮芝生，《司馬遷的史學方法與歷史思想》，頁 280～281。

〔註 11〕鍾惺引《葛氏史記・卷二十一》，轉引自楊燕起、陳可青、賴長揚編，《歷代名家評史記》，頁 157。

〔註 12〕汪越著、徐克范補，《讀史記十表》，頁 306。

〔註 13〕學者曾評論道：「年表諸序，見史公學識，獨絕千古」，見徐永勛、吳振乾、董南紀，《史記選・例言》，轉引自《歷代名家評史記》，頁 160。李長之說：「一個歷史家之可貴，並不在史料之多，而在對史料之瞭解，……他能對平凡的史料，掘發出了意義。」見李長之，《司馬遷之人格與風格》（臺北：里仁書局，1997 年），頁 221～225。此外，白壽彝也說：「要以極少的語言概括那麼多年的事情，沒有歷史眼光是搞不出來的。」主要便是針對史表而言。見白壽彝，〈《史記》新論〉，收於瞿林東主編，施丁、廉敏分卷主編，《史記研究（上）》，頁 51～52。

〔註 14〕《史記》十表中僅〈漢興以來將相名臣年表〉無序文，有學者以爲這是司馬遷故作懸案，以突顯出景武之世將相之危境。見張大可，〈試析將相表之結構與倒書〉，《史記研究》，頁 317～318。

〔註 15〕張大可說：「司馬遷找出歷史的大事變，由共和、孔子卒、秦亡、陳涉起義、劉邦稱帝、漢武帝改曆等大事記，作爲分期斷限的臨界點。」見張大可，〈《史

同的歷史階段，觀察那時代之人事興衰的變動過程。因此，在十表序文或論贊中，司馬遷屢次提及「盛衰」、「興壞」、「益損」、「終始」等辭異而意略同的概念。如：

〈十二諸侯年表序〉：「於是譜十二諸侯，自共和訖孔子，表見春秋、國語學者所譏**盛衰**大指著于篇，爲成學治古文者要刪焉。」〔註16〕

〈六國年表序〉：「著諸所聞**興壞**之端。後有君子，以覽觀焉。」〔註17〕

〈漢興以來諸侯王年表序〉：「臣遷謹記高祖以來至太初諸侯，譜其下**益損**之時，令時世得覽。……」〔註18〕

〈高祖功臣侯者年表序〉：「……觀所以得尊寵及所以廢辱，亦當世得失之林也，何必舊聞？於是謹其**終始**，表其文，頗有所不盡本末：著其明，疑者闕之。後有君子，欲推而列之，得以覽焉。」〔註19〕

〈惠景閒侯者年表序〉：「……咸表**始終**，當世仁義成功之著者也。」〔註20〕

陳仁錫說：「〈十二諸侯〉、〈六國〉、〈漢興諸侯表〉，年爲經，國爲緯，所以紀列國之盛衰興壞損益也。……若序所謂『表見盛衰』、『著諸興壞之端』、『譜其損益之時』、『謹其終始』、『盛衰』、『終始』數句，大概盡之矣。」〔註21〕他認爲這幾個詞句，其實就把史表的內涵講清楚了。事實上，「盛衰」、「終始」等詞所指爲一體兩面：盛極必衰，但衰而後盛；有始必有終，終而復始。不論是「由盛到衰」或「由衰到盛」等現象，都是一種「變」的過程，必有一些人事作爲和歷史事件導致了此一變化，只要能掌握、了解這些導致興或壞的關鍵，便能使治國者及世人引以爲鑒。

因此，從歷史變化的過程去探求導致盛衰興壞的因子，即「通古今之變」，或許可以說是司馬遷創作史表的動機和原則。白壽彝便以「通古今之變」的觀念來詮釋司馬遷創作史表的意圖。他說：

在「通古今之變」的問題上，十表是最大限度地集中體現這一要求

記》十表之結構與功用〉，《史記研究》，頁299。

〔註16〕司馬遷，《史記·十二諸侯年表》，頁511。

〔註17〕司馬遷，《史記·六國年表》，頁803。

〔註18〕司馬遷，《史記·漢興以來諸侯王年表》，頁803。

〔註19〕司馬遷，《史記·高祖功臣侯者年表》，頁878。

〔註20〕司馬遷，《史記·惠景閒侯者年表》，頁977。

〔註21〕陳仁錫，《陳評史記·卷十八》，轉引自《歷代名家評史記》，頁157～158。

的。司馬遷每寫一個表，就是要寫這個歷史時期的特點，寫它在「古今之變」的長河中變了些什麼。〔註22〕

各表之間或有時間上的連續性，甚至有因果關係，因此還有學者主張十表應該要合讀。如此才能「通其變」。〔註23〕在史表裡，司馬遷便是要從歷史發展的脈絡中，多方面、多角度地呈現和探討一個朝代、國家、王侯、甚至個人興起或衰落的現象及原因。

以〈六國年表〉來說，司馬遷是以秦興盛與衰亡的歷史事實爲主軸，從這「春秋之後，陪臣秉政，彊國相王；以至于秦，卒并諸夏，滅封地，擅其號」〔註24〕的歷史，來表述戰國時代的世局變化。牛運震云：「殆有痛於中而爲是不得已之論，然而世變可睹矣。」〔註25〕簡言之，司馬遷所關注的焦點就是：秦何以興起？爲什麼秦可以并諸夏而取天下？秦快速覆滅的原因又爲何？秦與六國之興滅又能帶給後人甚麼樣的啓示？

（三）通古今之變的方法

如果史表是「通古今之變」的體現，那麼司馬遷「通古今之變」的具體方法又是什麼呢？司馬遷在〈報任安書〉中說自己「網羅天下放失舊聞，略考其事，綜其終始，稽其成敗興壞之紀（「紀」一作「理」）。上計軒轅，下至於茲，爲十表，本紀十二，書八章，世家三十，列傳七十，凡百三十篇，亦欲以究天地之際，通古今之變，成一家之言。」〔註26〕把他的史學方法說得再清楚不過了。「網羅天下放失舊聞」是盡其所能地收集各種史料；「略考其事，綜其終始」是把錯綜複雜的歷史事件、人物，經過細心的整理和考辨，呈現出人物的影響和歷史發展的脈絡；最終目標「稽其成敗興壞之理（紀）」，要點則在一「理（紀）」字。楊燕起說：「『理』就是要對歷史的經驗教訓進行綜合概括，以便從中找出對現實與未來具有參考和指導意義的一些原則，所以『理』或稱『紀』，即綱紀、

〔註22〕白壽彝，〈《史記》新論〉，收於瞿林東主編，施丁、廉敏分卷主編，《史記研究（上）》，頁51。

〔註23〕潘永季說：「〈十二諸侯年表〉其首在〈三代世表〉，尾在〈六國年表〉；〈秦楚之際月表〉其尾在〈漢興以來諸侯年表〉，所以十表須合看。」，見氏著《讀史記劄記》，收於《叢書集成續編》史部第21冊，頁25。

〔註24〕司馬遷，《史記．太史公自序》，頁3303。此爲司馬遷自己言其作〈六國年表〉之旨的概括。

〔註25〕牛運震，《史記評注》，收於《二十五史三編》第1冊，頁669。

〔註26〕見司馬遷，〈報任安書〉，收於《昭明文選》第6冊（臺北：臺灣古籍出版公司，2001年），頁3175～3176。此段文字爲《漢書》所無，僅收於《昭明文選》。

規律。然而司馬遷對這些原則、綱紀的探求，是建立在對事勢觀察分析的基礎上的。」〔註 27〕李長之說：「一個歷史家的可貴，首任有一種『歷史意識』，有歷史意識，然後才能產生一種歷史範疇，歷史範疇是什麼呢？歷史範疇就是演化……就是變，就是漸，就是終始。……一個歷史家需要對史料加以專家的把握，用司馬遷的話講就是：『綜其終始』，『察其終始』，『謹其終始』。……『謹其終始』是客觀地遵循這一種演變，『察其終始』是對於這一種演變加以觀察，最後卻要加以組織，那就是『綜其終始』，而且更要看出其中的意義，尋出一種原則，也就是所謂的『通古今之變』。」〔註 28〕我們可以說，司馬遷寫表的動機，是藉著對歷史的探索，以得到一個論治的方法，作爲後世的準則，即所謂「述往事，思來者。」〔註 29〕然而他並非憑空想像，而是根據他收集來的資料，也就是一件件的歷史事實，用「謹其終始」、「察其終始」、「綜其終始」的史學方法，從長時段的歷史變化，逐一分析、探索，最終才得到一完整的結論。而史表正是這一工作最高度濃縮和綜合的呈現。

第二節　〈六國年表〉題名釋義

〈六國年表〉題名雖曰「六國」，但實主記八國。此八國依欄位順序由上而下排列爲：周、秦、魏、韓、趙、楚、燕、齊。既主記八國，則題名爲何名之曰〈六國年表〉？這是一個許多人都曾經注意到，卻難以解釋清楚的問題。司馬遷在〈六國年表〉序末說：

> 余於是因《秦記》，踵春秋之後，起周元王，表六國時事，訖二世，凡二百七十年，著諸所聞興壞之端。後有君子，以覽觀焉。〔註 30〕

所謂「表六國時事」及表中呈現的內容，究竟是要表達「以秦爲主」，或「以六國爲主」，甚至「以天下大勢爲主」的觀念，嚴格來說具有不同的意義。例如，如果〈六國年表〉以秦爲主，司馬遷何以稱此篇爲〈六國年表〉，而不稱「秦年表」？換句話說，〈六國年表〉的題名，實際上已牽涉到司馬遷在〈六國年表〉究欲表述何種歷史主題。因此，本節嘗試探討司馬遷訂立〈六國年

〔註 27〕楊燕起，〈司馬遷關於「勢」的思想〉，引自瞿林東主編，施丁、廉敏分卷主編，《史記研究（上）》，頁 291。

〔註 28〕李長之，《司馬遷之人格與風格》，頁 221～225。

〔註 29〕司馬遷，《史記・太史公自序》，頁 3300。

〔註 30〕司馬遷，《史記・六國年表》，頁 687。

表〉題名之用意，在檢驗各家不同說法的基礎上，另提出一個新的解釋。

關於〈六國年表〉的題名，歷代學者曾作出了各種評論與詮釋，茲將較具代表性的意見匯整如下：

（1）題名有誤

梁玉繩云：「表實列七國，所謂『七雄』也。〈天官書〉亦言『七國相王』，而乃曰六國，蓋與十三侯，表稱十二侯同誤已。」又云：「（十二諸侯年）表實十三國，而云十二，〈天官書〉及〈自序傳〉亦皆言十二，殊不可解。……」〔註31〕

梁玉繩直言「十二諸侯」、「六國」的用語「殊不可解」，甚至有誤。

（2）殊秦而不數

牛運震曰：「表內列七雄，表目言『六國』者，殊秦也。」〔註32〕

李景星曰：「表列七國，而標名曰『六國』者，亦殊秦也。六國皆爲秦滅，自不能以秦與六國等，故殊之。」〔註33〕

尚鎔云：「以秦次周而不稱七國者，以秦代周有天下也。」〔註34〕

張大可、鄭之洪云：「第二欄秦，列於六國之前，日食、災異載於秦表而不載於周表，其義即以秦繫天下之存亡，褒美秦統一之業。因此周、秦均不在『六國』數中，故表名『六國年表』。」〔註35〕

以上意見大致相同，認爲司馬遷是特地在題名將秦與「六國」區隔，以顯示秦的特殊性。無論是「秦代周有天下」、「秦繫天下之存亡」或「六國皆爲秦滅」，都說明秦之異於六國，乃因其掌握了天下大勢，最終兼併天下。甚至有學者認爲這表示司馬遷是在「褒美」秦國統一之功業。這種評論暗示司馬遷在設定篇目名稱時，即已經對於秦和其他六國含有主觀的褒貶意味。

（3）因《秦記》繫年故不數秦

傅占衡云：「太史公表共和以後諸侯，寔十三國也。而稱十二者……

〔註31〕梁玉繩，《史記志疑》，頁387、頁301。

〔註32〕牛運震，《史記評注》，收於《二十五史三編》第1冊，頁669。

〔註33〕李景星，《四史評議》，頁20。

〔註34〕尚鎔，《史記辨證》，收於《史記訂補文獻匯編》（北京：北京圖書館，2004年），頁905。

〔註35〕見張大可、安平秋、俞樟華主編，《史記研究集成》卷三（北京：華文出版社，2005年），頁47～48。

其不數者蓋魯也。吾嘗並〈六國表〉而觀之。按〈表〉首周次魯……其曰十二者，以魯爲主也。猶〈六國表〉首周次秦……其不曰七國者，以秦爲主也。夫〈十二諸侯表〉，據《春秋》而次者也。〈六國表〉，據《秦紀》而次者也。」〔註 36〕

楊家駱云：「……以六國事分年繫周、秦下，故稱六國也。」〔註 37〕

吳福助曰：「……曰『六國』者，表本《秦記》，以周、秦爲綱紀，故不數秦也。亦猶〈十二諸侯表〉，實數十三國也。」〔註 38〕

這些說法則大致認爲表不數周、秦，主要是因以周、秦爲綱紀，更直接導源於司馬遷所據史料爲《秦記》。

從以上各項說法可知，即使只是〈六國年表〉的題名，各家的詮釋便不盡相同。總的來說，絕大多數學者都認爲司馬遷是有意把「秦」和「六國」作區隔，然後反映到題名上而只稱「六國」。其理由不外乎是因爲「秦滅周、滅六國」的歷史結果，以及「表所據爲《秦記》」等資料來源因素。即使這些理由本身是事實，但司馬遷是否眞有意藉題名來表達「秦」和「六國」之不同？

欲了解司馬遷如何定義〈六國年表〉的題名，應該考察「六國」一詞在《史記》全書中運用的實例。在《史記》中，多處指明「六國」即爲相對於秦的山東六諸侯國：魏、楚、韓、齊、趙、燕，其中以〈蘇秦列傳〉記載爲最多，如：「蘇秦約從山東六國共攻秦」〔註 39〕、「大王誠能聽臣，六國從親，……莫如一韓、魏、齊、楚、燕、趙以從親，以畔秦。」〔註 40〕、「太史公曰：夫蘇秦起閭閻，連六國從親。」〔註 41〕等……。除此之外，〈太史公自序〉亦提到：「六國既從親，而張儀能明其說，復散解諸侯。」〔註 42〕〈張儀列傳〉記載張儀所遊說之六國爲「魏、楚、韓、齊、趙、燕」無疑。〔註 43〕這六個國家皆位於關東，與秦區隔。文穎曰：「關東爲從，關西爲橫。」高誘曰：「關

〔註 36〕傅占衡，〈十二諸侯年表辨〉，轉引自瀧川資言，《史記會注考證》，頁 888～889。

〔註 37〕楊家駱，《史記今釋》（臺北：正中書局，1981 年），頁 85。

〔註 38〕吳福助，《史記解題》（臺北：國家出版社，1995 年），頁 29。

〔註 39〕司馬遷，《史記・楚世家》，頁 1722～1723。

〔註 40〕司馬遷，《史記・蘇秦列傳》，頁 2256～2262。

〔註 41〕司馬遷，《史記・蘇秦列傳》，頁 2277。

〔註 42〕司馬遷，《史記・太史公自序》，頁 3313。

〔註 43〕李斯〈諫逐客書〉亦云：「惠王用張儀之計，拔三川之地，西并巴、蜀，北收上郡，南取漢中，包九夷，制鄢、郢，東據成皋之險，割膏腴之壤，遂散六國之從……。」見司馬遷，《史記・李斯列傳》，頁 2541～2542。

東地形從長，蘇秦相六國，號為合從。關西地形橫長，張儀相秦，壞關東從，使與秦合，號曰連橫。」〔註 44〕可以推測，以「六國」統稱魏、楚、韓、齊、趙、燕這六個國家，很可能是一種在文字或口語上為了表述合縱、連橫形勢的用法。

若從時代斷限來分析，〈六國年表〉所記述的範圍是從周元王元年至秦二世滅亡為止。若魏、韓、趙、楚、燕、齊這「六國」的正式並立始於三家分晉（西元前 453 年），則〈六國年表〉所記，實際上也並不止於這「六國」正式出現乃至於滅亡的歷史，而是概括了整個春秋以後到秦朝滅亡的歷史。司馬遷說：

> 春秋之後，陪臣秉政，彊國相王；以至于秦，卒并諸夏，滅封地，擅其號。作六國年表第三。〔註 45〕

特別提到了〈六國年表〉所記的是春秋之後至秦滅六國（實際上記載到秦滅）的史事。所謂「表六國時事」即表述此一時期之事，因此，楊寬說「〈六國年表〉就是戰國時代的年表。」〔註 46〕那麼，以「六國」稱戰國時代，究竟是否是司馬遷的微言大義呢？

日本學者伊藤德男在研究《史記》十表時，注意到〈六國年表〉題名「六國」的作法，可能是沿用漢代人的習慣稱呼。最顯著的證據是《漢書・藝文志》所著錄的書籍中，有許多被班固稱為是「六國時」的著述。例如：

> ※黃帝君臣十篇。起六國時，與老子相似也。
>
> ※雜黃帝五十八篇。六國時賢者所作。
>
> 力牧二十二篇。六國時所作，託之力牧。力牧，黃帝相。
>
> 孫子十六篇。六國時。
>
> 鄭長者一篇。六國時。先韓子，韓子稱之。
>
> 公孫發二十二篇。六國時。
>
> 乘丘子五篇。六國時。
>
> 杜文公五篇。六國時。
>
> 黃帝泰素二十篇。六國時韓諸公子所作。
>
> 南公三十一篇。六國時。
>
> 將鉅子五篇。六國時。先南公，南公稱之。

〔註 44〕司馬遷，《史記・項羽本紀》，頁 309。
〔註 45〕司馬遷，《史記・太史公自序》，頁 3303。
〔註 46〕楊寬，《戰國史》，頁 10。

周伯十一篇。齊人，六國時。

尉繚二十九篇。六國時。

※神農二十篇。六國時，諸子疾時怠於農業，道耕農事，託之神農。

※野老十七篇。六國時，在齊、楚間。〔註47〕

《漢書・藝文志》所稱「六國時」，所指就是戰國時代。〔註48〕伊藤德男另舉出《漢書・藝文志》其他書目下有「武帝時」、「成帝時」等相似之記載，均代表了特定的歷史階段或時期。他進一步猜測，因爲秦始皇統一後國祚短暫，秦王朝滅亡之後，時人對始皇之惡評遠勝於正評而風行於世，東方諸國協力抗秦，反抗秦國暴力統治的事蹟深植人心，故後人稱戰國時代爲「六國」，是帶有「稱頌」六國反抗暴秦之意味。〔註49〕

楊寬也同樣注意到史書中所述「六國」一詞之意義，但對來歷有不同猜測：

> 司馬遷是用「六國」或「六國時」作爲春秋時代之後的時代名稱的，……東漢初年班固著《漢書》時，依然常用「六國時」作爲這個時代的名稱，見於《漢書・藝文志》。所謂「六國」，原是指秦以外的東方六國而言，把秦排除在外，當是沿用東方人敵視秦的習慣……。〔註50〕

伊藤德男認爲「六國」是秦滅以後，世人稱頌「六國」反秦事蹟而產生的習慣用法，楊寬則以「六國」一詞產生於「東方人敵視秦」的習慣，延伸用作指稱那一時代。若如此，似乎皆多少帶有「尊六國而貶秦」的意味了。

但事實上，「六國」一詞未必帶有稱頌六國或貶低秦國之意，因爲根據《史記》的記載，秦人本身也使用「六國」一詞。如李斯爲呂不韋舍人時，曾當面說秦王曰：

> 自秦孝公以來，周室卑微，諸侯相兼，關東爲六國，秦之乘勝役諸

〔註47〕見班固，《漢書・藝文志》（北京：中華書局，1982年），頁1731～1742。有※記號者爲伊藤德男所舉之例，其他爲筆者據《漢書・藝文志》所補。

〔註48〕〈藝文志〉記載：「春秋時魯有梓愼，……六國時楚有甘公，魏有石申夫。……漢有唐都……。」便是把「春秋時」、「六國時」、「漢」分爲三個不同的歷史時期。見班固，《漢書・藝文志》，頁1775。

〔註49〕伊藤德男，《史記十表に見る司馬遷の歷史觀》，頁37～38。

〔註50〕楊寬，《戰國史》，頁10。

侯，蓋六世矣。〔註51〕

臣盡薄材，謹奉法令，……故終以脅韓弱魏，破燕、趙，夷齊、楚，卒兼六國，虜其王，立秦爲天子。〔註52〕

李斯原爲楚上蔡人，但其一生事業皆在秦，應可視爲秦人。且其上書的對象爲秦王，應不至於使用對秦不敬之詞。此外，秦王詔令亦云：

六國回辟，貪戾無厭，虐殺不已。皇帝哀衆，遂發討師，奮揚武德。〔註53〕

值得一提的是，秦王詔令還提到了「六王」一詞，所指爲韓、趙、魏、荊（楚）、燕、齊王，即上述「六國」之王。〔註54〕秦刻石更歌頌了「秦滅六王」的偉業：

聖法初興，清理疆內，外誅暴彊。武威旁暢，振動四極，禽滅六王。闡并天下，甾害絕息，永偃戎兵。〔註55〕

六王專倍，貪戾慠猛，率衆自彊。暴虐恣行，負力而驕，數動甲兵。陰通閒使，以事合從，行爲辟方。內飾詐謀，外來侵邊，遂起禍殃。義威誅之，……。〔註56〕

綜觀《史記》之記載，不論「六國」或「六王」，皆與秦對舉，都是相對於秦國的存在，秦人似乎不排斥使用這樣的名詞。因秦之焚書，今已難知戰國時代的

〔註51〕司馬遷，《史記・李斯列傳》，頁2540。

〔註52〕司馬遷，《史記・李斯列傳》，頁2561。

〔註53〕司馬遷，《史記・秦始皇本紀》，249。

〔註54〕秦王初并天下，令丞相、御史曰：「異日韓王納地效璽，請爲藩臣，已而倍約，……趙王使其相李牧來約盟，故歸其質子。已而倍盟，……魏王始約服入秦，已而與韓、趙謀襲秦，……荊王獻青陽以西，已而畔約，……燕王昏亂，其太子丹乃陰令荊軻爲賊，兵吏誅，滅其國。齊王用后勝計，絕秦使，欲爲亂，兵吏誅，虜其王，平齊地。寡人以眇眇之身，興兵誅暴亂，賴宗廟之靈，六王咸伏其辜，天下大定……。」見《史記・秦始皇本紀》，頁235～236。「六王」應是「六國」國君皆稱王之後所產生的名詞。《史記・魯周公世家》提到：「（魯）景公二十九年卒，子叔立，是爲平公，是時六國皆稱王。」（《史記・魯周公世家》，頁1546）。楊寬云：「景公二十九年當作二十一年，……〈魯世家〉云平公十二年秦惠王卒，秦惠王卒於周赧王四年，則魯平公元年當爲周顯王四十七年，其即位在四十六年（西元前323年），是年正是五國相王之歲。」據其考證「五國相王」之五國是魏、韓、趙、燕、中山，（見楊寬，《戰國史料編年輯證》，頁440～441）。不過西元前334年齊、魏已有徐州相王之事，在此所指「六國皆稱王」所指不一定完全包含了「五國相王」之王，而有可能指的是魏、韓、趙、燕、楚、齊都已稱王之事。

〔註55〕司馬遷，《史記・秦始皇本紀》，頁250。

〔註56〕司馬遷，《史記・秦始皇本紀》，頁261。

人們是否普遍使用及如何使用「六國」一詞。〔註 57〕但據《史記》之記載，反而只能看出秦國運用「六國」、「六王」一詞有意識地與關東六國畫清界線。此一特徵在統一之後更爲明顯，秦王爲了顯示其功業之崇偉而貶低「六國」、「六王」爲貪暴落後的象徵，是與「秦」不同的舊勢力、舊時代。由此看來，到了漢代，漢人以「六國」象徵從前舊時代的說法或許未必是來自於東方傳統，更早可能是承襲自秦人使用「六國」一詞的習慣，而發展成爲用以泛指在春秋後、秦統一前的這個時期，如此才能明確表達這是一個秦統一之前的時代。〔註 58〕因此本文以爲，司馬遷〈六國年表〉題名所稱的「六國」，僅僅是沿用戰國時代自秦以降所發展而來的習慣用語，並不具有特殊的褒貶寓意。

綜上所述，「六國」一詞，在《史記》中雖原指韓、趙、魏、楚、燕、齊六個國家，但〈六國年表〉題名所指涉的範圍實是春秋以後到秦朝滅亡的歷史時期，雖然表分八欄，但除周、秦以外，表內所記之國實際上也不限於六國，若干小國之事也附載其中。〔註 59〕此外，上述題名原則，在《史記》其他表中也可得到印證。例如〈三代世表〉、〈十二諸侯年表〉、〈秦楚之際月表〉之題名都是指歷史時期而言，如果再加上〈六國年表〉，四者便串連了漢代以前的歷史長河。〈三代世表〉題名所稱「三代」，原指夏、商、周三個時代，但表中內容實則上溯到五帝，乃是「紀黃帝以來訖共和」，〔註 60〕其題名相當籠統。〈十二諸侯年表〉則記「自共和訖孔子」，〔註 61〕表中所記十四國，不計周王爲十三國，與題名「十二諸侯」不合，過往學者一直把焦點放在此十

〔註 57〕筆者檢閱《戰國策》和諸子書，鮮少見到「六國」一詞之使用，《戰國縱橫家書》更完全沒有記載「六國」一詞。似乎在戰國時代，「六國」並非流行的名詞，或許是在秦、漢之際或《史記》廣泛用了此一名詞之後才開始流行，未可知也。

〔註 58〕「六國時」是否有可能包括了統一後的秦時代？觀《漢書》篇章有許多關於「秦時」的記載，如「叔孫通，薛人也。秦時以文學徵」、「張蒼，陽武人也，好書律曆。秦時爲御史。」見班固，《漢書》，頁 2124、2093。由此看來，「六國時」和「秦時」乃是兩個不同時期。

〔註 59〕李景星曰：「然所謂六國，亦不過舉其大者而言。當時與六國有關係者，尚有許多小國亦不容略，故用附載法以聯絡之。宋附齊，以齊滅宋也；鄭附韓，以韓滅鄭也；中山附趙，以趙滅中山也；魯、蔡附楚，以楚滅魯、蔡也；衛不滅於魏而附焉，以地相近也。」見李景星，《四史評議》，頁 20。除此之外，蜀、義渠、大荔等邊疆民族之事乃附記在〈六國年表〉的秦欄位中，不過沒有任何國君紀年。

〔註 60〕司馬遷，《史記・三代世表》，頁 488。

〔註 61〕司馬遷，《史記・十二諸侯年表》，頁 511。

三國不數哪一國而爲「十二諸侯」，例如《索隱》言：「篇言十二，實敘十三者，賤夷狄不數吳，又霸在後故也。」〔註62〕李景星云：「非不數吳，乃不數秦也。何以不數秦？殊之也。何殊乎？稱十二國皆世家，獨秦本紀，故殊之。」〔註63〕目前較爲人所接受的說法是司馬遷取《春秋》「據魯親周」之意，在表中以魯爲主，十三國中不數魯而爲「十二諸侯」，並由此推論，〈六國年表〉依《秦記》，以秦爲主，不數秦而稱「六國」。〔註64〕然而，這些說法都只孤立地依據表之題名加以揣測，並未仔細考量這些名詞在《史記》全書及當時人的用法。若司馬遷眞欲藉題名以及表中所記國家數目的不同來彰顯表「以某國爲主」的意圖，那麼，〈天官書〉所說「近世十二諸侯七國相王」，〔註65〕又將如何解釋？由此看來，排除表中任何一國來湊「十二諸侯」或「六國」之數，恐怕都是削足適履，並非司馬遷之本意。〔註66〕

第三節　〈六國年表序〉分析

（一）〈六國年表序〉的結構與大意

學者言〈六國年表〉：「表序以《秦紀》發端，《秦紀》收結，中間以秦取天下爲主，以六國之事夾說帶敘，使二百七十年事朗若列眉。」〔註67〕確實，司馬遷是以秦的發展史貫串了整篇序文，中間還夾雜了些他對秦的評論和對六國時局的描述。試分段分析序文大意如下：

（1）始封、僭端與霸業

太史公讀《秦記》，至犬戎敗幽王，周東徙洛邑，秦襄公始封爲諸侯，作西畤用事上帝，僭端見矣。《禮》曰：「天子祭天地，諸侯祭其域

〔註62〕司馬遷，《史記・十二諸侯年表》，頁509。
〔註63〕李景星，《四史評議》，頁19。
〔註64〕此爲牛鴻恩所作之綜合評述。見韓兆琦編著，《史記箋證》，頁1101。
〔註65〕司馬遷，《史記・天官書》，頁1344。
〔註66〕「十二諸侯」之「十二」有可能爲實數，但今難知所指爲哪十二國，亦難知「十二諸侯」名稱之起源。事實上春秋之諸侯國定不只十二，各國封爲諸侯的時間亦不同。如楚於西元前704年已稱王，吳在西元前585年亦稱王，「十二諸侯」一詞也許只是用以泛稱春秋時的主要諸侯國。至於司馬遷選取哪些國家入表，以及如何安排各國在表中的位置，呈現各欄位的內容，則是另外一個問題，未必與「十二諸侯」這一名稱相涉。
〔註67〕李景星，《四史評議》，頁20。

> 內名山大川。」今秦雜戎翟之俗，先暴戾，後仁義，位在藩臣而臚於郊祀，君子懼焉。及文公踰隴，攘夷狄，尊陳寶，營岐雍之閒，而穆公修政，東竟至河，則與齊桓、晉文中國侯伯侔矣。

六國爲秦所滅，因此司馬遷首先探討秦興起的背景。〔註68〕司馬遷追溯秦的興起，乃特別從「秦襄公始封爲諸侯」提起，此事在《史記》多處都有記載，顯然司馬遷極爲重視，〔註69〕非僅因其所據史料爲《秦記》而已。秦襄公爲何能被封爲諸侯？起因是周幽王寵愛褒姒，廢申后及太子，以褒姒爲后，伯服爲太子，數舉烽火戲諸侯，又以虢石父爲卿用事，終被申侯偕犬戎等殺於驪山下。〔註70〕〈秦本紀〉記載秦襄公將兵救周，又以兵送平王東徙雒邑有功，被封爲諸侯，並受岐西之地。〔註71〕這是世局之一大轉捩點，是周王室自厲王出奔後地位又一次的衰落，秦之盛則自此始。〈封禪書〉云：「自周克殷後十四世，世益衰，禮樂廢，諸侯恣行，而幽王爲犬戎所敗。」〔註72〕〈周本紀〉云：「平王之時，周室衰微，諸侯彊并弱，齊、楚、秦、晉始大，政由方伯。」〔註73〕司馬遷宣告平王東遷以後，是一個世衰道微、禮樂不行的時代，秦正是基於這樣的背景，才得以崛起。

不僅如此，司馬遷更因秦襄公「位在藩臣而臚於郊祀」，發出了「君子懼焉」的驚呼！有學者指出其實秦只是依地方習俗祭祀，並非行天子郊祀。〔註74〕然而，這正反映出司馬遷個人對於秦興起的認知與評價。如果司馬遷只是

〔註68〕牛運震云：「戰國七雄，獨秦最強，六國皆爲秦所并，又六國時事多見於《秦紀》，故年表總論以《秦紀》發端……。」見牛運震《史記評注》，收於《二十五史三編》第1冊，頁669。

〔註69〕此事於〈秦本紀〉、〈十二諸侯年表〉、〈封禪書〉、〈齊太公世家〉、〈魯周公世家〉、〈燕召公世家〉、〈管蔡世家〉、〈陳杞世家〉、〈宋微子世家〉、〈晉世家〉、〈楚世家〉、〈匈奴列傳〉和楓、三、南、唐抄本之〈周本紀〉都有提及。見莊宇清，《史記三代周秦諸〈表〉研究》，頁91～93。

〔註70〕事見司馬遷，《史記・周本紀》，頁147～149。

〔註71〕司馬遷，《史記・秦本紀》，頁179。

〔註72〕司馬遷，《史記・封禪書》，頁1358。

〔註73〕司馬遷，《史記・周本紀》，頁149。

〔註74〕施之勉引瀧川資言語曰：「是與天子南郊祭天者異，蓋依土俗祭祀耳。此時秦襄始封，豈可有翦周之事。自漢武事封禪，儒生方士，附會爲說，史公亦爲其所誤也。」又引馬端臨語曰：「襄公以其有國於西也，而祀少昊白帝。是猶宋人之祀閼伯，晉人之祀實沈耳，非郊天也。太史公誤矣。」施之勉注云：「自漢人既以祭畤爲郊天，太史公習見當時之事，而追尤秦襄之僭，實非也。」見施之勉，《史記會注考證訂補》，頁380。

想單純地描述秦的興起，或是要說秦取代周而「承天命」，並不需要引《禮》評秦「僭端見矣」。事實上，司馬遷是以「漸」的觀點看待秦之崛起的，其後秦之「僭」與時俱進，也爲將來滅周埋下了種子。〔註 75〕後來，秦經「文公踰隴，攘夷狄，尊陳寶，營岐雍之閒，穆公修政」，已與齊桓、晉文相侔列。〔註 76〕秦被中原各國視爲夷狄卻「攘夷狄」，又與中原霸主同列，正諷刺了這「世益衰，禮樂廢，諸侯恣行」的時代。〈秦本紀〉另外記載秦穆公問戎王使臣由余說：「中國以詩書禮樂法度爲政，然尚時亂，今戎夷無此，何以爲治，不亦難乎？」由余說：「此乃中國所以亂也。夫自上聖黃帝作爲禮樂法度，身以先之，僅以小治。及其後世，日以驕淫。阻法度之威，以責督於下，下罷極則以仁義怨望於上，上下交爭怨而相篡弒，至於滅宗，皆以此類也。……」〔註 77〕司馬遷藉戎人之口，把這時代的亂象批評地一清二楚了。論者批評司馬遷載此言「過矣」，乃未知史公用心。〔註 78〕其後秦穆公爲虜獲由余，竟以「中國之聲」去迷惑戎王，又以詐術離間戎王和由余，終於使由余降秦。真是對這時代莫大的嘲諷。〔註 79〕

（2）六國之盛

序文的第一部份，司馬遷交代了「周衰秦興」的背景，亦爲秦之滅六國及滅周，埋下了伏筆。對於秦的描述在此告一段落。序文的第二部份，司馬遷文鋒一轉，非獨針對秦，而對當時天下的局勢作了一番描述：

是後陪臣執政，大夫世祿，六卿擅晉權，征伐會盟，威重於諸侯。及

〔註 75〕「漸」有「物事之端」和「進」的意思，所指是事物由小發展到大的演變過程。阮芝生言：「襄公始封爲諸侯，至惠文王而僭稱王，至昭王而僭稱西帝，至秦始皇而稱始皇帝。凡秦之僭稱王稱帝，皆自襄公之『作西畤，用事上帝』之『僭端』而來。……」見阮芝生，《司馬遷的史學方法與歷史思想》，頁 284～285。

〔註 76〕事實上晉文公之立也是因秦穆公之助，事可見於《左傳》、《史記・秦本紀》、《史記・晉世家》等篇。

〔註 77〕司馬遷，《史記・秦本紀》，頁 192～193。由余所述的情況還只是指春秋時期，遑論戰國。

〔註 78〕《史記志疑》載《史剡》：「所貴乎有賢者，爲其能治人國家。治人國家，舍詩書禮樂法度無由也。今由余曰是六者中國之所以亂，不如戎夷無之爲善，而穆公用之，則亡國無難，若之何其能霸哉！是特老莊之徒設爲此言以詆先正之法，太史公遂以爲實而載之，過矣。」見梁玉繩，《史記志疑》，頁 130～131。郭立山《沅湘通藝錄・卷二》云：「夷人詆中國始見於此，史公憤時民窮財殫而帝飾以儒術，故有取焉。」轉引自張大可、安平秋、俞樟華主編，《史記研究集成》卷六，頁 286。

〔註 79〕事見司馬遷，《史記・秦本紀》，頁 193。

> 田常殺簡公而相齊國，諸侯晏然弗討，海內爭於戰功矣。三國終之卒分晉，田和亦滅齊而有之，六國之盛自此始。務在彊兵并敵，謀詐用而從衡短長之說起。矯稱蜂出，誓盟不信，雖置質剖符猶不能約束也。

秦既然從穆公後，已與中國霸主相侔，那中原其他國家的發展又是如何？司馬遷敘述當時的時代風氣是「陪臣執政，大夫世祿」、「海內爭於戰功」、「務在彊兵并敵，謀詐用而從衡短長之說起。矯稱蜂出，誓盟不信，雖置質剖符猶不能約束也。」這種時代，沒有甚麼仁義禮信可言，但是「六國之盛自此始。」若中原的幾個主要大國都已如此，那麼秦之僭禮又何足爲奇？方苞在〈書《史記・六國年表序》後〉一文特別強調春秋之後，亂臣竊國，晏然不討，中原盡被這些國家所據，是所謂「世變之極」，也因此天下競於謀詐而棄德義。秦的興起，就是建立在這種「世變」的基礎上。因爲各國「以謀詐御謀詐」，秦之權變非六國所能敵，導致秦幷天下。〔註 80〕

（3）天助秦帝

簡述完六國興起的背景，司馬遷接著又回過頭來評論秦：

> 秦始小國僻遠，諸夏賓之，比於戎翟，至獻公之後常雄諸侯。論秦之德義不如魯衛之暴戾者，量秦之兵不如三晉之彊也，然卒并天下，非必險固便形勢利也，蓋若天所助焉。或曰「東方物所始生，西方物之成孰。」夫作事者必於東南，收功實者常於西北。故禹興於西羌，湯起於亳，周之王也以豐鎬伐殷，秦之帝用雍州興，漢之興自蜀漢。

司馬遷說秦不一定要靠地利、形勢取勝，但它就好像有上天的幫助，還將秦與禹、湯、武王甚至漢的興起並提，看起來司馬遷反倒稱讚起秦了。真是如此嗎？姚祖恩說：「一猜天助，再猜地利，然前則云『蓋若』，後則冠以『或曰』，其意直謂秦無可與之理，所以深惡而痛斥之也。」〔註 81〕近人學者則說：「他把秦與夏、商、周這些對中國歷史有重大貢獻的朝代相併提……是進一步提高秦的歷史地位。」〔註 82〕顯示出學者對這段序文的理解相當極端。

其實，在此對秦進行褒貶，恐怕不是司馬遷的主要意圖，〈平準書〉記載：「天下爭於戰國，貴詐力而賤仁義，先富有而後推讓。……以至於秦，卒并

〔註 80〕見方苞，《方望溪先生全集》卷二，收於《國學基本叢書》第 320 冊，頁 35～36。

〔註 81〕姚祖恩，《史記菁華錄》，頁 26～27。

〔註 82〕陳其泰，〈司馬遷對歷史發展趨勢的卓識〉，《史學史研究》第 4 期（北京：1996 年），頁 45～46。

海內。」〔註 83〕司馬遷於《史記》書中再三強調的是：秦之興，乃是建立在「世變」的過程。誠如方苞所言：「故求其說而不得者，或本以地形，或歸諸天助，又或以物所成孰之方宜收功，實而不知秦之得意蓋因乎世變。」〔註 84〕這是很有見地的。司馬遷在評論這段歷史時，注重衡量「情」與「勢」，情感上司馬遷或許不與秦，但是「天下之勢往而不反」，司馬遷不得不承認在「世變」潮流中秦取得的成功。秦的成功既奠基於這「世變之極」的背景，故他不得不說：「然卒并天下，非必險固便形勢利也，蓋若天所助焉。」還在〈魏世家〉說：「天方令秦平海內，其業未成，魏雖得阿衡之佐，曷益乎？」〔註 85〕當然秦的成功也並非偶然，亦非一時之事，有其政策上成功的因素，已有許多學者做過詳細討論，在此不再贅述。

（4）權變與終始

> 秦既得意，燒天下詩書，諸侯史記尤甚，爲其有所刺譏也。詩書所以復見者，多藏人家，而史記獨藏周室，以故滅。惜哉，惜哉！獨有《秦記》，又不載日月，其文略不具。然戰國之權變亦有可頗采者，何必上古。秦取天下多暴，然世異變，成功大。傳曰「法後王」，何也？以其近己而俗變相類，議卑而易行也。學者牽於所聞，見秦在帝位日淺，不察其終始，因舉而笑之，不敢道，此與以耳食無異。悲夫！

關於秦焚書和《秦記》的部份，本文會於第三章進行探討。在此司馬遷說「戰國之權變亦有可頗采者」，又稱秦「世異變，成功大」，引「法後王」一語，學者通常都據此說司馬遷給予秦極高的評價。〔註 86〕既然秦的統一是「前古所未有」的「世變之異」，而「世變異則治法隨之」，漢之興多沿秦法，〔註 87〕也因此，司馬遷並沒有像其他學者一樣一味地批判秦的過失，而能從正反面給予秦應有的評價。「世異變，成功大」一方面雖是稱讚秦統一之功和秦對近世制度上的殘留，如牛運震說：「試問自漢以迄今日，郡縣田制官名法律，何一不本秦

〔註 83〕司馬遷，《史記・平準書》，頁 1442。

〔註 84〕方苞，《方望溪先生全集》卷二，收於《國學基本叢書》第 320 冊，頁 36。

〔註 85〕司馬遷，《史記・魏世家》，頁 1864。

〔註 86〕陳其泰說：「既譴責秦在統一過程中的暴虐行爲，又明確肯定秦統一中國是符合形勢發展的巨大成功。……秦的政制因其符合近世的特點，故多爲漢所沿用。」見氏著〈司馬遷對歷史發展趨勢的卓識〉，《史學史研究》第 4 期，頁 45～46。

〔註 87〕方苞，《方望溪先生全集》卷二，收於《國學基本叢書》第 320 冊，頁 36。

氏？」〔註 88〕但另一方面也提示了秦之所以能取得成功，是基於「世變」。究其根本，如果沒有「世異變」的前提，秦又哪裡來的「成功大」呢？所以司馬遷批評漢代學者不道秦事無異於「耳食」，這反映出司馬遷重視在具體的歷史事勢中，探索古今之變的精神。司馬遷又說：「以其近己而俗變相類，議卑而易行也」。他在序文中論及他對秦的看法，自然也與其所處的現實政治環境相涉。「近己」二字已明確表達他探討這段歷史，不單只是要給秦一個客觀的評價，稱其「成功大」，其實是要爲了反映、檢討漢代現實政治的問題。他所謂的「法後王」，也並非要效法秦的作爲，而在於如何從秦興亡的歷史中取得教訓。

（5）因《秦記》作表以俟後人

> 余於是因《秦記》，踵《春秋》之後，起周元王，表六國時事，訖二世，凡二百七十年，著諸所聞興壞之端。後有君子，以覽觀焉。

這是司馬遷對整篇序文的總結，再次提挈了整篇序文的主旨是在於根據《秦記》表述當時天下興亡之大勢，以供後人參考，至爲重要。

（二）秦亡之因——「未達時變」

〈六國年表序〉既以秦的發展史作爲主軸，便無可避免的要給予秦某種評價。事實上，這是漢代學者共同面臨的問題。自陸賈開始，許多漢代學者對秦迅速滅亡的原因進行分析。〔註 89〕有些言論過於極端，如賈山言「秦以熊羆之力，虎狼之心，蠶食諸侯，并吞海內，而不篤禮義，故天殃已加矣」，指秦的滅亡乃是天降災禍。班固稱秦不具正統，王充斥秦爲「亡秦」、「無道之國」，與蚩尤同列。大部份都是批評秦之暴戾，使秦幾成爲歷史上「惡」勢力之代名詞。類似的言論恐怕已流行於西漢。學者據此指出：

> 〈六國年表序〉最精華的地方，就在於駁斥西漢時期流行的庸俗見解，高度評價秦在結束戰國分立到實現統一過程中的歷史作用，並由此決定了〈六國年表〉記載大事明顯的以秦爲主幹。〔註 90〕

〔註 88〕牛運震，《史記評注》，收於《二十五史三編》第 1 冊，頁 669。

〔註 89〕如劉邦要陸賈「試爲我著秦所以失天下，吾所以得之者何，及古之成敗之國。」「陸生乃粗述存亡之徵，凡著十二篇。每奏一篇，高帝未嘗不稱善。」文帝時張釋之「言秦漢之閒事，秦所以失而漢所以興者久之。文帝稱善。」賈誼、晁錯、主父偃、徐樂、嚴安對歷史盛衰的問題也發表了系統的見解。見吳懷祺，〈《史記》對歷史盛衰認識的哲理性和時代性〉，引自瞿林東主編，施丁、廉敏分卷主編，《史記研究（上）》，頁 323。

〔註 90〕陳其泰，〈司馬遷對歷史發展趨勢的卓識〉，《史學史研究》第 4 期，頁 45。

這是認為司馬遷不同於其他當代學者，能從較為客觀的角度給予秦應有的評價。司馬遷確曾說過：「秦起襄公，章於文、繆，獻、孝之後，稍以蠶食六國，百有餘載，至始皇乃能并冠帶之倫。以德若彼，用力如此，蓋一統若斯之難也。……鄉秦之禁，適足以資賢者為驅除難耳。……」〔註 91〕漢代學者大多沒有認知到「蓋秦漢間為天地一大變局。」〔註 92〕如果考慮到秦當時所處的紛亂局面，稱秦統一之功蹟為「成功大」並不為過。〔註 93〕漢的一統，實奠立於秦一統的基礎之上。蔣湘南進一步分析道：「秦滅六國，天下罪之，太史公何以恕之？……天借秦之暴以掃除六國，又借項羽之暴以掃除秦，而後舉而授之漢。……太史公所謂世異變、成功大也。秦人之毒天下，不得不為罪魁，其利後世，不得不為功首。」〔註 94〕郝敬云：

> 太史公論『戰國之權變……此與以耳食無異。』子長所論，可謂達時變，不隨人唯諾者矣。以秦之短祚，稱其成功大。漢五年成帝，而謂秦之禁足以益賢者為驅除。亦猶沛公入關，先敘項羽河北之功之意。若子長，可謂推見終始矣。〔註 95〕

郝敬稱讚太史公能「達時變」，此三字說明了司馬遷識見高於其他學者的地方，也是理解〈六國年表序〉的關鍵。歷史與客觀環境的發展並非停滯的，而是隨時代而改變的，君王治理國家的方法，也應隨時間的推移而有所調整。司馬遷在〈太史公自序〉中引述其父司馬談的〈論六家要旨〉，說到「與時遷移，應物變化」、「有法無法，因時為業」、「有度無度，因物與合」〔註 96〕都是在表達這種觀念。司馬遷於〈高祖功臣侯者年表序〉說：「居今之世，志古之道，所以自

〔註 91〕司馬遷，《史記・秦楚之際月表》，頁 759。

〔註 92〕趙翼撰、王樹民校證，《廿二史箚記校證》〈漢初布衣將相之局條〉（北京：中華書局，1984 年），頁 36。

〔註 93〕蔣湘南批評漢代學者「猶以滅古為始皇罪」，他說：「至於戰國而先王之澤湮矣。嗜利不信，雖以周公、孔子治之，亦未能驟復三代之制，其必斟酌時會變而通之無疑也。……以為一人坐制，可以久安。論者謂其滅先王之法，實則因戰國之陋耳。」見蔣湘南，《七經樓文鈔・卷三・再書史記六國表後》，轉引自《歷代名家評史記》，頁 449～451。則早在戰國之時，先王之跡已經湮滅，世局紛亂雜沓，不必等到秦之統一。漢代學者卻視而不見，僅是一味的批評秦之無道。

〔註 94〕蔣湘南，《七經樓文鈔・卷三・再書史記六國表後》，轉引自《歷代名家評史記》，頁 449～451。

〔註 95〕郝敬，《史漢愚按》卷二，轉引自《歷代名家評史記》，頁 445～446。

〔註 96〕司馬遷，《史記・太史公自序》，頁 3292。

鏡也，未必盡同。帝王者各殊禮而異務，要以成功爲統紀，豈可緄乎？」〔註97〕表明研究過往歷史，該考量當時的時空背景，「今」、「古」不能一概而論，但「古」可作爲「今」之借鑒。施丁說：「司馬遷在通古今之變時，並沒有把古今視爲一個樣，也沒有說漢初的歷史已回到了夏代，更沒有說漢代一定要退到夏代那個樣子。他只是在論證古今之變時，感到三代的政治都隨世道的變化而變化，秦承周『文之敝』，沒有隨時應變，受到歷史的懲罰；漢初接受歷史教訓，適時而變，才符合歷史的要求。因此，他在〈高祖本紀·贊〉論三王之道的下面，緊接著否定秦朝政治，而肯定漢初政治，論道：『周秦之間，可謂文敝矣。秦政不改，反酷刑法，豈不謬乎？故漢興，承敝易變，使人不倦，得天統矣。』張守節對這幾句話的理解是：『漢人承秦苛法，約法三章，反其忠政，使民不倦，得天統矣。故太史公引《禮》文如此贊者，美高祖能變易秦敝，使百姓安寧。』這個理解是對的。」〔註98〕

人君若能夠體察、順應時勢，「承敝易變」，天下才能長治久安。反過來說，秦速亡的根本原因，就在於不能在一統的大變局中「見盛觀衰」，「承敝易變」。司馬遷在〈秦始皇本紀〉末大篇幅引述賈誼的〈過秦論〉作爲篇末結論，代表他大致上贊同賈誼的看法。〈過秦論〉云：

> 秦王足己不問，遂過而不變。二世受之，因而不改，暴虐以重禍。……故秦之盛也，繁法嚴刑而天下振；及其衰也，百姓怨望而海內畔矣。故周五序得其道，而千餘歲不絕。秦本末并失，故不長久。由此觀之，安危之統相去遠矣。野諺曰「前事之不忘，後事之師也」。是以君子爲國，觀之上古，驗之當世，參以人事，察盛衰之理，審權勢之宜，去就有序，變化有時，故曠日長久而社稷安矣。……然秦以區區之地，千乘之權，招八州而朝同列，百有餘年矣；……一夫作難而七廟墮，身死人手，爲天下笑者，何也？仁義不施而攻守之勢異也。……秦王懷貪鄙之心，行自奮之智，不信功臣，不親士民，廢王道，立私權，禁文書而酷刑法，先詐力而後仁義，以暴虐爲天下始。夫并兼者高詐力，安定者貴順權，此言取與守不同術也。秦離戰國而王天下，其道不易，其政不改，是其所以取之守之者〔無〕

〔註97〕司馬遷，《史記·高祖功臣侯者年表》，頁878。

〔註98〕施丁，〈論司馬遷的「通古今之變」〉，引自瞿林東主編，施丁、廉敏分卷主編，《史記研究（上）》，頁252～253。

異也。孤獨而有之，故其亡可立而待。〔註 99〕

充份說明秦亡的根本原因就在於「過而不變」、「其道不易」、「其政不改」，不知道統一天下之後，應以安撫百姓，約法省刑爲優先。但其實原本秦是有機會承受天命的。〈過秦論〉中也曾論及：

> 秦并海內，兼諸侯，南面稱帝，以養四海，天下之士斐然鄉風，若是者何也？曰：近古之無王者久矣。周室卑微，五霸既歿，令不行於天下，是以諸侯力政，彊侵弱，眾暴寡，兵革不休，士民罷敝。今秦南面而王天下，是上有天子也。既元元之民冀得安其性命，莫不虛心而仰上，當此之時，守威定功，安危之本在於此矣。……借使秦王計上世之事，并殷周之跡，以制御其政，後雖有淫驕之主而未有傾危之患也。故三王之建天下，名號顯美，功業長久。今秦二世立，天下莫不引領而觀其政。夫寒者利裋褐而饑者甘糟糠，天下之嗷嗷，新主之資也。此言勞民之易爲仁也。鄉使二世有庸主之行，而任忠賢，臣主一心而憂海內之患，縞素而正先帝之過，……二世不行此術，而重之以無道……。〔註 100〕

司馬遷於〈酈生陸賈列傳〉記「陸生時時前說稱詩書。高帝罵之曰：『乃公居馬上而得之，安事詩書！』陸生曰；『居馬上得之，寧可以馬上治之乎？且湯武逆取而以順守之，文武并用，長久之術也。昔者吳王夫差、智伯極武而亡；秦任刑法不變，卒滅趙氏。鄉使秦已并天下，行仁義，法先聖，陛下安得而有之？』」〔註 101〕〈平津侯主父列傳〉記嚴安云：「及至秦王，蠶食天下，并吞戰國，稱號曰皇帝，主海內之政，壞諸侯之城，銷其兵，鑄以爲鐘虡，示不復用。元元黎民得免於戰國，逢明天子，人人自以爲更生。向使秦緩其刑罰，薄賦斂，省繇役，貴仁義，賤權利，上篤厚，下智巧，變風易俗，化於海內，則世世必安矣。秦不行是風而（脩）〔循〕其故俗，爲智巧權利者進，篤厚忠信者退；法嚴政峻，諂諛者眾，日聞其美，意廣心軼。欲肆威海外……。」〔註 102〕都說明了「承敝易變」的重要性，用一句賈誼的話來概括秦亡之因就是「仁義不施而攻守之勢異」。換句話說，秦人覆滅的原因，就在於取得天下之後不知「承敝易

〔註 99〕司馬遷，《史記・秦始皇本紀》，頁 278、282、283。

〔註 100〕司馬遷，《史記・秦始皇本紀》，頁 283～284。

〔註 101〕司馬遷，《史記・酈生陸賈列傳》，頁 2699。

〔註 102〕司馬遷，《史記・平津侯主父列傳》，頁 2958。

變」，不但不施行仁義之術，更繼續推行戰國時那套嚴刑峻法，甚至變本加厲，最終導致滅亡。

在這個基礎上，我們終於可以明白司馬遷爲什麼對秦有莫大貢獻的幾個重要人物進行了極爲嚴苛的批評。司馬遷評李斯「不務明政以補主上之缺，持爵祿之重，阿順茍合，嚴威酷刑，聽高邪說，廢嫡立庶。諸侯已畔，斯乃欲諫爭，不亦末乎！人皆以斯極忠而被五刑死，察其本，乃與俗議之異。」〔註 103〕評王翦「翦爲秦將，夷六國，當是時，翦爲宿將，始皇師之，然不能輔秦建德，固其根本，偷合取容，以至圽身。及孫王離爲項羽所虜，不亦宜乎！」〔註 104〕評蒙恬「夫秦之初滅諸侯，天下之心未定，痍傷者未瘳，而恬爲名將，不以此時彊諫，振百姓之急，養老存孤，務修眾庶之和，而阿意興功，此其兄弟遇誅，不亦宜乎！」〔註 105〕這些位高權重的秦國大臣在秦統一天下之後，都有機會向秦王進諫，改變秦王治國的方針，然而他們卻沒有這麼做，因而遭到司馬遷的嚴詞批判。究其根本，司馬遷是把握「時變」的特色去探求秦的興亡，以「見盛觀衰」、「承敝通變」。因此，他也特別注重「人」在時變過程中所發揮的作用，畢竟人事的作爲才是影響歷史發展最具決定性的因素。這些評論除了使後人引以爲鑒之外，更反映出司馬遷是要積極地爲後世尋求長治久安的良方。

（三）〈六國年表序〉與「得古今之常」

對司馬遷而言，僅僅歸納出秦崛起和失敗的原因是不足夠的。清人孟開讀了〈六國年表序〉，曾大感疑惑：

> 史公序〈六國表〉，先刺僭越，次譏暴戾，繼言其得天助、據地勢，而終以法後王，秦豈有可法乎？支離其辭，意將何屬？〔註 106〕

司馬遷一下刺秦僭禮，責備秦以暴取天下，一下又說秦是「世異變，成功大」，看起來好像言詞反覆，這到底是甚麼原因呢？包世臣特地在〈論史記六國表敘〉這篇文章中，針對孟開的疑惑作了以下的解答：

> 曰：「是史公之所覩於孔子，而班氏以爲微文者也，蓋全書之綱領矣。」孔子曰：「人有禮則安，無禮則危。安上治民，莫善於禮。能以禮讓

〔註 103〕司馬遷，《史記·李斯列傳》，頁 2563。

〔註 104〕司馬遷，《史記·白起王翦列傳》，頁 2342。

〔註 105〕司馬遷，《史記·蒙恬列傳》，頁 2570。

〔註 106〕見包世臣，〈論史記六國表敘〉，收於《藝舟雙楫》（《安吳四種》之卷九），見《近代中國史料叢刊》第 30 輯（臺北：文海出版社，1967 年），頁 676。

為國，乎何有？不能以禮讓為國，如禮何？」善哉史公之自敘也：「王道缺，禮樂衰，孔子修舊起廢，作《春秋》，撥亂世反之正。《春秋》者，禮義之大宗。禮禁未然之前，而為用難知。」……故篇首引《禮》文以正秦襄之僭，明秦之廢禮，自上始也。禮廢則必爭，爭必以利。戰功者，利之大而爭之至極也。好戰則財匱，不能不專利；專利則人心不附，不能不嚴刑；以心移爭利之身，涉嚴刑之世，不能不阿諛取容。史公傷之，曰先本絀末，以禮義防於利，事變多故，而亦反是。……是其心憂時變，而為天下後世計者，至深且切。寓意六國，則於漢為無嫌，危行言孫之教也。秦蔑禮用暴，漢不引為殷監，而循其故轍，故賈生曰：「秦功成求得，終不知反之廉節仁義。轉而為漢，遺風餘俗，猶尚未改。高祖常稱李斯有善歸主，孝文以吳公嘗學事於李斯，徵為廷尉，是其舉事不非秦也。」〔註107〕

眾所周知，司馬遷極其仰慕孔子，並推崇其《春秋》為「王道之大者」，〔註108〕徐復觀說：「他（司馬遷）把以孔子為中心的文化，與現實的政治，保持相當的距離，而把文化的意義，置於政治的上位。……以孔子作《春秋》，為繼王道之統，救政治之窮；使人類不能托命於政治者，乃轉而托命由《春秋》所代表的文化，成為他著史的最高準則。」〔註109〕這裡提到「孔子修舊起廢，作《春秋》，撥亂世反之正。《春秋》者，『禮義之大宗』。」禮可以「禁未然之前」，禮義又能「防於利」，豈不就是以「文化」為「治道」的根本嗎？秦就是因為僭禮、廢禮，故好爭利又好戰功，好嚴刑。然而漢承秦之遺風餘俗未改，司馬遷最擔心的就是漢重蹈秦之覆轍。但是「過去的歷史，實由政治所支配，這是史公無法逃避的現實，所以他的思想，不能不落在政治之上。」〔註110〕所以司馬遷寓意六國（即戰國），以為借鏡。包世臣又說道：

然則史公謂戰國權變可頗采……懼以漢因秦不變，而禮教遂至廢亡也。……孝武不勝多欲，而逐始皇之迹，土木兵革無虛日，徭役繁，怨讟興，而算軺告緡之法、見知誹謗之律，相繼並作。……然而漢廷諸臣，唯賈生為能不以卑近自囿，達制治之源，其言曰：「移風易俗，

〔註107〕包世臣，〈論史記六國表敘〉，《近代中國史料叢刊》第30輯，頁676～682。
〔註108〕司馬遷，《史記・太史公自序》，頁3297。
〔註109〕徐復觀，《兩漢思想史》卷三，頁319～320。
〔註110〕徐復觀，《兩漢思想史》卷三，頁320。

> 使天下回心向道，類非俗吏所能爲。俗吏務刀筆筐篋，報簿書期會，不知大禮。秦俗尚告訐，任刑罰，今不避秦轍，是後車又將覆也。先王執勸善懲惡之政，堅如金石，而必曰禮云禮云者，貴絕惡於未萌，以起教於微眇也。」孝文以爲然，使草具事儀，興禮樂，悉更秦法，而絳灌大臣短而抑之。史公悲賈生之窮乏不止其身也，故既善其推言過秦之說，複齒之屈平以明其志，所以深致憾於娼嫉壅害，而爲萬世有心維持禮教者慟也。……絀禮尚法以爭利，秦治也。漢初因之，至孝武興禮重儒，顧專飾玉帛鐘鼓以欺世，而嚴刑嗜利，反甚於高、惠、文、景之世，遂使利操大權，而人心趨之如鶩。是天意欲變古今之局，故史公發憤而作。全書言廢書而歎者三，一厲王好利，惡聞己過；一孟子言王何必曰利；一公孫廣厲學官之路，其義類可見。〔註111〕

阮芝生說：「司馬遷曠觀古今，見到了爲爭利以致君臣誅弒，父子誅弒，兄弟相殘，夫婦反目，朋友成仇的例子，不可勝數，乃說：『察其所以，皆失其本已。』『本』是什麼？就是『禮義』，所以他在〈平準書〉的贊中說：『以禮義防於利。』這是司馬遷論治的根本主張。……『以禮義防於利』，正是司馬遷『通古今之變』之後所得的結論。（亦即『得古今之常』）這個思想並非是他個人的發明，乃有所本，本於孔子，尤其是孔子的《春秋》。孔子『罕言利』，常防其原，主張『爲國以禮』，『見得思義』，又說『安上治民，莫善於《禮》』。」〔註112〕又云：「但司馬遷主張『以禮義防於利』，其最大的本原則在孔子的《春秋》。因爲《春秋》者，『禮義之大宗』。這是史公作史大義之所本，也是《史記》之繼《春秋》處。」「『法施已然之後，其爲用易見』，而『禮禁未然之前』，其所爲禁者就難知了……其成效甚大卻難爲人知。然而這才是從根本上解決問題。」〔註113〕

既然「通古今之變」最後的目的是要「得古今之常」，〔註114〕「古今之常」也可說是「稽其成敗興壞之理」的結果。那麼，這個「常」到底指的是什麼呢？簡單說，就是從歷史的變化中發現「規律」，再從中求出「治道」。唯有這層認識，方可了解司馬遷〈六國年表序〉之深意。〈六國年表序〉表面上是在談秦、談六國，但背後還有一個司馬遷最想探討的根本問題，就是「治道」。

〔註111〕包世臣，〈論史記六國表敘〉，《近代中國史料叢刊》第30輯，頁676～682。

〔註112〕阮芝生，〈《史記》的特點〉，引自瞿林東主編，施丁、廉敏分卷主編，《史記研究（上）》，頁92。

〔註113〕參同上註，頁93。

〔註114〕參同上註，頁91。

秦無禮義，亦不知應時變化，而速亡。故〈六國年表〉表格中最後一格記載到秦二世滅亡，仍以「天下屬漢」作結尾。〔註 115〕〈秦楚之際月表〉序文云：「……故憤發其所爲天下雄，安在無土不王。此乃傳之所謂大聖乎？豈非天哉，豈非天哉！非大聖孰能當此受命而帝者乎？」〔註 116〕〈高祖本紀〉云：「故漢興，承敝易變，使人不倦，得天統矣。」〔註 117〕司馬遷基本上還是肯定漢能在時變中「承敝易變」，這也是漢比秦高明的地方。只是在司馬遷的時代，他已經見到了漢代在極盛背後的隱憂，因爲「從戰國到秦漢的人君，都是輕禮重法以爭利。武帝之時，漢興已百年。照司馬遷的意思，這本是賢君的一個大好機會——應當上接夏、商、周三代絕業，重新制作一代之大法，制禮作樂。然而，武帝表面上雖然也興禮重儒，其實只是專飾鐘鼓玉帛以欺世，武帝時代的嚴刑嗜利反而超過高、惠、文、景之世……司馬遷痛惜武帝錯失這個千載一時的良機……又恐怕重蹈暴秦的覆轍，所以他才不讓周孔五百之期……從『通古今之變』中來達制治之原。最後仍寄望於後人。」〔註 118〕〈六國年表序〉所說「著諸所聞興壞之端。後有君子，以覽觀焉」，正是此意。

〔註 115〕潘永季：「案表二世三年書諸侯入秦，子嬰爲項羽所殺，尋誅羽，天下屬漢，以明統也。」見氏著《讀史記劄記》，收於《叢書集成續編》史部第 21 冊，頁 11。

〔註 116〕司馬遷，《史記・秦楚之際月表》，頁 760。

〔註 117〕司馬遷，《史記・高祖本紀》，頁 394。

〔註 118〕阮芝生，〈《史記》的特點〉，引自瞿林東主編，施丁、廉敏分卷主編，《史記研究（上）》，頁 93～94。

第三章　〈六國年表〉的撰寫依據及相關史料探討

第一節　〈六國年表〉的主要撰寫依據——《秦記》〔註1〕

〈六國年表〉之撰寫，與被稱為《秦記》的史料，有著密不可分的關係。司馬遷在〈六國年表〉序文中凡三次提到《秦記》，其文曰：

> 太史公讀《秦記》，至犬戎敗幽王，周東徙洛邑，秦襄公始封為諸侯，作西畤用事上帝，僭端見矣。……秦既得意，燒天下詩書，諸侯史記尤甚，為其有所刺譏也。詩書所以復見者，多藏人家，而史記獨藏周室，以故滅。惜哉，惜哉！獨有《秦記》，又不載日月，其文略不具。然戰國之權變亦有可頗采者，何必上古。……余於是因《秦記》，踵春秋之後，起周元王，表六國時事，訖二世，凡二百七十年，著諸所聞興壞之端。後有君子，以覽觀焉。〔註2〕

這段話是現存對《秦記》最早也最詳盡的描述，由此可知，〈六國年表〉主要所據史料即為《秦記》。因此，金德建說：「《史記》的〈六國年表〉純然是以《秦記》的史料做骨幹寫成的，秦國的事跡只見紀於〈六國年表〉裡而不見於別篇，也正所以說明司馬遷照錄了《秦記》中原有的文字。」〔註3〕但《秦

〔註1〕《秦記》或云《秦紀》，以下引學者所言皆未改動原文內《秦記》或《秦紀》用字。

〔註2〕司馬遷，《史記・六國年表》，頁685～687。

〔註3〕金德建，〈《秦記》考徵〉，《司馬遷所見書考》，頁416。

記》是否爲司馬遷撰寫〈六國年表〉的唯一根據，秦國的事蹟是否只見於〈六國年表〉，又司馬遷是否直接照錄《秦記》中原有的文字於〈六國年表〉，皆有爭議。清梁玉繩曰：

> 史公言秦盡滅史記，固也。然攷《漢書・律歷志》引《六國春秋》，〈藝文志〉載《世本》十五篇、《青史子》五十七篇。又〈天官書〉云「余觀史記考行事」。〈自序傳〉云「史記石室金匱之書」。其餘歷諜尚多，史公嘗讀而著之，則諸侯之史，當時猶有存者，安得以爲盡滅不見耶！〔註4〕

近人趙生群撰寫〈《史記》取材自諸侯史記〉一文，則以當時的歷史現況和《史記》中的用字，力證〈六國年表〉與相關的本紀、世家，並非獨據《秦記》所撰成。他指出當時周王室衰微，連諸候的地位都不如，甚至還早於七國而亡，且各國當時均已有史官著史，各國史記不可能獨藏周室而盡滅之。他又指出各個世家中行文語氣如「我」、「來」、「今王」等字詞的書寫方法與《竹書紀年》相同，是司馬遷取材自諸侯史記的證據。〔註5〕這些疑點，相當值得探討。

《秦記》的內容與性質雖然並不明朗，但司馬遷既明言其因《秦記》作〈六國年表〉，可知《秦記》爲研究〈六國年表〉最重要的關鍵之一。日本學者武內義雄說：

> 〈六國年表〉頗有粗糙之感……此表粗雜之因，或以此時代之資料多散失而僅以《秦記》爲根據之故。則此表之價值，應視《秦記》之價值如何始能決定。〔註6〕

明確點出〈六國年表〉的價值，乃根基於《秦記》的史料價值上。唯迄今對《秦記》進行史料性質分析的學者屈指可數，僅有清代孫德謙、梁玉繩；近人金德建、趙生群；日本學者武內義雄、栗原朋信、藤田勝久等數人。其說各有所長，然亦有析論未盡之處。故在展開〈六國年表〉的研究以前，仍有必要針對前人舊說，對《秦記》的性質和特色、〈六國年表〉與《秦記》的關係，作一番整理與探討。

〔註4〕梁玉繩，《史記志疑》，頁387。

〔註5〕趙生群，〈《史記》取材自諸侯史記〉，《史記文獻學叢稿》，133～147。

〔註6〕武內義雄著、王古魯譯及商榷，〈六國表訂誤及其商榷〉，《金陵學報》1卷2期，頁424。

（一）《秦記》的性質與特色

《秦記》亡佚已久，關於此書的性質與特色，尚存在著許多疑問。一般咸認爲，《秦記》所指就是秦國的史記，《索隱》於《史記・六國年表》注「秦記」二字云：

> 即秦國之史記也，故下云『秦燒詩書，諸侯史記尤甚。獨有秦記，又不載日月』是也。〔註7〕

歷來學者對這說法沒有異議。在《史記・秦始皇本紀》中，李斯上書曾提到：「臣請史官非秦記皆燒之。非博士官所職，天下敢有藏詩、書、百家語者，悉詣守、尉雜燒之。」〔註8〕顯示出《秦記》確實與史官有關，並可能帶有官方的色彩。假定《秦記》是史官所記錄或編纂的產物，那麼《秦記》可能具備怎樣的特色呢？武內義雄認爲：

> 《秦記》似非記述當時所發生事實之實錄，而似爲後世史官所追纂之記錄。蓋此書苟爲各時代實錄，則似應如魯《春秋》，明記事件發生日月，又如〈秦本紀〉與〈秦始皇本紀〉所記載之秦事，當係本《秦記》……。〔註9〕

這是他對司馬遷所說《秦記》「又不載日月，其文略不具」的詮釋。日本學者粟原朋信則認爲，司馬遷說《秦記》「又不載日月，其文略不具」是一種相對性的說法。他認爲「《秦記》是歷史記載相當豐富的資料」，又說「司馬遷以這個年代記爲基礎撰寫了〈秦本紀〉、〈秦始皇本紀〉，尤其是秦統一前的部份。」〔註10〕《秦記》相較於其他各國史書，記事應比較簡略，紀年或「以君繫事」，或「以年繫事」，缺乏明確而詳細的「時間（日月）」記載；但是因秦之焚書，在司馬遷的時代，《秦記》已成爲最重要的先秦史史料來源，以這點來說，不載日月又文略不具的《秦記》的確是內容豐富的珍貴史料。

此外，《秦記》記載的歷史範圍相當地長。藤田勝久從司馬遷〈六國年表〉序文推斷，《秦記》記事的範圍是從秦襄公（元年爲西元前 777 年）開始直至二世皇帝（亡於西元前 207 年）。〔註11〕這比今日一般所認知的戰國史更長，

〔註 7〕司馬遷，《史記・六國年表》，頁 686。

〔註 8〕見司馬遷，《史記・秦始皇本紀》，頁 255。

〔註 9〕武內義雄著、王古魯譯及商榷，〈六國表訂誤及其商榷〉，《金陵學報》1 卷 2 期，頁 424。

〔註10〕轉引自藤田勝久著，曹峰、廣瀨薰雄譯，《史記戰國史料研究》，頁 225。

〔註11〕藤田勝久著，曹峰、廣瀨薰雄譯，《史記戰國史料研究》，頁 223。

其中自然也含括了〈六國年表〉的記事範圍。〔註 12〕金德建同樣認爲《秦記》的記事是始於秦襄公，他根據〈秦本紀〉內所記載「（文公）十三年，初有史以紀事」〔註 13〕推論《秦記》的寫作年代道：

> 《秦記》在秦文公時開始寫作。文公原是襄公所生，文公時初置史官，對於上面的襄公作一番補敘也在情理之中，所以《秦記》裡的事跡敘述便從襄公開頭了。〔註 14〕

金德建是將「初有史以紀事」裡所稱的「史」當成是《秦記》之初撰。如果金氏的猜測無誤，那麼根據〈六國年表〉序文，司馬遷所讀到的《秦記》就包括了在文公之前的襄公時期之記載，襄公事既爲文公後人所追述，便部分支持了武內義雄「《秦記》似爲後世史官所追纂之記錄」的說法。金德建並根據〈秦始皇本紀〉文末附編之資料〔註 15〕來強調《秦記》始於襄公。他說：「（附編）所以會得從秦襄公時候開始的緣故，就因爲《秦記》的敘事開端，便是從秦襄公時候開頭的。」〔註 16〕

《漢書・藝文志》中已無《秦記》的著錄，〔註 17〕但是在《史記・秦始

〔註 12〕戰國時代開始的斷限有多種說法，大致可以歸類爲四種：一是以司馬遷《史記・六國年表》開始之年份，即以周元王元年（西元前 476 年）爲戰國始年。此年前後國際間發生許多大事，如越滅吳國……田氏代齊，與《春秋》迄年相近。二是宋代呂祖謙《大事記》的說法，以春秋迄年（西元前 481 年）做爲戰國始年，如此做是爲了上接春秋，也考慮到田氏代齊發生在這一年，此事可作爲春秋戰國間發生重大變革的標誌，楊寬《戰國史》即採此一說法。三是以清馬驌《繹史》以韓、趙、魏滅知氏而三家分晉（西元前 453 年）開始，因爲「知氏滅而三晉之勢成，三晉分而七國之形立」。四是司馬光《資治通鑑》以周威烈王承認韓、趙、魏三國爲諸侯（西元前 403 年）作爲戰國始年，今學者多不採用此說。見李學勤主編，《戰國史與戰國文明》（上海：上海科學技術文獻出版社，2007 年），頁 13。

〔註 13〕司馬遷，《史記・秦本紀》，頁 179。

〔註 14〕金德建，〈《秦記》考徵〉，《司馬遷所見書考》，頁 419。

〔註 15〕〈秦始皇本紀〉文末之「太史公曰」引述賈誼的〈過秦論〉後，又記載了從秦襄公至秦二世之秦國世系資料及記事資料。（見《史記・秦始皇本紀》，頁 285～290。以下把這些秦國世系資料和記事資料統一簡稱爲「附編」）。附編約可分爲兩種記載形式：一是「某君立，享國幾年，居所，葬處，記事，生某君。」二是「某君生幾年而立，立幾年，記事。」附編之後又記有東漢明帝十七年詔問班固，班固言秦始皇迄子嬰得失的內容。

〔註 16〕金德建，〈《秦記》考徵〉，《司馬遷所見書考》，頁 419。

〔註 17〕金德建推斷：「班固所見的《秦記》應當是漢代中秘所藏之本，〈藝文志〉不曾把它著錄，這未免也是疏漏了。」見金德建，〈《秦記》考徵〉，《司馬遷所見書考》，頁 423。

皇本紀》末附載的班固語曾提到：「吾讀《秦紀》，至於子嬰車裂趙高，未嘗不健其決，憐其志。嬰死生之義備矣。」〔註 18〕可確知班固本人讀過《秦記》，且《秦記》最晚記載了子嬰時期的事。〔註 19〕由此可知《秦記》記事的下限，至少是到秦王朝覆滅為止。較有疑義的是《秦記》初始之斷限。司馬遷說：「太史公讀《秦記》，至犬戎敗幽王，周東徙洛邑，秦襄公始封為諸侯，作西畤用事上帝，……。」〔註 20〕從此「讀……至……」的用語，可知《秦記》記事所涵蓋的範圍，至少要早於或廣於「犬戎敗幽王」。雖然從此序文可看出，《秦記》的確包括了秦襄公以降的秦國歷史，但嚴格地說，司馬遷的序文僅是陳述其個人對於這段歷史的見解，若只憑序文和或附編起於襄公，就斷言《秦記》起於襄公，未必符合事實。

如果考察〈秦本紀〉裡的內容，可以發現司馬遷一一記載了秦的先祖。從女脩、大業、大費、……直到非子，都沒有記載他們的在位年數，有學者指出這一部份的敘事帶有古傳說的性質。〔註 21〕但是從非子之後的秦國國君：秦侯、公伯、秦仲、莊公以至襄公，已經有了在位年數的記載和若干記

〔註 18〕司馬遷，《史記．秦始皇本紀》，頁 293。

〔註 19〕王子今提到《史記．秦始皇本紀》記載子嬰殺趙高事，僅記載「子嬰遂刺殺高於齋宮，三族高家以徇咸陽」，並沒有提到「車裂」之事。他認為「班固所讀《秦記》中有若干內容並沒有被司馬遷所採用。」見王子今，〈《秦記》考識〉，《史學史研究》第 1 期，頁 71～73。不過這也顯示《秦記》對於同一事可能有不同的記載。

〔註 20〕李人鑒曰：按「僭端見矣」之上當有「曰」字，而「禮」字之下則不必有「曰」字。（此篇云「太史公讀《秦記》，至犬戎敗幽王，周東徙洛邑，秦襄公始封為諸侯，作西畤用事上帝，曰：『僭端見矣。』……」與《惠景間侯者年表》云：「太史公讀列封至便侯，曰：『有以也夫！』……。」用語相似；而云：「《禮》：『天子祭天地，諸侯祭其域內名山大川。』」，與《三王世家》云「《禮》：『支子不祭。』」用語亦相似）。此殆傳抄者誤移「曰」字於下，致文有欠妥貼處，當移正。（見李人鑒，《太史公書校讀記》，頁 277。）筆者按：考〈十二諸侯年表〉序文云：「太史公讀春秋曆譜諜，至周厲王，未嘗不廢書而歎也。曰：『嗚呼，師摯見之矣……。』」〈秦楚之際月表〉序文云：「太史公讀秦楚之際，曰：『初作難，發於陳涉……。』」用語皆相似，且《史記》全書中引《禮》而稱「禮曰」亦僅此處一條，故李氏之說甚有憑據。此外，有人指出此段文字「各句間並用逗號，甚不可取」、「讀《秦紀》當連貫下文，『紀』字下之逗號可刪。『犬戎敗幽王』與『始封為諸侯』二句，各與其下句關係密切，『幽王』與『諸侯』下之逗號，均當改為頓號」，見張家英，〈《史記》年表部份標點舉誤〉，《哈爾濱師專學報》第 2 期（哈爾濱：1995 年 6 月），頁 59。

〔註 21〕藤田勝久著，曹峰、廣瀨薰雄譯，《史記戰國史料研究》，頁 229～231。

事，〔註 22〕如果照一般學者所說〈秦本紀〉的史料根據爲《秦記》，而《秦記》始於襄公，那麼爲何在襄公以前的秦侯、公伯、秦仲、莊公時已經有了明確的在位年數記載，並且包含了些許記事？這暗示了幾種可能：第一種可能是《秦記》的記事範圍早於襄公，但在記事的詳略上，在襄公前後可能有所不同。〔註 23〕第二種可能是，如果《秦記》的記事起於襄公，那麼除了秦先祖傳說的部份，〈秦本紀〉所據的史料不僅僅只有《秦記》。第三種可能是，在襄公前後，司馬遷撰寫〈秦本紀〉所根據的史料基本上都屬《秦記》的範疇，《秦記》本身便是一種複合性的資料，也因此司馬遷在利用《秦記》撰寫《史記》的相關篇章時，所呈現的內容及形式可能也會有所不同。由此可知，貿然將《秦記》斷限於「始於襄公」，容易侷限對於理解《秦記》記事性質上的特殊性，故在此不得不作一番辨明。

前述《秦記》「又不載日月，其文略不具」的特色透露出它可能是後人所追纂，那麼也代表《秦記》在產生的過程中，很可能是曾經過整理或編輯的。藤田勝久提出：「因爲秦國在焚書時『史官非《秦記》皆燒之』，據此可以確認《秦記》的留存，所以秦國的記錄當時確實存在。〈六國年表〉所說《秦記》的範圍從秦襄公直至秦二世皇帝，如果根據這一記載的話，那《秦記》就是楚漢之際以後編纂的資料，因此要注意司馬遷所看到的《秦記》，並非焚書時期的《秦記》。」〔註 24〕他又提到：「或許《秦記》指的並不是經過某種編纂而形成的書籍，只是秦國的記錄這樣的意思。」〔註 25〕如照藤田勝久的說法，《秦記》原本可能只是秦國的記錄，而後經過了楚漢時人的編纂，才成爲了司馬遷所看到的《秦記》。

不過，《秦記》的記事記載到秦滅爲止，其實只能用來確認《秦記》在秦

〔註 22〕如《史記・秦本紀》（頁 178～179）：「秦嬴生秦侯。秦侯立十年，卒。生公伯。公伯立三年。卒。生秦仲。秦仲立三年，周厲王無道⋯⋯秦仲立二十三年，死於戎。有子五人，其長者曰莊公。⋯⋯生子三人，其長男世父。世父曰：『戎殺我大父仲，我非殺戎王則不敢入邑』。遂將擊戎⋯⋯莊公立，四十四年卒，太子襄公代立。」較特別的是，這簡短的記事中還夾雜了比襄公更早的世父第一人稱「自敘」的敘事。同樣地，在襄公之後的文公時期也有這類「自敘」的記事：「文公元年，居西垂宮。三年，文公以兵七百人東獵。四年，至汧渭之會。曰：『昔周邑我先秦嬴於此，後卒獲爲諸侯。』乃卜居之，占曰吉，即營邑之。」

〔註 23〕最顯著的特色之一是，襄公時始出現多個紀年，即襄公元年、二年、七年春、十二年。雖然只有四筆資料，但在襄公之前，僅有國君在位年數的記載而已。見《史記・秦本紀》，頁 179。

〔註 24〕藤田勝久著，曹峰、廣瀨薰雄譯，《史記戰國史料研究》，頁 223。

〔註 25〕藤田勝久著，曹峰、廣瀨薰雄譯，《史記戰國史料研究》，頁 224。

末至漢初這段時間，可能曾經過了一番整理與編輯，但這也有可能是秦人自己所爲，而不一定是楚漢人所爲。〔註 26〕或者說，即使《秦記》曾先後經過秦人、楚漢人的編輯，也並非不可能之事。如果說，《秦記》本身的記錄或編輯，便是一個漫長的歷史進程，也許我們可以推測，《秦記》經歷了不同的統治君王，在不同的時期，曾以不同的方式被記載，以不同的面貌呈現。依照這個觀點，可以把《秦記》分爲狹義和廣義兩種。狹義的《秦記》是一般認知的秦國編年體史書，如同《春秋》般有統一的記載形式；廣義的《秦記》則泛指秦國的記錄，這個記錄除了一般秦國的大事記之外，很可能也包括了祭祀方面、秦世系等資料，更重要的是，即使它們是同一個時代的記事，也有以不同形式存在的可能性。〔註 27〕

無論如何，要還原《秦記》的面貌是相當困難之事。但是我們可以從已知的《秦記》之特色去留意研究〈六國年表〉時應該要注意的事項，如此不僅可以加深對〈六國年表〉的認識，也可以儘可能還原《秦記》面貌。王國維在論述〈六國年表〉與《秦記》的關係時說：

> 〈六國年表〉來歷不明。可因本紀、列傳、世家及《戰國策》互相磨勘，各注出處于表內作爲箋注，亦一法也。吾人宗旨，爲輯《秦記》。司馬遷序明言：「因《秦記》……表六國時事……。」《秦記》不載日月，此篇亦無日月。自秦襄公元年至秦二世三年，依〈秦本紀〉、〈秦始皇本紀〉及此篇，皆系五百六十九年，必出一本；別篇與此篇異者，殆另有所本。故此篇除去與《左傳》、《戰國策》及此書諸篇相同者，皆司馬遷取諸《秦記》者也。……又《戰國策》不紀年，諸侯史記又亡，則此篇所記年載，亦出《秦記》無疑。（王國維弟子所記王氏語，見《國學月報・王靜安紀念專號》）〔註 28〕

〈六國年表〉裡的紀年是否必出自《秦記》無疑，是個複雜的問題。但從王國維的話可看出〈六國年表〉與《秦記》間最重要的特徵：即〈六國年表〉中的

〔註 26〕秦始皇因應統一天下的格局，曾從事了許多措施，秦人在此時系統化地開始整理秦國歷史，亦不無可能。

〔註 27〕王子今提到《秦記》內似乎記載了許多神秘不經之事，他概括統計《史記》先漢時期中記夢共 19 例，其中秦便佔了 4 例，所佔比例甚高：此 4 例爲周太史儋見秦獻公事、秦穆公夢見上帝令他平晉亂事、始皇夢與海神戰事、二世夢見白虎齧其左驂馬事。見王子今，〈《秦記》考識〉，《史學史研究》第 1 期，頁 71～73。

〔註 28〕金德建，〈《秦記》考徵〉，《司馬遷所見書考》，頁 415。

紀年，受《秦記》影響甚鉅。可以確知的是，司馬遷在史料有限的情況下，採用《秦記》裡的紀年是必然的作法。除此之外，《秦記》亦影響了《史記》文字上的呈現，即金德建所說：「司馬遷著作《史記》的時候，所有根據《秦記》材料的地方至今在文字上還留存一鱗半爪，或者是在史實上顯然可見的……。」〔註 29〕也就是說，《秦記》的文字有其獨有的特徵。從《史記》中文字的改寫與否，或許可以做爲〈六國年表〉與〈秦本紀〉、〈秦始皇本紀〉是否根據《秦記》撰寫，及其撰寫先後次序的重要依據。不過如此面臨的難題是，司馬遷從《秦記》抄錄下來的文字，哪些是曾經過改寫的？進一步地問：如果《秦記》「文略不具」，是否足以成爲〈秦本紀〉、〈秦始皇本紀〉的骨幹？〈六國年表〉主要依據了《秦記》，但〈六國年表〉中所有的內容，是否都根據《秦記》？〈六國年表〉、〈秦本紀〉、〈秦始皇本紀〉這些篇章撰寫的次序又爲何？這些問題，必須比對《史記》中的原文和表中的內容，方能有進一步的釐清。

（二）〈秦始皇本紀〉附編與《秦記》

目前所知《史記》中可能利用《秦記》撰述的地方大概有幾個部份：〈六國年表〉、〈十二諸侯年表〉、〈秦本紀〉、〈秦始皇本紀〉附編、若干世家及列傳。其中〈秦始皇本紀〉附編較具爭議性，且較少爲研究者所注意。研究〈秦始皇本紀〉附編與《秦記》的關係，有助於理解〈六國年表〉的撰寫過程，在此試分析此兩者間的關係。

孫德謙在《太史公書義法·綜觀》裡提到：

> 又有本紀、世家不載於年表見之者，吾試以秦事言之。〈六國表〉秦厲共公五年楚人來賂……（始皇）十二年發四郡兵助魏擊楚。此皆秦事之衹錄於年表者，苟證秦事不得以本紀不言而議之。條此數事，全史固不僅此，然讀古人書，當綜觀其本末，乃有得也。況史固自明其成一家言乎。雖然亦有須分別觀之者，凡本紀也、世家也、年表也，還蓋各有所據。故其說時有異同。使不知分別於事之兩歧者與之論列，是非將有不可通者矣……。〔註 30〕

孫德謙舉出從秦厲共公五年至始皇十二年，凡 236 年 45 件史事，是〈六國年表〉內有記載，而本紀沒有記載之事。根據筆者所製作的〈六國年表〉秦表與〈秦本紀〉、〈秦始皇本紀〉記事對照表（見附表 1-2，本文頁 137～176），

〔註 29〕金德建，〈《秦記》考徵〉，《司馬遷所見書考》，頁 419。

〔註 30〕孫德謙，《太史公書義法·綜觀》，頁 61～62。

從秦厲共公元年（西元前 476 年）經躁公、懷公、靈公、簡公、惠公、出公、至獻公卒（西元前 362 年），約 110 年的歷史，整體呈現了〈六國年表〉記事較〈秦本紀〉爲多，且大多數是屬於〈六國年表〉獨有而〈秦本紀〉沒有的記事。自秦孝公以降，〈秦本紀〉的記事才逐漸增多，到了秦惠文王時，才較明確地呈現出〈秦本紀〉記事多於〈六國年表〉的傾向。除了兩造選取的紀年不同，或記同一事但卻記於不同年這種有可能是抄錄錯誤或錯簡的情況之外，〈六國年表〉與〈秦本紀〉兩者在記載同一事時，文字往往有差異，記事亦有詳略之分。茲舉數例爲證：

1. 秦懷公四年，年表記「庶長鼂殺懷公」，〈秦本紀〉記「庶長鼂與大臣圍懷公，懷公自殺。」

2. 秦出公二年，年表記「庶長改迎靈公太子，立爲獻公。誅出公。」〈秦本紀〉卻記「出子二年，庶長改迎靈公之子獻公于河西而立之。殺出子及其母，沈之淵旁。秦以往者數易君。君臣乖亂，故晉復彊，奪秦河西地。」

3. 秦獻公二十三年，年表記「與魏戰少梁，虜其太子。」〈秦本紀〉卻記「二十三年，與魏、晉戰少梁，虜其將公孫痤。」

4. 秦昭王二年，也就是秦昭王剛即位時，秦國因王位之爭引起內亂，年表記「桑君爲亂，誅。」〈秦本紀〉卻記「庶長壯與大臣、諸侯、公子爲逆，皆誅，及惠文后皆不得良死。悼武王后出歸魏。」

上舉數例，乍看應是記載同一件事，但從寫作形式乃至內容，均有所差異。〔註 31〕此外，亦有同一年〈六國年表〉和〈秦本紀〉分記完全不同之事的情況。如秦孝公二十一年：〈六國年表〉記「馬生人」，〈秦本紀〉卻記「二十一年，齊敗魏馬陵」。由此可見，只因〈六國年表〉根據《秦記》來撰寫，而直接推斷〈秦本紀〉亦據同一史料《秦記》而撰寫，這樣的說法並不是很精準。即使如此，我們卻不能否認〈秦本紀〉、〈秦始皇本紀〉內有許多內容曾利用《秦記》來撰寫的事實。這項事實，除了〈六國年表〉和〈秦本紀〉、〈秦始皇本紀〉在紀年的選擇及記事的內容上有相似度之外，還可以透過〈秦始皇本紀〉最後面所附編的資料與〈秦本紀〉的內容比較而得知。

〔註 31〕雖然有司馬遷把「庶長鼂與大臣圍懷公，懷公自殺」改寫爲「庶長鼂殺懷公」記於年表的可能性，但在〈六國年表〉裡似乎並沒有其他明顯的例子可證明司馬遷是有意這麼做的。另外，如以出公二年的記事爲例，反而只有附編是記爲「出公自殺」。

〈秦始皇本紀〉最後面所附編的資料是不是《秦記》，目前尙無定論。一般而言，學者是持肯定態度。《索隱》云：「此已下重序列秦之先君立年及葬處，皆當據《秦紀》爲說，與正史小有不同。今取異說重列於後。」〔註 32〕不過在此司馬貞只語帶保留地說「當據《秦紀》爲說」，而沒有明確地說「此即爲《秦紀》」。且他並沒有說明這些資料是後人或司馬遷自己所編入。梁玉繩說：

> 此篇是《秦記》，魏了翁《古今攷》謂班固明帝時所得也。史公言秦燒書，獨《秦記》不滅，故東漢時猶有者，後人遂并班固語附載本紀之末，以備參證。《史詮》及《丹鉛錄》並云古本自「襄公立」以下低兩字別于正文，今本平頭刻，殊失其舊矣。而《索隱》以爲馬遷重列，則誤也。史以傳信，無一事兩書之理，《史記》中惟此及酈生傳有之，皆後人附益，非遷史元文，然酈道元尚錯認此記爲遷史，何論小司馬哉？此記簡古有法，先秦文字，不可多見，非它附益者比，故取而校之。〔註 33〕

梁玉繩認爲這是《秦記》，卻是後人所附加，並非司馬遷自己所收錄。其所據理由是「史以傳信，無一事兩書之理」，司馬遷不會將同一事兩書。不過也有其他學者有不同看法。孫德謙曰：

> 嘗讀〈秦始皇本紀〉矣，於論贊之後不載入異文乎？其文曰：……核之本紀，固亦有相同者，然記事有詳略，文字又不能無異，故特錄之，以備參徵。吾意史公必見《世本》等書有此異文，非援《秦紀》爲本也。《索隱》云：「此已下重序列秦之先君立年及葬處，當據《秦紀》爲說，與正史小有不同。今取異說重列於後。」竊謂取異說以重列是也，若據《秦紀》則非矣。〈六國表〉屢稱《秦紀》，其作秦與始皇兩紀，以《秦紀》爲憑，則有之今之。上溯襄公，下迄二世，祇爲立年葬處，甚失之簡，故知非《秦紀》之文也。〔註 34〕

與梁玉繩的說法剛好相反，孫德謙不僅認爲這附編不是《秦記》，且認爲此附編是司馬遷本人所附加，乃抄錄自《世本》之類的書籍，是爲所謂「錄異」之法。在《太史公書義法・存舊》篇中，他舉出數例證實在《史記》中存在

〔註 32〕司馬遷，《史記・秦始皇本紀》，頁 285。
〔註 33〕梁玉繩，《史記志疑》，頁 193。
〔註 34〕孫德謙，《太史公書義法・錄異》，頁 109～112。

著一事二書的情況，這並非是司馬遷疏漏所致，而是司馬遷刻意爲之，此乃因循了孔子《春秋》的寫法。〔註 35〕孫德謙錄異與存舊的說法的確很有可能存在於《史記》，但此附編是不是《秦記》尚値得斟酌。藤田勝久認爲，這附編資料並非司馬遷所見之《秦記》，否則司馬遷應該可以在〈秦本紀〉的內容中更詳細地記載首都、葬地。其說法和孫德謙說此附編「祇爲立年葬處，甚失之簡，故知非《秦紀》之文也」並無太大差異。他認爲附編只是秦國君主的世系資料。其內容中的秦君世系與〈秦本紀〉、〈十二諸侯年表〉、〈六國年表〉所記大致一致。但以記載方式而言，〈秦本紀〉寫爲「A 生 B、A 卒，子 B 立」、「幾年 A 卒」，附編世系則寫爲「A 享國年，葬地，生 B」，〔註 36〕顯示兩者不是同一資料。且這批世系資料對秦國以外的其他國家的大事完全沒

〔註 35〕孫德謙引述《史記》內文曰：「吾讀吳、楚世家，觀其同記一事而彼此有不符者。〈吳世家〉：『初楚邊邑卑梁氏之處女與吳邊邑之女爭桑，二女家怒相滅，兩國邊邑長聞之怒而相攻滅吳之邊邑。吳王怒，故遂伐楚，取兩都而去。』〈楚世家〉：『初吳之邊邑卑梁與楚邊邑鍾離小童爭桑，兩家交怒相攻，滅卑梁人。卑梁大夫怒發邑兵攻鍾離，楚王聞之怒，發國兵滅卑梁，吳王聞之大怒，亦發兵使公子光因建母家攻楚，遂滅鍾離、居巢。』在吳，則以卑梁爲楚邊邑；在楚，則又以爲吳邊邑并爭桑者；〈吳世家〉爲二處女，〈楚世家〉又爲小童。世家如必謂史公所作，不應一事而歧異若此。(〈伍子胥傳〉與〈吳世家〉同）蓋兩世家之舊各存其說耳。〈衛世家〉贊：『故曰：「余讀世家言也。」』復有其事則一而前後參差者，如〈殷本紀〉：『殷之太師、少師乃持其祭樂器奔周。太師、少師者不詳其姓字。』〈周本紀〉則云：『紂殺王子比干、囚箕子。太師疵、少師強抱其樂器而奔周。』是太師、少師則其名爲疵與強矣。至〈宋世家〉又云：『武王克殷，微子持其祭器造於軍門。』則又爲微子之事矣。祇此抱器歸周，殷、周兩紀已有詳略之別，既知其爲疵、強二人，而〈宋世家〉中何又屬之微子？眞有不可曉者。不知遷史號爲實錄，〈殷本紀〉舊爲太師疵、少師強，所謂與其過而廢之，毋寧過而存之，豈可以〈宋世家〉明言微子而去本紀之文？亦豈可以疵、強之事遂將微子而易之。讀其書者苟不識存舊之義，不且生其惶惑乎？宋黃震《日鈔》於黃池之會、吳晉爭長，謂：『史於〈吳世家〉曰長晉，於〈晉世家〉曰長吳，自相矛盾，未知孰是？』吾謂黃氏但不達遷書有存舊之義耳。蓋吳、晉二世家，遷皆據其國史舊文。吳之國史自宜言長晉，而晉之國史自宜言長吳。此乃各爲其國，非遷之自相矛盾也。夫事之傳於後世，於其是非得失，孰能遽從而臆決之。故遷之網羅舊聞，往往並存焉，而不欲自爲棄取。昔孔子之修《春秋》也，夏五郭公，雖闕文必錄，亦存魯史之舊也。如遷者，殆本春秋之法哉。」見孫德謙，《太史公書義法・存舊》，頁 20～21。

〔註 36〕例如〈秦本紀〉：「惠公十二年，子出子生。十三年……惠公卒，出子立。」附編世系則寫爲：「惠公享國十三年。葬陵圉，生出公。」

有記載，故要根據這批資料來敘述秦國的記事是根本不可能的，因此他推定附編是後世附加的資料，不是司馬遷所利用的《秦記》。〔註 37〕

最容易讓人忽略的是，在〈秦始皇本紀〉附編中，除了先君立年及葬處等世系資料，更包含了多達 23 項的記事資料，〔註 38〕這些資料或許可以用以爲判斷附編是否爲《秦記》的重要依據，此 23 項記事資料如表 3-1 所示：〔註 39〕

表 3-1　〈秦始皇本紀〉附編記事與《史記》其他篇章相關記事

秦國君	〈秦始皇本紀〉附編記事	《史記》其他篇章中之相關記事
襄　公	初爲西畤	〈秦本紀〉（頁 179）：襄公於是始國……祠上帝西畤。
		〈十二諸侯年表〉（頁 532）：（秦襄公八年）初立西畤，祠白帝。
		〈封禪書〉（頁 1358）：秦襄公既侯，居西垂，自以爲主少皞之神，作西畤，祠白帝。
文公、靜公、憲公		
出　子	庶長弗忌、威累、參父三人，率賊賊出子鄙衍	〈秦本紀〉（頁 181）：寧公卒，大庶長弗忌、威壘、三父廢太子而立出子爲君。出子六年，三父等復共令人賊殺出子。出子生五歲立，立六年卒。
		〈十二諸侯年表〉（頁 698）：（秦出子六年）三父殺出子，立其兄武公。
武　公	三庶長伏其罪	〈秦本紀〉（頁 182）：武公……三年，誅三父等而夷三族，以其殺出子也。
德　公	初伏，以禦蠱	〈秦本紀〉（頁 184）：德公……二年，初伏，以狗禦蠱。
		〈十二諸侯年表〉（頁 572）：（秦德公二年）初作伏，祠社，磔狗邑四門。
		〈封禪書〉（頁 1360）：秦德公既立，卜居雍，後子孫飲馬於河，遂都雍。雍之諸祠自此興。用三百牢於鄜畤。作伏祠，磔狗邑四門，以禦蠱菑。
宣　公	初志閏月	
成　公	齊伐山戎、孤竹	〈秦本紀〉（頁 185）：成公元年，梁伯、芮伯來朝。齊桓公伐山戎，次于孤竹。

〔註 37〕藤田勝久著，曹峰、廣瀨薰雄譯，《史記戰國史料研究》，頁 133、頁 227～228。

〔註 38〕以表 3-1 內之一格爲標準，其中有同一格內分記兩事的情況，故還可細分爲 27 條記事。

〔註 39〕此表節錄〈秦始皇本紀〉附編中的內容，不包括享國、居所、首都、葬地、生卒、生子、君立之記載。表 3-1 所指爲第三章的第一個表格，以下以此類推。

		〈封禪書〉(頁 1361)：秦繆公即位九年，齊桓公既霸，……桓公曰：「寡人北伐山戎，過孤竹……。」
		〈齊太公世家〉(頁 1488)：二十三年，山戎伐燕，燕告急於齊。齊桓公救燕，遂伐山戎，至于孤竹而還。
繆　公	天子致霸 繆公學著人	〈秦本紀〉(頁 202)：孝公……下令國中曰：「昔我繆公自岐雍之閒，修德行武，東平晉亂，以河爲界，西霸戎翟，廣地千里，天子致伯，……。」
康公、共公、桓公、景公、畢公、夷公、惠公		
悼　公	城　雍	
刺龔公	其十年，彗星見	〈六國年表〉(頁 691)：(秦厲共公十年) 彗星見。
躁　公	其元年，彗星見	
懷　公	懷公從晉來，諸臣圍懷公，懷公自殺	〈秦本紀〉(頁 199)：懷公四年，庶長鼂與大臣圍懷公，懷公自殺。
肅靈公	肅靈公，昭子子也	〈秦本紀〉(頁 199)：懷公太子曰昭子，蚤死，大臣乃立太子昭子之子，是爲靈公。
簡　公	簡公從晉來。 其七年，百姓初帶劍	〈秦本紀〉(頁 200)：簡公六年，令吏初帶劍。
惠　公		
出　公	出公自殺	〈秦本紀〉(頁 200)：出子二年，庶長改迎靈公之子獻公于河西而立之。殺出子及其母，沈之淵旁。秦以往者數易君，君臣乖亂，故晉復彊，奪秦河西地。
獻　公		
孝　公	其十三年，始都咸陽	〈秦本紀〉(頁 203)：十二年，作爲咸陽，築冀闕，秦徙都之。
惠文王、悼武王、昭襄王、孝文王		
莊襄王	呂不韋相	〈六國年表〉(頁 749)：(秦莊襄王楚元年) 蒙驁取成皋、滎陽。初置三川郡。呂不韋相。取東周。
獻　公	獻公立七年，初行爲市。 十年，爲戶籍相伍	
孝　公	孝公立十六年，時桃李冬華	〈秦本紀〉(頁 201)：獻公……十六年，桃冬花。

惠文王	惠文王立二年，初行錢。 有新生嬰兒曰「秦且王」。	〈六國年表〉（頁727）：（秦惠文王二年）天子賀。行錢。宋太丘社亡。
悼武王	悼武王立三年，渭水赤三日。	
昭襄王	昭襄王立四年，初為田開阡陌。	〈秦本紀〉（頁203）：（孝公）十二年，……為田開阡陌。
		〈六國年表〉（頁723）：（秦孝公十二年）初聚小邑為三十一縣，令。為田開阡陌。
		〈商君列傳〉（頁2232）：於是以鞅為大良造……居三年，……為田開阡陌封疆。
孝文王		
莊襄王	莊襄王立二年，取太原地。 莊襄王元年，大赦，修先王功臣，施德厚骨肉，布惠於民。東周與諸侯謀秦，秦使相國不韋誅之，盡入其國。秦不絕其祀，以陽人地賜周君，奉其祭祀。	〈秦本紀〉（頁219）：莊襄王……二年，使蒙驁攻趙，定太原。 〈秦本紀〉（頁219）：莊襄王元年，大赦罪人，修先王功臣，施德厚骨肉而布惠於民。東周君與諸侯謀秦，秦使相國呂不韋誅之，盡入其國。秦不絕其祀，以陽人地賜周君，奉其祭祀。
始　皇		
二世皇帝	趙高為丞相、安武侯	〈秦始皇本紀〉（頁273）：三年……冬，趙高為丞相。

據上列表格，可以看出附編27條記事中，除了8條記事外，〔註40〕其他記事都可以在《史記》其他篇章中直接找到相對應的內容，且大部份都在〈秦本紀〉中，計有15條，內容上有極高的相似度。值得注意的是，附編中成公「齊伐山戎、孤竹」，此事同樣記載在〈秦本紀〉成公元年，文字稍有不同，曰：「梁伯、芮伯來朝。齊桓公伐山戎，次于孤竹。」這唯一一件應該與秦國沒有甚麼直接相關的事，卻同被記載在〈秦始皇本紀〉附編和〈秦本紀〉中

〔註40〕此8條記事為：宣公「初志閏月」、躁公「其元年，彗星見」、繆公「學著人」、悼公「城雍」、獻公「立七年，初行為市。十年，為户籍相伍」、惠文王「立二年……有新生嬰兒曰秦且王」、悼武王「立三年，渭水赤三日」。

的成公元年，代表兩者很可能是根據了同一件原始史料來源而撰述，否則應不致於會抄錄至附編中且有明確的紀年。而莊襄王元年「修先王功臣……奉其祭祀」長達四十字以上的一長段記事，〈秦始皇本紀〉附編和〈秦本紀〉所記的內容更幾近完全相同。〔註 41〕這種現象的產生，很可能是司馬遷（或撰寫附編者）將資料從「已編年的原始史料」上抄錄下來所導致的。再仔細綜觀〈秦本紀〉與附編兩者都有記載的記事內容，可以說大多只是文字敘述上的差別，其具體內容大體而言是一致的，〈秦本紀〉的記事並沒有比〈秦始皇本紀〉附編更爲詳細。

此外，〈秦始皇本紀〉附編與〈六國年表〉亦有數例記事相同，最值得注意的是〈秦始皇本紀〉附編剌龔公十年「彗星見」與〈六國年表〉秦厲共公十年「彗星見」；附編惠文王立二年「初行錢」與〈六國年表〉秦惠文王二年「行錢」的記載，是附編與〈六國年表〉同有記載，但〈秦本紀〉卻沒有記載的事。司馬遷明言〈六國年表〉的撰寫是「因《秦記》」，這證明〈秦始皇本紀〉附編記事亦有一部份和〈六國年表〉有相同的史料來源。由此可知，就算〈秦始皇本紀〉附編不是《秦記》，也應同樣具備秦國官方文獻的性質。且其史料的價值亦可透過〈六國年表〉、〈秦本紀〉、〈秦本紀〉、〈秦始皇本紀〉紀年的比對而確立。〔註 42〕另外，還有一值得注意的是「初……」這樣的記載方式，在〈秦始皇本紀〉附編中多達 6 例（「初爲西畤」、「初伏，以禦蠱」、「初志閏月」、「初行爲市」、「初行錢」、「初爲田開阡陌」），在〈六國年表〉的秦國欄位中同樣有類似的記述方式，多達 14 例（「初以君主妻河」、「初令吏帶劍」、「初租禾」、「初縣蒲、藍田、善明氏」、「初聚小邑爲三十一縣，令。爲田開阡陌」、「初爲縣，有秩史」、「初爲賦」、「初臘」、「初更元年」、「初置丞相」、「初置三川郡」、「初置太原郡」、「初置東郡」、「初并天下」），書寫方式是一致的。由附編採用這種寫法可知，這些事例至少並非完全出於司馬遷

〔註41〕這段文字相當地長，若以「文略不具」的標準來看，似不像《秦記》中的內容，且在附編中 27 條記事僅此一條文字特長，不知是否有可能是後人抄錄《史記》原文而附益。不過〈六國年表〉裡始皇即位前後，秦國欄位的記事文字已有明顯增加的趨勢，也有多達四十字者（詳見附表 1-2，本文頁 137～176），或許這是因爲秦國記事漸趨完備之故。在目前沒有具體事證能證明此爲後人所附益的情況下，只能存疑。

〔註42〕例如〈秦始皇本紀〉附編所記秦國國君的在位年數與〈六國年表〉的國君紀年上便有極高的相似度，僅有悼公的享年年數不同。詳見附表七·《史記》各篇所記秦國國君在位年世對照表，本文頁 325～326。

刻意所為，應可確認是秦國官方文獻之舊文。〔註 43〕

如此看來，〈秦始皇本紀〉附編、〈秦本紀〉與〈六國年表〉在內容和寫法上似乎有重疊的部份，也代表其史料來源至少在某一部份上是來自同一批資料。但是為甚麼會產生種種記述上的差異？例如司馬遷將某事書於此篇章，而不書於另一篇章，有時卻又同書於兩篇章？此外，〈秦始皇本紀〉附編整體的記載形式，為何又和世系較為相近？如果附編和〈秦本紀〉根據了同一種史料，為何詳略不同？如以前述〈秦本紀〉：「出子二年，庶長改迎靈公之子獻公于河西而立之。殺出子及其母，沈之淵旁」之事為例，〈秦始皇本紀〉附編記為：「出公自殺」，一說為出子被庶長所殺，一說為出公自殺，兩者記述內容差異非常之大，且詳略不同。〔註 44〕這種狀況，我們又該如何解釋呢？從史料編輯的角度，可以設想有兩種可能性：一是除了《秦記》之外，司馬遷還根據了其他的史料來撰寫〈秦本紀〉、〈秦始皇本紀〉，甚至〈六國年表〉。在撰寫的過程中因所用的史料不同，編寫的次序先後不同，而產生了種種記事上的差異。二是《秦記》本身便是一種複合性的資料匯編，並非一種只是單純記事的歷史文獻，故《秦記》本身的內容中可能有以不同形式記載的文字，也存在著同一事有不同之記錄的可能性。在分析《史記》中可能出自於《秦記》的記事時，應該把這些因素均考慮進去。

第二節　〈六國年表〉與〈秦本紀〉、〈秦始皇本紀〉紀年記事的比較

（一）〈六國年表〉與〈秦本紀〉、〈秦始皇本紀〉的紀年特徵

（1）〈六國年表〉與〈秦本紀〉、〈秦始皇本紀〉紀年數目比較

〈六國年表〉最明顯的一項特徵，即書於秦欄（以下稱秦表，各欄以此類推）的記事特多。據筆者統計，〈六國年表〉書於周表的記事數目為 17 條〔註

〔註 43〕〈秦始皇本紀〉中亦有「初置東郡」、「初令男子書年」和「初并天下，罔不賓服」、「初一泰平。徙謫，實之初縣」、「初平法式」的刻石記載。見《史記・秦始皇本紀》，頁 224、232、243、252、261。

〔註 44〕關於此事，《史記・六國年表》所記為：「庶長改迎靈公太子，立為獻公。誅出公。」（頁 714）。

〔註 45〕周烈王六年（西元前 370 年，即中華書局點校本所記齊威王九年）周表中記有《集解》：「徐廣曰：『齊威王朝周。』」據學者研究，齊國君世系有誤，

45〕、秦169條、魏117條、韓75條、趙76條、楚79條、燕30條、齊68條。此一數據包括了表內（1）第一行各國國君名稱、紀年和記事（2）各國國君即位元年的記載（3）各國國君卒的記載（4）純粹的記事。如僅計算第（4）項，則周僅8條、秦154條、魏89條、韓58條、趙60條、楚55條、燕16條、齊54條。〔註46〕各國之純記事數目遠遜於秦國，所以學者說「讀六國表，以秦為主」〔註47〕不是沒有道理的。用這麼少的條目要呈現秦以外的每一個國家在兩百七十年間的發展，實屬不易。會有這種情況產生，雖然有可能是司馬遷為了突出秦在這段歷史進程中的地位所做的取捨，但更重要的是因為司馬遷受到了原始史料不足之限制。

藤田勝久曾嘗試探討〈六國年表〉的編纂過程及其特徵。他指出〈秦本紀〉與〈六國年表〉都是根據秦國的記錄《秦記》所撰寫而成，故記事內容相近。但一般說來〈秦本紀〉記事較為詳細，〈六國年表〉需將各國欄位的記事內容加起來，才能達到與〈秦本紀〉大致相同的記述。反過來說，從〈六國年表〉無法反推到像〈秦本紀〉般完整的記事。因此，他推測司馬遷乃先根據《秦記》撰寫了〈秦本紀〉，再將《秦記》的記事分散、轉抄至〈六國年表〉中各國的欄位中。因為這樣子，所以秦表內有些欄位的紀年是空白的。〔註48〕

嚴格地說，藤田勝久的說法並不足以代表整個秦表或〈六國年表〉的結構。如果以〈六國年表〉秦表與〈秦本紀〉（以及〈秦始皇本紀〉）的內容相對照，會發現它們在每一時期的紀年數目各有多寡之分，記事亦有詳略。因此，我們不能因為〈秦本紀〉的記事看起來較多，而認為〈秦本紀〉之撰述早於〈六國年表〉。以下筆者根據〈六國年表〉秦表、〈秦本紀〉、〈秦始皇本

此年並非齊威王九年，而應為桓公午五年。（見楊寬，《戰國史料編年輯證》，頁251）。不知徐廣所見《史記》本是否原載有此事，在此不列入統計當中。

〔註46〕如遇同格中既有即位元年或改元年號，又兼有記事者，則當成一則記事論，而且不列入國君紀年的計算當中。

〔註47〕汪越著、徐克范補，《讀史記十表》，收於《叢書集成續編》史地類第263冊，頁378。

〔註48〕作者提出的假設是：如果〈六國年表〉是根據《秦記》所撰成，那麼為何秦表中的昭王三年、九年的欄位空白無記事？他認為這兩年其實原本都是有記事的，只是昭王三年之事被書於楚表，九年之事被書於魏表、韓表、齊表。這類不書於秦表而書於他國表中的記載，大多數都與秦國有關，且都表現出他國與秦國之關係。而一些乍看並沒有與秦國有直接關聯的記事，也是為了鋪陳其後與秦國產生關係的一些國際事件。見藤田勝久著，曹峰、廣瀨薰雄譯，《史記戰國史料研究》，頁110～113。

紀〉作成表 3-2 和表 3-3，試著探究它們的紀年特徵：

表 3-2　〈六國年表〉秦表、〈秦本紀〉、〈秦始皇本紀〉中無記事之年份

秦國國君	在位年數	〈六國年表〉秦表無記事年份	筆數	〈秦本紀〉、〈秦始皇本紀〉無記事年份	筆數
厲共公	34 年	第 1、3、4、8、9、11、12、13、15、17、18、19、21、22、23、24、27、30、31、32 年	20 筆	第 1、3、4、5、6、7、8、9、10、11、12、13、14、15、17、18、19、20、22、23、26、27、28、29、30、31、32 年	27 筆
躁　公	14 年	第 1、3、4、5、6、7、9、10、11、12、14 年	11 筆	第 1、3、4、5、6、7、8、9、10、11、12 年	11 筆
懷　公	4 年	第 2、3 年	2 筆	第 1、2、3 年	3 筆
靈　公	10 年	第 2、4、5、6、9 年	5 筆	第 1、2、3、4、5、7、8、9 年〔註 49〕	8 筆
簡　公	15 年	第 1、3、4、8、9、10、11、12、13、15 年	10 筆	第 1、2、3、4、5、7、8、9、10、11、12、13、15 年〔註 50〕	13 筆
惠　公	13 年	第 1、2、4、6、7、8、12 年	7 筆	第 1、2、3、4、5、6、7、8、9、10、11 年	11 筆
出　公	2 年	第 1 年	1 筆	第 1 年	1 筆
獻　公	23 年	第 1、5、7、8、9、12、13、14、15、18、20、22 年	12 筆	第 3、5、6、7、8、9、10、12、13、14、15、17、19、20、22 年	15 筆
孝　公	24 年	第 3、4、5、6、9、15、16、17、18 年	9 筆	第 4、5、6、9、11、13、15、16、17、18、23 年	11 筆
惠文王	27 年	更元後第 4、6、10 年	3 筆	更元之後的第 4、6 年	2 筆
武　王	4 年	第 3 年	1 筆	無	0 筆
昭　王	56 年	第 1、3、9、16、20、25、28、31、32、33、35、36、37、38、39、43、48、49、51、53、54、55、56 年	23 筆	第 37、39、46、55 年	4 筆
孝文王	1 年	第 1 年	1 筆	無	0 筆
莊襄王	3 年	無	0 筆	無	0 筆

〔註 49〕年表僅記到 10 年，同〈秦始皇本紀〉附編，本紀記到 13 年，在此以年表爲準。

〔註 50〕年表僅記到 15 年，同〈秦始皇本紀〉附編，本紀記到 16 年，在此以年表爲準。

始皇帝	37 年	第 2、18、30 年	3 筆	無	0 筆
二　世	3 年	無	0 筆	無	0 筆

表 3-3　〈六國年表〉秦表、〈秦本紀〉、〈秦始皇本紀〉皆無記事之年份

秦國國君	在位年數	無記事之年份	筆數
厲共公	34 年	第 3、4、8、9、11、12、13、15、17、18、19、22、23、27、30、31、32 年	17 筆
躁　公	14 年	第 1、3、4、5、6、7、9、10、11、12 年	10 筆
懷　公	4 年	第 2、3 年	2 筆
靈　公	10 年	第 2、4、5、9 年	4 筆
簡　公	15 年	第 1、3、4、8、9、10、11、12、13、15 年	10 筆
惠　公	13 年	第 1、2、4、6、7、8 年、11 年或 12 年〔註 51〕	7 筆
出　公	2 年	第 1 年	1 筆
獻　公	23 年	第 5、7、8、9、12、13、14、15、20、22 年〔註 52〕	10 筆
孝　公	24 年	第 4、5、6、9、15、16、17、18 年	8 筆
惠文王	27 年	更元之後的第 4、6 年	2 筆
武　王	4 年	無	0 筆
昭　王	56 年	第 37、39、55 年	3 筆
孝文王	1 年	無	0 筆
莊襄王	3 年	無	0 筆
始皇帝	37 年	無	0 筆
二　世	3 年	無	0 筆

從表 3-2 可以發現，〈六國年表〉秦表在秦獻公以前（含獻公），各國君欄位中無記事的年份數目比率頗高，皆超過在位年數的五成，且紀年相當零散，〈秦本紀〉亦然。根據表 3-3，更可看出約略在秦獻公以前，某年沒有記事其實是普遍的情況，顯示司馬遷缺乏這一時期的史事資料。這該是當時秦國史官記事系統較不完備，沒有每年紀錄史事所致。而〈六國年表〉秦表從孝公以後，紀年數目已逐漸增多，如孝公時代有 15 筆的紀年記事，已接近在位年數的 2／3 強，且孝公十至十四年和十九至二十四年均有記事，開始有了明顯

〔註 51〕年表 11 年記「太子生」，本紀記「十二年，子出子生」，兩者有一紀年爲誤。
〔註 52〕年表僅記到 23 年，同〈秦始皇本紀〉附編，本紀記到 24 年，在此以年表爲準。

的連續紀年。反觀〈秦本紀〉的紀年數目，在秦孝公（含孝公）以前竟比〈六國年表〉秦表還少，共缺了 100 年的記事，而秦表僅缺了共 77 年的記事，這代表在秦孝公以前，〈六國年表〉秦表的紀年數目比〈秦本紀〉更多，記事有可能更詳細。

不過，〈秦本紀〉從惠文王開始至秦滅幾乎每年都有紀年與記事，131 年中僅有 6 年無記事。〈六國年表〉秦表從惠文王開始至秦滅的紀年筆數，雖然大致與〈秦本紀〉相差不多，唯獨在秦昭王時期缺少記事的比例極高，56 年間缺了 23 年的記事，這顯然不是因爲關於秦的史料不足所致，也就是說，〈六國年表〉中昭王時代的記事應該是像藤田勝久所說大都被記載在他國表中，或是大部份都只被記載在〈秦本紀〉當中。那麼，爲甚麼〈六國年表〉秦表在秦孝公之前比〈秦本紀〉的紀年記事更多呢？在此則須討論〈六國年表〉裡秦厲共公至秦孝公時期的記事特色。

（2）〈六國年表〉秦表秦厲共公至秦孝公時期的記事特色

〈六國年表〉始於周元王元年，〔註 53〕也就是秦厲共公元年，這一年並沒有甚麼特別需要注意的大事，何以爲〈六國年表〉始年？司馬遷說〈六國年表〉乃「踵春秋之後，起周元王，表六國時事……」，而〈十二諸侯年表〉終於周敬王四十三年，即周敬王和秦悼公的卒年，可知〈六國年表〉的始年是上接〈十二諸侯年表〉的終年而來的。不過，司馬遷說〈十二諸侯年表〉乃「自共和訖

〔註 53〕周元王元年爲〈六國年表〉始年，梁玉繩以爲表内「此乃周敬王四十四年，非元王元年也。敬王之年，本紀既誤爲『四十二』，而〈十二侯表〉復誤爲『四十三年』，遂以敬王末年爲元王之元，其所列七國之事俱各差一歲矣。」（見梁玉繩，《史記志疑》，頁 389）。〈十二諸侯年表〉載元王之前的敬王崩於四十三年。（西元前 477 年）〈周本紀〉載：「四十二年，敬王崩。」（有本「二」作「三」，見王叔岷，《史記斠證》，頁 595～596、頁 601）。王叔岷以《左傳》哀公十九年：「冬，叔青如京師，敬王崩故也。」（即周敬王四十四年，西元前 476 年）等資料證梁說無誤。（見王叔岷，《史記斠證》，頁 595～596）。但學者對周敬王崩年看法仍不統一。史學界多從《左傳》，但陳夢家、楊寬、白壽彝等從《史記》（敬王四十三年崩），平勢隆郎從〈周本紀〉說。（見韓兆琦編著，《史記箋證》，頁 1196）。筆者按：《左傳》哀公十六年和〈十二諸侯年表〉楚惠王章十年（皆西元前 479 年）同記楚白公之亂，又同年〈十二諸侯年表〉魯欄位記孔子卒（秦悼公十二年），與〈秦本紀〉：「悼公十四年卒，孔子以悼公十二年卒」相合。以此爲基準推算，魯哀公十九年（西元前 476 年）的確應爲周敬王四十四年或周元王元年，乃合於〈六國年表〉第一欄「楚惠王章十三年」的記載。本文以「周敬王四十三年崩」爲基準，如此不必更動〈六國年表〉中的周王紀年，以便校讀。

孔子」，〔註54〕而〈十二諸侯年表〉實際上並未止於孔子卒的魯哀公十六年（西元前 479 年），而是下推到魯哀公十八年（西元前 477 年），這二年也無特別的大事，那麼爲甚麼司馬遷要把〈十二諸侯年表〉的終年由孔子卒下推二年呢？從編輯的角度大致可以推斷，使〈十二諸侯年表〉終於周敬王的卒年，可使整個〈十二諸候年表〉較具完整性，且其後的〈六國年表〉初始的周元王和秦厲共公剛好都是元年，在紀年對照上較爲清晰。舉例來說，若〈六國年表〉不始於周元王元年，而始於周定王元年（西元前468年），如此〈十二諸侯年表〉的終年不僅更遠離孔子卒年，且秦厲公時期的記事將會被割裂到〈十二諸侯年表〉。更重要的是，從〈六國年表〉秦厲共公開始的記事，司馬遷所選用的史料似乎與〈十二諸侯年表〉不盡相同，其中最顯著的例子就是秦表裡的記事。

〈六國年表〉周元王元年至八年的記事，與《左傳》記事的下限同疊，可以推想司馬遷大概參考了《左傳》的內容。這一部份僅有 11 條記事，其中便有 6 條所據史料可能爲《左傳》，如表 3-4 所示：

表 3-4　〈六國年表〉記事與《左傳》、《史記》其他篇章相關記事對照表

西元前（年）	國君紀年	〈六國年表〉記　事	《左傳》和《史記》相關記事
476	楚惠王章十三年	吳伐我。	《左傳》哀公十九年：十九年春，越人侵楚，以誤吳也。（1714）
			楚世家：楚惠王章十三年，吳王夫差彊，陵齊、晉，來伐楚。
475	楚惠王章十四年	越圍吳，吳怨。	《左傳》哀公二十年：十一月，越圍吳。（1716）
474	齊平公驁七年	越人始來。	《左傳》哀公二十一年：夏五月，越人始來。（1717）〔註55〕
473	楚惠王章十六年	越滅吳。（楚世家同）	《左傳》哀公二十二年：冬十一月丁卯，越滅吳……。（1719）
			吳太伯世家：二十三年十一月丁卯，越敗吳……越王滅吳……。

〔註54〕司馬遷，《史記・十二諸侯年表》，頁 511。

〔註55〕牛鴻恩指《左傳》所記「乃爲越派使通魯。而魯後被楚所滅，魯事附記於楚表，則此所記當指越使通齊。」（見韓兆琦編著，《史記箋證》，頁 1197）。筆者按：不知此處是否有可能爲後人抄錄之誤，而使楚表魯事入齊表？

			齊太公世家：平公八年，越滅吳。 魯周公世家：二十二年，越王句踐滅吳王夫差。 趙世家：定公三十七年卒，而簡子除三年之喪，期而已。是歲，越王句踐滅吳。
472	齊平公鶩九年	晉知伯瑤來伐我。	《左傳》哀公二十三年：夏六月，晉荀瑤伐齊，……齊師敗績，知伯親禽顏庚。（1721）
470	魏表無任何國君紀年	衞（莊）〔出〕公飲，大夫不解（履）〔襪〕，公怒，即攻公，公奔宋。	《左傳》哀公二十五年：夏五月庚辰，衞侯出奔宋，衞侯為靈臺于藉圃，與諸大夫飲酒焉，褚師聲子韤而登席，公怒，……故褚師比，公孫彌牟，公文要，司寇亥，司徒期因三匠與拳彌以作亂，皆執利兵，無者執斤，使拳彌入于公宮，而自大子疾之宮譟以攻公。（1724～1727）

其他另有 5 條不知出處的記事，除了楚表楚惠王章十九年「王子英奔秦」外，皆在秦表內：分別是秦厲共公：「（二年）蜀人來賂」、「（五年）楚人來賂」、「（六年）義渠來賂，（綠）〔緜〕諸乞援」、「（七年）彗星見」。這些記載均為《左傳》所無。由此可見，〈六國年表〉從秦厲共公開始，便已出現了不少《左傳》所沒有記載的記事。

再往前觀察〈十二諸侯年表〉是否也有像這樣並非出自於《左傳》的記事呢？由表 3-5 可略窺一二：

表 3-5　〈十二諸侯年表〉秦表穆公以後記事與《左傳》內相關記事對照表〔註 56〕

西元前（年）	秦國國君紀年	〈十二諸侯年表〉秦表穆公以後記事	《左傳》內相關記事
659		秦穆公任好元年	
656	四　年	迎婦于晉。	
651	九　年	夷吾使郤芮賂，求入。	《左傳》僖公九年：晉郤芮使夷吾重賂秦以求入……。（330）
650	十　年	丕鄭子豹亡來。	《左傳》僖公十年：丕鄭之如秦也，……丕豹奔秦……。（335～336）

〔註 56〕表內《左傳》文字引自楊伯峻注，《春秋左傳注》（北京：中華書局，1981 年）。括號中阿拉伯數字表示頁數。

649	十一年	救王伐戎，戎去。	《左傳》僖公十一年：秦、晉伐戎以救周。秋，晉侯平戎于王。（339）
647	十三年	丕豹欲無與，公不聽，輸晉粟，起雍至絳。	《左傳》僖公十三年：丕鄭之子豹在秦，請伐晉。秦伯曰：「其君是惡，其民何罪？」秦于是乎輸粟于晉，自雍及絳相繼，命之曰「汎舟之役」。（345）
645	十五年	以盜食善馬士得破晉。	《呂氏春秋・愛士》和《淮南子・氾論訓》有詳細故事。〔註 57〕
644	十六年	爲河東置官司。〔註 58〕	《左傳》僖公十五年：於是秦始征晉河東，置官司焉。（367）
641	十九年	滅梁。梁好城，相驚，故亡。	《左傳》僖公十九年：梁亡，不書其主，自取之也。初，梁伯好土功，亟城而弗處，民罷而弗堪，則曰：「某寇將至。」乃溝公宮，曰：「秦將襲我。」民懼而潰，秦遂取梁。（384～385）
637	二十二年	迎重耳於楚，厚禮之，妻之女。重耳願歸。	《左傳》僖公二十三年：及楚，楚之饗之，……乃送諸秦。秦伯納女五人，懷嬴與焉……。（408～411）
636	二十四年	以兵送重耳。	《左傳》僖公二十四年：三月，晉侯潛會秦伯于王城。己丑晦，公宮火，瑕甥、郤芮不獲公，乃如河上，秦伯誘而殺之。晉侯逆夫人嬴氏以歸。秦伯送衞於晉三千人，實紀綱之僕。（415）
635	二十五年	欲內王，軍河上。	《左傳》僖公二十五年：秦伯師于河上，將納王。（431）
632	二十八年	會晉伐楚朝周。	《左傳》僖公二十八年（經）：夏四月己巳，晉侯、齊師、宋師、秦師及楚人戰于城濮，楚師敗績。（448）
630	三十年	圍鄭，有言即去。	《左傳》僖公三十年：九月甲午，晉侯、秦伯圍鄭，……佚之狐言於鄭伯曰，國危矣，若使燭之武見秦君，……許之，夜縋而出，見秦伯曰……秦伯說，與鄭人盟，使杞子逢孫楊孫戍之，乃還。（479～482）
628	三十二年	將襲鄭，蹇叔曰不可。	《左傳》僖公三十二年：杞子自鄭使告于秦曰：「鄭人使我掌其北門之管，若潛師以來，國可得也。」穆公訪諸蹇叔，……蹇叔哭之，……秦師遂東。（489～491）

〔註 57〕見陳奇猷校釋，《呂氏春秋新校釋》（北京：中華書局，2002 年），頁 464。劉安編，何寧集釋，《淮南子集釋》（北京：中華書局，1998 年），頁 974～975。

〔註 58〕梁玉繩按：「事在十五年，《左傳》及《秦紀》可證，此誤後一年。」見氏著《史記志疑》，頁 335。

627	三十三年	襲鄭，晉敗我殽。	《左傳》僖公三十三年：三十三年春，秦師過周北門，……。及滑，鄭商人弦高，將市於周，遇之……。夏四月辛巳，敗秦師于殽，……。（494～498）
626	三十四年	敗殽將亡歸，公復其官。	《左傳》文公元年：殽之役，晉人既歸秦帥，秦大夫及左右皆言於秦伯曰：「是敗也，孟明之罪也，必殺之。」秦伯曰：……復使爲政。（516～517）
625	三十五年	伐晉報殽，敗我于汪。〔註 59〕	《左傳》文公二年：二年春，秦孟明視帥師伐晉，以報殽之役。二月，晉侯禦之。先且居將中軍，趙衰佐之。王官無地御戎，狐鞫居爲右。甲子，及秦師戰於彭衙。秦師敗績。（519）
624	三十六年	以孟明等伐晉，晉不敢出。	《左傳》文公三年：秦伯伐晉，濟河焚舟，取王官及郊。晉人不出，遂自茅津濟，封殽屍而還。遂霸西戎，用孟明也。（529）
623	三十七年	晉伐我，圍邧、新城。	《左傳》文公四年：秋，晉侯伐秦，圍刓、新城，以報王官之役。（534）
621	三十九年	繆公薨。葬殉以人，從死者百七十人，君子譏之，故不言卒。	《左傳》文公六年：秦伯任好卒，以子車氏之三子奄息、仲行、鍼虎爲殉，皆秦之良也。國人哀之，爲之賦《黃鳥》。君子曰：……君子是以知秦之不復東征也。（546～549）
620		秦康公罃元年	
617	四　年	晉伐我，取少梁。我伐晉，取北徵。	《左傳》文公十年：十年春，晉人伐秦，取少梁。夏，秦伯伐晉，取北徵。（575）
615	六　年	伐晉，取羈馬。怒與我大戰河曲。	《左傳》文公十二年：冬，秦伯伐晉，取羈馬。晉人禦之，趙盾將中軍，荀林父佐之。郤缺爲上軍，臾駢佐之。欒盾將下軍，胥甲佐之。范無恤御戎，以從秦師于河曲。（589～590）
614	七　年	晉詐得隨會。	《左傳》文公十三年：晉人患秦之用士會也，……乃使魏壽餘僞以魏叛者以誘士會，……既濟，魏人譟而還。（594～596）
608		秦共公和元年	
603		秦桓公元年	
601	三　年	晉伐我，獲諜。	《左傳》宣公八年：夏，會晉伐秦。晉人獲秦諜，……。（696）
582	二十二年	伐晉。	《左傳》成公九年：秦人白狄伐晉，諸侯貳故也。（846）

〔註 59〕「敗我于汪」一事，《左傳》未載，不知所據。

580	二十四年	與晉侯夾河盟，歸，倍盟。	《左傳》成公十一年：秦晉爲成，將會于令狐，晉侯先至焉，秦伯不肯涉河，次于王城，使史顆盟晉侯于河東，晉郤犨盟秦伯于河西，……秦伯歸而背晉成。（854～855）
578	二十六年	晉率諸侯伐我。	《左傳》成公十三年：五月丁亥，晉師以諸侯之師，及秦師戰于麻隧，秦師敗績……。（866）
576		秦景公元年	
564	十三年	伐晉，楚爲我援。	《左傳》襄公九年：秦景公使士雃乞師于楚，將以伐晉，楚子許之，……秋，楚子師于武城，以爲秦援。秦人侵晉。晉饑，弗能報也。（966）
563	十四年	晉伐我。	《左傳》襄公十年：晉荀罃伐秦，報其侵也。（978）
562	十五年	我使庶長鮑伐晉救鄭，敗之櫟。	《左傳》襄公十一年：秦庶長鮑、庶長武帥師伐晉以救鄭。……己丑，秦晉戰於櫟，晉師敗績，易秦故也。（994～995）
559	十八年	晉諸侯大夫伐我，敗棫林。	《左傳》襄公十四年：夏，諸侯之大夫從晉侯伐秦，……秦人毒涇上流，師人多死，鄭司馬子蟜帥鄭師以進，師皆從之，至于棫林，不獲成焉。（1008～1009）
548	二十九年	公如晉，盟不結。	（年表爲襄公二十四年）《左傳》襄公二十五年：秦伯車如晉蒞盟，成而不結。（1109）
541	三十六年	公弟后子奔晉，車千乘。	《左傳》昭公元年：秦后子有寵於桓，如二君於景，其母曰，弗去懼選，癸卯，鍼適晉，其車千乘。（1214）
537	四十年	公卒。后子自晉歸。	《左傳》昭公五年：秦后子復歸於秦，景公卒故也。（1272）
536		秦哀公元年	
506	三十一年	楚包胥請救。	《左傳》定公四年：初，伍員與申包胥友，……申包胥如秦乞師，……秦師乃出。（1547～1548）
501	三十六年	哀公薨。	
500		秦惠公元年 彗星見。	
499	二　年	生躁公、懷公、簡公。	
491	十　年	惠公薨。	
490		秦悼公元年	
477	十四年	卒，子厲共公立。	

可以明顯看出〈十二諸侯年表〉秦表從秦穆公以後的記事，乃大量引用了《左傳》的內容，雖偶有《左傳》所沒有記載的史事，不過數量不多，從穆公至惠公約一百八十年間僅4、5條，約略集中在秦惠公時，且僅僅只是世系、天文的記載，而並非是秦國與他國往來的關係大事。反觀秦厲共公時期則在短短七年間，便有4條記事是《左傳》所無，而且是直接呈現了秦國與他國往來的關係，這些記事當是依據《秦記》而來。也就是說〈六國年表〉從秦厲共公開始，司馬遷所採用的史料，其性質可能已與〈十二諸侯年表〉時代不同。總結而言，〈六國年表〉始自秦厲共公，一方面是基於時代斷限的完整，也因其紀年和周王始年能便於對照，另一方面還有所採用的史料不同於先前大都所據爲《左傳》的原因。

由此可見，在厲共公至孝公時期，司馬遷雖然已經掌握了《左傳》以外的史料，但這段時期的歷史，似乎並不是司馬遷在〈秦本紀〉中所想要強調的秦史主軸。因此，司馬遷採取了在〈六國年表〉記載較多，而〈秦本紀〉從略的形式。

不過，〈秦本紀〉從略的情況，大概從孝公開始有了轉變。〈秦本紀〉孝公時期的紀年數目雖然比〈六國年表〉秦表少了兩年，但是在記事內容上，卻較〈六國年表〉秦表爲詳細。例如〈秦本紀〉孝公元年記載了孝公面臨山東強國六的形勢而下令求賢之事，衛鞅因此而入秦國；以及三年衛鞅說孝公變法，甘龍、杜摯與之爭論；還有孝公死後商君被車裂之事。這些記事的篇幅都較〈六國年表〉詳細。關於衛鞅說孝公變法而與甘龍、杜摯爭論之事，〈秦本紀〉是這樣寫的：「三年，衛鞅說孝公變法修刑，內務耕稼，外勸戰死之賞罰，孝公善之。甘龍、杜摯等弗然，相與爭之。卒用鞅法，百姓苦之；居三年，百姓便之。乃拜鞅爲左庶長……。」〔註60〕《商君書・更法》有更詳細的記載，與〈商君列傳〉所記略同，但《商君書》的結尾是「於是遂出墾草令。」〔註61〕可見這是爲了出不出墾草令的一場辯論。墾草令今已亡佚，不過《商君書》中有〈墾令〉篇，共有二十條文，可能是墾草令的相關條文。〔註62〕司馬遷在〈秦本紀〉卻將這場關於墾草令的辯論，改寫成一場爲了整個變法行動的辯論了。從這裡也可以看出〈秦本紀〉的某些記事可能並不是出自於《秦記》。

〔註60〕司馬遷，《史記・秦本紀》，頁203。

〔註61〕高亨注釋，《商君書注釋》（北京：中華書局，1974年），頁13～18。

〔註62〕高亨注釋，《商君書注釋》，頁19～30。

另外，〈六國年表〉中完全沒有記載衛鞅入秦和說孝公變法之事，只記載了「（十年）衛公孫鞅爲大良造，伐安邑，降之」、「（十一年）城商塞。衛鞅圍固陽降之」、「（二十二年）封大良造商鞅」和「（二十四年）孝公薨。商君反，死彤地。」即使以「興壞之端」的標準，理應把衛鞅說孝公變法此一大事記入到表中。會有這種情況的產生，可能也是因爲司馬遷在編纂〈六國年表〉時所採用的原始史料並沒有把此事記載下來的關係。我們無法了解爲何原始史料中沒有記載此事。不過《編年記》中也有記載了「王稽、張祿死」（張祿即范雎）但沒有記載范雎入秦之事的這種書寫形式。〔註 63〕進一步而言，司馬遷沒有另外補充衛鞅說孝公變法的情事進入〈六國年表〉中，說明在資料的編輯和處理上，〈六國年表〉可能是較早作成的資料，因此保存了較原始、未經修改的形式。相對地，〈秦本紀〉則是根據了其他資料如《商君書》來補充、編寫而成。也就是說，司馬遷在撰寫〈秦本紀〉時，似乎在史料的選擇、運用上更具有彈性。

（3）〈六國年表〉秦表秦昭王時期的記事特色

司馬遷在〈太史公自序〉提到〈秦本紀〉撰述宗旨是「維秦之先，伯翳佐禹；穆公思義，悼豪之旅；以人爲殉，詩歌黃鳥；昭襄業帝。作秦本紀第五。」〔註 64〕除了先祖伯翳以外，僅提到穆公和昭王兩位君主。在〈秦本紀〉中，以篇幅或紀年數目而論，司馬遷記載最詳盡的也的確是秦穆公與秦昭王時期的記事。這證明司馬遷是有意在〈秦本紀〉中突顯穆公和昭王兩位君主的。不過，司馬遷對於這兩位君主的撰寫手法亦不同。秦穆公時期在編年之敘事中加入了幾個故事，例如用五羖羊皮贖回百里傒、義赦三百野人之事，這些故事在《呂氏春秋》或《淮南子》等先秦典籍中有相關的記載。〔註 65〕〈秦本紀〉秦昭王時期的部份，則完全由紀年資料所構成，56 年間僅僅缺少了 4 年記事。雖有著幾乎不間斷的連續紀年與記事，卻完全沒有記載任何對話或故事。

〔註 63〕《編年記》與可能具備官史性質的《秦記》不同，應是一種私人著述，因其內容有許多家族私事。可參見馬雍，〈論雲夢秦簡《編年記》書後〉，《雲夢秦簡研究》（臺北：帛書出版社，2005 年），頁 20。有人以爲《編年記》是墓主「喜」的年譜，但也有人認爲《編年記》是一種家譜和墓誌的混合物。見高敏，《睡虎地秦簡初探》（臺北：萬卷樓圖書公司，2000 年），頁 2。即使如此，《編年記》還是提供了些許線索使我們能對秦人記事的特性進行了解。

〔註 64〕司馬遷，《史記・太史公自序》，頁 3302。

〔註 65〕藤田勝久著，曹峰、廣瀨薰雄譯，《史記戰國史料研究》，頁 236～237。

〈秦本紀〉昭王時期有如此大量的連續紀年與記事，應是司馬遷擷取、抄錄《秦記》的結果。與〈六國年表〉相比，可知〈秦本紀〉昭王時的記事寫的相當集中，因爲〈六國年表〉秦表於昭王 56 年間缺少了 23 年的紀年。藤田勝久說這是因爲〈六國年表〉原本秦國的記事被分散到其他國家欄位去了。這樣看起來，司馬遷作〈六國年表〉的用意，似乎並不在於突顯秦的強盛，或是以秦爲主體來表述六國時事，否則司馬遷應該在〈六國年表〉秦表記載更多的史事才是。

如果從編輯的角度思考，或許當初司馬遷在撰寫〈六國年表〉時，便直接將《秦記》的內容作了取捨並分配到各國欄位中，以突顯各國的發展與天下大勢，因此，司馬遷並沒有刻意或一定要在秦表內寫入更多的史事。相對而言，〈秦本紀〉既於本紀前冠上了「秦」字，本身便是一篇「以秦爲主」的文字，司馬遷既然能直接從《秦記》抄錄相關的記事來表達秦的發展史，便不需要多倚靠其他的資料，昭王時期這一連串的記事，已充份展現出秦國當時的強大和昭王業帝之心。爲甚麼〈六國年表〉秦表和〈秦本紀〉看起來如此地不同，或許就是在所側重主題和編纂方式不同下所產生的結果。

（二）〈六國年表〉與〈秦本紀〉、〈秦始皇本紀〉的記事內容比較

進一步地問：〈六國年表〉與〈秦本紀〉、〈秦始皇本紀〉是否有從屬或參照的關係？爲了解這個問題，以下試利用《編年記》比較〈六國年表〉、〈秦本紀〉、〈秦始皇本紀〉記事的差異和正確度。〔註 66〕

二年，攻皮氏。

〈六國年表〉魏表：魏哀王（魏襄王）十三年（秦昭王元年）：秦擊皮氏，未拔而解。

〈魏世家〉魏哀王（魏襄王）十二年（秦武王四年）：秦來伐我皮氏，未拔而解。

〈樗里子甘茂列傳〉：昭王元年……還擊皮氏，皮氏未降，又去。

《竹書紀年》：魏襄王十二年（秦武王四年），秦公孫爰率師伐我，圍皮氏，翟章率

〔註 66〕以下粗體文字爲《編年記》記事，至五十六年爲秦昭王時期記事。在此爲節省篇幅，僅選取可以直接和〈六國年表〉、〈秦本紀〉、〈秦始皇本紀〉對照的《編年記》部份記事和其他可供對照的《史記》篇章。附表五·睡虎地秦墓竹簡《編年記》與《史記》相關記事對照表（本文頁 301～308），則有更詳細的內容可供參照。在此《史記》篇章凡沒有另外標明紀年的，則表示與《編年記》所記同年。

師救皮氏圍。疾西風。

按：楊寬以爲是役起於秦武王四年底，結束於昭王二年初。〔註 67〕

四年，攻封陵。

〈秦本紀〉僅記「取蒲阪」，沒有記攻封陵事。

〈六國年表〉魏表：「秦拔我蒲坂、晉陽、封陵。」

按：〈六國年表〉魏表可與《編年記》相互印證。

五年，歸蒲反

〈秦本紀〉：「魏王來朝應亭，復與魏蒲阪。」

〈六國年表〉魏表：「與秦會臨晉，復〔歸〕我蒲坂。」

按：〈秦本紀〉、〈六國年表〉魏表皆可與《編年記》相互印證。

六年，攻新城

〈秦本紀〉、〈六國年表〉秦表、魏表、韓表、楚表、齊表於此年僅記有秦伐楚之事。

按：此處「新城」所指不知爲韓之新城或楚之新城。

七年，新城陷。

〈秦本紀〉：「拔新城。」

〈六國年表〉秦表：擊楚，斬首三萬。

〈六國年表〉楚表：秦取我襄城，殺景缺。

〈楚世家〉：秦復攻楚，大破楚，楚軍死者二萬，殺我將軍景缺。懷王恐，乃使太子爲質於齊以求平。

按：〈秦本紀〉可與《編年記》相互印證。

又按：《正義》於〈秦本紀〉以〈楚世家〉和年表爲根據，說「新城」應作「襄城」。高敏以爲楚表之「襄城」爲「新城」之誤。〔註 68〕楊寬說「襄城」即「新城」。〔註 69〕據此可知楊寬認爲秦攻陷的乃楚之新城。

八年，新城歸。

按：《史記》缺載，可據《編年記》補。

〔註 67〕楊寬，《戰國史料編年輯證》，頁 597。
〔註 68〕高敏，《睡虎地秦簡初探》，頁 92、頁 103。
〔註 69〕楊寬，《戰國史料編年輯證》，頁 642。

九年，攻析。

〈秦本紀〉：奐攻楚，取八城，殺其將景快。

〈六國年表〉楚表：秦取我十六城。

〈楚世家〉：秦要懷王不可得地，楚立王以應秦，秦昭王怒，發兵出武關攻楚，大敗楚軍，斬首五萬，取析十五城而去。

按：〈楚世家〉有取析十五城之事，大略可印證楚表取十六城的記載，但〈秦本紀〉言「取八城，殺其將景快」之記載似乎有誤。鄭良樹提到梁玉繩或疑八城爲十六城之誤，或疑九年爲八年之錯置，無法判定其與本年攻析之關係，還言景缺、景快爲弟兄。《考證》疑〈秦本紀〉九年爲錯簡，且不知景缺、景快是否爲同一人。〔註 70〕

十三年，攻伊闕。

〈秦本紀〉：左更白起攻新城。

〈白起王翦列傳〉：昭王十三年，而白起爲左庶長，將而擊韓之新城。

按：高敏以爲新城在伊闕內。〔註 71〕

十四年，伊闕。

〈白起王翦列傳〉：昭王十三年，而白起爲左庶長，將而擊韓之新城。……其明年，白起爲左更，攻韓、魏於伊闕，斬首二十四萬，又虜其將公孫喜，拔五城。

按：高敏以爲「十四年，伊闕」後缺一「陷」字。〔註 72〕若如此，則知伊闕之役始於秦攻韓之新城，歷時兩年，〈秦本紀〉、秦表可與《編年記》相互印證。

十五年，攻魏。

〈秦本紀〉：大良造白起攻魏，取垣，復予之。攻楚，取宛。

〈白起王翦列傳〉：白起爲大良造。攻魏，拔之，取城小大六十一。

〈六國年表〉韓表：秦拔我宛城。

〈韓世家〉：秦拔我宛。

按：說見下

十六年，攻宛。

〈秦本紀〉：左更錯取軹及鄧。

〔註 70〕鄭良樹，〈讀雲夢《大事記》札記〉，收於《竹簡帛書論文集》（北京：中華書局，1983 年），頁 286。

〔註 71〕高敏，《睡虎地秦簡初探》，頁 89～90。

〔註 72〕高敏，《睡虎地秦簡初探》，頁 90。

按：〈秦本紀〉上一年「大良造白起攻魏，取垣，復予之。攻楚，取宛。」高敏云〈白起王翦列傳〉僅記攻魏而無取宛之事，且《正義》云宛時屬韓，可見〈秦本紀〉年代和國別均錯，應作昭王十六年攻韓取宛。〔註73〕另外，〈白起王翦列傳〉十五年所記「取城小大六十一」疑有誤，因秦表、魏表、〈魏世家〉記「取城大小六十一」事皆在十八年。

十七年，攻垣、枳。

〈秦本紀〉：秦以垣為蒲阪、皮氏。

〈白起王翦列傳〉：明年（昭王十六年），起與客卿錯攻垣城，拔之。

按：〈秦本紀〉十六年有「左更錯取軹及鄧」事，據《編年記》，〈秦本紀〉「取軹」事誤前一年。高敏以為〈秦本紀〉十七年漏載再度攻魏取垣之事。而〈白起王翦列傳〉昭王十六年事應作十七年。〔註74〕

十八年，攻蒲反。

〈秦本紀〉：錯攻垣、河雍，決橋取之。

〈六國年表〉秦表：客卿錯擊魏，至軹，取城大小六十一。

〈六國年表〉魏表：秦擊我。取城大小六十一。

〈魏世家〉：秦拔我城大小六十一。

按：據《編年記》，〈秦本紀〉「攻垣」事似誤後一年。高敏以為〈秦本紀〉十八年攻垣為攻蒲阪之誤。〔註75〕

廿年，攻安邑。

廿一年，攻夏山。

〈秦本紀〉：錯攻魏河內。魏獻安邑，秦出其人，募徙河東賜爵，赦罪人遷之。

〈六國年表〉秦表：魏納安邑及河內。

〈六國年表〉韓表：秦敗我兵夏山。

〈韓世家〉：秦敗我師于夏山。

按：〈六國年表〉韓表、〈韓世家〉可與《編年記》相互印證「攻夏山」事。

又按：〈秦本紀〉和秦表魏獻安邑事似可印證《編年記》上一年攻安邑事。

〔註73〕高敏，《睡虎地秦簡初探》，頁93。
〔註74〕高敏，《睡虎地秦簡初探》，頁95。
〔註75〕高敏，《睡虎地秦簡初探》，頁95。

廿四年，攻林。

〈秦本紀〉：與楚王會鄢，又會穰。秦取魏安城，至大梁，燕、趙救之，秦軍去。魏冄免相。

〈六國年表〉魏表：秦拔我安城，兵至大梁而還。

〈魏世家〉：秦拔我安城，兵到大梁，去。

按：高敏以為《戰國策・魏策》有攻林之事，乃在攻安城之後，因秦軍在林作戰失利，才有所謂「兵至大梁而還。」〔註 76〕

廿五年，攻茲氏。

〈秦本紀〉：拔趙二城。

〈六國年表〉趙表：秦拔我兩城。

〈趙世家〉：樂毅將趙師攻魏伯陽。而秦怨趙不與己擊齊，伐趙，拔我兩城。

按：高敏以為茲氏為趙地。〔註 77〕如此〈秦本紀〉、趙表、〈趙世家〉可與《編年記》相互印證。

廿六年，攻離石。

〈六國年表〉趙表、〈趙世家〉：秦拔我石城。

按：胡三省《通鑒注》云石城即西河離石縣，屬趙地。〔註 78〕如此可與《編年記》相互印證。

廿七年，攻鄧。

〈秦本紀〉：錯攻楚。赦罪人遷之南陽。白起攻趙，取代光狼城。又使司馬錯發隴西，因蜀攻楚黔中，拔之。

〈六國年表〉秦表：擊趙，斬首三萬。地動，壞城。

〈六國年表〉趙表：秦敗我軍，斬首三萬。

〈趙世家〉：秦（敗）〔取〕我二城。趙與魏伯陽。

按：說見下

廿八年，攻鄢。

〈秦本紀〉：大良造白起攻楚，取鄢、鄧，赦罪人遷之。

〔註 76〕高敏，《睡虎地秦簡初探》，頁 90。

〔註 77〕高敏，《睡虎地秦簡初探》，頁 88。

〔註 78〕鄭良樹，〈讀雲夢《大事記》札記〉，收於《竹簡帛書論文集》，頁 286。

〈六國年表〉楚表：秦拔鄢、西陵。

〈楚世家〉：秦將白起拔我西陵。

〈白起王翦列傳〉：後七年，白起攻楚，拔鄢、鄧五城。

按：〈六國年表〉楚表「秦拔鄢」可與《編年記》相互印證。〈秦本紀〉、〈白起王翦列傳〉將攻取鄢、鄧合爲一年。

廿九年，攻安陸。

〈秦本紀〉：大良造白起攻楚，取郢爲南郡，楚王走。

〈六國年表〉秦表：白起擊楚，拔郢，更東至竟陵，以爲南郡。

〈六國年表〉楚表：秦拔我郢，燒夷陵。王走陳。

〈魏世家〉：秦拔郢，楚王徙陳。

〈楚世家〉：秦將白起遂拔我郢，燒先王墓夷陵。

按：高敏以爲攻楚安陸爲取郢戰役的一個組成部份。〔註 79〕

卅二年，攻啟封。

〈秦本紀〉：相穰侯攻魏，至大梁，破暴鳶，斬首四萬，鳶走，魏入三縣請和。

〈六國年表〉魏表：秦拔我兩城，軍大梁下，韓來救，與秦溫以和。

〈六國年表〉韓表：暴鳶救魏，爲秦所敗，走開封。

〈韓世家〉：使暴䳒救魏，爲秦所敗，䳒走開封。

〈魏世家〉：又拔我二城，軍大梁下，韓來救，予秦溫以和。

〈穰侯列傳〉：昭王三十二年，穰侯爲相國，將兵攻魏，走芒卯，入北宅，遂圍大梁。……明年，魏背秦，與齊從親。秦使穰侯伐魏，斬首四萬，走魏將暴鳶，得魏三縣。穰侯益封。

按：高敏以爲啓封即開封，啓封改開封乃避漢景帝名諱。〔註 80〕如此韓表、〈韓世家〉可與《編年記》相互印證。〈穰侯列傳〉編年有誤。

卅三年，攻蔡、中陽。

〈秦本紀〉：客卿胡陽攻魏卷、蔡陽、長社，取之。擊芒卯華陽，破之，斬首十五萬。魏入南陽以和。

〈六國年表〉魏表、〈魏世家〉：秦拔我四城，斬首四萬。

〈穰侯列傳〉：昭王三十二年，穰侯爲相國，將兵攻魏，走芒卯，入北宅，遂圍大

〔註 79〕高敏，《睡虎地秦簡初探》，頁 88。

〔註 80〕高敏，《睡虎地秦簡初探》，頁 91。

梁。……明年，魏背秦，與齊從親。秦使穰侯伐魏，……明年，穰侯與白起客卿胡陽復攻趙、韓、魏，破芒卯於華陽下，斬首十萬，取魏之卷、蔡陽、長社，趙氏觀津。且與趙觀津，益趙以兵，伐齊。

按：〈魏世家〉、〈六國年表〉魏表有「秦拔我四城，斬首四萬」事，楊寬和高敏以爲此四城爲卷、蔡、中陽、長社，皆魏地，且皆認爲〈穰侯列傳〉紀年有誤。〔註81〕

卅四年，攻華陽。

〈秦本紀〉昭王三十三年：擊芒卯華陽，破之，斬首十五萬。

〈六國年表〉秦表：白起擊魏華陽軍，芒卯走，得三晉將，斬首十五萬。

〈周本紀〉：秦破華陽約。

〈韓世家〉：趙、魏攻我華陽。韓告急於秦，……敗趙、魏於華陽之下。

〈魏世家〉：秦破我及韓、趙，殺十五萬人，走我將芒卯。

〈趙世家〉惠文王二十五年（秦昭王三十三年）：燕周將，攻昌城、高唐，取之。與魏共擊秦。秦將白起破我華陽，得一將軍。

〈穰侯列傳〉：穰侯與白起客卿胡陽復攻趙、韓、魏，破芒卯於華陽下，斬首十萬，取魏之卷、蔡陽、長社，趙氏觀津。且與趙觀津，益趙以兵，伐齊。

〈白起王翦列傳〉：昭王三十四年，白起攻魏，拔華陽，走芒卯，而虜三晉將，斬首十三萬。

按：〈秦本紀〉、〈趙世家〉似誤前一年。

卅七年，□寇剛。

〈秦本紀〉：三十六年，客卿竈攻齊，取剛、壽，予穰侯。

〈六國年表〉齊表：秦、楚擊我剛壽。

〈田世家〉：秦擊我剛壽。

〈穰侯列傳〉：昭王三十六年，相國穰侯言客卿竈，欲伐齊取剛、壽，以廣其陶邑。

按：高敏以爲「卅七年，□□剛」爲「攻壽剛」，齊表正確，〈秦本紀〉、〈穰侯列傳〉皆誤。〔註82〕如此齊表、〈田世家〉可與《編年記》相互印證。

卅八年，閼輿。

〈秦本紀〉：中更胡（傷）〔陽〕攻趙閼與，不能取。

〔註81〕見高敏，《睡虎地秦簡初探》，頁91。及楊寬，《戰國史料編年輯證》，頁882～883。

〔註82〕高敏，《睡虎地秦簡初探》，頁94。

〈六國年表〉韓表桓惠王三年（秦昭王三十七年）：秦擊我閼與城，不拔。

〈六國年表〉趙表惠文王二十九年（秦昭王三十七年）：秦（拔我）〔攻韓〕閼與。趙奢將擊秦，大敗之，賜號曰馬服。

〈趙世家〉惠文王二十九年（秦昭王三十七年）：秦韓相攻，而圍閼與。趙使趙奢將，擊秦，大破秦軍閼與下，賜號爲馬服軍。

〈廉頗藺相如列傳〉惠文王二十九年（秦昭王三十七年）：秦伐韓，軍於閼與。王召廉頗而問曰……王乃令趙奢將，救之。……趙奢縱兵擊之，大破秦軍。秦軍解而走，遂解閼與之圍而歸……。

按：高敏和鄭良樹以爲〈秦本紀〉的紀年正確，其他皆誤。〔註 83〕

卅九年，攻懷。

〈六國年表〉魏表：秦拔我懷城。

〈魏世家〉：秦拔我懷。

〈范睢蔡澤列傳〉：卒聽范睢謀，使五大夫綰伐魏，拔懷。後二歲，拔邢丘。

按：〈六國年表〉魏表可與《編年記》相互印證。〈范睢蔡澤列傳〉引《集解》徐廣語：「亦作三十九年『聽范睢謀，使五大夫綰伐魏拔懷。』」可見幾者所載也基本相同。〔註 84〕

卌一年，攻邢丘。

〈秦本紀〉：四十一年夏，攻魏，取邢丘、懷。

〈六國年表〉魏表：秦拔我廩丘。

〈魏世家〉：秦拔我郪丘。

〈范睢蔡澤列傳〉：卒聽范睢謀，使五大夫綰伐魏，拔懷。後二歲，拔邢丘。

按：〈秦本紀〉誤將「攻魏，取邢丘、懷」合作於一年事。

按：〈六國年表〉魏表：秦拔我廩丘。徐廣注「或作邢丘。」又出土秦律治獄案例兩次提到邢丘，高敏以「廩丘、郪丘」爲邢丘之誤。〔註 85〕〈范睢蔡澤列傳〉可與《編年記》相互印證。

卌二年，攻少曲。

〔註 83〕見高敏，《睡虎地秦簡初探》，頁 94。及鄭良樹，〈讀雲夢《大事記》之史料價值〉，收於《竹簡帛書論文集》（北京：中華書局，1983 年），頁 276～277。

〔註 84〕高敏，《睡虎地秦簡初探》，頁 86。

〔註 85〕高敏，《睡虎地秦簡初探》，頁 94。

〈范雎蔡澤列傳〉：范雎相秦二年，秦昭王之四十二年，東伐韓少曲、高平，拔之。

按：〈范雎蔡澤列傳〉可與《編年記》相互印證。

卌四年，攻太行，·□攻。

〈秦本紀〉：攻韓南（郡）〔陽〕，取之。

〈六國年表〉秦表：（秦）攻韓，取南陽。

〈六國年表〉韓表：秦擊我太行。

〈韓世家〉：秦擊我於太行，我上黨郡守以上黨郡降趙。

按：〈六國年表〉韓表、〈韓世家〉可與《編年記》相互印證。

卌五年，攻大野王。

〈秦本紀〉：五大夫賁攻韓，取十城。

〈六國年表〉秦表：（秦）攻韓，取十城。

〈白起列傳〉：伐韓之野王。野王降秦，上黨道絕。

按：〈白起列傳〉似可與《編年記》相互印證。

卌六年，攻□亭。

卌七年，攻長平。

〈秦本紀〉：秦攻韓上黨，上黨降趙，秦因攻趙，趙發兵擊秦，相距。秦使武安君白起擊，大破趙於長平，四十餘萬盡殺之。

〈六國年表〉秦表：白起破趙長平，殺卒四十五萬。

〈六國年表〉趙表（秦昭王四十六年）：使廉頗拒秦於長平。

〈韓世家〉（秦昭王四十八年）：秦拔趙上黨，殺馬服子卒四十餘萬於長平。

〈趙世家〉（秦昭王四十八年）：七（年）〔月〕，〔註 86〕廉頗免而趙括代將。秦人圍趙括，趙括以軍降，卒四十餘萬皆阬之。……王還，不聽秦，秦圍邯鄲。

〈田世家〉（秦昭王四十八年）：秦攻趙，齊楚救之。……秦破趙於長平四十餘萬，遂圍邯鄲。

〈白起王翦列傳〉（秦昭王四十七年）：秦使左庶長王齕攻韓，取上黨。上黨民走趙。……趙軍長平，以按據上黨民。四月，齕因攻趙。趙使廉頗將。……趙軍士卒犯秦斥兵，秦斥兵斬趙裨將茄。六月，陷趙軍，取二鄣四尉。七月，趙軍築壘

〔註 86〕中華書局點校本據梁玉繩說改七年爲七月，楊寬引〈趙奢列傳〉、〈春申君列傳〉、〈韓世家〉斥之，今從楊寬說。見楊寬，《戰國史料編年輯證》，頁 972。

壁而守之。……廉頗堅壁以待秦，秦數挑戰，趙兵不出。趙王數以爲讓。……因使趙括代廉頗將以擊秦。……至九月，趙卒不得食四十六日，……括軍敗，卒四十萬人降武安君。

〈廉頗藺相如列傳〉（秦昭王四十八年）：括軍敗，數十萬之眾遂降秦，秦悉阬之。趙前後所亡凡四十五萬。

按：〈秦本紀〉、秦表、〈白起王翦列傳〉皆可與《編年記》相互印證。其中〈白起王翦列傳〉不僅合於《編年記》，又詳載年、月。〈六國年表〉趙表、〈韓世家〉、〈趙世家〉、〈田世家〉、〈廉頗藺相如列傳〉則不如〈白起王翦列傳〉精確。

卌八年，攻武安。

〈秦本紀〉：四十八年十月，韓獻垣雍。秦軍分爲三軍。武安君歸。王齕將伐趙（武安）皮牢，拔之。司馬梗北定太原，盡有韓上黨。正月，兵罷，復守上黨。其十月，五大夫陵攻趙邯鄲。

〈白起王翦列傳〉：四十八年十月，秦復定上黨郡。秦分軍爲二：王齕攻皮牢，拔之；司馬梗定太原。韓、趙恐，使蘇代……正月，皆罷兵。……秦王使王齕代陵將，八九月圍邯鄲，不能拔。楚使春申君及魏公子將兵數十萬攻秦軍，秦軍多失亡。……於是免武安君爲士伍，遷之陰密。武安君病，未能行。居三月，諸侯攻秦軍急，秦軍數卻，使者日至。……安君之死也，以秦昭王五十年十一月。

按：〈秦本紀〉可與《編年記》相互印證，中華書局點校本誤以爲「武安」爲衍。這裡〈秦本紀〉、〈白起王翦列傳〉的月份似有誤。

〔五十年〕，攻邯鄲。

〈秦本紀〉：五十年十月，武安君白起有罪，爲士伍，遷陰密。張唐攻鄭，拔之。十二月，益發卒軍汾城旁。武安君白起有罪，死。齕攻邯鄲，不拔，去，還奔汾軍。

〈六國年表〉秦表：王齕、鄭安平圍邯鄲，及齕還軍，拔新中。

〈六國年表〉魏表：公子無忌救邯鄲，秦兵解去。

〈六國年表〉趙表：秦圍我邯鄲，楚、魏救我。

〈六國年表〉楚表：春申君救趙。

〈魏世家〉：秦圍邯鄲，信陵君無忌矯奪將軍晉鄙兵以救趙，趙得全。無忌因留趙。

〈趙世家〉：孝成王八年（秦昭王四十九年）：平原君如楚請救，還，楚來救，及魏公子無忌亦來救，秦圍邯鄲乃解。

〈楚世家〉：秦圍邯鄲，趙告急楚，楚遣將軍景陽救趙。七年（秦昭王五十一年），至新中。秦兵去。

〈燕世家〉：秦圍邯鄲者解去。

按：〈趙世家〉疑誤前一年。

五十一年，攻陽城。

〈秦本紀〉：將軍摎攻韓，取陽城、負黍，斬首四萬。

〈周本紀〉：秦取韓陽城負黍，西周恐，倍秦，與諸侯約從，將天下銳師出伊闕攻秦，令秦無得通陽城。秦昭王怒，使將軍摎攻西周。

〈六國年表〉韓表：秦擊我陽城，救趙新中。

〈韓世家〉：秦拔我陽城、負黍。

按：〈秦本紀〉、〈周本紀〉、韓表、〈韓世家〉可與《編年記》相互印證。

〔五十二〕年，王稽、張祿死。

按：〈六國年表〉秦表：「王稽棄市」可與《編年記》相互印證。

五十六年，後九月，昭死。正月，速產。

〈秦本紀〉：五十六年秋，昭襄王卒，子孝文王立。

〈六國年表〉：表可知；魏世家、韓世家、燕世家：（秦昭王卒。）

〈楚世家〉：秦昭王卒，楚王使春申君弔祠于秦。

按：〈秦本紀〉、表等皆可與《編年記》相互印證。

孝文王元年，立即死。

〈秦本紀〉：孝文王元年，赦罪人，修先王功臣，褒厚親戚，弛苑囿。孝文王除喪，十月己亥即位，三日辛丑卒，子莊襄王立。

按：〈秦本紀〉可與《編年記》相互印證。〈六國年表〉秦孝文王佔一年。

莊王三年，莊王死。

表可知

〈秦本紀〉：五月丙午，莊襄王卒，子政立，是爲秦始皇帝。

〈楚世家〉：秦莊襄王卒，秦王趙政立。

按：〈秦本紀〉、表等可與《編年記》相互印證。

今元年，喜傅。

按：從〈六國年表〉可知爲始皇帝元年。

三年，卷軍。八月，喜揄吏。

〈秦始皇本紀〉：二年，麃公將卒攻卷，斬首三萬。

按：〈秦始皇本紀〉似誤前一年。

十五年，從平陽軍。

〈秦始皇本紀〉：桓齮攻趙平陽，殺趙將扈輒，斬首十萬。王之河南。正月，彗星見東方。十月，桓齮攻趙。

〈六國年表〉秦表：桓齮擊平陽，殺趙扈輒，斬首十萬，因東擊。趙王之河南。彗星見。

〈六國年表〉趙表：秦拔我平陽，敗扈輒，斬首十萬。

〈趙世家〉：秦攻武城，扈輒率師救之，軍敗，死焉。

〈秦始皇本紀〉十四年：攻趙軍於平陽，取宜安，破之，殺其將軍。桓齮定平陽、武城。

〈六國年表〉秦表十四年：桓齮定平陽、武城、宜安。

按：〈秦始皇本紀〉和秦表於十四、十五年都有擊取平陽事，疑記載有誤，或秦、趙曾在平陽決戰兩次。

十六年，七月丁巳，公終。自占年。

〈秦始皇本紀〉：十六年九月，發卒受地韓南陽假守騰。初令男子書年。魏獻地於秦。

按：高敏以爲「自占年」即強制農民階級向官府自報年齡以備徵發服役。〔註 87〕

十七年，攻韓。

〈秦始皇本紀〉：內史騰攻韓，得韓王安，盡納其地，以其地爲郡，命曰潁川。

〈六國年表〉秦表：內史（勝）〔騰〕擊得韓王安，盡取其地，置潁川郡。

〈韓世家〉：秦虜王安，盡入其地爲潁川郡，韓遂亡。

〈六國年表〉韓表：秦虜王安，秦滅韓。

〈燕世家〉：秦虜滅韓王安，置潁川郡。

〈楚世家〉楚幽王九年（秦始皇十八年）、〈田世家〉：秦滅韓。

按：〈秦始皇本紀〉、秦表等可與《編年記》相互印證。〈楚世家〉誤後一年。

〔註 87〕高敏，《睡虎地秦簡初探》，頁 89。

十八年，攻趙。正月，恢生。

〈秦始皇本紀〉：大興兵攻趙，王翦將上地，下井陘，端和將河內，羌瘣伐趙，端和圍邯鄲城。

〈趙世家〉：秦人攻趙，趙大將李牧、將軍司馬尚將，擊之。李牧誅，司馬尚免，趙怱及齊將顏聚代之。趙怱軍破，顏聚亡去。以王遷降。

按：〈秦始皇本紀〉、〈趙世家〉可與《編年記》相互印證。

廿二年，攻魏梁。

〈秦始皇本紀〉：王賁攻魏，引河溝灌大梁，大梁城壞，其王請降，盡取其地。

〈六國年表〉秦表：王賁擊魏，得其王假，盡取其地。

〈魏世家〉：秦灌大梁，虜王假，遂滅魏以為郡縣。

〈楚世家〉、〈田世家〉、〈燕世家〉：秦滅魏。

按：〈秦始皇本紀〉、〈六國年表〉魏表等可與《編年記》相互印證。

廿三年，興，攻荊，□□守陽□死。四月，昌文君死。

〈秦始皇本紀〉：秦王復召王翦，彊起之，使將擊荊。取陳以南至平輿，虜荊王。秦王游至郢陳。荊將項燕立昌平君為荊王，反秦於淮南。

〈六國年表〉秦表：王翦、蒙武擊破楚軍，殺其將項燕。

〈楚世家〉：秦將王翦破我軍於蘄，而殺將軍項燕。

〈六國年表〉楚表：秦破我將項燕。

〈白起王翦列傳〉：王翦果代李信擊荊……大破荊軍。至蘄南，殺其將軍項燕，荊兵遂敗走。秦因乘勝略定荊地城邑。歲餘，虜荊王負芻，竟平荊地為郡縣。

〈蒙恬列傳〉：蒙武為秦裨將軍，與王翦攻楚，大破之，殺項燕。

按：〈秦始皇本紀〉、〈白起王翦列傳〉等可與《編年記》相互印證。

〔廿八〕年，今過安陸。

〈秦始皇本紀〉：始皇東行郡縣，上鄒嶧山。立石，與魯諸儒生議，刻石頌秦德，議封禪望祭山川之事。乃遂上泰山，立石，封，祠祀。下，風雨暴至，休於樹下，因封其樹為五大夫。禪梁父。刻所立石，其辭曰：……上自南郡由武關歸。

〈六國年表〉秦表：為阿房宮。之衡山。治馳道。帝之琅邪，道南郡入。為太極廟。賜戶三十，爵一級。

按：秦始皇東巡郡縣時，可能經過安陸。

綜上，如果以《編年記》爲根據，可知〈六國年表〉、〈秦本紀〉兩者雖然都有獨有而不見於他篇的記事（例如〈六國年表〉魏表於昭王四年所記拔封陵事爲〈秦本紀〉所無，而〈秦本紀〉昭王十五年攻魏之事，年表則缺載），且〈六國年表〉、〈秦本紀〉兩者記事、紀年矛盾的地方也相當地多，不過整體而言，〈六國年表〉紀年記事有較高的正確度（只有攻軹、閼與之戰和長平之戰的紀年可能有誤），而〈秦本紀〉紀年記事錯誤或有疑義的地方遠較〈六國年表〉爲多（如昭王九年拔八城殺景快事和十五年攻魏拔城六十一事疑有錯簡；取宛、取枳事疑誤前一年、第二次攻垣事疑誤後一年；還有把兩年事混爲一年之事：如把攻鄧、攻鄢記爲同年之事；把應間隔二年的取邢丘、懷之事也列爲同一年。又如攻華陽事和攻壽剛事，疑誤前一年。昭王三十三年的「客卿胡陽攻魏卷、蔡陽、長社，取之」則是把蔡、中陽兩個地名誤爲蔡陽。）僅在閼與之戰和長平之戰的記載，〈秦本紀〉似較〈六國年表〉正確。

如果司馬遷曾相互參照、比對〈秦本紀〉與〈六國年表〉的內容，應不至於在兩者間產生如此多不同的矛盾與錯誤。由此看來，〈秦本紀〉、〈六國年表〉應該是根據原始史料所分別編纂出來的。那麼，爲甚麼司馬遷不直接根據可能是已先編寫好的〈六國年表〉來當作〈秦本紀〉的編年史料呢？最大的原因應該是因爲兩者皆可以直接使用《秦記》作爲原始史料來編年（而且《秦記》中可能有不同的編年資料），所以〈秦本紀〉不需要像世家一樣依靠〈六國年表〉來另外作編年的動作，又加上〈秦本紀〉的史料結構較爲複雜，因此司馬遷可能在抄錄的過程中產生了錯誤。

另外，筆者觀察到在世家中，常有「某年，某他國國君（或他國要員）卒」或「某年，某他國國君立」的獨立記事之記載，然而，在〈秦本紀〉和〈秦始皇本紀〉中，完全沒有這類的記載。如表 3-6 所示：

表 3-6　《史記》世家內某他國國君（或他國要員）卒或某他國國君立之記載（戰國部份）

魏世家	
378 魏武侯九年	翟敗我于澮。使吳起伐齊，至靈丘。齊威王初立。
362 魏惠王九年	與秦戰少梁，虜我將公孫痤，取龐。秦獻公卒，子孝公立。
350 魏惠王二十一年	與秦會彤。趙成侯卒。

343 魏惠王二十八年	齊威王卒。中山君相魏。
338 魏惠王三十三年	秦孝公卒，商君亡秦歸魏，魏怒，不入。
251 魏安釐王二十六年	秦昭王卒。
246 魏安釐王三十一年	秦王政初立。
韓　世　家	
307 韓襄王五年	秦拔我宜陽，斬首六萬。秦武王卒。
251 韓桓惠王二十二年	秦昭王卒。
趙　世　家	
338 趙肅侯十二年	秦孝公卒，商君死。
335 趙肅侯十五年	起壽陵。魏惠王卒。
310 趙武靈王十六年	秦惠王卒。王遊大陵。
246 趙孝成王二十年	秦王政初立。秦拔我晉陽。
楚　世　家	
247 楚考烈王十六年	秦莊襄王卒，秦王趙政立。
235 楚幽王三年	幽王三年，秦、魏伐楚。秦相呂不韋卒。
燕　世　家	
343 燕文公十九年	齊威王卒。
251 今王喜四年	秦昭王卒。
246 燕王喜九年	秦王政初即位。
245 燕王喜十年	趙使廉頗將攻繁陽，拔之。趙孝成王卒，悼襄王立。
236 燕王喜十九年	秦拔趙之鄴九城。趙悼襄王卒。
田　世　家	
335 齊宣王八年	復會甄。魏惠王卒。
311 齊湣王十三年	秦惠王卒。

世家「某年，某他國國君卒」這樣子的記載，很可能是直接抄錄自〈六國年表〉。因爲若是要把各別世家記載每一位國君或要員卒的事件，分別抄錄到〈六國年表〉中，其紀年要能完全對應並符合表中的紀年，不僅曠日廢時，也幾乎是不可能之事。反過來說，從已經編年好的〈六國年表〉抄錄各國國君的卒年到世家，則完全沒有這種問題，因爲從年表表體本身的設計便可以直接看出某國國君是於某年立或卒的，不論在資料編輯或引用上，顯然方便

許多。這是表先較世家作成的一個證據。

除此之外，在世家中「某某國君卒」這樣子的記載，還可以有一種功能，就是在敘事中以事件來提示一個明確的年份，以方便對照。《史記》中另有「是歲，……」這種形式的記載，也具備了這種提示的功能。最顯著的例子是〈周本紀〉於「二十四年，崩，子安王驕立」後突兀地插入了「是歲盜殺楚聲王」一句。《史記》全書中僅〈楚世家〉、六國楚表和〈周本紀〉記載「盜殺楚聲王」一事，「盜殺楚聲王」和周有甚麼關聯性？令人費解。但如果從編輯的角度來看，則司馬遷插入此事於〈周本紀〉中，可能就是爲了藉著同一年發生的事件來提示明確的時間紀年。茲將爾能具有這類性質的記事匯集爲表 3-7：

表 3-7 《史記》〈周本紀〉和世家內「是歲……」之記載（戰國部份）

周　本　紀	
402 周威烈王二十四年	二十四年，崩，子安王驕立。是歲盜殺楚聲王。
韓　世　家	
387 韓列侯十三年	列侯卒，子文侯立。是歲魏文侯卒。
趙　世　家	
475 趙簡子四十三年	定公三十七年卒，而簡子除三年之喪，期而已。是歲，越王句踐滅吳。
387 趙烈侯十三年	武公十三年卒，趙復立烈侯太子章，是爲敬侯。是歲，魏文侯卒。
楚　世　家	
311 楚懷王十八年	是歲，秦惠王卒。
228 楚幽王十年	十年，幽王卒，同母弟猶代立，是爲哀王。……是歲，秦虜趙王遷。
燕　世　家	
403 燕湣公三十一年	湣公三十一年卒，釐公立。是歲，三晉列爲諸侯。
362 燕桓公十一年	桓公十一年卒，文公立。是歲，秦獻公卒，秦益彊。
222 燕王喜三十三年	三十三年，秦拔遼東，虜燕王喜，卒滅燕。是歲，秦將王賁亦虜代王嘉。
田　世　家	
379 齊康公二十六年	（桓公午）六年，救衞。桓公卒，子威王因齊立。是歲，故齊康公卒，絕無後，奉邑皆入田氏。

可以發現，在各國紀年記事裡，唯獨〈秦本紀〉和〈秦始皇本紀〉不曾出現這種例子，這應當是因爲秦有連續又豐富的紀年資料，而且以《秦記》作爲編纂的主軸就足夠了，並不需要以「某他國國君卒」這樣子的記載來提示紀年。〔註 88〕這樣子的編輯方法，大概是司馬遷編輯戰國史料前就已經設定好的。

第三節 〈六國年表〉與〈趙世家〉的關係——兼論所謂「趙紀年」的使用

編年和記事，是構成〈六國年表〉的兩個要件。既然已知〈六國年表〉所依據的主要史料爲《秦記》，那麼〈六國年表〉必無可避免地引援了《秦記》裡面的紀年和內容。但是除了《秦記》之外，司馬遷還可能還利用了甚麼資料來組成〈六國年表〉的紀年和內容呢？第一章已述及楊寬說司馬遷是根據《秦記》和戰國縱橫家的資料來撰寫戰國史的。藤田勝久則認爲司馬遷利用的戰國史紀年資料主要有三種，一是各國的紀年資料，主要是指秦紀年和趙紀年，趙紀年指的是出自於一種趙國內部史料的原始編年；二是世系的資料，主要指〈秦始皇本紀〉附編而言；〔註 89〕三是由戰國故事內部的紀年，和由戰國故事推測的紀年資料。〔註 90〕這對我們了解〈六國年表〉的構成提供了些許想法和線索。這裡所想要探討的問題是，〈六國年表〉裡到底有沒有所謂的趙紀年呢，若有，它會被運用在甚麼地方？而趙紀年和趙國史料以及〈六國年表〉又有甚麼關係？

如果比較〈六國年表〉趙表與〈趙世家〉的紀年與記事，會發現兩者具有很大的差異。一般而言，〈六國年表〉魏、韓、楚、燕、田齊的紀年，與相

〔註 88〕〈秦本紀〉和〈秦始皇本紀〉雖然分別有「孝公卒，子惠文君立。是歲，誅衛鞅」和「二十七年，始皇巡隴西、北地，……。是歲，賜爵一級。治馳道」這兩條記載，不過均是指本國同年發生之事，不是記載外國之事，這是需要特別說明的地方。

〔註 89〕司馬遷在〈三代世表〉序文曾說「余讀諜記，黃帝以來皆有年數……於是以五帝繫諜、尚書集世，紀黃帝以來訖共和爲世表。」(《史記》，頁 488)。〈十二諸侯年表〉序文則以「太史公讀《春秋曆譜諜》……」開頭。(《史記》，頁 509)。司馬遷在編輯〈六國年表〉時應該也運用了像曆譜諜這樣子的資料，但司馬遷沒有明言他根據甚麼資料去建構〈六國年表〉內的君王世系，而〈六國年表〉所記的君王世系和現在的《世本》輯本所記世系也不盡相同。

〔註 90〕藤田勝久著，曹峰、廣瀨薰雄譯，《史記戰國史料研究》，頁 133、頁 451～455。

對應世家的戰國紀年大體一致，唯獨〈趙世家〉的紀年數目遠較〈六國年表〉趙表爲多。這從附表 1-5（〈六國年表〉趙表與〈趙世家〉記事對照表，本文頁 205～226）很明顯可以看出來。

不僅紀年如此，〈趙世家〉的記事，相對於〈六國年表〉趙表或其他世家，也具有相當特殊的性質。大致說來，〈趙世家〉內有許多先秦典籍內所沒有，且在《史記》中也屬於絕無僅有的記事。明、清時早已有學者觀察到這點，如歸有光曰：「〈趙世家〉文字周詳，是趙有史，其他想無全書。」方苞曰：「秦燒《詩》、《書》，傳記尤甚，故五國之事迹，《春秋傳》、《國語》、《國策》外，見者甚稀，獨趙先世事迹特詳，豈與秦爲同祖，簡襄以前之史記無所刺譏者皆存而不廢歟？」吳汝綸曰：「史公明言獨有《秦記》，則六國無史可知，〈趙世家〉所載多小說家言，史公好奇，罔羅放失而得之，非趙史也。」梁玉繩曰：「史於秦、趙多紀不經之夢，〈趙世家〉載宣子、簡子、主父、孝成之夢，不一而足，何夢之多乎？」〔註 91〕由此可以看出〈趙世家〉記事較其他世家爲詳，其中還記載了許多關於神怪、夢境之事。雖不知這類夢境之事是否爲所謂「小說家言」，然根據現有資料，我們大略可以推測〈趙世家〉所用之史料來源是相當豐富的。〔註 92〕

最值得注意的是，〈趙世家〉記載了趙君的四個夢境，此四夢不知出處爲何，卻幾乎已貫串了趙國重要發展時期的歷史，內容或有關聯，有可能是出

〔註 91〕上引自劉咸炘，《太史公書知意》，收於《劉咸炘學術論集・史學篇（上）》，頁 80～81。

〔註 92〕據學者研究，〈趙世家〉至少在春秋時期（約趙襄子以前）的記事，與《左傳》關係甚大。藤田勝久舉例：1.趙夙因功受賜耿地之事，《春秋》經文、《穀梁》、《公羊》皆無載，只有《左傳》閔公元年有相同記載。2.〈晉世家〉記載趙衰隨重耳亡命，後被晉文公委以國政（〈趙世家〉云：語在晉事中），亦是《春秋》經文、《穀梁》、《公羊》皆無載，只有《左傳》僖公二十三、二十四年有相同記載。3.趙盾擁立靈公，靈公被殺之事，〈趙世家〉略記之，而詳載於〈晉世家〉，事見《左傳》文公六年、七年及宣公二年。且〈趙世家〉記「趙盾弒其君」之語與《左傳》的解經相同。4.趙簡子（趙鞅）被范、中行氏討伐而逃奔晉陽，後與韓、魏共滅范、中行氏之事，也是《左傳》定公十三、十四年記事的概略。且「趙鞅以晉陽叛」的評語乃是引用《左傳》解經之文。見藤田勝久，《史記戰國史料研究》，頁 273～275。此外，司馬遷另外用了許多故事擴充〈趙世家〉的內容，以〈六國年表〉相對應的時代而言，大約有十四例。大部份可以在先秦典籍如《韓非子》、《呂氏春秋》或以爲戰國縱橫家故事爲基礎編纂的《戰國策》等資料中找到相對應的內容，詳見附表 2-4（〈趙世家〉所記戰國故事可能出處表），本文頁 267～269。

於同一史料。李景星云：「尤其妙者，在以四夢爲點綴，使前後骨節通靈。趙盾爲夢，爲趙氏中衰趙武復興伏案也；趙簡子之夢，爲滅中行氏滅智伯等事伏案也；趙武靈王之夢，爲廢嫡立幼以致禍亂伏案也；趙孝成王之夢，爲貪地受降喪卒長平伏案也。」〔註 93〕第一個夢境是趙盾夢見祖先叔帶抱著他痛哭隨後又大笑，後發生屠岸賈滅趙氏與程嬰立孤、趙氏復興之事。〔註 94〕第二個夢境是趙簡子生病，夢至帝所，他射死一熊一羆，帝賜予二竹器，又給一翟犬，要他等其子壯，賜之。上帝且預言：晉將衰至七世而亡、嬴姓將大敗衛人於趙地之西，〔註 95〕上帝並允諾將舜的後代孟姚嫁給其七世孫。〔註 96〕後來趙簡子在路上遇到擋路人爲他解夢，告知他晉國將有大難，主君首當其衝；簡子將滅晉國二卿（范、中行氏），其子將在翟滅兩子姓之國（代、知氏）。翟犬就是「代」之先祖，還有子孫將胡服之事。後來這些事情都一一應驗。第二夢和第三夢間則穿插了趙襄子拜受霍泰山三天使之令滅知氏，且告之將賜其林胡，其子孫將南伐晉別，北滅黑姑之事。第三個夢境是趙武靈王夢見處女鼓琴歌而得吳娃，與第二個夢境相應。吳娃即孟姚，也就是惠后，所生子趙何後被立爲惠文王，爲武靈王後來廢嫡立幼之事埋下伏筆。第四個夢境是趙孝成王之夢，他夢見他穿左右兩色之衣乘龍飛上天，未至而墜落，見到金玉堆積如山，筮史官告訴他這是不祥之兆。三天後韓上黨守將派人請降，

〔註 93〕李景星，《四史評議》，頁 45～46。

〔註 94〕〈晉世家〉與〈趙世家〉中皆記載了韓厥對晉侯的諫言，前者承襲《左傳》爲說，後者已被多位學者批評並非信史。從〈晉世家〉的記載可知司馬遷確實讀過《左傳》。但是，爲甚麼司馬遷要於〈趙世家〉另記異說，甚至是另創文本？〈趙世家〉記載趙盾之夢，趙史援占之，曰：「此夢甚惡，非君之身，乃君之子，然亦君之咎。」可見在〈趙世家〉中，禍端產生的原因，似乎是順著「趙盾弒其君」或「趙盾獨攬大權」的因果關係而來，晉靈公便曾因爲害怕趙盾而試著暗殺趙盾。而「屠岸賈」這一人物或許也可說是對「趙盾獨攬大權」的反動，象徵了其他勢力如欒、郤氏，甚至晉侯對於趙氏之不滿（屠岸賈其實並沒有滅趙氏的動機，〈趙世家〉中他自言其欲滅趙氏只是爲了替晉靈公報仇，在某種程度上，這也是對「趙盾弒其君」的批評），這種不滿最終導致了趙氏衰微。（《左傳》成公八年：「晉殺其大夫趙同、趙括。」）那麼趙盾的夢境，除了襯托出趙氏與其他氏族的矛盾，景公時恢復趙武的地位，不知是否可能和晉侯與臣下勢力的角力有關？關於「下宮之難」在《左傳》、《史記》裡文本敘述的不同，可參看李紀祥，〈趙氏孤兒的「史」與「劇」：文述與演述〉，《漢學研究》第 18 卷第 1 期（臺北：2000 年 6 月），頁 213～220。

〔註 95〕《正義》以爲此指趙成侯三年伐衛取七十三座鄉邑事。見《史記・趙世家》，頁 1787。

〔註 96〕即趙武靈王，《史記志疑》云應爲十世孫。見梁玉繩，《史記志疑》，頁 1053。

趙王因利所誘而答應，發兵取上黨，終導致長平之禍。

趙盾、趙簡子、趙襄子、趙武靈王都是趙國發展史上最重要的領導人物，趙孝成王時的長平之戰則直接導致了趙國的衰亡。趙盾時擁立晉靈公，「益專國政」。（〈趙世家〉語）。趙簡子時，討伐范、中行氏，時「趙竟有邯鄲、柏人。范、中行餘邑入于晉。趙名晉卿，實專晉權，奉邑侔於諸侯。」〔註97〕（〈趙世家〉語）司馬遷更云：「嘉鞅討周亂，作趙世家第十三。」〔註98〕趙襄子則以賢聞名，司馬遷用了三個戰國故事說明趙襄子之賢能、果斷。一是講述姑布子卿見趙簡子，視其諸子，說只有毋卹（即後來的趙襄子）是眞將軍，簡子與諸子語，果毋卹最賢。簡子又告諸子常山上有寶符，諸子求無所得，只有毋卹說已得之，因「從常山上臨代，代可取也」，因此簡子廢太子伯魯而改立毋卹。二是圍鄭時知伯酒醉以酒灌擊毋卹，毋卹卻能忍辱不發。三是講述襄子繼位沒多久就當機立斷殺了姐夫代王，最後終於使「趙北有代，南并知氏，彊於韓、魏。」〔註99〕武靈王則以變俗改胡服騎射聞名，〈趙世家〉用了極長的篇幅，描述趙武靈王如何說服諸大臣採胡服騎射，這些故事皆見於《戰國策》，終使趙「北至燕、代，西至雲中、九原。」〔註100〕然而趙國也是從趙武靈王時開始衰落。他廢嫡立幼，造成骨肉相殘，導致自己餓死沙丘。〔註101〕雖然這四個夢境其中的神怪內容過於荒誕，卻也映襯出了趙國的發展狀況。其他故事大都是配合著這四個夢境運行，或用以反映出君王個人的特質。〔註102〕司馬遷選取這些故事來組成

〔註97〕〈趙世家〉中不忘時時書寫晉侯勢力的衰落，如「趙氏復位十一年，而晉厲公殺其大夫三郤。欒書畏及，乃遂弒其君厲公，……晉由此大夫稍彊。」「景叔之時，齊景公使晏嬰於晉，晏嬰與晉叔向語。嬰曰：『齊之政后卒歸田氏。』叔向亦曰：『晉國之政將歸六卿。六卿侈矣，而吾君不能恤也。』」「晉頃公之十二年，六卿以法誅公族祁氏、羊舌氏，分其邑爲十縣，六卿各令其族爲之大夫。晉公室由此益弱。」「范、中行氏反伐公。」「襄子立四年，知伯與趙、韓、魏盡分其范、中行故地。晉出公怒，告齊、魯，欲以伐四卿。四卿恐，遂共攻出公。出公奔齊，道死。知伯乃立昭公曾孫驕，是爲晉懿公。」見《史記·趙世家》，頁1785～1786、頁1790、頁1794。

〔註98〕司馬遷，《史記·太史公自序》，頁3310。

〔註99〕司馬遷，《史記·趙世家》，頁1795。

〔註100〕司馬遷，《史記·趙世家》，頁1811。

〔註101〕學者推論，主父餓死的故事是暗示趙國即將走向衰微。見藤田勝久，《史記戰國史料研究》，頁294～295。

〔註102〕如附表2-4·編號4·烈侯好音而後好賢的故事和編號5·肅侯聽從大戊午諫言的故事，反映出趙君能從善如流；編號8·趙武靈王喬裝獨自入秦以觀秦王爲人的故事則看得出趙武靈王的膽識與荒唐。見附表2-4（〈趙世家〉所記

〈趙世家〉或有其用意。我們無法明確得知這些夢境是否取材自趙國史料，如眞是趙人所寫，或許更具研究上的意義。

更重要的是，〈趙世家〉有許多趙國內部記事和戰爭記事，不見於先秦典籍或《史記》他篇中，也不像一般民間傳說或縱橫家書一樣具有故事性，最有可能出自於某種趙國內部的史料。這類資料在〈趙世家〉中數量不少，多集中於趙敬侯以後，以下各舉數例：

表 3-8　〈趙世家〉內可能出自於趙內部史料的記事舉例

趙敬侯	382 五年：齊、魏爲衞攻趙，取我剛平。	趙惠文王	294 五年：與燕鄚、易。
	381 六年：借兵於楚伐魏，取棘蒲。		291 八年：城南行唐。
	377 十年：與中山戰于房子。		287 十二年：趙梁將攻齊。
趙成侯	374 元年：公子勝與成侯爭立，爲亂。		286 十三年：韓徐爲將，攻齊，公主死。
	373 二年：二年六月，雨雪。		278 二十一年：趙徙漳水武平西。
	358 十七年：成侯與魏惠王遇葛孽。		277 二十二年：大疫。置公子丹爲太子。
趙肅侯	346 四年：朝天子。		273 二十六年：取東胡歐代地。
	344 六年：攻齊，拔高唐。		272 二十七年：徙漳水武平南。封趙豹爲平陽君。河水出，大潦。
	343 七年：公子刻攻魏首垣。	趙孝成王	255 十一年：城元氏，縣上原。武陽君鄭安平死，收其地。
	335 十五年：起壽陵。		254 十二年：邯鄲廥燒。
	326 二十四年：肅侯卒。秦、楚、燕、齊、魏出銳師各萬人來會葬。		249 十七年：假相大將武襄君攻燕，圍其國。
			248 十八年：延陵鈞率師從相國信平君助魏攻燕。
			247 十九年：趙與燕易土：以龍兌、汾門、臨樂與燕；燕以葛、武陽、平舒與趙。
趙武靈王	312 十四年：趙何攻魏。	趙悼襄王	239 六年：封長安君以饒。魏與趙鄴。
	309 十七年：王出九門，爲野臺，以望齊、中山境。		

戰國故事可能出處表)，本文頁 267～269。

除了上述記事之外，還有一些值得特別提出的例子，即表3-9關於李牧與秦交戰的記事，似可證明《史記》中確有趙國史料運用之痕跡：

表3-9 《史記》內所記載李牧與秦交戰事

紀 年	趙 表	趙世家
234 趙王遷二年	秦拔我平陽，敗扈輒，斬首十萬。	秦攻武城，扈輒率師救之，軍敗，死焉。
233 趙王遷三年	秦拔我宜安。	秦攻赤麗、宜安，李牧率師與戰肥下，卻之。封牧爲武安君。
232 趙王遷四年	秦拔我狼孟、鄱吾，軍鄴。	秦攻番吾，李牧與之戰，卻之。

紀 年	秦 表	秦始皇本紀
234 始皇帝十三年	桓齮擊平陽，殺趙扈輒，斬首十萬，因東擊。趙王之河南。彗星見。	桓齮攻趙平陽，殺趙將扈輒，斬首十萬。王之河南。正月，彗星見東方。十月，桓齮攻趙。
233 始皇帝十四年	桓齮定平陽、武城、宜安。韓使非來，我殺非。韓王請爲臣。	攻趙軍於平陽，取宜安，破之，殺其將軍。桓齮定平陽、武城。
232 始皇帝十五年	興軍至鄴。軍至太原。取狼孟。	大興兵，一軍至鄴，一軍至太原，取狼孟。地動。

對於李牧的戰功，梁玉繩指出：

> 〈趙世家〉：「秦攻赤麗、宜安，李牧率師與戰肥下，卻之。」〈李牧傳〉：「趙以牧爲大將軍，擊秦軍于宜安，大破秦軍，走秦將桓齮。」則秦爲趙所破，安有取地殺將之事？此秦史誕詞，史公未之改耳。赤麗、宜安攻而未拔，則桓齮所定者只前年攻得之平陽、武城而已。紀、表不言攻赤麗，略之也。秦表云：「桓齮定平陽、武城、宜安」，表當衍「宜安」二字，趙表當改「拔」爲「攻」字。……表亦言「取狼孟、番吾。」攷狼孟已于莊襄二年取之，何待始皇十五年大兵攻取乎？而〈趙世家〉及〈李牧傳〉並稱牧破秦軍于番吾，則表言取番吾亦妄，蓋又仍秦史而誤者也。〔註103〕

既然〈六國年表〉秦表、趙表及〈秦始皇本紀〉所記秦勝趙略同，唯獨〈趙

〔註103〕梁玉繩，《史記志疑》，頁173～174。

世家〉記趙勝秦，〈趙世家〉恐怕是根據了趙國史料，才會有與《秦記》記事性質相似，但戰爭結果完全不同的敘述。這是〈六國年表〉趙表此事乃根據《秦記》的證據。

除此之外，〈趙世家〉內還有口述歷史的記載，見於〈趙世家〉論贊：

> 太史公曰：「吾聞馮王孫曰：『趙王遷，其母倡也，嬖於悼襄王。悼襄王廢適子嘉而立遷。遷素無行，信讒，故誅其良將李牧，用郭開。』豈不繆哉！秦既虜遷，趙之亡大夫共立嘉爲王，王代六歲，秦進兵破嘉，遂滅趙以爲郡。」〔註 104〕

近人顧頡剛於〈司馬談作史〉一文中提到：

> 然《史記》戰國諸世家中，趙事獨詳，有造父御穆王西巡狩之事焉，有屠岸賈滅趙氏與程嬰立孤之事焉，有趙簡子夢至帝所與帝賜翟犬之事焉，有趙襄子拜受霍泰山三神之令之事焉，有武靈王夢見處女鼓琴歌而得孟姚之事焉，是皆《國語》與《戰國策》之所未記而極富於故事性之民間傳說也。昔嘗甚以爲疑，以爲秦燒趙史書既盡，史遷之生遠在秦亡之後，彼乃何自得之？更臆測之，《史記》中趙之將相若平原君、虞卿、廉頗、藺相如之傳，及其流寓若樂毅、信陵君，封國若張耳，其中振奇恢詭之故事必有絕大部份爲馮氏父子所宣揚，故能筆墨生動若此。〔註 105〕

他推測，〈趙世家〉和相關列傳裡的許多故事，是馮唐父子所宣揚，司馬遷很可能運用了趙人馮唐、馮遂父子所敘述的一些口述歷史。〈趙世家〉的正文實際上只記載到趙王遷降的「邯鄲爲秦」便結束。司馬遷另外在太史公曰引述馮

〔註 104〕司馬遷，《史記・趙世家》，頁 1833。

〔註 105〕顧頡剛，〈司馬談作史〉，收於瞿林東主編，施丁、廉敏分卷主編，《史記研究（上）》，頁 447～454。顧頡剛推論〈趙世家〉的作者必是司馬談。他提到王國維於〈太史公行年考〉曾提到此傳「或追記父談語也」，且「武帝立，求賢良，舉馮唐。唐時年九十餘，不能復爲官，乃以唐子馮遂爲郎。遂字王孫，亦奇士，與余善。」時馮遂應比司馬遷大數十歲，而認爲此處「余」乃指司馬談，〈趙世家〉亦同。不過李長之說：「司馬遷在《報任少卿書》裡說到宦者趙談處，是改爲：『同子參乘，袁絲變色。』在《史記》本書裡諱談的地方也不少：1.〈趙世家〉：『襄子懼，乃夜使相張孟同私於韓、魏。（《索隱》：《戰國策》作張孟談，談者史遷之父名，遷例改爲同）』2.〈平原君虞卿列傳〉：『邯鄲傳舍吏子李同（《正義》：名談，太史公諱改也）說平原君曰："君不憂趙亡邪？"』」（李長之，《司馬遷之人格與風格》，頁 149～155）。如此看來，〈趙世家〉的作者也有可能是司馬遷。或許〈趙世家〉曾先後經司馬氏父子二人編纂，未可知也。

王孫批評王遷使李牧被誅之事，才又提到代王嘉被大夫擁立，立六年被滅之事。〈六國年表〉趙表記載「公子嘉自立爲代王」，與〈趙世家〉言「趙之亡大夫共立嘉爲王」略爲不同。趙表王嘉六年又記：「秦將王賁虜王嘉，秦滅趙。」而〈六國年表〉秦表、〈秦始皇本紀〉和〈燕世家〉，確實記錄了虜得趙王嘉者爲王賁，且秦表和〈秦始皇本紀〉皆記載王賁先滅燕，還歸時才滅趙。而〈田世家〉雖然記了秦滅代王嘉之事，但滅燕與滅趙順序似乎有誤。如表 3-10 所示：

表 3-10　《史記》內所記載王賁滅燕、滅趙事

西元前 222 年，秦始皇 25 年，趙代王嘉 6 年，燕王喜 33 年，齊王建 43 年	
趙表	秦將王賁虜王嘉，秦滅趙。
秦表	王賁擊燕，虜王喜。又擊得代王嘉。
秦始皇本紀	大興兵，使王賁將，攻燕遼東，得燕王喜。還攻代，虜代王嘉。
燕世家	是歲，秦將王賁亦虜代王嘉。
田世家	虜代王嘉，滅燕王喜。

〈趙世家〉記：「幽繆王遷元年，城柏人。」《集解》：「『徐廣曰：乂云“湣王”。《世本》云孝成王丹生悼襄王偃，偃生今王遷。年表及《史考》趙遷皆無謚。」《索隱》：「徐廣云：『王遷無謚，今惟此獨稱幽繆王者，蓋秦滅趙之後，人臣竊追謚之，太史公或別有所見而記之也。』」〔註 106〕根據《集解》和《索隱》的記載，一般史書中的趙王遷是沒有謚號的。《世本》僅云「今王遷」。〔註 107〕由此推想〈六國年表〉秦表、趙表，〈秦始皇本紀〉關於代王嘉的記事，或許是根據了秦國的記錄《秦記》所抄錄的，而〈趙世家〉王遷以前所根據的趙國史料，可能只記到趙王遷「邯鄲爲秦」便已結束，並沒有像《秦記》一樣記載到代王嘉之事。司馬遷（或司馬談）不知根據甚麼資料，爲王遷加上了謚號。而關於代王嘉之事，司馬遷是敘述完馮王孫的口述，才在太史公曰中補述，所據不知爲何，但有可能是異於趙國史料的記載。

〈六國年表〉趙表僅有約 60 筆記事，比起〈六國年表〉其他表來說，數目並不突出，也無明顯特色。但是若仔細觀察〈六國年表〉趙表裡的記事，會發現大部份都是與秦國相關而非趙國內部的記事，從表 3-11 可看出，從趙

〔註 106〕司馬遷，《史記・趙世家》，頁 1831～1832。

〔註 107〕今流傳的《世本》爲輯本，關於「今王遷」的記載，可參見秦嘉謨等輯，《世本八種・秦嘉謨輯補本》（北京：中華書局，2008 年），頁 48。

武靈王之後與秦國相關的記事比率相當高，40 筆記事中僅有 15 例與秦沒有直接關聯。〔註 108〕

表 3-11　〈六國年表〉趙表記事

西元前（年）	趙國國君	〈六國年表〉趙表記事
476		趙簡子四十二
464	五十四年	知伯謂簡子，欲廢太子襄子，襄子怨知伯。
457	趙襄子元年	未除服，登夏屋，誘代王，以金斗殺代王。封伯魯子周爲代成君。
454	四　年	與智伯分范、中行地。
453	五　年	襄子敗智伯晉陽，與魏、韓三分其地。
424	趙桓子元年	
423	趙獻侯元年	
414	十　年	中山武公初立。
411	十三年	城平邑。
408	趙烈侯元年	魏使太子伐中山。
403	六　年	初爲侯。
402	七　年	烈侯好音，欲賜歌者田，徐越侍以仁義，乃止。
386	趙敬侯元年	武公子朝作亂，奔魏。
383	四　年	魏敗我兔臺。築剛平以侵衛。
380	七　年	伐齊，至桑丘。
379	八　年	襲衛，不克。
378	九　年	伐齊，至靈丘。
376	十一年	分晉國。
372	趙成侯三年	伐衛，取都鄙七十三。魏敗我藺。
370	五　年	伐齊于甄。魏敗我懷。
369	六　年	敗魏涿澤，圍惠王。
368	七　年	侵齊，至長城。
362	十三年	魏敗我于澮。

〔註 108〕有◎記號者表示記事與秦有直接關聯。

357	十八年	趙孟如齊。
356	十九年	與燕會（河）〔阿〕。與齊、宋會平陸。
354	二十一年	魏圍我邯鄲。
353	二十二年	魏拔邯鄲。
351	二十四年	魏歸邯鄲，與魏盟漳水上。
347	趙肅侯三年	公子范襲邯鄲，不勝，死。
332	十八年	齊、魏伐我，我決河水浸之。
325	趙武靈王元年	魏敗我趙護。
324	二　年	城鄗。
322	四　年	與韓會區鼠。
321	五　年	取韓女爲夫人。
318	八　年	擊秦不勝。◎
317	九　年	與韓、魏擊秦。齊敗我觀澤。◎
316	十　年	秦取我中都、西陽。◎
315	十一年	秦敗我將軍英。◎
313	十三年	秦拔我藺，虜將趙莊。◎
310	十六年	吳廣入女，生子何，立爲惠王后。
307	十九年	初胡服。
301	二十五年	趙攻中山。惠后卒。
298	趙惠文王元年	以公子勝爲相，封平原君。
297	二　年	楚懷王亡來，弗內。
295	四　年	圍殺主父。與齊、燕共滅中山。
288	十一年	秦拔我桂陽。◎
285	十四年	與秦會中陽。◎
284	十五年	取齊昔陽。
282	十七年	秦拔我兩城。◎
281	十八年	秦拔我石城。◎
280	十九年	秦敗我軍，斬首三萬。◎
279	二十年	與秦會黽池，藺相如從。◎
271	二十八年	藺相如攻齊，至平邑。
270	二十九年	秦攻韓閼與。趙奢將擊秦，大敗之，賜號曰馬服。◎
265	趙孝成王元年	秦拔我三城。平原君相。◎

261	五　年	使廉頗拒秦於長平。◎
260	六　年	使趙括代廉頗將。白起破括四十五萬。◎
257	九　年	秦圍我邯鄲，楚、魏救我。◎
251	十五年	平原君卒。
246	二十年	秦拔我晉陽。◎
243	趙悼襄王二年	太子從質秦歸。◎
242	三　年	趙相、魏相會柯，盟。
237	八　年	入秦，置酒。◎
236	九　年	秦拔我閼與、鄴，取九城。◎
234	趙王遷二年	秦拔我平陽，敗扈輒，斬首十萬。◎
233	三　年	秦拔我宜安。◎
232	四　年	秦拔我狼孟、鄱吾，軍鄴。◎
231	五　年	地大動。
228	八　年	秦王翦虜王遷邯鄲。公子嘉自立爲代王。◎
222	代王嘉六年	秦將王賁虜王嘉，秦滅趙。◎

然而，前面提到了〈趙世家〉可能有「趙國史料」的使用，那麼，這些史料是否也曾經被運用到其他世家和〈六國年表〉裡？藤田勝久指出：〈趙世家〉的戰國部份以趙敬侯作爲分界點。敬侯之後，幾乎每年都有記事，且與各國相關，不單單以秦爲主。〔註 109〕且〈趙世家〉存在著〈秦本紀〉和〈六國年表〉都沒有記載的趙國私事和連續紀年，其紀年與《編年記》、六國趙表、秦表相比，有時有一年之差異，〔註 110〕所以他大膽推論《史記》中存在著兩種不同的紀年系統：即「秦紀年」與「趙紀年」，因秦國和趙國曆法之不同，即秦國最晚在秦昭王時已採用以十月爲歲首的顓頊曆，而趙曆則可能以正月爲歲首，趙紀年部份被收入〈六國年表〉和其他世家中，因而使《史記》產生了戰國紀年上的矛

〔註 109〕藤田勝久統計趙敬侯之後，〈趙世家〉與秦相關的記事有 42 條、魏 48 條、韓 20 條、齊 28 條、燕 24 條、楚 7 條。見藤田勝久著，曹峰、廣瀨薰雄譯，《史記戰國史料研究》，頁 278～281。

〔註 110〕作者舉例說：如〈趙世家〉在趙孝成王七年（西元前 259 年）記載了長平之戰，同年的〈韓世家〉、〈燕世家〉、〈田敬仲完世家〉都有記載此事，但〈六國年表〉趙表和秦表卻將此事分別記於趙孝成王六年和秦昭王四十七年（西元前 260 年），而《編年記》昭王四十七年云：「攻長平。」作者認爲這種差異即因秦紀年和趙紀年不同所致。（在此例中，世家用的是趙紀年，年表用的是秦紀年）。見藤田勝久著，曹峰、廣瀨薰雄譯，《史記戰國史料研究》，頁 116～117。

盾。〔註 111〕

事實上，〈趙世家〉的戰國部份從趙敬侯之後，除了趙王遷在位的八年，並非每年都有記事。參照附表 1-5（〈六國年表〉趙表與〈趙世家〉記事對照表，本文頁 205～226）可知：趙敬侯 7 年；趙成侯 23 年，趙肅侯 5 年、8 年、9 年、10 年、13 年、14 年、19 年、20 年、21 年；趙武靈王 2 年、6 年、7 年、12 年、15 年、22 年、24 年；趙惠文王：6 年、7 年；趙孝成王 3 年、13 年；趙悼襄王 7 年、8 年，都是沒有記事的。代王嘉時期又於太史公曰記其六年滅。所以〈趙世家〉趙敬侯在位年間表面上只缺了第七年的記事，看起來很像十二年都有連續紀年，但實際上這樣的連續紀年卻可能是〈趙世家〉的趙國史料紀年與《秦記》的紀年組合而成的。趙敬侯在位年間史事，如表 3-12 所示：

表 3-12 〈趙世家〉與〈六國年表〉趙表趙敬侯時代之記事對照表

西元前（年）	趙國國君	趙世家	〈六國年表〉趙表	他處有相關記載
386	趙敬侯元　年	武公子朝作亂，不克，出奔魏。趙始都邯鄲。	武公子朝作亂，奔魏。	魏表：襲邯鄲，敗焉。 魏世家：趙敬侯初立，公子朔爲亂，不勝，奔魏，與魏襲邯鄲，魏敗而去。
385	二　年	敗齊于靈丘。		
384	三　年	救魏于廩丘，大敗齊人。		《呂氏春秋・不廣》：齊攻廩丘。趙使孔青將死士而救之，與齊人戰，大敗之。
383	四　年	魏敗我兔臺。	魏敗我兔臺。築剛平以侵衛。	
382	五　年	齊、魏爲衛攻趙，取我剛平。		
381	六　年	借兵於楚伐魏，取棘蒲。		
380	七　年		伐齊，至桑丘。	韓表、魏表、韓世家、魏世家 齊表：伐燕，取桑丘。 田世家：齊因起兵襲燕國，取桑丘。
379	八　年	拔魏黃城。	襲衛，不克。	

〔註 111〕藤田勝久著，曹峰、廣瀨薰雄譯，《史記戰國史料研究》，頁 284～287。

378	九　年	伐齊。齊伐燕，趙救燕。	伐齊，至靈丘。	韓表、魏表、韓世家：伐齊，至靈丘。 魏世家：使吳起伐齊，至靈丘。 田世家：三晉因齊喪來伐我靈丘。
377	十　年	與中山戰于房子。		
376	十一年	魏、韓、趙共滅晉，分其地。伐中山，又戰於中人。	分晉國。	韓表：分晉國。 齊表：三晉滅其君。 晉世家、魏世家、田世家、韓世家、魏表：魏、韓、趙滅晉，絕無後。
375	十二年	十二年，敬侯卒，子成侯種立。		

兩者的記事雖偶有重合，但趙表四年「築剛平以侵衞」和七年「伐齊，至桑丘」，是〈趙世家〉所沒有的記載。兩者於八年的記事也完全不同。如果說趙表是根據《秦記》所製作的，那麼看起來〈趙世家〉是在趙表的基礎上，另外補充了趙國史料，並做了某些取捨。除此之外，也不能忽略〈趙世家〉中將戰國故事的記事編年而列入〈趙世家〉的可能性。例如：趙敬侯三年「救魏于廩丘，大敗齊人」，此事在《呂氏春秋・不廣》可見到幾近相同的敘述。〔註 112〕另外趙武靈王二十五年「使周袑胡服傅王子何」在《趙策・趙二・王立周紹爲傅》也有記載云：「王立周紹爲傅，曰：『……故寡人欲子之胡服以傅王乎。』」〔註 113〕雖然這些敘述並非一個完整的故事，看起來像是從史書上所抄錄，但其內容可以在戰國故事中發現，有可能是司馬遷從戰國故事中特地摘錄而列入〈趙世家〉中。藤田先生又推論因「趙紀年」部份被收入〈六國年表〉和其他世家中，因而使《史記》產生了戰國紀年上的矛盾。但是〈六國年表〉紀年產生矛盾的原因有很多，除了後世抄錄錯誤、漏字等因素之外，大致有四種說法：

（1）戰爭連年說

如秦攻魏皮氏一事，〈魏世家〉、《竹書紀年》均記在魏襄王十二年（秦武王四年），〈六國年表〉記在魏襄王十三年（秦昭王元年），〈樗里子甘茂列傳〉

〔註 112〕見陳奇猷校釋，《呂氏春秋新校釋》，頁 925。

〔註 113〕見諸祖耿編撰，《戰國策集注匯考》（南京：鳳凰出版社，2008 年），頁 990～991。

記「昭王元年……還擊皮氏，皮氏未降，又去。」《編年記》記在秦昭王二年。楊寬曰：「蓋皮氏之役起於武王四年底，而結束於昭王二年初。」〔註 114〕也就是說戰爭橫跨了好幾年，因此產生紀年不同的現象。

（2）君主立年改元或逾年改元說

楊寬曰：「戰國初期未見有稱侯而逾年改元之禮制。戰國時因政變或國君見殺而繼位者，往往於當年改元。……〈田世家〉稱『田和立爲齊侯，列於周室，紀元年。』是當年改元。」〔註 115〕而司馬遷通常都只用逾年改元的計算方法，因此產生了紀年排列上的錯誤。

（3）戰國故事編年錯誤說

〈韓世家〉在襄王十二年依序記了三個戰國故事，爲「蘇代謂韓咎……」、「楚圍雍氏……」、「蘇代又謂秦太后弟芈戎……」，內容敘述韓太子嬰死，公子咎和公子蟣蝨爭爲太子，而引發的楚圍韓雍氏及韓向秦求援之事件，在《戰國策・韓策二》有大致相同的故事，但沒有紀年。據學者研究，楚圍雍氏共有三次，分別在秦惠王後元十三年（西元前 312 年）、秦昭王元年（西元前 306 年，一說爲前一年的秦武王四年）、秦昭王七年（即韓襄王十二年，西元前 300 年），如根據故事內容的人物和情景推斷，〈韓世家〉此處所記載「楚圍雍氏」應爲第一次或第二次，司馬遷似乎誤植於此。〔註 116〕

（4）引「趙紀年」說

藤田勝久：「〈趙世家〉的記事常在前一年，其他資料的記事在後一年。」他舉了幾個例子：

1. 滅中山國：〈趙世家〉列在惠文王三年，趙表列在四年。

2. 華陽之戰：〈趙世家〉列在惠文王二十五年，秦表和《編年記》列在下一年。

3. 閼與之戰：〈趙世家〉列在惠文王二十九年，趙表列在二十九、三十年。三十年同《編年記》。

〔註 114〕楊寬，《戰國史料編年輯證》，頁 597。

〔註 115〕楊寬，《戰國史料編年輯證》，頁 119。

〔註 116〕此處「楚圍雍氏」事究竟發生於哪一年，諸家見解不同，可參見

1. 楊寬，《戰國史料編年輯證》，頁 665。
2. 諸祖耿編撰，《戰國策集注匯考》，頁 1416～1422。
3. 藤田勝久著，曹峰、廣瀨薰雄譯，《史記戰國史料研究》，頁 321～325。

4. 秦武王死：〈趙世家〉列在趙武靈王十八年，但〈秦本紀〉、秦表都列在後一年，即秦武王四年。〔註 117〕

5. 例外的是長平之戰：趙表、秦表列在秦昭王四十七年（趙孝成王六年），《編年記》昭王四十七年記攻長平，但〈趙世家〉和其他世家列於下一年。〔註 118〕

以上四種〈六國年表〉紀年產生矛盾的說法，第四種是最有疑義的。以〈趙世家〉運用了「趙紀年」，故產生某記事在前一年，其他資料記事在後一年的矛盾，乍看雖言之成理，但其實〈趙世家〉也有記事比他篇晚一年的例子。例如著名的長平之戰，便反而是〈六國年表〉趙表和秦表的紀年早於〈趙世家〉和其他世家一年。又如西元前 340 年秦、趙、齊共伐魏之事，〈秦本紀〉、〈魏世家〉、魏表、齊表都記載在西元前 340 年，唯獨〈趙世家〉記載在西元前 339 年，晚了他篇一年。還有西元前 311 年「秦惠王卒」之事，〈趙世家〉記於西元前 310 年，也晚了他篇一年。我們也很難辨識出其他世家甚至年表因爲運用了「趙紀年」而有比其他篇章記事早了一年這樣的例子。

除此之外，如果有所謂的「趙紀年」被運用在其他世家或年表中，用來增添世家的紀年和內容，那麼合理推測，內容應該會是與趙國相關的記事或國際大事。換句話說，趙的鄰近國家如韓、燕、齊，也就是〈韓世家〉、〈燕世家〉、〈田世家〉、〈六國年表〉韓表、齊表和燕表，應該會有較多與趙國相關的記事。然而，筆者觀察從西元前 386 年趙敬侯元年至西元前 221 年秦滅六國爲止，〈韓世家〉、〈田世家〉、〈六國年表〉韓表、齊表，和趙相關的記載相當地少。〔註 119〕只有〈燕世家〉在西元前 259 年之後開始記載了較多關於

〔註 117〕以上四例見藤田勝久著，曹峰、廣瀨薰雄譯，《史記戰國史料研究》，頁 284～285。

〔註 118〕藤田勝久著，曹峰、廣瀨薰雄譯，《史記戰國史料研究》，頁 116。

〔註 119〕西元前 386 年以後與趙國直接相關的記事僅僅只有西元前 376 年〈韓世家〉「與趙、魏分晉國」、西元前 322 年〈韓世家〉「與趙會區鼠」、西元前 273 年〈韓世家〉「趙、魏攻我華陽」、西元前 263 年〈韓世家〉「我上黨郡守以上黨郡降趙」、西元前 259 年〈韓世家〉「秦拔趙上黨，殺馬服子卒四十餘萬於長平」、西元前 256 年韓表「救趙新中」。〈田世家〉和齊表也只記載了西元前 370 年「趙伐齊甄」事、西元前 368 年「趙歸（一作侵）長城」事、西元前 356 年「與趙會平陸」、西元前 341 年「孫子救趙」事、西元前 340 年齊表「與趙會，伐魏」（早〈趙世家〉一年）、西元前 332 年「與魏伐趙」事、西元前 317 年齊表「敗魏、趙觀澤」、西元前 295 年「佐趙滅中山」事、西元前 259 年「秦破趙於長平」事、西元

趙的史事。〔註 120〕也就是說，表和世家中雖偶有與趙相關的記事，但數量稀少，難以斷定是根據趙國史料而非根據《秦記》，有運用趙國史料的很可能只有〈趙世家〉，或若干列傳而已。〔註 121〕

〈六國年表〉趙表所據是《秦記》，故秦之記事特多。〈趙世家〉戰國時代的部分，則以〈六國年表〉爲基礎，再根據戰國故事和趙國史料來組成世家的內容。如果可以區分出哪些是趙國史料，那麼這些史料便有等同於《秦記》的史料價值。陳夢家說：

> 《史記・趙世家》記三晉事較詳而少誤，故《索隱》於此不著《紀年》的異文。又云：《索隱》所引《紀年》於趙國諸世年數，絕無異文記載，以意度之，諒《紀年》與《史記》所載出入甚微。〔註 122〕

他指出〈趙世家〉無《紀年》異文，也就代表了〈趙世家〉記事有較高的正確度。筆者統計〈魏世家〉中《索隱》引《紀年》13 條；〈韓世家〉中《索隱》引《紀年》7 條，如再加上《集解》所引《紀年》，則不止此數。而〈趙世家〉之《索隱》確實無《紀年》引文，唯有一條「王召公子職於韓，立以爲燕王。（《集解》徐廣曰：「紀年亦云爾。」）使樂池送之。」（《集解》按：「〈燕世家〉，子之死後，燕人共立太子平，是爲燕昭王，無趙送公子職爲燕王之事，當是趙聞燕亂，遙立職爲燕王，雖使樂池送之，竟不能就。」《索隱》按：「〈燕系家〉無其事，蓋是疏也。今此云『使樂池送之』，必是憑舊史爲說。且紀年之書，其說又同，則裴駰之解得其旨矣。」）〔註 123〕在此《集解》所引《紀年》內容也是爲了說明〈趙世家〉內容可補〈燕世家〉之缺，足見〈趙世家〉所引史料確實相當特殊。

前 228 年〈田世家〉記載的「秦滅趙」，很難說這些記事並非出自《秦記》或戰國縱橫家的敘事。

〔註 120〕但這些記事通常也見於秦表和〈秦本紀〉、〈秦始皇本紀〉。可參見附表 1-7〈六國年表〉燕表與〈燕世家〉記事對照表（本文頁 239～246）。有可能因爲關於燕國的資料奇缺，司馬遷才以趙國史事填補〈燕世家〉。

〔註 121〕有學者猜測，〈廉頗藺相如列傳〉中秦昭襄王與趙惠文王會，藺相如顧召趙御史書曰「某年月日，秦王爲趙王擊缻」事便可能是根據趙史的記載。見趙生群，〈史記取材於諸侯史記〉，《史記文獻學叢稿》，頁 141。筆者按：故事中也提到「秦御史前書曰『某年月日，秦王與趙王會飲，令趙王鼓瑟』」，與《秦記》「不載日月」的特徵似乎不合，眞實性值得商榷。

〔註 122〕陳夢家，《西周年代考・六國紀年》（北京：中華書局，2005 年），頁 65、頁 123。陳夢家這裡所指〈趙世家〉應僅指戰國部份。

〔註 123〕司馬遷，《史記・趙世家》，頁 1804。

第四章　〈六國年表〉的編纂、內容與特色

第一節　〈六國年表〉所載戰國故事〔註1〕

〈六國年表〉中有少部份的記事並非出自《秦記》，而似乎是戰國故事的摘錄，因為大部份皆能在戰國縱橫家所撰寫的故事內找到大致相同的內容。不過這種記事數量極少，大概只有 7 例：

（1）魏表魏文侯十八年（407）〔註2〕	文侯受經子夏，過段干木之閭常式。
（2）魏表魏文侯二十年（405）	卜相，李克、翟璜爭。
（3）魏表魏惠王三十五年（336）	孟子來，王問利國，對曰：「君不可言利。」
（4）齊表齊威王二十一年（358）	鄒忌以鼓琴見威王。
二十二年（357）	封鄒忌為成侯。
（5）韓表韓昭侯二十五年（334）	旱。作高門，屈宜臼曰：「昭侯不出此門。」
二十六年（333）	高門成，昭侯卒，不出此門。
（6）燕表燕王噲五年（316）	君讓其臣子之國，顧為臣。

〔註1〕「戰國故事」所指乃是由人物間的對話和特定歷史情境所構成，而發生在戰國時期（以〈六國年表〉為準）的敘事。〈六國年表〉初期有一些疑似源自於《左傳》的敘事，與戰國故事性質不同，不列入戰國故事之中。

〔註2〕括號內為西元前紀年。

七年（314）	君噲及太子相子之皆死。
九年（312）	燕人共立公子平。
燕昭王二十八年（284）	與秦、三晉擊齊，燕獨入至臨菑，取其寶器。
（7）趙表趙烈侯七年（402）	烈侯好音，欲賜歌者田，徐越侍以仁義，乃止。

上述七個戰國故事在《史記》各國世家中，都記載了更爲詳細的內容。看起來，年表的記載很像是從世家所作出的摘要。但是，據筆者統計，各國世家記載的戰國故事多達數十例。（詳見附表二・《史記》世家所記戰國故事可能出處表，本文頁259～277。）換句話說，年表裡所記僅是《史記》所選用戰國故事的九牛一毛而已。進一步地問，司馬遷爲何不把所有世家內的戰國故事都作成摘要而抄錄到年表之中？年表所選取的這些戰國故事是否有獨特之意義？

這些記事裡，魏國事佔了三件，兩件與魏文侯有關，一件與魏惠王有關。魏文侯是魏國發展史上最重要的君主，司馬遷〈太史公自序〉言「文侯慕義，子夏師之」。〔註3〕文侯任內任用賢人，又實施變法。錢穆評其「禮賢下士，以收人望，邀譽於諸侯，遊士依以發跡，實開戰國養士之風。於先秦學術興衰，關係綦重。」〔註4〕關於記事（1）魏文侯向子夏學習之事，在〈仲尼弟子列傳〉〔註5〕以及《呂氏春秋》的〈舉難〉、〈察賢〉篇中都有提到。其中〈察賢〉篇說魏文侯任用子夏等賢者，因此達到了「國治身逸」的效果。〔註6〕「過段干木之閭常式」這件事情則在《呂氏春秋・期賢》〔註7〕、《淮南子・脩務訓》〔註8〕、《新序・雜事五》〔註9〕、〈魏世家〉〔註10〕有更詳細的描述，內容略同，主要描述秦原欲興兵攻魏，但因聞魏君禮賢而不敢圖。記事（2）在

〔註3〕司馬遷，《史記・太史公自序》，頁3310。

〔註4〕錢穆，〈魏文侯禮賢攷〉，收於氏著《先秦諸子繫年》，頁160。

〔註5〕文曰：「孔子既沒，子夏居西河教授，爲魏文侯師。」見司馬遷，《史記・仲尼弟子列傳》，頁2203。

〔註6〕陳奇猷校釋，《呂氏春秋新校釋》，頁1319、頁1451。〈察賢〉篇文曰：「魏文侯師卜子夏，友田子方，禮段干木，國治身逸。」

〔註7〕陳奇猷校釋，《呂氏春秋新校釋》，頁1457～1458。

〔註8〕劉安編，何寧集釋，《淮南子集釋》，頁1325～1328。

〔註9〕劉向撰，石光瑛校釋，陳新整理，《新序校釋》（北京：中華書局，2001年），頁685～692。

〔註10〕司馬遷，《史記・魏世家》，頁1839。

《韓詩外傳・卷三》〔註 11〕、《說苑・臣術》〔註 12〕、〈魏世家〉也有更詳細的描述。〔註 13〕講述魏文侯欲置相，不知該選擇魏成子（又稱季成、季成子、公季成、樓季，乃魏文侯之弟）或翟璜，而向李克請益。其後翟璜聞李克言魏成子將爲相而不悅，因爲他推薦的西河守、西門豹、樂羊、李克、屈侯鮒等人都對魏國有莫大的貢獻，李克告之曰：「魏成子以食祿千鐘，什九在外，什一在內，是以東得卜子夏、田子方、段干木。此三人者，君皆師之。子之所進五人者，君皆臣之。子惡得與魏成子比也。」〔註 14〕翟璜因而自慚再拜，展現了君子風度。從記事（1）、（2）可知文侯能知賢任賢，從而造成了魏國的富強。記事（3）記載惠王問孟子之事。魏惠王是學界一般所認爲使魏國國勢由盛轉衰的君主。其執政其間一度戰敗於桂陵、馬陵，被齊、秦等國夾攻。〈自序〉言：「惠王自矜，齊秦攻之。」〔註 15〕年表記惠王問孟子事在魏惠王三十五年，是司馬遷所認知的魏惠王末年。或許記錄孟子言惠王之事，除了說明治國之道爲仁義而非利之外，也是對魏惠王好大喜功的作爲所作的一番註解，暗示了其後魏國的衰落。

記事（4）敘述鄒忌以鼓琴見齊威王後被封爲成侯之事。齊威王是齊國一有爲之君主，〈田世家〉記載他信賞分明，厚賞治民有方卻被詆毀的即墨大夫，烹殺治民不力的阿大夫及左右譽之者。又敗魏於濁澤，使「齊國大治。諸侯聞之，莫敢致兵於齊二十餘年。」〔註 16〕〈六國年表〉內也特地記載了「自田常至威王，威王始以齊彊天下」這樣子的評論，〔註 17〕可見司馬遷給予齊威王很高的評價。鄒忌以鼓琴見齊威王，以鼓琴之彈奏作譬喻說威王以治國弭民之方，又能恭敬地接受淳于髡的指教，沒有多久便封爲侯。這故事除了提示君主治國的方法，也說明了齊威王能任用賢者。

記事（5）敘述韓昭侯作高門之事。韓昭侯即鄭釐侯，是戰國時期韓國較有爲的君主，其任內任申不害爲相。《戰國策・韓策三・謂鄭王曰》提到：「昭

〔註 11〕韓嬰撰，許維遹集釋，《韓詩外傳集釋》（北京：中華書局，1980 年），頁 86～88。

〔註 12〕劉向撰，向宗魯校證，《說苑校證》（北京：中華書局，1987 年），頁 39～40。

〔註 13〕欲以魏成子或翟璜爲相之事，《呂氏春秋・舉難》（頁 1319）另有不同於《韓詩外傳・卷三》、《說苑・臣術》的描述。《韓詩外傳・卷三》、《說苑・臣術》、〈魏世家〉所記翟璜所推薦的人物或人名亦略有不同。

〔註 14〕司馬遷，《史記・魏世家》，頁 1840。

〔註 15〕司馬遷，《史記・太史公自序》，頁 3310。

〔註 16〕司馬遷，《史記・田世家》，頁 1888。

〔註 17〕司馬遷，《史記・六國年表》，頁 715～716。

鼇侯，一世之明君也；申不害，一世之賢士也。」〔註 18〕年表中也特別記載了「申不害相」和「申不害卒」之事。〔註 19〕記事（5）說明韓昭侯不體恤民力而作高門，竟死而無法踏出高門。〈六國年表〉在他死前的兩則記事爲「申不害卒」和「秦拔我宜陽」，宜陽爲韓國的一大重鎮，如和此故事的內容作對照，似乎暗示了韓國國勢開始由盛而衰。

記事（6）所記之事，在〈燕世家〉中有較完整的描述，與《戰國策・燕策一・燕王噲既立》所記幾同。〔註 20〕內容描述燕王噲讓國給大臣子之，引起百姓和太子不滿，造成國內大亂，齊又趁機入侵，燕國幾近亡國，於是燕人共立公子平。公子平即後來的燕昭王。年表又載燕昭王二十八年（284）「與秦、三晉擊齊，燕獨入至臨菑，取其寶器」報仇雪恥之事。此事同樣見於《戰國策》，〔註 21〕〈六國年表〉中燕國史事僅 16 條，可知《史記》於燕國史事奇缺，只能以戰國故事來描述燕國史事。

記事（7）講述趙烈侯原好音而後好賢的故事，不知所從出，但其性質同於戰國故事。趙烈侯在趙國史上的地位不太明顯。不過此一故事顯示了趙烈侯亦能從善如流，任用賢人。

概括而言，〈六國年表〉裡所記載的這些戰國故事摘要，主要都直接涉及了國君治理國政導致國家興衰的內容，與外交沒有多大的關係。世家內的戰國故事則有更多部份描述了外交、縱橫、攻伐之事。司馬遷在年表中記載這些事情，或許是特別要強調君王在治國時的注意事項。另一個問題是，〈六國年表〉內的這些記載，到底是摘錄於世家，還是摘錄於更原始的史料？

在世家中，這幾個戰國故事有的不像年表一樣有個明確的紀年，例如魏表魏文侯十八年「文侯受經子夏，過段干木之閭常式」及二十年「卜相，李克、翟璜爭」之事，世家是另外記載在文侯「二十五年，子擊生子罃」和「二十六年，虢山崩，壅河」兩事〔註 22〕文句之間，但其實沒有明確標示出紀年。錢穆曰：「《志疑》云：『受經式閭之事，世家書於二十五年，年表在十八年，不同，蓋元不可以年定。』其說是矣。顧謂世家書於二十五年，亦誤讀《史記》。《志疑》又謂世家載卜相事於二十五年，亦同誤。不可不辨。《史記》於魏文侯元年以下，

〔註 18〕見諸祖耿編撰，《戰國策集注匯考》，頁 1467。

〔註 19〕司馬遷，《史記・六國年表》，頁 723、727。

〔註 20〕見諸祖耿編撰，《戰國策集注匯考》，頁 1539～1540。

〔註 21〕見諸祖耿編撰，《戰國策集注匯考》，頁 1552～1553。

〔註 22〕司馬遷，《史記・魏世家》，頁 1839～1841。

分年紀事，至二十五年，子擊生子罃句而止，以下文侯受子夏經藝云云一長節，乃總敘文侯早年尊賢禮士得譽諸侯之事，非謂其事統在二十五年也。」〔註23〕同樣的，「魏惠王問孟子」之事記載在惠王「三十五年，與齊宣王會平阿南」和「三十六年，復與齊王會甄。是歲，惠王卒，子襄王立」之間；〔註24〕以及「趙烈侯好音」之事記載在烈侯「六年，魏、韓、趙皆相立爲諸侯，追尊獻子爲獻侯」和「九年，烈侯卒，弟武公立」之間，〔註25〕其實也都沒有明確標示紀年。司馬遷抄錄這些戰國故事到年表時，可能類似在作札記，其目的可能是要記錄國君的行爲、特質或治國的注意事項，但因爲無法確認事件發生的年代，不得不取一個大概的編年，否則無法將史事抄錄到年表。其紀年的正確性，並不是很可以信任。〔註26〕而在世家裡，司馬遷依然無法確定故事發生的準確紀年，所以世家中亦沒有標示出確切的年份，只能將事件安插在兩個明確紀年的中間。

然而，若原本的戰國故事中已有明確紀年，或可從內文中所述歷史事件可大致推測其紀年，司馬遷便能明確地從原始史料將之抄錄到年表內相對應的年份中。例如「韓昭侯作高門」之事，《說苑．權謀》記載：「韓昭侯造作高門。屈宜咎曰：『昭侯不出此門。』曰：『何也？』曰：『不時。吾所謂不時者，非時日也。人固有利不利，昭侯嘗利矣，不作高門。往年秦拔宜陽，明年大旱民飢，不以此時恤民之急也，而顧反益奢，此所謂福不重至，禍必重來者也！』高門成，昭侯卒。竟不出此門。」〔註27〕可見昭侯大概死於秦拔宜陽後的兩年，韓表所記正同。此外，《燕策．燕一．燕王噲既立》裡有「燕噲三年，與楚、三晉攻秦，不勝而還。……王因收印自三百石吏而効之子之，子之南面行王事，而噲老不聽政，顧爲臣，國事皆決子之。子之三年，燕國大亂，百姓恫怨……燕王噲死。齊大勝燕，子之亡。二年，燕人立公子平，是爲燕昭王」的記載。〔註28〕除了沒明確標示出「而噲老不聽政，顧爲臣」

〔註23〕錢穆，〈子夏居西河教授爲魏文侯師攷〉，收於氏著《先秦諸子繫年》，頁155～156。

〔註24〕司馬遷，《史記．魏世家》，頁1847～1848。

〔註25〕司馬遷，《史記．趙世家》，頁1797～1798。

〔註26〕例如魏文侯十八年「文侯受經子夏，過段干木之閭常式」事在西元前407年。子夏少孔子四十四歲，生於西元前507年，相距已百年。

〔註27〕劉向撰，向宗魯校證，《說苑校證》（北京：中華書局，1987年），頁321～322。

〔註28〕諸祖耿編撰，《戰國策集注匯考》，頁1539～1540。

是在哪一年外，其他與燕表所記年事皆同。而由「子之三年」的敘述往前推算，可知「子之元年」即燕王讓國之年，同於年表所標示的「燕王噲五年」。可見司馬遷必是根據了故事中已有或可推測的紀年來為年表編年。又如「騶忌以鼓琴見威王」事，〈田世家〉將此敘事插入到「威王初即位以來，不治，委政卿大夫，九年之閒，諸侯並伐……，莫敢致兵於齊二十餘年。」與「威王二十三年，與趙王會平陸」〔註 29〕之間，中間其實並沒有明確編年，但是〈田世家〉其後有「騶忌子以鼓琴見威王，……騶忌子見三月而受相印……居朞，封以下邳，號曰成侯」的敘事，可見騶忌封侯大概是在以鼓琴見威王的隔年，與年表所記正同。司馬遷所見的原始史料大概是已經有了「居朞，封以下邳，號曰成侯」這樣可提示紀年的記載。

第二節 〈六國年表〉的幾個記事特徵

（一）「我」字的運用

〈六國年表〉的各國欄位中，常有「攻我」、「伐我」、「取我」、「擊我」、「敗我」等以「我」為某國的敘事，如魏表「秦商君伐我，虜我公子卬」；韓表「秦拔我宜陽」；楚表「魏敗我陘山」等……，相關的本紀、世家也有許多這樣的記載。孫德謙《太史公書義法・存舊》說：

> 又本紀、世家其間多有稱「我」者，如〈秦本紀〉：「桓公三年晉敗我一將，昭襄王三十一年：楚人反我江南」，〈吳世家〉：「吳伐楚，楚敗我師。」諸如此類，或以為史公刪之未盡者，不知既用舊文，當留存之，有不必刊削者也。蓋周時列國諸侯各有國史，一國之史言我所以別於人，故謂之「我」者，為其國史之舊，可見矣。〔註 30〕

〔註 29〕司馬遷，《史記・田世家》，頁 1888～1891。

〔註 30〕見孫德謙，《太史公書義法・存舊》，頁 18。金德建以〈秦本紀〉「桓公三年，晉敗我……昭襄王三十一年楚人反我江南」為例，說其「語氣上顯然也是因仍了《秦記》的原來文字而未及刪易者。」（金德建，〈《秦記》考徵〉，頁 420）。大概是因襲了孫德謙的說法。在《太史公書義法・存舊》篇中，孫德謙另外還提到《史記》中「記秦始皇即位，趙、魏世家並云『秦王政初立』，〈韓世家〉則闕如，而〈楚世家〉乃言『秦王趙政立』，書法獨異……，此必六國史文如是，遷特悉存其舊耳。」又云：「況〈燕世家〉：『子今王喜立。』今王者，當時人所稱，猶《竹書紀年》以魏襄王為今王是也。苟非〈燕世家〉之舊，遷何必名之『今王』哉？且讀〈秦始皇本紀〉：『四月上宿雍』，又曰：『事無大小皆決於上，上至，以衡石量書』；又曰：

近人趙生群也認爲「我」字的運用，並非獨根據《秦記》，而是根據了各國史官所撰而殘存的史料。〔註 31〕不過，仔細比較這些書寫的例子，上述說法似乎還有商榷的餘地。

首先，〈六國年表〉通篇都充斥著這樣「某國伐我」的敘述，如果這種記事是根據各國舊史而來，表示司馬遷可以掌握長達二百年的以上各國紀年史料。〔註 32〕然前已統計，除了秦以外〈六國年表〉內各國的記事數目相當地少，如果司馬遷有可靠的諸國史記，應該可以在周、魏、韓、趙、楚、燕、齊表中記載更多的史事，各表與秦表之間的記事數目不會有那麼大的落差，他更不至於會在序文說其撰此表時「獨有《秦記》」了，可見這種有「我」字的敘述是根據各國舊史的說法與事實並不符。如果以〈十二諸侯年表〉與〈秦本紀〉作對照，可知司馬遷確實將把像《左傳》這樣子的原始史料直接作了文字上「我」的改寫，並非是抄錄各國史官的舊文。〔註 33〕概括地說，少部份「我」字應是來自於原史料之舊，例如像《秦記》這樣子的先秦史書，但是大部份「我」字顯然是司馬遷有意地作了改寫，使之分布到表、本紀、世家之中。

但是，爲甚麼司馬遷要在抄錄史料時作這種文字的改易？趙生群提出《竹書紀年》中也有類似這樣「某國伐我」的敘事，「我」所指爲本國，這種記事顯示了春秋戰國時期史書的敘事傳統。〔註 34〕雖然司馬遷沒有見過《竹書紀

『上病益重』；又曰：『丞相斯爲上崩在外。』此數言「上」者，必係秦史之舊。《集解》：『司馬遷記事當言帝』，則今每稱曰『上』者，非存舊而何抑？」胡平生根據〈阜陽漢簡〉指出：「在一張年表中同時出現一位今王和今公，非一國之君王。在史書中不僅本國當時在位的君王可以稱爲今王，其他諸侯各國仍在世的或已卒而無謚號的君王也可以稱『今』。」見胡平生，〈阜陽漢簡《年表》整理札記〉，收於《簡牘文物論集》（臺北：蘭臺出版社，2000 年），頁 294～312。所以〈燕世家〉內「今王」這樣的記載，未必是出自燕國史料。

〔註 31〕見趙生群，〈《史記》取材自諸侯史記〉，《史記文獻學叢稿》，頁 133～147。

〔註 32〕〈六國年表〉中從西元前 476 年楚表「吳伐我」至西元前 224 年楚表「秦破我將項燕」（即最早至最晚含有「我」字的記事），筆者粗略計算至少有超過一百條以上含有「我」字的記事。

〔註 33〕以孫德謙所提到的〈秦本紀〉桓公三年爲例，〈秦本紀〉原文作「晉伐我，獲諜。」《左傳》宣公八年：「會晉伐秦。晉人獲秦諜。」類似這樣將《左傳》改易的例子相當地多，可直接參照本文頁 60～63 的表 3-5。

〔註 34〕趙生群舉《竹書紀年》如「（梁惠成王）十七年，齊田期伐我東鄙……」、「（梁惠成王）二十九年五月，齊田盼伐我東鄙；九月，秦衛鞅伐我西鄙；十月，

年》，但司馬遷應當見過同一時期史書的敘事，也明白這是當時史書記事特色的。〔註 35〕也因此，司馬遷把他所見原始史料的記載抄錄到各國欄位中時，改為像是各國史官的記載。這麼做的目的，應該是為了在表中表達各國的自主性。天下之勢原本實非一國所能主宰，各國並立相爭了二百多年，只是各國之史書大都被秦國所焚毀而無法留存。運用這樣子的記載形式，可以在情感上保持各國各自的立場。〔註 36〕徐復觀說：「〈十二諸侯年表〉及〈六國年表〉，則對各國同類情形的敘述，皆用『我』字……史公特別採用此種方式，以保持對各國歷史意識的均衡，或歷史情感的均衡，因而取得平等而客觀的處理。」〔註 37〕可謂極為深入的見解。

（二）同格內記事順序有時與本紀、世家、列傳有異

〈六國年表〉史事的紀年常與本紀、世家、列傳有所矛盾，數量非常地多，這是許多學者都知道的事情。〔註 38〕沒有人注意到的是，〈六國年表〉同一格內若記載了多件史事，事件之排序有時也會與本紀、世家、列傳所記載的先後順序不同，這代表〈六國年表〉同格中的史事，有可能沒有嚴格地按照發生之先後順序抄錄。例如秦表秦惠文王十年（西元前 328 年）記載：「張儀相。公子桑圍蒲陽，降之。魏納上郡。」〔註 39〕〈魏世家〉同年記載是：「（魏襄王）七年，魏盡入上郡于秦。秦降我蒲陽。」〔註 40〕〈秦本紀〉則只載：「十年，張儀相秦。魏納上郡十五縣。」〔註 41〕「張儀相」、「魏納上郡」、「秦圍

邯鄲伐我北鄙……」等記事說明這些「是魏國史官記事的口吻，……同時也是當時各國史書的通例……。」「敘述晉、魏之事多用『我』字是後世學者一致判定《紀年》為魏國史記的一個重要證據。」見趙生群，〈《史記》取材自諸侯史記〉，《史記文獻學叢稿》，頁 135～136。

〔註 35〕或許《秦記》（或第三章提到的趙國史料）本身即有這樣子的記事形式，不過在秦表中，「我」字的運用反而鮮少……只有「蜀取我南鄭」、「魏公子無忌率五國卻我軍河外」、「韓使非來我殺非」這幾條，不知是否因為秦國被伐之事在《秦記》中被記載的較少。

〔註 36〕此外，《史記》裡面似乎也有殘留原史料之舊而未改成「我」字的痕跡。如魏表魏惠王十八年：「齊敗我桂陵」，〈魏世家〉作「齊使田忌、孫臏救趙，敗魏桂陵」，照通例「敗魏桂陵」應作「敗我桂陵」，這或許是司馬遷一時疏忽而未改易文字的例子。

〔註 37〕徐復觀，〈論《史記》〉，《兩漢思想史》卷三，頁 353～354。

〔註 38〕筆者整理了〈《史記》戰國記事之紀年矛盾表〉，見本文附表六，頁 309～324。

〔註 39〕司馬遷，《史記・六國年表》，頁 729。

〔註 40〕司馬遷，《史記・魏世家》，頁 1848。

〔註 41〕司馬遷，《史記・秦本紀》，頁 206。

蒲陽」發生順序不同，不知何者爲先。此三事在〈張儀列傳〉有較詳細的敘述，文曰：「秦惠王十年，使公子華與張儀圍蒲陽，降之。儀因言秦復與魏，而使公子繇質於魏。儀因說魏王曰：『秦王之遇魏甚厚，魏不可以無禮。』魏因入上郡、少梁，謝秦惠王。惠王乃以張儀爲相，更名少梁曰夏陽。」〔註 42〕根據這段描述，秦國是先打敗魏國取得蒲陽，卻又將之還給魏國，更把公子華（一作公子桑）入質於魏表示親善，魏國因此奉上上郡展現雙方友好之誠意，這是張儀連橫策略之實施。因此張儀受到秦惠王重用而爲相。如根據〈張儀列傳〉，那秦表、〈魏世家〉、〈秦本紀〉的記事順序似乎有誤。〔註 43〕其他類似的例子，如表 4-1 所示：

表 4-1 〈六國年表〉同一格內記事順序可能有誤的例子

西元前（年）	國君紀年	《史記》篇章	說 明
356	趙成侯十九年	趙表：與燕會（河）〔阿〕。與齊、宋會平陸。 趙世家：與齊、宋會平陸。與燕會阿。	趙表、趙世家所記「與燕會阿」、「與齊、宋會平陸」事先後順序不同。
330	魏襄王五 年	魏表：與秦河西地少梁。秦圍我焦、曲沃。 魏世家：秦敗我龍賈軍四萬五千于雕陰，圍我焦、曲沃。予秦河西之地。 秦本紀上一年：公子卬與魏戰，虜其將龍賈，斬首八萬。 秦本紀：魏納河西地。 秦表：魏入河西地于秦。	據魏世家，秦敗魏龍賈軍於雕陰，又圍魏焦、曲沃，魏乃予秦河西之地。但魏表記「與秦河西地少梁」事在「秦圍焦、曲沃」之前。又秦表、秦本紀另記圍焦事在隔年。
329	秦惠文王九 年	秦表：度河，取汾陰、皮氏。圍焦，降之。與魏會應。 秦本紀：渡河，取汾陰、皮氏。與魏王會應。圍焦，降之。 魏世家：與秦會應。秦取我汾陰、皮氏、焦。 魏表：與秦會應。秦取汾陰、皮氏。	秦表、秦本紀、魏世家、魏表所記「秦取汾陰、皮氏」、「秦取焦」、「秦魏會應」事先後順序有所不同。

〔註 42〕司馬遷，《史記·張儀列傳》，頁 2284。

〔註 43〕〈張儀列傳〉的內容雖然較完整、詳細，但也有可能在排列這些事件時發生錯誤，這需要進一步比對更多的其他資料才能驗證。

327	秦惠文王十一年	秦表：義渠君爲臣。歸魏焦、曲沃。 秦本紀：縣義渠。歸魏焦、曲沃。義渠君爲臣。更名少梁曰夏陽。	秦表、秦本紀記「義渠君爲臣」和「歸魏焦、曲沃」事先後順序不同。
322	魏襄王十三年	魏表：秦取曲沃、平周。女化爲丈夫。〔註44〕 魏世家：張儀相魏。魏有女子化爲丈夫。秦取我曲沃、平周。	魏表、魏世家記「秦取曲沃、平周」和「女化爲丈夫」事先後順序不同。
299	韓襄王十三年	韓表：齊、魏王來。立咎爲太子。 韓世家：（無註記年份）韓立咎爲太子。齊、魏王來。	韓表、韓世家記「齊、魏王來」和「韓立咎爲太子」事先後順序不同。
299	楚懷王三十年	楚表：王入秦。秦取我八城。 楚世家：秦復伐楚，取八城。秦昭王遺楚王書曰……。	楚表、楚世家記「楚王入秦」和「秦取楚八城」事先後順序不同。
265	秦昭王四十二年	秦表：宣太后薨。安國君爲太子。 秦本紀：四十二年，安國君爲太子。十月，宣太后薨，葬芷陽酈山。九月，穰侯出之陶。	秦表、秦本紀記「宣太后薨」和「安國君爲太子」事先後順序不同。
249	秦莊襄王元　年	秦表：秦莊襄王楚元年，蒙驁取成皋、滎陽。初置三川郡。呂不韋相。取東周。 秦本紀：莊襄王元年，……東周君與諸侯謀秦，秦使相國呂不韋誅之，盡入其國。……使蒙驁伐韓，韓獻成皋、鞏。秦界至大梁，初置三川郡。 秦始皇本紀附編：莊襄王元年，……。東周與諸侯謀秦，秦使相國不韋誅之，盡入其國。 蒙恬列傳：蒙驁爲秦將，伐韓，取成皋、滎陽，作置三川郡。 燕世家：秦滅東（西）周，置三川郡。	秦表與秦本紀、燕世家所記「呂不韋取東周」和「蒙驁取成皋、滎陽，置三川郡」事先後順序不同。此外，呂不韋列傳云：「莊襄王元年，以呂不韋爲丞相，封爲文信侯，……莊襄王即位三年，薨，太子政立爲王，尊呂不韋爲相國，號稱『仲父』。」則呂不韋似乎在莊襄王時還只是丞相，秦王政時才被尊爲相國。
226	燕王喜二十九年	燕表：秦拔我薊，得太子丹。王徙遼東。 秦始皇本紀：王賁攻（薊）〔荊〕，……取燕薊城，得太子丹之首。 燕世家：秦攻拔我薊，燕王亡，徙居遼東，斬丹以獻秦。	據燕表、秦始皇本紀，秦拔薊時已得太子丹，但燕世家卻記載燕王徙遼東之後才斬丹獻秦。

〔註44〕中華書局點校本原作「秦取曲沃。平周女化爲丈夫。」（頁730）。標點有誤，今改正。

此外，也有年表雖然沒有詳載，但可從本紀和世家直接觀察到記事順序相反的例子，如韓宣惠王十九年（西元前 314 年）〈韓世家〉:「大破我岸門。太子倉質於秦以和。」〔註 45〕〈秦本紀〉記「韓太子蒼來質」於上一年，同年則記「敗韓岸門，斬首萬，其將犀首走。」〔註46〕如據〈韓世家〉，看來是韓戰敗於岸門，不得不以太子倉到秦國爲質求和，〈秦本紀〉的記事順序似乎有誤。我們無法確認這些記事順序不同的情況是司馬遷或後人抄錄時所導致的錯誤。不過最有可能導致這種情況產生的原因，可能是因爲原始史料或年表曾經過了多次抄錄，部份出入或許來自史表並非一次寫成，因而留下逐次添補的痕跡。〔註 47〕

（三）記事會因應各國欄位之不同而有詳略

〈六國年表〉內的記事，常因應各國欄位而有相對應或省略的寫法。如以西元前 453 年三晉敗智伯於晉陽這件事爲例，司馬遷並沒有在各表中都寫出三子的名稱，而是根據各國欄位，作文字上的調整：寫於魏表爲「魏桓子敗智伯于晉陽」；寫於韓表爲「韓康子敗智伯于晉陽」；寫於趙表爲「襄子敗智伯晉陽」並多了「與魏、韓三分其地」的敘事。又如西元前 403 年魏表、韓表、趙表皆記「初爲侯」，司馬遷並不會於每一格都清楚地標示「魏、韓、趙初爲侯」。西元前 318 年有五國共擊秦之事，秦表寫「五國共擊秦，不勝而還」，其下魏、韓、趙、燕、楚表便分別記載「擊秦不勝」，不會同時於每格標示出每一國家的名稱。

或許是因爲這樣子的省略記載方式，使年表乃至於世家內的一些記事產生了疏漏。例如西元前 356 年趙表所記「與燕會（河）〔阿〕。與齊、宋會平陸」，〈趙世家〉記爲「與齊、宋會平陸。與燕會阿。」但是齊表和〈田世家〉只記載了齊、趙兩國會平陸之事，沒有寫入宋與會之事。又如西元前 332 年趙表所記「齊、魏伐我，我決河水浸之」之事，齊表所記爲「與魏伐趙」，但是魏表僅記「伐趙」，而沒有註明「與齊伐趙」之事。西元前 295 年，趙表記「圍殺主父。與齊、燕共滅中山。」齊表記「佐趙滅中山。」〈田世家〉記「趙殺其主父。齊佐趙滅中山。」〔註48〕齊表、〈田世家〉皆未記燕之參戰，燕表亦缺載。

〔註45〕司馬遷，《史記・韓世家》，頁 1871。

〔註46〕司馬遷，《史記・秦本紀》，頁 207。

〔註47〕例如前述《秦記》本身有可能是一種資料匯編，那麼司馬遷在選擇不同篇章抄錄時，便有可能因選取的資料先後不同，導致抄寫順序不同。

〔註48〕司馬遷，《史記・韓世家》，頁 1898。

類似這樣的記載方式，乃是以表內各國欄位爲主體，未必以戰爭或會盟的主事國爲主體。因此，往往缺載其他共同作戰或與會之國。世家此一特徵可以說更爲明顯，因爲世家內的記事同樣只以本國爲主體，卻無法像年表一樣可直接以同時期內各國發生之史事來對照，以了解哪些國家參與了事件。例如西元前 317 年〈田世家〉記載「與宋攻魏，敗之觀澤」〔註 49〕之事，齊表則記「敗魏、趙觀澤。」可看出此一戰役應是齊與宋共攻魏，戰於觀澤，趙出兵救魏，但魏、趙被齊、宋打敗。齊表缺載一同攻魏的宋國。而魏表、趙表、〈魏世家〉、〈趙世家〉只分別記載了「齊敗我觀澤。」（〈魏世家〉「澤」作「津」）若僅根據〈魏世家〉、〈趙世家〉的記載，就無法看出魏、趙乃同盟之事。

（四）因弄錯君王在位年世，而造成史事編年錯誤

據學者研究，〈六國年表〉在編年上有許多錯誤，其中以魏、齊、晉、魯、宋的編年錯誤最爲嚴重。其主要原因可能是司馬遷弄錯了國君在位年世，而使一連串史事在排序時產生了年代上的錯誤。如以編年錯誤最明顯的魏、齊史事爲例：〈六國年表〉魏表於西元前 424 年至西元前 296 年依序記載了魏文侯 38 年、魏武侯 16 年、魏惠王 36 年、魏襄王 16 年、魏哀王 23 年的年世。然而《竹書紀年》記載「惠成王立三十六年，改元稱一年，改元後十七年卒」、「惠王三十六年改元，從一年始，至十六年而稱惠成王卒」，〔註 50〕且《世本》裡面並沒有哀王一世，〔註 51〕可知《史記》把魏惠王三十六年改元誤作爲魏惠王三十六年卒，又誤把魏惠王改元後的年世作爲魏襄王的年世，另把原本魏襄王的年世當成了多出來的魏哀王年世。因此只要把魏襄王的年世改作爲

〔註 49〕司馬遷，《史記·田世家》，頁 1896。

〔註 50〕方詩銘、王修齡，《古本竹書紀年輯證》（上海：上海古籍出版社，2005 年），頁 144～146。

〔註 51〕《集解》荀勗曰：「和嶠云『紀年起自黃帝，終於魏之今王』。今王者，魏惠成王子。案太史公書惠成王但言惠王，惠王子曰襄王，襄王子曰哀王。惠王三十六年卒，襄王立十六年卒，并惠、襄爲五十二年。今案古文，惠成王立三十六年，改元稱一年，改元後十七年卒。太史公書爲誤分惠、成之世，以爲二王之年數也。《世本》惠王生襄王而無哀王，然則今王者魏襄王也。」《索隱》按：「《系本》襄王生昭王，無哀王，蓋脱一代耳。而紀年説惠成王三十六年，又稱後元一十七年卒。今此分惠王之歷以爲二王之年，又有哀王，凡二十三年，紀事甚明，蓋無足疑。而孔衍敘〈魏語〉亦有哀王。蓋紀年之作失哀王之代，故分襄王之年爲惠王後元，即以襄王之年包哀王之代耳。」（見司馬遷，《史記·魏世家》，頁 1849）。錢穆以爲魏襄哀王爲一人兩謚，司馬遷誤分爲襄王、哀王。見錢穆，《先秦諸子繫年·自序》，頁 7。

魏惠王改元後的年世，把魏哀王的年世改作魏襄王的年世，史事的排序大體上是正確的。〔註 52〕又如齊表和〈田世家〉所記載伐燕子之者爲齊湣王，與《孟子》和《戰國策》稱齊宣王伐燕不合，如果根據《竹書紀年》校正《史記》，可知《史記》缺載了田侯剡一世九年，又短少了桓公十二年、威王一年。〔註 53〕可以推想司馬遷原本主要是以《秦記》內的紀年資料史事爲基礎來編年，不過單從這種紀年資料無法很明確地知道其他國家的在位者是誰，故導致了這種「雖誤其年，未誤其時」的情況。〔註 54〕

第三節　〈六國年表〉與相關本紀、世家、列傳編纂先後的考察

（一）世家的結構（戰國部份）

一般而言，世家是以編年記事和戰國故事兩大主體所構成的。編年記事的內容，主要應來自於《秦記》，而戰國故事則是司馬遷從《呂氏春秋》、《韓非子》等先秦典籍和戰國縱橫家的故事輯所摘錄的。如果扣除了戰國故事和太史公曰的評述，僅比較世家和〈六國年表〉內的編年記事，會發現年表的記事數目和內容其實與世家相去不遠。

如以〈六國年表〉魏表爲例，魏表的記事數目僅次於秦表，乍看之下〈魏世家〉的記事雖比魏表多，但若仔細比對魏表與〈魏世家〉的內容，可以發現〈魏世家〉有而魏表所沒有的記事，幾乎全部都可在〈秦本紀〉、〈六國年表〉中的他表、或戰國故事中找到相同內容，尤其是〈魏世家〉與〈秦本紀〉重複的記事相當多。〔註 55〕〈韓世家〉和韓表也同樣呈現了如此的情況，因

〔註 52〕以上以楊寬《戰國史料編年輯證》頁 723～729 的說法爲據。不過對於魏惠王改元是否是把三十六年直接當成更元元年或以惠王三十七年爲元年，以及惠王是改元後十六年或十七年卒，各家意見不同，在此存而不論。另外，雖然根據《竹書紀年》可大致修正魏國國君的在位年世，但年表內尚有年差與《史記》他篇或其他史書有一至兩年以上不合之史事，則還必須根據其他史料修正。

〔註 53〕詳見楊寬，《戰國史料編年輯證》，頁 729～731。

〔註 54〕另外或許有司馬遷把他認爲是該國君統治時期內發生的史事直接植入到表格中的情況，這種史事並非來自於紀年資料，又因國君在位年世出錯，所以年代、時序皆誤。但在〈六國年表〉中這種情況並不太明顯。

〔註 55〕可參見附表 1-3〈六國年表〉魏表與〈魏世家〉記事對照表，本文頁 177～194。

爲〈韓世家〉篇幅較少，故以下以〈韓世家〉和韓表來作說明：

表 4-2　〈韓世家〉有但韓表所無的記事，在他篇可找到相同之內容對照表

〈韓世家〉有而韓表所無的記事	可找到相同內容的其他篇章
387 韓列（表作烈）侯十三年：是歲魏文侯卒。	從年表表格可知、趙世家
375 韓哀侯二年：滅鄭，因徙都鄭。	韓表：滅鄭，康公二十年滅，無後。 鄭世家：韓哀侯滅鄭，并其國。
328 韓宣惠王五年：張儀相秦。	秦本紀、秦表
322 韓宣惠王十一年：與趙會區鼠。	趙表 322、趙世家
317 韓宣惠王十六年：（戰國故事）	《戰國縱橫家書・二十四・公仲倗謂韓王章》 《韓策・韓一・秦韓戰於濁澤》
314 韓宣惠王十九年：大破我岸門。太子倉質於秦以和。	秦本紀 315：韓太子蒼來質。十一年 314，敗韓岸門，斬首萬，其將犀首走。
312 韓宣惠王二十一年：斬首八萬於丹陽。	秦本紀：庶長章擊楚於丹陽，虜其將屈丐，斬首八萬。
308 韓襄王四年：其秋，秦使甘茂攻我宜陽。	秦本紀：與韓襄王會臨晉外。……其秋，使甘茂、庶長封伐宜陽。四年 307，拔宜陽，斬首六萬。
307 韓襄王五年：秦武王卒。	秦本紀、表可知
301 韓襄王十一年：敗楚將唐眛。	秦本紀 299：使將軍羋戎攻楚，取新市。齊使章子，魏使公孫喜，韓使暴鳶共攻楚方城，取唐眛。 楚表 301：秦、韓、魏、齊敗我將軍唐眛於重丘。 楚世家：秦乃與齊、韓、魏共攻楚，殺楚將唐眛，取我重丘而去。
300 韓襄王十二年：（戰國故事）	《韓策・韓二・冷向謂韓咎》 《韓策・韓二・楚圍雍氏韓令冷向借救於秦》 《韓策・韓二・謂新城君曰》
296 韓襄王十六年：秦與我河外及武遂。	秦本紀：秦與韓、魏河北及封陵以和。 魏世家：秦復予我河外及封陵爲和。 田世家：秦與韓河外以和，兵罷。

293 韓釐王三年：使公孫喜率周、魏攻秦。	秦本紀：左更白起攻韓、魏於伊闕，斬首二十四萬，虜公孫喜，拔五城。
273 韓釐王二十三年：（戰國故事）	《韓策・韓三・趙魏攻華陽》
272　韓桓惠王元年：伐燕。	秦本紀、燕世家、魏表
263 韓桓惠王十年：我上黨郡守以上黨郡降趙。	秦本紀：四十七年 260，秦攻韓上黨，上黨降趙，秦因攻趙，趙發兵擊秦，相距。秦使武安君白起擊，大破趙於長平，四十餘萬盡殺之。 白起王翦列傳：四十七年　260，秦使左庶長王齕攻韓，取上黨。上黨民走趙。……秦聞馬服子將，乃陰使武安君白起爲上將軍……。
259 韓桓惠王十四年：秦拔趙上黨，殺馬服子卒四十餘萬於長平。	
256 韓桓惠王十七年：秦拔我陽城、負黍。	秦本紀：將軍摎攻韓，取陽城、負黍，斬首四萬。
251 韓桓惠王二十二年：秦昭王卒。	秦本紀、魏世家、楚世家、燕世家、表可知
234 韓王安五年：秦攻韓，韓急，使韓非使秦，秦留非，因殺之。	秦始皇本紀 233：攻趙軍於平陽，取宜安，破之，殺其將軍。桓齮定平陽、武城。韓非使秦，秦用李斯謀，留非，非死雲陽。韓王請爲臣。 秦表 233：韓使非來，我殺非。韓王請爲臣。

只有韓哀侯二年「因徙都鄭」和韓釐王三年「使公孫喜率周、魏攻秦」兩條勉強算是〈韓世家〉所獨有而《史記》全書沒有的記載。而韓表有記載而〈韓世家〉沒有的記事，如表 4-3 所示：

表 4-3　韓表有但〈韓世家〉所無的記事

394 韓列侯六年	救魯。（《史記》全書皆無。）
375 韓哀侯二年	滅鄭，康公二十年滅，無後。（〈韓世家〉記：滅鄭，因徙都鄭。）
362 韓莊侯九年	大雨三月。（《史記》全書皆無。）
318 韓宣惠王十五年	擊秦不勝。（〈韓世家〉無。）
312 韓宣惠王二十一年	（秦）〔我〕助（我）〔秦〕攻楚，圍景座。（〈韓世家〉：與秦共攻楚，敗楚將屈丐，斬首八萬於丹陽。是歲，宣惠王卒，太子倉立，是爲襄王。）
302 韓襄王十年	太子嬰與秦王會臨晉，因至咸陽而歸。（〈韓世家〉：十年，太子嬰朝秦而歸。）
270 韓桓惠王三年	秦擊我閼與城，不拔。（〈韓世家〉無。）
256 韓桓惠王十七年	救趙新中。（〈韓世家〉無。）
231 韓王安八年	秦來受地。（〈韓世家〉無。）

若不計出自於戰國縱橫家的故事，只根據《史記》篇章，大致便可以拼湊成完整且內容一致〈韓世家〉，即使如此，卻會漏掉韓表中的某些內容如韓烈侯六年「救魯」之事。由此看來，司馬遷如果只根據〈韓世家〉而寫成韓表，幾乎是不可能之事。雖然〈韓世家〉加上《史記》篇章也能大致達到韓表的內容，但考慮到年表具有「整齊年差」的性質，我們可以推測年表之撰述應在世家之前。也就是說，〈韓世家〉可能以是韓表的編年為基礎，再加上其他資料所構成的。其他世家大概也是類似的情況。〔註 56〕

另外需要說明的是，韓表在韓哀侯滅鄭以前，有許多關於鄭國的記事，同樣的事情在〈鄭世家〉大都記載了，而這部份記事，〈韓世家〉不是不予記載，就是寫得不如韓表詳細，如：

表 4-4　韓表裡韓哀侯以前關於鄭國的記事

408 韓景侯虔元年	伐鄭，取雍丘。鄭城京。（〈韓世家〉無「鄭城京」。）
398 韓烈侯二年	鄭殺其相駟子陽。（〈韓世家〉無。）
396 韓烈侯四年	鄭相子陽之徒殺其君繻公。（〈韓世家〉無。）
394 鄭康公六年	鄭負黍反。（〈韓世家〉無。）

關於鄭國的記事，只寫入以鄭國為主體的〈鄭世家〉而不重複寫入〈韓世家〉，自然是可以理解之事。但是仍有兩年關於鄭國的記事值得注意：

（1）380 韓文侯七年：「鄭敗晉」（鄭反晉），是〈韓世家〉與韓表皆有，而〈鄭世家〉所無。

（2）394 韓烈侯六年：〈鄭世家〉於「鄭負黍反」後，比韓表又多了「復歸韓」的描述。也就是說，〈鄭世家〉的內容可能比韓表還詳細，且其撰寫可能是在韓表形成之前，否則在〈鄭世家〉中應該也會有「鄭反晉」的記載。但據此可以推論其他世家的形成也是在年表形成之前嗎？其實並不一定。〈鄭世家〉的例子很可能是個例外。畢竟〈鄭世家〉的戰國部份本身便寫的相當

〔註 56〕〈周本紀〉戰國時期的部份，除了與〈六國年表〉周表相同的幾則記事外，其他幾乎都是由戰國故事組成的，故學者說：「敬王以後，赧王以前，二百年無一事」，阮芝生引方苞語，〈太史公怎樣搜集和處理史料〉，《中國書目季刊》第 7 卷第 4 期（臺北：1974 年 3 月），頁 32。可參見附表 1-1〈六國年表〉周表與〈周本紀〉記事對照表（本文頁 133～136）和附表 2-1〈周本紀〉所記戰國故事可能出處表（本文頁 259～260）。

簡略，並不怎麼需要編年，因此司馬遷在年表完成前便已在〈鄭世家〉填入鄭國的資料，並無不可。

（二）列傳的結構

列傳的結構與世家不同，因爲列傳乃以傳主個人的經歷作爲主軸，雖偶有一些紀年記載攻伐史事點綴其間，但這樣子的紀年記事並非列傳的主體，大概只是用來連接傳主故事，並具備了提示歷史時間的功能。所以我們可以發現，列傳裡的編年數量其實很少，這與世家以許多編年記事爲主體，再插入戰國故事的作法有很大的差異性。列傳裡的編年數量雖少，但編年錯誤的地方卻相當地多。有插入戰國故事時司馬遷把年代搞錯了，導致編年錯誤。又如〈張儀列傳〉中滅蜀之事，根據〈秦本紀〉和〈六國年表〉的記載，滅蜀應該是秦惠文王更元九年的事，列傳雖然沒有註記年份，卻把此事記載在秦惠文王十年的敘事之前，大概是司馬遷把秦惠文王更元九年誤以爲是秦惠文王九年了。以及〈穰侯列傳〉關於華陽之戰的記載，根據學者研究，可以在《韓策》和《戰國縱橫家書》找到相去不遠的記載，但是原本的戰國故事中是沒有編年的，司馬遷將之編年置於「昭王三十二年」之下，不過華陽之戰實際上是發生在昭王三十四年，即發生在秦打敗韓將暴鳶（昭王三十二年）之後的事，很明顯編年有誤。除此之外，列傳裡面常有「後幾年」、「幾年後」之類的記載，如果仔細去計算的話，會發現其所指涉的年代通常都有問題，沒有辦法和〈秦本紀〉或〈六國年表〉甚至世家相合。又如〈張儀列傳〉：「秦惠王卒，太子武王立，逐張儀、魏章，（秦表、〈秦本紀〉爲武王元年）而以樗里子、甘茂爲左右丞相。（秦表、〈秦本紀〉爲武王二年）秦使甘茂攻韓，拔宜陽。（秦表、〈秦本紀〉爲武王四年）」〔註 57〕可看出列傳完全沒有仔細地編年。可以說，列傳裡的紀年並不是很嚴謹，這是列傳編年的一大特色。

值得注意的是，列傳中有一些編年的記事是〈秦本紀〉和〈六國年表〉都沒有記載的事情。例如〈范睢蔡澤列傳〉提到：「秦昭王之四十二年，東伐韓少曲、高平，拔之。」〔註 58〕《編年記》同年記載了「攻少曲」可印證其史料的正確性。此事於〈秦本紀〉和〈六國年表〉卻都沒有記載，是〈范睢蔡澤列傳〉獨有的記載。此外，〈白起王翦列傳〉裡曾提到「（昭王）四十六年，秦攻韓緱

〔註 57〕司馬遷，《史記·張儀列傳》，頁 209。

〔註 58〕司馬遷，《史記·范睢蔡澤列傳》，頁 2415。

氏、藺，拔之。」〔註 59〕〈廉頗藺相如列傳〉:「廉頗攻魏之防陵、安陽，拔之。」〔註 60〕亦是《史記》他篇沒有的記載。由此可見，列傳裡的編年雖然很少，但大概不是參考〈秦本紀〉和〈六國年表〉而來的，而是根據了更原始的史料，所以才會有如此獨特的記事。可見列傳應該也是獨立編輯出來的。

綜上所述，關於《史記》本紀、世家、列傳內提到戰國時期記事的製作，根據已知的部份，大概可以作成以下的關係圖：

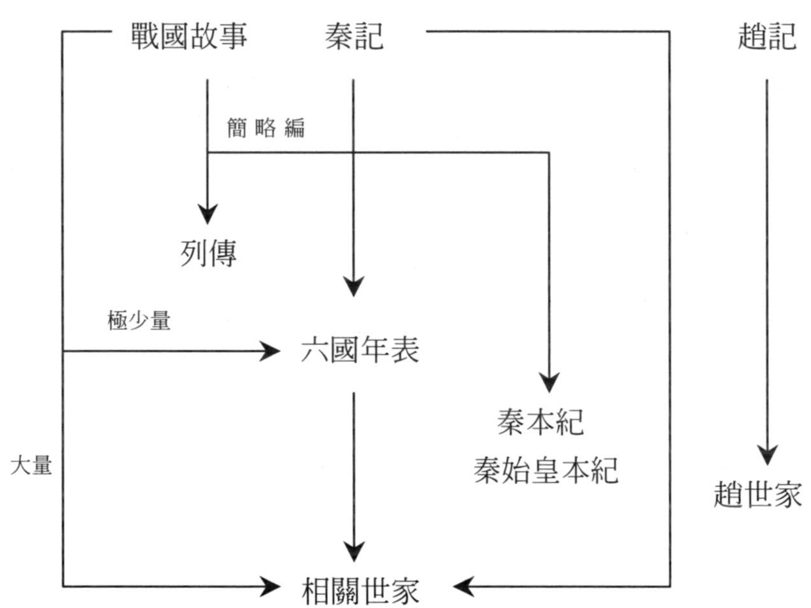

此關係圖顯示的只是一個大概的輪廓。大致說來，〈秦本紀〉和〈六國年表〉都是直接根據《秦記》所撰成，因其內容都有其獨特性，兩者也大致可以直接利用《秦記》而不需另外編年。而列傳裡的紀年雖然可能也是出自於《秦記》，因爲列傳中也有他篇所沒有的獨特記事，但因爲紀年並非列傳的主軸，所以列傳在編年上，並不是很嚴謹。〈六國年表〉中雖然有數例戰國故事的摘要，但是應該是作成於世家之前，而非從世家所抄錄的。因爲世家中的戰國故事多達數十個，如果司馬遷爲了編年，應該可以把這些戰國故事皆作成年表裡的摘要，但實際上司馬遷並沒有這麼做。這幾個戰國故事的摘要或許可以視之爲司馬遷的札記或司馬遷想特別想要強調的事件。而世家中〈六

〔註 59〕司馬遷，《史記·白起王翦列傳》，頁 2333。
〔註 60〕司馬遷，《史記·廉頗藺相如列傳》，頁 2444。

國年表〉所沒有記載的事件，通常在〈秦本紀〉或〈秦始皇本紀〉中都有記載。不過也有一些記事是〈秦本紀〉和〈六國年表〉皆無的，有可能直接取自於《秦記》，不過值得注意的是，基於《秦記》為一種複合性資料的可能性，司馬遷該是先利用了已編年好的〈六國年表〉進行各國世家裡國君的編年，才便於採用《秦記》的內容。因此世家內的記事也有少部份不見於年表、戰國故事和〈秦本紀〉、〈秦始皇本紀〉。而趙國史料與趙紀年，最可能被運用在〈趙世家〉中，在〈六國年表〉或《史記》其他篇章並不明顯。

第四節　〈六國年表〉以有限之材料呈現天下大勢

錢穆評論司馬遷所寫的戰國史云：

> 《史記》載戰國事，於初期最晦。如越句踐遷都，韓、趙、魏分晉，魏文侯霸業之經營，皆不明備。因之記戰國中期事，亦多昧於情勢。於當時列國國勢盛衰升降，及離合聚散之間，往往不能言，而梁惠之霸業，齊威宣之與梁爭衡，徐州會後諸國之相王，與夫秦人之因利乘便，以培植其東侵之基礎者，史公均未詳述。獨於晚世策士飾說，蘇張縱橫，娓娓道之，去實遠矣。〔註61〕

如果單看〈六國年表〉內的記事，錢穆所說《史記》載戰國事不明備或昧於情勢的情況，可能更加地嚴重。因為〈六國年表〉所據史料主要只有文略不具的《秦記》，根據如此有限之材料所寫出的簡略、零碎記事，實沒有辦法完整地表現出各個國家實際的發展。然而，司馬遷似乎沒有補充其他史料進入〈六國年表〉的意圖，否則他應該可以使用更多戰國縱橫家的著作和趙國史料去補充年表的內容，如此應該更可以呈現出當時之天下大勢。他不這麼做，或許有三個原因：

一、年表之記事本應力求精簡，司馬遷想把較多的史料留在世家或列傳撰寫。

二、戰國縱橫家的史料正確性不夠精審，亦缺乏紀年，司馬遷在撰表時以編年記事為主，沒有辦法一一去考辨戰國縱橫家史料的正確度，尤其是複雜的外交縱橫之事，故寧可闕而不錄。

三、〈六國年表〉是一個較早期製作的資料，為的是理出戰國時期之大

〔註61〕錢穆，《先秦諸子繫年・通表之部附表第二》，頁616。

略，因此，司馬遷只以現有的、較可靠的《秦記》爲根據撰表，並沒有作太多加工的動作，在利用年表的紀年屬性完成其他篇章如世家的撰寫後，司馬遷也沒有必要再花工夫去補充〈六國年表〉裡的內容，否則〈六國年表〉的內容必定比我們今日所見更加地詳細、精審許多。

司馬遷在序文提到，他撰表是「著諸所聞興壞之端」，這是掌握〈六國年表〉內容的關鍵。這提醒我們在材料有限的情況下，司馬遷在年表中所特別注重的，應該是他認爲足以象徵或影響國家興壞的事件。以下試羅列〈六國年表〉中之大事，以見司馬遷如何在年表裡建構出戰國兩百七十年之大勢。

（1）西元前 476 年至西元前 424 年魏文侯元年

大事：三家分晉、魏文侯即位

如以西元前 424 年魏文侯元年爲分界，〈六國年表〉於西元前 476 年至西元前 424 年記載較多史事的是秦表，此時的秦國尚在初期發展階段，秦表大部份透露出秦國與周遭勢力特別是邊疆民族往來之關係，如：「蜀人來賂」、「楚人來賂」、「義渠來賂」、「(緜)〔緜〕諸乞援」、「塹阿旁。伐大荔。補龐戲城」、「公將師與緜諸戰」、「左庶長城南鄭」、「晉大夫智寬率其邑人來奔」、「伐義渠，虜其王」、「義渠伐秦，侵至渭陽」等史事……可見與邊疆民族之關係是秦人在國家發展中所相當關注的一環。司馬遷自然也注意到了這一點。〔註 62〕其他各表記事不多，除了《左傳》也有記載的幾個故事外，還有越滅吳；楚滅蔡、滅杞、滅莒之事。西元前 454 年三晉與知伯分范、中行地（趙表），〔註 63〕和西元前 453 年三晉敗智伯（魏、韓、趙表），大概是這一時期最重要的事，三晉取得了大片土地，從此各自發展勢力，逐漸壯大。

〔註 62〕秦表內持續有許多關於秦國周遭邊疆民族的記事，如：西元前 395 年：「伐(緜)〔緜〕諸。」西元前 387 年：「蜀取我南鄭。」（〈秦本紀〉記爲「伐蜀，取南鄭。」）西元前 331 年：「義渠內亂，庶長操將兵定之。」西元前 327 年：「義渠君爲臣。」（〈秦本紀〉記「縣義渠。……義渠君爲臣。」）西元前 320 年：「王北遊戎地，至河上。」西元前 316 年：「擊蜀，滅之。」西元前 314 年：「侵義渠，得二十五城。」西元前 313 年：「公子繇通封蜀。」西元前 311 年：「蜀相殺蜀侯。」西元前 310 年：「誅蜀相壯。」（〈秦本紀〉同年：「伐義渠、丹、犁。」）西元前 301 年：「蜀反，司馬錯往誅蜀守煇，定蜀。」

〔註 63〕學者以爲此事編年有誤，應在西元前 458 年。見楊寬，《戰國史料編年輯證》，頁 88～89。

（2）西元前424年至西元前364年秦獻公稱伯

大事：魏文侯任賢圖治、魏取河西地、三晉列爲諸侯、田氏幷齊、秦獻公稱伯

魏文侯即位後，任用賢者，變法圖治，魏國也因此日益強盛。從〈六國年表〉可看出魏文侯即位後不久便直接與秦產生衝突，表中記載了諸多秦、魏間攻防之事，如西元前419年魏表「魏城少梁」，西元前418年秦表「與魏戰少梁」，西元前417年魏表「復城少梁」，西元前413年秦表「與晉戰，敗鄭下」。隔年，魏表有「公子擊圍繁龐，出其民」事。西元前409年魏表「伐秦，築臨晉、元里」、西元前408年魏表「擊（宋）〔守〕中山。伐秦至鄭，還築洛陰、合陽」，一連串魏文侯領導下展開的攻擊，使秦河西之地皆爲魏所佔有，魏國並還攻滅了中山。

此時秦國的勢力仍不強，除了經濟、政治因素，國家尚有內亂，如西元前425年秦表記載了「庶長鼂殺懷公」之事，西元前385年秦表載：「庶長改迎靈公太子，立爲獻公。誅出公。」〈秦本紀〉秦孝公即位後曾說道：「會往者厲、躁、簡公、出子之不寧，國家內憂，未遑外事，三晉攻奪我先君河西地，諸侯卑秦、醜莫大焉。……」由此可知，大概從秦厲共公（476）到出子卒（385），秦國內部還不是很穩定。

西元前403年魏、韓、趙、楚表記載了三晉初爲侯之事，此事是西元前405年至西元前404年三晉聯軍伐齊，又攻入齊國長城之戰果，魏文侯藉此逼迫齊向周威烈王施壓以封三晉爲諸侯。〔註64〕這是撼動周天子權力的大事，周表於此年書「九鼎震」。其後三晉、秦、楚、齊皆謀求向中原發展。韓表從西元前423年至西元前375年記載了不少韓、鄭相伐之事，鄭國於西元前375年終被韓所滅（事見韓表）。西元前379年田氏則幷齊而有之（事見齊表）。西元前376年晉亦正式被魏、韓、趙所滅（事見魏、韓、趙、齊表）。西元前383年秦表「城櫟陽」則大概是秦獻公即位後勵精圖治的開始。〈秦本紀〉記載：「獻公即位，鎭撫邊境，徙治櫟陽，且欲東伐，復繆公之故地。」〔註65〕西元前366年秦「敗韓、魏洛陰。」（事見秦表）後兩年「章蟜與晉戰石門，斬首六萬，天子賀。」（事見秦表）周表亦記：「賀秦。」〈楚世家〉云：「周天子賀秦獻公。秦始復彊，而三晉益大，魏惠王、齊威王尤

〔註64〕楊寬，《戰國史》，頁291～292。
〔註65〕司馬遷，《史記‧秦本紀》，頁202。

疆。」〔註 66〕可見秦國之勢力在這段時期已逐漸上升。

（3）西元前 364 年至西元前 334 年諸侯徐州相王

大事：魏徙大梁、桂陵之戰、馬陵之戰、徐州相王、秦國勢力持續上升

西元前 361 年是秦孝公元年，亦是魏從安邑徙都大梁之年，魏惠王徙都之舉意在擺脫韓、魏、秦之夾擊。〔註 67〕從魏惠王徙都大梁之後，戰國形勢爲之一變，會盟活動特別的多。〔註 68〕如西元前 357 年魏表「與趙會鄗」、趙表「趙孟如齊」；西元前 356 年魏表「魯、衞、宋、鄭侯來」、趙表「與燕會（河）〔阿〕。與齊、宋會平陸。」西元前 353 年魏被齊打敗於桂陵（事見魏表、齊表）。但攻陷了趙的邯鄲（事見魏表、趙表）。韓趁機「伐東周，取陵觀、廩丘。」（事見韓表）魏惠王稱王後不久，在西元前 341 年慘敗於馬陵（事見魏表、齊表），其後魏欲尊齊爲王以激楚伐齊。西元前 334 年徐州相王（事見魏表、齊表），韓、魏之君變服折節以朝齊，尊稱齊威王爲王，而齊也承認魏惠王的王號。而這段時期秦國勢力之上升大概可以從這幾件事看出：西元前 360 年秦表：「天子致胙」（周表：「致胙于秦。」）西元前 358 年韓表：「秦敗我西山。」西元前 354 年秦表：「與魏戰元里，斬首七千，取少梁。」魏表：「與秦戰元里，秦取我少梁。」西元前 352 年秦表：「衛公孫鞅爲大良造，伐安邑，降之。」西元前 343 年秦表：「天子致伯。」（周表「致伯秦。」）西元前 335 年「秦拔韓宜陽。」（見秦表、韓表）西元前 334 年秦表：「天子致文武胙。魏夫人來。」另外秦表並沒有記載商鞅入秦之事，但記載了商鞅變法的一些內容，如：西元前 350 年「初（取）〔聚〕小邑爲三十一縣，令。爲田，開阡陌。」西元前 349 年「初爲縣，有秩史。」西元前 348 年「初爲賦。」

（4）西元前 334 年至西元前 284 年五國共擊齊

大事：秦取河西地、秦惠文君稱王、五國共擊秦、趙初胡服、楚懷王入秦、伊闕之戰、五國共擊齊

〔註 66〕司馬遷，《史記・楚世家》，頁 1720。

〔註 67〕司馬遷，《史記・魏世家》云：「三十一年（西元前 340 年），秦、趙、齊共伐我，秦將商君詐我將軍公子卬而襲奪其軍，破之。秦用商君，東地至河，而齊、趙數破我，安邑近秦，於是徙治大梁。」（頁 1847）。司馬遷把惠王遷都的年份誤後了 21 年，且他認爲惠王是爲了避秦才徙都的。此雖不符史實，但也可看出司馬遷認爲惠王時期的國勢轉衰，無法抵抗秦的進攻。

〔註 68〕楊寬，《戰國史》，頁 299。

西元前 337 年秦惠文王即位後不久，便對魏採取了一連串的猛攻，如：西元前 333 年魏表：「秦敗我彫陰」(即龍賈之戰)，使魏隔年不得不「以陰晉爲和。」（見秦表）西元前 330 年「魏入（少梁）河西地于秦。」（見秦表、魏表）西元前 329 年秦表：「度河，取汾陰、皮氏。圍焦，降之。與魏會應。」（魏表略同）西元前 328 年秦表：「張儀相。公子桑圍蒲陽，降之。魏納上郡。」魏表：「入上郡于秦。」這是張儀推行連横活動的開始。西元前 325 年，秦惠文君稱王。(秦表：四月戊午，君爲王）西元前 323 年「相張儀與齊、楚會齧桑。」（秦表）以拉攏齊、楚。西元前 323 年公孫衍發動五國相王。(韓、燕表：君爲王。）西元前 318 年：五國共擊秦，不勝而還。(秦、魏、趙、韓、燕、楚表）秦國之勢力持續上升。西元前 317 年「與韓、趙戰，斬首八萬。」（見秦表）同年，魏、趙被齊打敗於觀澤。(見魏、趙、齊表）西元前 316 年「擊蜀，滅之。取趙中都、西陽。」（見秦表）此後一般而言，在韓、魏表中記載的大都是被秦攻伐取城之事，如其中最慘烈的戰役莫如西元前 293 年的伊闕之戰，韓、魏被斬首二十四萬（見秦、魏、韓表）。而西元前 301 年至西元前 296 年間，楚不但被韓、魏、齊合攻，又屢次被秦打敗，西元前 299 年楚懷王入秦更被秦所扣留，導致客死異鄉的慘劇。西元前 307 年趙初胡服（見趙表），以攻略中山取胡地，增強了許多軍事力量和領土。西元前 288 年齊、秦稱帝，又復去之。(秦、齊表）西元前 286 年齊滅宋，導致各國不滿，引起西元前 284 年五國共擊齊之事（見秦、魏、韓、趙、燕、齊表），齊國被攻破，湣王出逃，齊自此國勢不振。

（5）西元前 284 年至西元前 221 年秦統一天下

大事：闕與之戰、長平之戰、無忌率五國兵敗秦軍、秦統一天下

西元前 284 年至西元前 221 年，是秦趙爭強至秦統一的時期。從齊國被五國攻破後，各表所記大都是秦攻城掠地之事。唯西元前 270 年趙敗秦於閼與（事見韓表、趙表）。趙國已是當時唯一能和秦抗衡的強國，但是在西元前 260 年長平之戰後，趙國國勢一蹶不振。西元前 247 年雖有公子無忌率五國聯軍打敗秦軍之事（事見秦、魏表），終究無法挽救各國一一被秦擊破的態勢。從西元前 220 年始，各表合併爲一欄，記載始皇所採取之種種措施及其行跡，最後概述二世、子嬰末事。

根據以上對於〈六國年表〉表中重要內容的概述，我們可以對於秦國的發展約略得到一個簡單的輪廓。然而，其他國家發展的狀況就不那麼明顯了。

例如，從魏武侯至魏惠王初期，魏國何以能保持強盛？以及齊威王（司馬遷記爲西元前 378 至西元前 343 年）的具體功業，或者是齊國在西元前 288 年稱帝之前爲何能取得和秦相當的勢力；在五國共擊齊之後，趙國爲何又可以成爲與秦抗衡的強國？我們實在很難從〈六國年表〉的記載看出所以然來。可以說〈六國年表〉內各國之記載過於片斷、零碎。爲甚麼會有這樣的現象產生，最根本的原因就是因爲司馬遷編寫〈六國年表〉主要只依據了《秦記》。姚祖恩《史記菁華錄》提到：

> 〈六國年表〉則分界層格，各國自爲其主，以其時勢均力敵，地醜德齊，無可統攝之義也。然六國之興滅，惟一秦始終之。秦雖不可以統六國，而未始不可以貫六國。況上世之文、列邦之史，已爲秦人收付一炬，則臨文考事，舍《秦紀》更無可憑，……他無可据，故不得不援《秦紀》以存二百七十年崖略，而世儒動欲遠法上古，殊不知近己而俗變相類，議卑而易行，傳所謂「法後王」者，其理不可議也。末乃明點出踵《春秋》之後，著興壞之端，則又藉《秦紀》而不爲《秦紀》用者矣。〔註 69〕

姚祖恩點出當時的時局，各國必是「勢均力敵，地醜德齊」，因此才能並立且競爭了兩百餘年這麼長的一個時期，而非秦國原本就凌駕於六國之上。〈六國年表〉漸次帶出秦由弱到強的發展史，看起來雖然是個以秦爲主的年表，但其實司馬遷已盡其最大之努力將《秦記》內之文字抄錄下來，轉化爲各國欄位內的記事，正是所謂「又藉《秦記》而不爲《秦記》用」的表現。但是，畢竟歷史是需要文獻和事實做爲認識的基礎的，六國史料的欠缺，終究使得司馬遷即使窮盡所能，也只能記敘以秦的發展爲主的天下大勢，而無法勾勒出清晰的各國歷史內容。〈六國年表〉也就因此存在著無法克服的侷限了。

〔註 69〕姚祖恩，《史記菁華錄》，頁 27～28。

第五章　結　論

〈六國年表〉表述了春秋後兩百七十年之大事，除了在戰國史研究中有相當重要的地位，亦是司馬遷「論治」思想精華之呈現。本文藉著分析〈六國年表〉表序，論述司馬遷創作「表」這一體例及〈六國年表〉之意圖，並以文獻學研究中史料斠比的方法，將〈六國年表〉裡的記事與相關的主要史料進行比對、分析，嘗試推尋出〈六國年表〉被撰寫出來的脈絡。此外，本文亦留意〈六國年表〉文字、紀年、記事上的特徵，藉此突顯出司馬遷在編纂、呈現〈六國年表〉時所受到的限制。

〈六國年表〉題名所稱之「六國」，在《史記》裡原指魏、韓、趙、楚、燕、齊六個國家，但表中所記實爲周、秦、魏、韓、趙、楚、燕、齊八國和若干小國。學者多爭論表中不數何國而爲「六國」，本文考察《史記》書中「六國」一詞的其他用例，推知「六國」可能僅是秦代與漢代時人指稱春秋後這一時期的習慣用法，簡單地說，〈六國年表〉即春秋以後到秦統一以前（實記至秦滅）這段歷史時期的年表。換言之，認爲司馬遷要藉〈六國年表〉之題名反映某種褒貶意識的說法，並無依據。

根據司馬遷〈太史公自序〉和〈六國年表序〉的自述，我們推斷其作〈六國年表〉有兩種目的，一是爲了「整齊年差」，即將錯綜複雜之人物、事件按時間井然排列，不僅可便於閱覽、易於對照，也有助於《史記》相關篇章的撰寫。二是「著諸所聞興壞之端」，藉著對秦與六國興亡的分析，予以人們借鑒。表中記事的傾向是和《史記》全書所表現出的思想一致的，即國君應該因應天下大勢之變化而在施政上作改變，最終以禮爲依歸，方爲治道之根本。

司馬遷也說明，因爲秦火焚毀了諸國史記，使得他在撰寫〈六國年表〉

時遭受到了極大的困難與限制，只能根據秦人遺留的《秦記》來編寫這段時期的歷史。可以說〈六國年表〉是以《秦記》為骨幹所寫成的。因此，〈六國年表〉在紀年和文字記載上，直接受到了《秦記》的影響。《秦記》原意應指秦國的記錄，本文考察比對《史記》中秦國相關記事後發現，它或許是一種複合性的資料，如此才能說明〈秦本紀〉、〈六國年表〉及〈秦始皇本紀〉附編，為何往往存在著同一事而書法不同的情況。此外，我們雖無法確知〈秦始皇本紀〉附編是不是《秦記》，但其來源可能是秦國的官方文獻，其紀年、世系、記事、文字特色均可以用來和〈秦本紀〉、〈六國年表〉比較和印證，具有高度的史料價值。

〈六國年表〉與〈秦本紀〉的紀年和記事，在不同時期各有詳略，並不一致。一般而言，〈六國年表〉在孝公時期以前的紀年記事數目比〈秦本紀〉多，不過〈秦本紀〉從孝公時期之後的內容便開始豐富起來，反之，〈六國年表〉可能因為只根據《秦記》這樣的原始史料來撰寫，而並未採用太多其他史料，所以像商鞅入秦說孝公之類的大事就未必記載在年表當中。可以說〈六國年表〉在某種程度上比較接近原始史料的形式。

〈趙世家〉則是《史記》中一篇獨特文字，內容記載了各種不經之事與夢境，另有許多在《史記》全書獨有的記事，與〈六國年表〉裡可能出自於《秦記》的記事有所出入，極可能出自於趙國史書。因此〈趙世家〉在戰國史研究中有特別重要的參考價值。有學者推論〈趙世家〉中含有所謂「趙紀年」，因秦以十月為歲首，趙以正月為歲首，故根據「趙紀年」所編寫的記事往往早於根據《秦記》所撰寫的記事一年，且這種以「趙紀年」為基礎編寫的記事分布在《史記》其他篇章中，造成《史記》紀年上的錯誤。不過本文整體比對後發現，「趙紀年」似乎只出現在〈趙世家〉中，而在其他篇章裡並不太明顯。

〈六國年表〉也有些記事可能並不是出自《秦記》，而是摘錄自其他原始史料裡的戰國故事。值得注意的是，這類記事的內容多半偏重於顯示君主個人之特質和行為，提示了君主治國的注意事項，而與外交縱橫事務無關。這類記事可能存在著札記的性質，否則司馬遷應該可以大量摘錄他其後在《史記》世家中大篇幅所描寫導致國家興亡的戰國故事進入年表當中。

在司馬遷將原始史料編入〈六國年表〉時，有時會在文字上作某一部份的改寫，例如把原始史料中的國名改為「我」字分配到各國欄位中，這麼做可能是要保有各國之情感與均衡事勢之發展。司馬遷將史事分配到各國欄位時，也會配合欄位之不同在文字上略作調整。此外，〈六國年表〉在抄錄過程中也難免會產生錯誤，例如同一格內不同事件發生的先後順序與《史記》他篇的記載不盡相同，或因弄錯君王世系和在位年數而導致編年錯誤。

〈六國年表〉和〈秦本紀〉、〈秦始皇本紀〉以及諸多列傳都有不見於他篇的獨特記事，可能都是根據原始史料分別撰寫而成的，並沒有從屬關係。而且〈六國年表〉和〈秦本紀〉、〈秦始皇本紀〉、列傳矛盾之處甚多，記事詳略亦不同。如司馬遷曾經好好比對過各篇之內容，記事應不致於有如此多的矛盾。不過相對來說，世家頗可能是先以〈六國年表〉裡的世系與編年為基礎，再添補其他資料如戰國故事以成篇的。

總而言之，〈六國年表〉是一篇以秦國史料《秦記》為基礎所撰寫出來呈現戰國時代事勢發展的年表，〈太史公自序〉說明了司馬遷撰表的動機是為了整齊年差，〈六國年表序〉則體現了司馬遷欲通古今之變以求治道，又藉描述秦與六國的興亡史為後人殷鑒的思想。但是〈六國年表〉在形式上之所以「以秦為主」，資料限制恐怕佔了決定性的因素，因其主要依據史料為《秦記》，而秦的發展史又可以相當程度的貫串六國史。這並不代表司馬遷在情感上認同秦國之作為或承認秦領有天命。實際上，司馬遷仍然是意圖在表中呈現各國自身發展形勢的，只是囿於資料之不足，使得各國欄位裡的記事相當片斷與零散，加上司馬遷個人對於當時各國的發展狀況認知有限，導致表中所記未必能充分反映各國相爭的實際形勢，並容易使人以為年表之作意主要僅在於彰顯秦國統一之功業。這是研究〈六國年表〉時最需要特別留意、辨明的地方。

徵引文獻

一、古代典籍及其校注評釋

(甲)《史記》版本及其校注評釋

1.〔漢〕司馬遷,《史記》,北京:中華書局,1972 年。

2.〔漢〕司馬遷,〈報任少卿書〉,收於《昭明文選》第 6 冊(臺北:台灣古籍出版公司,2001 年),頁 3152~3178。

3.〔明〕凌稚隆輯校,〔明〕李光縉增補,〔日〕有井範平補標,《補標史記評林》,臺北:蘭臺出版社,1968 年。

4.〔清〕方苞〈書《史記》十表後〉、〈書《史記・六國年表序》後〉,收於《方望溪先生全集》卷二,收於《國學基本叢書》第 320 冊,臺北:商務印書館,1968 年,頁 35~36。

5.〔清〕汪越著、徐克范補,《讀史記十表》,收於《叢書集成續編》第 263 冊,臺北:新文豐出版公司,1989 年,頁 298~545。

6.〔清〕牛運震,《史記評注》,收於張舜徽主編,《二十五史三編》第 1 冊(湖南:岳麓書社,1994 年),頁 669。(六國年表部份)

7.〔清〕包世臣,〈論史記六國表敘〉,《藝舟雙楫》(《安吳四種》之卷九),收於沈雲龍主編《近代中國史料叢刊第 30 輯(294)》,臺北:文海出版社,1979 年,頁 676~682。

8.〔清〕趙翼撰、王樹民校證,《廿二史劄記校證》,北京:中華書局,1984 年。

9.〔清〕梁玉繩,《史記志疑》,北京:中華書局,1981 年。

10.〔清〕潘永季,《讀史記劄記》,收於《叢書集成續編》史部第 21 冊,上海:上海書店,1994 年,頁 9~31。

11.〔清〕姚祖恩，《史記菁華錄》，臺北：聯經出版公司，1977 年。
12. 李景星，《四史評議》，長沙：岳麓書社，1986 年。
13. 崔適，《史記探源》，北京：中華書局，1986 年。
14. 孫德謙，《太史公書義法》，臺北：中華書局，1983 年。
15. 王叔岷，《史記斠證》，北京：中華書局，2007 年。
16. 李人鑒，《太史公書校讀記》，蘭州：甘肅人民出版社，1998 年。
17. 施之勉，《史記會注考證訂補》，臺北：華岡出版公司，1976 年。
18. 楊家駱，《史記今釋》，臺北：正中書局，1981 年。
19. 劉咸炘，《太史公書知意》，收於《劉咸炘學術論集・史學篇（上）》，桂林：廣西師範大學出版社，2007 年。
20. 劉咸炘，《史學述林・史目論》，收於增補全本《推十書》丙輯，（上海：上海科學技術文獻出版社，2007 年），頁 400。
21. 韓兆琦編著，《史記箋證》，南昌：江西人民出版社，2003 年。
22.〔日〕瀧川資言，《史記會注考證》，北京：新世界出版社，2009 年。

（乙）一般古籍及其校注評釋

1. 楊伯峻注，《春秋左傳注》，北京：中華書局，1981 年。
2. 高亨注釋，《商君書注釋》，北京：中華書局，1974 年。
3. 陳奇猷校釋，《韓非子新校釋》，北京：中華書局，2000 年。
4. 陳奇猷校釋，《呂氏春秋新校釋》，北京：中華書局，2002 年。
5.〔漢〕趙岐注，〔清〕焦循疏，《孟子正義》，北京：中華書局，1987 年。
6.〔漢〕劉向撰，諸祖耿編撰，《戰國策集注匯考》，南京：鳳凰出版社，2008 年。
7.〔漢〕宋衷注，清秦嘉謨等輯，《世本八種》，北京：中華書局，2008 年。
8.〔漢〕韓嬰撰，許維遹集釋，《韓詩外傳集釋》，北京：中華書局，1980 年。
9.〔漢〕劉安編，何寧集釋，《淮南子集釋》，北京：中華書局，1998 年。
10.〔漢〕劉向撰，向宗魯校證，《説苑校證》，北京：中華書局，1987 年。
11.〔漢〕劉向撰，石光瑛校釋，陳新整理，《新序校釋》，北京：中華書局，2001 年。
12.〔漢〕班固，《漢書》，北京：中華書局，1982 年。
13.〔清〕紀昀、永瑢等編撰《欽定四庫全書總目》，臺北：臺灣商務印書館，1983 年影武英殿本。
14. 方詩銘、王修齡，《古本竹書紀年輯證》，上海：上海古籍出版社，2005 年。

二、出土文獻

1. 馬王堆漢墓帛書整理小組整理，《馬王堆漢墓帛書》（叁），北京：文物出版社，1983 年。
2. 睡虎地秦墓竹簡整理小組整理，《睡虎地秦墓竹簡》，北京：文物出版社，1978 年。

三、近人著作（依姓氏筆畫排列）

1. 王國維，《古史新証》，北京：清華大學出版社，1994 年。
2. 王子今，〈《秦記》考識〉，《史學史研究》第 1 期（北京：1997 年），頁 71～73。
3. 白壽彝，〈《史記》新論〉，收於瞿林東主編，施丁、廉敏分卷主編，《史記研究（上）》（北京：中國大百科全書出版社，2009 年），頁 24～80。
4. 阮芝生，《司馬遷的史學方法與歷史思想》，臺北：國立臺灣大學博士論文，1973 年。
5. 阮芝生，〈論《史記》五體的體例關聯〉，《國立臺灣大學歷史學系學報》第 6 期（臺北：1978 年 12 月），頁 1～30。
6. 李長之，《司馬遷的人格與風格》，臺北：里仁書局，1997 年。
7. 李學勤主編，《戰國史與戰國文明》，上海：上海科學技術文獻出版社，2007 年。
8. 李紀祥，〈趙氏孤兒的「史」與「劇」：文述與演述〉，《漢學研究》第 18 卷第 1 期（臺北：2000 年 6 月），頁 209～236。
9. 吳福助，《史記解題》，臺北：國家出版社，1995 年。
10. 吳象樞，〈《史記》十表是司馬遷欲創《春秋》第二的直接表徵〉，《長春工業大學學報》社會科學版第 17 卷第 4 期（長春：2005 年 12 月），頁 75～77。
11. 吳懷祺，〈《史記》對歷史盛衰認識的哲理性和時代性〉，引自瞿林東主編，施丁、廉敏分卷主編，《史記研究（上）》（北京：中國大百科出版社，2009 年），頁 307～325。
12. 金德建，《司馬遷所見書考》，上海：上海人民出版社，1963 年。
13. 周經，《司馬遷・史記與檔案》，北京：檔案出版社，1986 年。
14. 胡平生，〈阜陽漢簡《年表》整理札記〉，收於《簡牘文物論集》，臺北：蘭臺出版社，2000 年，頁 294～312。
15. 高敏，《睡虎地秦簡初探》，臺北：萬卷樓圖書公司，2000 年。
16. 馬雍，〈論雲夢秦簡《編年記》書後〉，收於《雲夢秦簡研究》，臺北：帛書出版社，2005 年，頁 17～44。

17. 莊宇清，《史記三代周秦諸〈表〉研究》，宜蘭：佛光人文社會學院歷史學系碩士論文，2005 年。
18. 徐復觀，《兩漢思想史》，臺北：臺灣學生書局，1979 年。
19. 張新科，〈大一統：《史記》十表的共同主題〉，《學術月刊》第 6 期（上海：2003 年 6 月），頁 71～76 轉 89。
20. 張家英，〈《史記》年表部份標點舉誤〉，《哈爾濱師專學報》第 2 期（哈爾濱：1995 年 6 月），頁 56～61。
21. 張大可，《史記研究》，北京：華文出版社，2002 年。
22. 張大可、安平秋、俞樟華主編，《史記研究集成》，北京：華文出版社，2005 年。
23. 趙生群，《史記編纂學導論》，南京：鳳凰出版社，2006 年。
24. 陳其泰，〈司馬遷對歷史發展趨勢的卓識〉，《史學史研究》第 4 期（北京：1996 年）頁 44～53。
25. 陳夢家，《西周年代考・六國紀年》，北京：中華書局，2005 年。
26. 楊燕起，〈司馬遷關於「勢」的思想〉，收於瞿林東主編，施丁、廉敏分卷主編，《史記研究（上）》（北京：中國大百科出版社，2009 年），頁 291。
27. 楊燕起，《史記的學術成就》，北京：北京師範大學出版社，1996 年。
28. 楊燕起、陳可青、賴長揚編，《歷代名家評史記》，臺北：博遠出版公司，1980 年。
29. 楊寬，《戰國史》，臺北：臺灣商務印書館，1997 年增訂版。
30. 楊寬，《戰國史料編年輯證》，上海：上海人民出版社，2001 年。
31. 鄭良樹，〈讀雲夢《大事記》之史料價值〉，收於《竹簡帛書論文集》，北京：中華書局，1983 年，頁 265～282。
32. 鄭良樹，〈讀雲夢《大事記》札記〉，收於《竹簡帛書論文集》，北京：中華書局，1983 年，頁 283～307。
33. 錢穆，《先秦諸子繫年》，北京：商務印書館，2001 年。
34. 顧頡剛，〈司馬談作史〉，收於瞿林東主編，施丁、廉敏分卷主編，《史記研究（上）》（北京：中國大百科出版社，2009 年），頁 447～454。
35. 〔日〕平勢隆郎《新編史記東周年表——中國古代紀年の研究序章》，收於《東洋文化研究所叢刊》15 輯，東京：東京大學東洋文化研究所，東京大學出版會，1995 年。
36. 〔日〕伊藤德男，《史記十表に見る司馬遷の歷史觀》，東京：平河出版社，1994 年。
37. 〔日〕藤田勝久，《史記戦国史料の研究》，東京：東京大學出版會，1997 年。

38.〔日〕藤田勝久著，曹峰、廣瀨薰雄譯，《史記戰國史料研究》，上海：上海古籍出版社，2008 年。

39.〔日〕武內義雄著、王古魯譯及商榷，〈六國表訂誤及其商榷〉，《金陵學報》1 卷 2 期（南京：1931 年 11 月），頁 423～473。

40.〔日〕栗原朋信，〈《秦記》について〉，《秦漢史の研究》（東京：吉川弘文館，1960 年），頁 7～13。

附　表

附表一、〈六國年表〉與相關本紀、世家記事對照表〔註 1〕

附表 1-1〈六國年表〉周表與〈周本紀〉記事對照表

西元前（年）	周　王	周本紀	周　表	《史記》他篇相關記事〔註 2〕
453	定　王 十六年	三晉滅智伯，分有其地。		魏表、韓表、趙表、秦本紀：（三晉敗智伯晉陽，分其地。） 魯周公世家、魏世家、韓世家、田世家、晉世家、鄭世家：（三晉滅知伯。）

〔註 1〕因《史記》版本眾多，如不先以一個統一版本加以集中分析比較，容易造成混淆。故本表及以下各附表皆以中華書局點校本爲據。而爲求比對方便、清晰，除非有特殊情況，否則各個國君即位元年和國君卒的記事不列入表內，國君如《史記》表中原記有姓名則會標示出來。此外，凡本紀、世家內文有註明年份（如二年、三年等），均予以省略，但是如遇兩個明確紀年之間插入了成段的記言或記事，但司馬遷並未仔細註明紀年的情況，則以「（無註記年份）」表示之。表內阿拉伯數字爲西元前紀年，沒有另外標示阿拉伯數字的記事，代表記事與第一欄西元前紀年同年，以下各個附表皆同。

〔註 2〕此欄位以《史記》相關篇目和記事爲主，但若《左傳》、《呂氏春秋》等早於《史記》的著作內有相關記事，亦會一併記載，如此欄位內之記事完全同於前兩欄位，則只錄篇名，不重複列出記事內容。如記事與前兩欄位所記實爲同一事但文字稍異，其記事內容則以「冒號加括號」綜合表示之。而戰國故事之相關記事則另記於附表二，不記於附表一。〈秦始皇本紀〉附編記事在本文第三章中已有詳載，不另附於附表 1-2 中。

441	二十八年	定王崩，長子去疾立，是爲哀王。哀王立三月，弟叔襲殺哀王而自立，是爲思王。思王立五月，少弟嵬攻殺思王而自立，是爲考王。此三王皆定王之子。		
425	威烈王元　年	（無註記年份）考王封其弟于河南，是爲桓公，以續周公之官職。桓公卒，子威公代立。威公卒，子惠公代立，乃封其少子於鞏以奉王，號東周惠公。		
403	二十三年	九鼎震。命韓、魏、趙爲諸侯。	九鼎震。	魏表、韓表、趙表、楚表、晉世家（烈公十九年）、韓世家、趙世家、燕世家、齊太公世家、鄭世家：（三晉爲諸侯。） 楚世家：簡王八年 424，魏文侯、韓武子、趙桓子始列爲諸侯。
402	二十四年	崩，子安王驕立。是歲盜殺楚聲王。		楚世家、楚表：盜殺聲王。
399	安王三年		王子定奔晉。	
374	烈王二年	周太史儋見秦獻公曰：「始周與秦國合而別，別五百載復合，合十七歲而霸王者出焉。」		秦本紀、封禪書、老子韓非列傳
364	顯王五年	賀秦獻公，獻公稱伯。	賀秦。	秦表、秦本紀：（天子賀。） 楚世家：周天子賀秦獻公。秦始復彊，而三晉益大，魏惠王、齊威王尤彊。
360	九　年	致文武胙於秦孝公。	致胙于秦。	秦表、秦本紀：天子致胙。
344	二十五	秦會諸侯於周。	諸侯會。	
343	二十六	周致伯於秦孝公。	致伯秦。	秦表、秦本紀：天子致伯。 田世家 342：秦用商鞅。周致伯於秦孝公。

336	三十三年	賀秦惠王。	賀秦。	秦表、秦本紀：天子賀。
334	三十五年	致文武胙於秦惠王。		秦表、秦本紀：天子致文武胙。 楚世家：周顯王致文武胙於秦惠王。 蘇秦列傳：是時周天子致文武之胙於秦惠王。
325	四十四年	秦惠王稱王。其後諸侯皆爲王。		秦表：四月戊午，君爲王。 秦本紀：十三年四月戊午，魏君爲王，韓亦爲王。使張儀伐取陝，出其人與魏。 田世家：秦惠王稱王。 楚世家：秦惠王初稱王。 韓表 323：君爲王。 燕表 323：君爲王。 韓世家 322：君號爲王。 燕世家 323：燕君爲王。
314	赧王元年	（無註記年份）王赧時東西周分治。王赧徙都西周。西周武公之共太子死，有五庶子，毋適立。司馬翦謂楚王曰：……果立公子咎爲太子。		
307	八年	秦攻宜陽，楚救之。……		秦本紀、秦表、韓世家、韓表：（秦攻宜陽。）
281	三十四年	蘇厲謂周君曰：……		
273	四十二年	秦破華陽約。馬犯謂周君曰：……遂使城周。		
270	四十五年	周君之秦客謂周（最）〔聚〕曰：……		
257	五十八年	三晉距秦。周令其相國之秦，以秦之輕也，還其行。客謂相國曰：……秦信周，發兵攻三晉。		

256	五十九年	秦取韓陽城負黍，西周恐，倍秦，與諸侯約從，將天下銳師出伊闕攻秦，令秦無得通陽城。秦昭王怒，使將軍摎攻西周。西周君奔秦，頓首受罪，盡獻其邑三十六，口三萬。秦受其獻，歸其君於周。周君、王赧卒，周民遂東亡。秦取九鼎寶器，而遷西周公於憚狐。	赧王卒。	秦本紀：將軍摎攻韓，取陽城、負黍，斬首四萬。攻趙，取二十餘縣，首虜九萬。西周君背秦，與諸侯約從，將天下銳兵出伊闕攻秦，令秦毋得通陽城。於是秦使將軍摎攻西周。西周君走來自歸，頓首受罪，盡獻其邑三十六城，口三萬。秦王受獻，歸其君於周。 韓世家：秦拔我陽城、負黍。 韓表：秦擊我陽城，救趙新中。
249		後七歲，秦莊襄王滅東（西）周。東西周皆入于秦，周既不祀。		秦本紀、秦表、燕世家、田世家：(秦滅周。)

附表 1-2　〈六國年表〉秦表與〈秦本紀〉、〈秦始皇本紀〉記事對照表

西元前（年）	秦國國君	秦本紀、秦始皇本紀	秦表	《史記》他篇相關記事（另附《編年記》）
476	厲共公元年	……秦悼公立十四年卒，子厲共公立。孔子以悼公十二年卒。	秦厲共公元年	
475	二年	蜀人來賂。	蜀人來賂。	
472	五年		楚人來賂。	
471	六年		義渠來賂。（緜）〔緜〕諸乞援。	
470	七年		彗星見。	
467	十年		庶長將兵拔魏城。彗星見。	
463	十四年		晉人、楚人來賂。	
461	十六年	塹河旁。以兵二萬伐大荔，取其王城。	塹阿旁。伐大荔。補龐戲城。	
457	二十年		公將師與緜諸戰。	
456	二十一年	初縣頻陽。晉取武成。		
453	二十四年	晉亂，殺智伯，分其國與趙、韓、魏。		魏表、韓表、趙表：（三晉敗智伯晉陽，分其地。） 周本紀、魯周公世家、魏世家、韓世家、田世家、晉世家、鄭世家：（三晉滅知伯。）
452	二十五年	智開與邑人來奔。	晉大夫智開率其邑來奔。	
451	二十六年		左庶長城南鄭。	
449	二十八年		越人來迎女。	
448	二十九年		晉大夫智寬率其邑人來奔。	
444	三十三年	伐義渠，虜其王。	伐義渠，虜其王。	

443	三十四年	日食。厲共公卒，子躁公立。	日蝕，晝晦。星見。	
442	躁公元年		秦躁公元年	
441	二　年	南鄭反。	南鄭反。	
435	八　年		六月，雨雪。 日、月蝕。	
430	十三年	義渠來伐，至渭南。	義渠伐秦，侵至渭陽。	
429	十四年	躁公卒，立其弟懷公。		
428	懷公元年		生靈公。	
425	四　年	庶長鼂與大臣圍懷公，懷公自殺。懷公太子曰昭子，蚤死，大臣乃立太子昭子之子，是爲靈公。靈公，懷公孫也。	庶長鼂殺懷公。太子蚤死，大臣立太子之子，爲靈公。	
424	靈公元年		生獻公。	
422	三　年		作上下畤。	封禪書
419	六　年	晉城少梁，秦擊之。		
418	七　年		與魏戰少梁。	
417	八　年		城塹河瀕。初以君主妻河。	
415	十　年	十三年，城籍姑。靈公卒，子獻公不得立，立靈公季父悼子，是爲簡公。簡公，昭子之弟而懷公子也。	補龐，城籍姑。靈公卒，立其季父悼子，是爲簡公。	
414	簡公元年			

413	二　年		與晉戰，敗鄭下。	
410	五　年		日蝕。	
409	六　年	簡公六年，令吏初帶劍。塹洛，城重泉。	初令吏帶劍。	
408	七　年		塹洛，城重泉。初租禾。	
401	十四年		伐魏，至陽狐。	魏表、魏世家：（秦伐魏至陽狐。）
400	十五年	十六年卒，子惠公立。		
399	惠公元年			
397	三　年		日蝕。	
395	五　年		伐（綿）〔緜〕諸。	
391	九　年		伐韓宜陽，取六邑。	韓表、韓世家：（秦伐韓宜陽，取六邑。）
390	十　年		與晉戰武城。縣陝。	
389	十一年		太子生。	
388	十二年	惠公十二年，子出子生。		
387	十三年	伐蜀，取南鄭。惠公卒，出子立。	蜀取我南鄭。	
386	出公元年			
385	二　年	庶長改迎靈公之子獻公于河西而立之。殺出子及其母，沈之淵旁。秦以往者數易君。君臣乖亂，故晉復彊，奪秦河西地。	庶長改迎靈公太子，立爲獻公。誅出公。	

384	獻公元年	獻公元年，止從死。		
383	二　年	城櫟陽。	城櫟陽。	
382	三　年		日蝕，晝晦。	
381	四　年	四年正月庚寅，孝公生。	孝公生。	
379	六　年		初縣蒲、藍田、善明氏。	
375	十　年		日蝕。	
374	十一年	周太史儋見獻公曰：「周故與秦國合而別，別五百歲復合，合（七）十七歲而霸王出。」	縣櫟陽。	周本紀：周太史儋見秦獻公曰：……。 封禪書：後四十八年，周太史儋見秦獻公曰：……。櫟陽雨金，秦獻公自以爲得金瑞，故作畦畤櫟陽而祀白帝。 老子韓非列傳：自孔子死之後百二十九年，而史記周太史儋見秦獻公曰：……。
369	十六年	桃冬花。	民大疫。日蝕。	
368	十七年		櫟陽雨金，四月至八月。	
367	十八年	雨金櫟陽。		
366	十九年		敗韓、魏洛陰。	魏世家：爲秦所敗。
364	二十一年	與晉戰於石門，斬首六萬，天子賀以黼黻。	章蟜與晉戰石門，斬首六萬，天子賀。	趙世家：秦攻魏，趙救之石阿。 楚世家：周天子賀秦獻公。秦始復彊，而三晉益大，魏惠王、齊威王尤彊。 周表：賀秦。 周本紀：賀秦獻公，獻公稱伯。
362	二十三年	二十三年，與魏、晉戰少梁，虜其將公孫痤。 二十四年，獻公卒，子孝公立，年已二十一歲矣。	與魏戰少梁，虜其太子。	魏世家：伐敗韓于澮。與秦戰少梁，虜我將公孫痤，取龐。秦獻公卒，子孝公立。 魏表：與秦戰少梁，虜我太子。 趙世家 363：秦攻魏少梁，趙救之。 趙世家：秦獻公使庶長國伐魏少梁，虜其太子、痤。魏敗我澮，取皮牢。成侯與韓昭侯遇上黨。

361	孝公元年	孝公元年，河山以東彊國六，與齊威、楚宣、魏惠、燕悼、韓哀、趙成侯並……於是乃出兵東圍陝城，西斬戎之獂王。衛鞅聞是令下，西入秦，因景監求見孝公。	彗星見西方。	
360	二　年	天子致胙。	天子致胙。	周表：致胙于秦。 周本紀：致文武胙於秦孝公。
359	三　年	衛鞅說孝公變法修刑，內務耕稼，外勸戰死之賞罰，孝公善之。甘龍、杜摯等弗然，相與爭之。卒用鞅法，百姓苦之；居三年，百姓便之。乃拜鞅爲左庶長。其事在商君語中。		
355	七　年	與魏惠王會杜平。	與魏王會杜平。	魏世家、魏表：與秦孝公會杜平。
354	八　年	與魏戰元里，有功。	與魏戰元里，斬首七千，取少梁。	魏世家、魏表：與秦戰元里，秦取我少梁。
352	十　年	衛鞅爲大良造，將兵圍魏安邑，降之。	衛公孫鞅爲大良造，伐安邑，降之。	
351	十一年		城商塞。衛鞅圍固陽，降之。	
350	十二年	作爲咸陽，築冀闕，秦徙都之。并諸小鄉聚，集爲大縣，縣一令，四十一縣。爲田開阡陌。東地渡洛。	初（取）〔聚〕小邑爲三十一縣，令。爲田，開阡陌。	

349	十三年		初爲縣，有秩史。	
348	十四年	初爲賦。	初爲賦。	
343	十九年	天子致伯。	城武城。從東方牡丘來歸。天子致伯。	周表：致伯秦。 周本紀：周致伯於秦孝公。 田世家 342：秦用商鞅。周致伯於秦孝公。
342	二十年	諸侯畢賀。秦使公子少官率師會諸侯逢澤，朝天子。	諸侯畢賀。會諸侯于澤。 朝天子。	
341	二十一年	齊敗魏馬陵。	馬生人。	魏世家：魏伐趙，趙告急齊。齊宣王用孫子計，救趙擊魏。魏遂大興師，使龐涓將，而令太子申爲上將軍……太子果與齊人戰，敗於馬陵。齊虜魏太子申，殺將軍涓，軍遂大破。 魏表：齊虜我太子申，殺將軍龐涓。 齊表：敗魏馬陵。田忌、田嬰、田肦將，孫子爲師。 田世家：魏伐趙。趙與韓親，共擊魏。趙不利，戰於南梁。宣王召田忌復故位。韓氏請救於齊。宣王召大臣而謀曰：……孫子曰：……乃陰告韓之使者而遣之。韓因恃齊，五戰不勝，而東委國於齊。齊因起兵，使田忌、田嬰將，孫子爲（帥）〔師〕，救韓、趙以擊魏，大敗之馬陵，殺其將龐涓，虜魏太子申。
340	二十二年	衞鞅擊魏，虜魏公子卬。封鞅爲列侯，號商君。	封大良造商鞅。	魏世家：秦、趙、齊共伐我，秦將商君詐我將軍公子卬而襲其軍，破之。秦用商君，東地至河，而齊、趙數破我，安邑近秦，於是徙治大梁。以公子赫爲太子。 魏表：秦商君伐我，虜我公子卬。

				秦本紀：衛鞅擊魏，虜魏公子卬。 趙世家 339：秦孝公使商君伐魏，虜其將公子卬。 楚世家：秦封衛鞅於商，南侵楚。商君列傳：使衛鞅將而伐魏。魏使公子卬將而擊之。……而衛鞅伏甲士而襲虜魏公子卬，因攻其軍，盡破之以歸秦。 《呂氏春秋・無義》有商鞅欺公子卬的詳細記事。
339	二十三年		與晉戰岸門。	
338	二十四年	與晉戰鴈門。虜其將魏錯。孝公卒，子惠文君立。是歲，誅衛鞅。鞅之初爲秦施法，法不行，太子犯禁。鞅曰……於是法大用，秦人治。及孝公卒，太子立，宗室多怨鞅，鞅亡，因以爲反，而卒車裂以徇秦國。	（秦）大荔圍合陽。孝公薨。商君反，死彤地。	魏世家：秦孝公卒，商君亡秦歸魏，魏怒，不入。 魏表：衛鞅亡歸我，我恐，弗內。 趙世家：秦孝公卒，商君死。 商君列傳：後五月而秦孝公卒，太子立。……商君亡至關下，……去之魏。魏人怨其欺公子卬而破魏師，弗受。……秦發兵攻商君，殺之於鄭黽池。
337	惠文王元　年	惠文君元年，楚、韓、趙、蜀人來朝。	楚、韓、趙、蜀人來。	
336	二　年	天子賀。	天子賀。行錢。宋太丘社亡。	周表：賀秦。 周本紀：賀秦惠王。
335	三　年	王冠。	王冠。拔韓宜陽。	韓表、韓世家：（秦拔韓宜陽。）
334	四　年	天子致文武胙。齊、魏爲王。	天子致文武胙。魏夫人來。	周本紀：致文武胙於秦惠王。 楚世家：周顯王致文武胙於秦惠王。 蘇秦列傳：是時周天子致文武之胙於秦惠王。惠王使犀首攻魏，禽將龍賈，取魏之雕陰，且欲東兵。蘇秦恐秦兵之至趙

				也，乃激怒張儀，入之于秦。 魏表、魏世家、齊表、田世家：（諸侯會徐州，以相王。）
333	五　年	陰晉人犀首爲大良造。	陰晉人犀首爲大良造。	
332	六　年	魏納陰晉，陰晉更名寧秦。	魏以陰晉爲和，命曰寧秦。	
331	七　年	公子卬與魏戰，虜其將龍賈，斬首八萬。	義渠內亂，庶長操將兵定之。	魏世家 330：秦敗我龍賈軍四萬五千于雕陰，圍我焦、曲沃。予秦河西之地。
330	八　年	魏納河西地	魏入（少梁）河西地于秦。	魏表 330：與秦河西地少梁。秦圍我焦、曲沃。 蘇秦列傳：是時周天子致文武之胙於秦惠王。惠王使犀首攻魏，禽將龍賈，取魏之雕陰，且欲東兵。蘇秦恐秦兵之至趙也，乃激怒張儀，入之于秦。
329	九　年	渡河，取汾陰、皮氏。與魏王會應。圍焦，降之。	度河，取汾陰、皮氏。圍焦，降之。與魏會應。	魏世家：與秦會應。秦取我汾陰、皮氏、焦。 魏表：與秦會應。秦取汾陰、皮氏。
328	十　年	張儀相秦。魏納上郡十五縣。	張儀相。公子桑圍蒲陽，降之。魏納上郡。	韓世家、趙世家、楚世家：（張儀相秦。） 魏世家：魏盡入上郡于秦。秦降我蒲陽。 魏表：入上郡于秦。 張儀列傳：使公子華與張儀圍蒲陽，降之。儀因言秦復與魏，而使公子繇質於魏。儀因說魏王曰：「秦王之遇魏甚厚，魏不可以無禮。」魏因入上郡、少梁，謝秦惠王。
327	十一年	縣義渠。歸魏焦、曲沃。義渠君爲臣。更名少梁曰夏陽。	義渠君爲臣。歸魏焦、曲沃。	魏世家、魏表：秦歸我焦、曲沃。
326	十二年	初臘。	初臘。會龍門。	

325	十三年	十三年四月戊午，魏君爲王，韓亦爲王。使張儀伐取陜，出其人與魏。	四月戊午，君爲王。	周本紀：秦惠王稱王。其後諸侯皆爲王。 田世家：秦惠王稱王。 楚世家：秦惠王初稱王。 韓表 323：君爲王。 燕表 323：君爲王。 韓世家 322：君號爲王。 燕世家 323：燕君爲王。
324	十四年	十四年，更爲元年。	相張儀將兵取陜。 初更元年	
323	（以下惠文王更元）二年	張儀與齊、楚大臣會齧桑。	相張儀與齊、楚會齧桑。	魏世家：諸侯執政與秦相張儀會齧桑。 田世家：秦使張儀與諸侯執政會齧桑。 楚世家：秦使張儀與楚、齊、魏相會，盟齧桑。 張儀列傳：其後二年 323～322，使與齊、楚之相會齧桑。
322	三　年	韓、魏太子來朝。張儀相魏。	張儀免相，相魏。	魏表：張儀相魏。
320	五　年	王游至北河。	王北遊戎地，至河上。	
318	七　年	樂池相秦。韓、趙、魏、燕、齊帥匈奴共攻秦。秦使庶長疾與戰修魚，虜其將申差，敗趙公子渴、韓太子奐，斬首八萬二千。	五國共擊秦，不勝而還。	魏世家：五國共攻秦，不勝而去。 趙世家：韓擊秦不勝而去。 楚世家：蘇秦約從山東六國共攻秦，楚懷王爲從長。至函谷關，秦出兵擊六國，六國兵皆引歸，齊獨後。 燕世家：與楚、三晉攻秦不勝而還。 魏表、韓表、趙表、楚表、燕表：擊秦不勝。 張儀列傳：齊又來敗魏於觀津。秦復欲攻魏，先敗韓申差軍，斬首八萬，諸侯震恐。 趙世家 317：與韓、魏共擊秦，秦敗我，斬首八萬級。齊敗我

				觀澤。 趙表：與韓、魏擊秦。齊敗我觀澤。 秦表 317：與韓趙戰，斬首八萬。 魏表 317：齊敗我觀澤。 魏世家 317：齊敗我觀津。 韓表 317：秦敗我脩魚，得將軍申差。 韓世家 317：秦敗我修魚，虜得韓將鯁、申差於濁澤。 楚世家 317：齊湣王伐敗趙、魏軍，秦亦伐敗韓，與齊爭長。 齊表 317：敗魏、趙觀澤。 田世家 317：與宋攻魏，敗之觀澤。
317	八　年	張儀復相秦。	與韓、趙戰，斬首八萬。張儀復相。	
316	九　年	司馬錯伐蜀，滅之。伐取趙中都、西陽。	擊蜀，滅之。取趙中都、西陽。	趙世家：秦取我中都及西陽。 趙表：秦取我中都、西陽（安邑）。
315	十　年	韓太子蒼來質。伐取韓石章。伐敗趙將泥。伐取義渠二十五城。		韓世家 314：大破我岸門。太子倉質於秦以和。
314	十一年	樗里疾攻魏焦，降之。敗韓岸門，斬首萬，其將犀首走。公子通封於蜀。燕君讓其臣子之。	侵義渠，得二十五城。	魏世家：秦使樗里子伐取我曲沃，走犀首岸門。 魏表：秦拔我曲沃，歸其人。走犀首岸門。 張儀列傳：三歲而魏復背秦爲從。秦攻魏，取曲沃。 樗里子甘茂列傳：秦惠王八年 317，爵樗里子右更，使將而伐曲沃，盡出其人，取其城，地入秦。 趙世家 316：齊破燕。燕相子之爲君，君反爲臣。 燕表 316：君讓其臣子之，顧

				爲臣。 燕世家（無註記年份）：王因收印自三百石吏已上而效之子之。子之南面行王事，而噲老不聽政，顧爲臣，國事皆決於子之。
313	十二年	王與梁王會臨晉。庶長疾攻趙，虜趙將莊。張儀相楚。	樗里子擊藺陽，虜趙將。公子繇通封蜀。	魏世家：秦（求）〔來〕立公子政爲太子。與秦會臨晉。 魏表：秦來立公子政爲太子。與秦王會臨晉。 趙世家：秦拔我藺，虜將軍趙莊。楚、魏王來，過邯鄲。 趙表：秦拔我藺，虜將趙莊。 樗里子甘茂列傳：秦惠王二十五年，使樗里子爲將伐趙，虜趙將軍莊豹，拔藺。 楚世家：秦欲伐齊，而楚與齊從親，秦惠王患之，乃宣言張儀免相，使張儀南見楚王，謂楚王曰：……楚王弗聽，因使一將軍西受封地。 楚表：張儀來相。
312	十三年	庶長章擊楚於丹陽，虜其將屈匄，斬首八萬；又攻楚漢中，取地六百里，置漢中郡。楚圍雍氏，秦使庶長疾助韓而東攻齊，到滿助魏攻燕。	庶長章擊楚，斬首八萬。	楚世家：十七年春，與秦戰丹陽，秦大敗我軍，斬甲士八萬，虜我大將軍屈匄、裨將軍逢侯丑等七十餘人，遂取漢中之郡。楚懷王大怒，乃悉國兵復襲秦，戰於藍田，大敗楚軍。韓、魏聞楚之困，乃南襲楚，至於鄧。楚聞，乃引兵歸。 楚表：秦敗我將屈匄。 韓世家：與秦共攻楚，敗楚將屈丐，斬首八萬於丹陽。 田世家：楚圍雍氏，秦敗屈丐。 魏世家：攻齊，與秦伐燕。 魏表：擊齊，虜聲子於濮。與秦擊燕。 張儀列傳：陳軫曰：……楚王不聽，卒發兵而使將軍屈丐擊秦。秦齊共攻楚，斬首八萬，

				殺屈丐，遂取丹陽、漢中之地。楚又復益發兵而襲秦，至藍田，大戰，楚大敗，於是楚割兩城以與秦平。 樗里子甘茂列傳：明年 312，助魏章攻楚，敗楚將屈丐，取漢中地。 屈原賈生列傳：懷王怒，大興師伐秦。秦發兵擊之，大破楚師於丹、淅，斬首八萬，虜楚將屈丐，遂取楚之漢中地。懷王乃悉發國中兵以深入擊秦，戰於藍田。魏聞之，襲楚至鄧。楚兵懼，自秦歸。而齊竟怒不救楚，楚大困。
311	十四年	伐楚，取召陵。丹、犁臣，蜀相壯殺蜀侯來降。 惠王卒，子武王立。韓、魏、齊、楚、越皆賓從。	蜀相殺蜀侯。	魯周公世家：平公十二年，秦惠王卒。 表可知、田世家：秦惠王卒。 趙世家：十六年 310，秦惠王卒。 楚世家：是歲，秦惠王卒。
310	武王元年	武王元年，與魏惠王會臨晉。誅蜀相壯。張儀、魏章皆東出之魏。伐義渠、丹、犁。	誅蜀相壯。張儀、魏章皆（死于）〔出之〕魏。	魏世家：與秦王會臨晉。張儀、魏章皆歸于魏。魏相田需死，楚害張儀、犀首、薛公。楚相昭魚謂蘇代曰……遂北見梁王，以此告之。太子果相魏。 魏表：與秦會臨晉。
309	二　年	初置丞相，樗里疾、甘茂爲左右丞相。張儀死於魏。	初置丞相，樗里子、甘茂爲丞相。	魏世家、魏表：張儀死。
308	三　年	與韓襄王會臨晉外。南公揭卒，樗里疾相韓。武王謂甘茂曰：「寡人欲容車通三川，窺周室，死不恨矣。」其秋，使甘茂、庶長封伐宜陽。		韓世家：與秦武王會臨晉。其秋，秦使甘茂攻我宜陽。 韓表：與秦會臨晉。秦擊我宜陽。

307	四　年	拔宜陽，斬首六萬。涉河，城武遂。魏太子來朝。武王有力好戲，力士任鄙、烏獲、孟說皆至大官。王與孟說舉鼎，絕臏。八月，武王死。族孟說。武王取魏女爲后，無子。立異母弟，是爲昭襄王。昭襄母楚人，姓芈氏，號宣太后。武王死時，昭襄王爲質於燕，燕人送歸，得立。	拔宜陽城，斬首六萬。涉河，城武遂。	韓世家：與秦武王會臨晉。其秋，秦使甘茂攻我宜陽。 韓表：秦拔我宜陽，斬首六萬。 周本紀：秦攻宜陽，楚救之。而楚以周爲秦故，將伐之。蘇代爲周說楚王曰……。	
306	昭〔襄〕王元年	昭襄王元年，嚴君疾爲相。甘茂出之魏。			此欄以下爲《編年記》 昭王元年
305	二　年	彗星見。庶長壯與大臣、諸侯、公子爲逆，皆誅，及惠文后皆不得良死。悼武王后出歸魏。	彗星見。桑君爲亂，誅。	魏世家、魏表：秦來歸武王后。	二年，攻皮氏。
304	三　年	王冠。與楚王會黃棘，與楚上庸。		楚世家：懷王入與秦昭王盟，約於黃棘，秦復與楚上庸。 楚表：與秦王會黃棘，秦復歸我上庸。	三　年
303	四　年	取蒲阪。彗星見。	彗星見。	魏世家：秦拔我蒲反、陽晉、封陵。 魏表：秦拔我蒲坂、晉陽、封陵。	四年，攻封陵。

302	五　年	魏王來朝應亭，復與魏蒲阪。	魏王來朝。	魏世家:與秦會臨晉，秦予我蒲反。 魏表:與秦會臨晉，復〔歸〕我蒲坂。	五年，歸蒲反
301	六　年	蜀侯煇反，司馬錯定蜀。庶長奐伐楚，斬首二萬。涇陽君質於齊。日食，晝晦。	蜀反，司馬錯往誅蜀守煇，定蜀。日蝕，晝晦。伐楚。	魏表、韓表：與秦擊楚。 齊表：與秦擊楚，使公子將，大有功。 楚表：秦、韓、魏、齊敗我將軍唐眛於重丘。 楚世家：秦乃與齊、韓、魏共攻楚，殺楚將唐眛，取我重丘而去。 魏世家：與秦伐楚。 韓世家：與秦伐楚，敗楚將唐眛。 魏世家：與秦伐楚。 田世家:與秦敗楚於重丘。 田世家300、齊表300：秦使涇陽君爲於質。	六年，攻新城
300	七　年	拔新城。樗里子卒。	樗里疾卒。擊楚，斬首三萬。魏冄爲相。	楚世家：秦復攻楚，大破楚，楚軍死者二萬，殺我將軍景缺。懷王恐，乃使太子爲質於齊以求平。 楚表：秦取我襄城，殺景缺。	七年，新城陷。
299	八　年	使將軍羋戎攻楚，取新市。齊使章子，魏使公孫喜，韓使暴鳶	楚王來，因留之。	楚世家:秦復伐楚，取八城。秦昭王遣楚王書曰……齊王卒用其相計	八年，新城歸。

		共攻楚方城，取唐昧。趙破中山，其君亡，竟死齊。魏公子勁、韓公子長爲諸侯。		而歸楚太子。太子橫至，立爲王，是爲頃襄王。 楚表：王入秦。秦取我八城。 趙世家 296：滅中山，遷其王於膚施。 趙表 295：圍殺主父。與齊、燕共滅中山。 齊表 295：佐趙滅中山。 田世家 295：趙殺其主父。齊佐趙滅中山。	
298	九　年	孟嘗君薛文來相秦。奐攻楚，取八城，殺其將景快。		楚世家：秦要懷王不可得地，楚立王以應秦，秦昭王怒，發兵出武關攻楚，大敗楚軍，斬首五萬，取析十五城而去。	九年，攻析。
297	十　年	楚懷王入朝秦，秦留之。薛文以金受免。樓緩爲丞相。	楚懷王亡之趙，趙弗內。	趙表：楚懷王亡來，弗內。 楚世家：楚懷王亡逃歸，秦覺之，遮楚道，懷王恐，乃從閒道走趙以求歸。趙主父在代，其子惠王初立，行王事，恐，不敢入楚王。楚王欲走魏，秦追至，遂與秦使復之秦。懷王遂發病。	十　年
296	十一年	齊、韓、魏、趙、宋、中山五國共攻秦，至鹽氏而還。秦與韓、魏河北及封陵以	彗星見。復與魏封陵。	魏世家：秦復予我河外及封陵爲和。 韓表：（與齊魏擊秦）秦與我武遂和。	十一年

		和。彗星見。楚懷王走之趙，趙不受，還之秦，即死，歸葬。		田世家：秦與韓河外以和，兵罷。 韓世家：秦與我河外及武遂。 楚世家：懷王卒于秦，秦歸其喪于楚。楚人皆憐之，如悲親戚。諸侯由是不直秦。秦楚絕。 楚表：懷王卒于秦，來歸葬。 魯周公世家：文公（七）〔元〕年，楚懷王死于秦。	
295	十二年	樓緩免，穰侯魏冄爲相。予楚粟五萬石。	樓緩免。穰侯魏冄爲丞相。		十二年
294	十三年	向壽伐韓，取武始。左更白起攻新城。五大夫禮出亡奔魏。任鄙爲漢中守。	任鄙爲漢中守。		十三年，攻伊闕。
293	十四年	左更白起攻韓、魏於伊闕，斬首二十四萬，虜公孫喜，拔五城。	白起擊伊闕，斬首二十四萬。	韓世家：使公孫喜率周、魏攻秦。秦敗我二十四萬，虜喜伊闕。 韓表：秦敗我伊闕，〔斬首〕二十四萬，虜將喜。 魏表：佐韓擊秦，秦敗我兵伊闕。 魏世家：佐韓攻秦，秦將白起敗我軍伊闕二十四萬。 楚世家：秦使白起伐韓於伊闕，大勝，斬首二十四萬。	十四年，伊闕。

292	十五年	大良造白起攻魏，取垣，復予之。攻楚，取宛。	魏冄免相。	韓世家 291：秦拔我宛。 韓表 291：秦拔我宛城。	十五年，攻魏。
291	十六年	左更錯取軹及鄧。冄免，封公子市宛，公子悝鄧，魏冄陶，爲諸侯。			十六年，攻宛。
290	十七年	城陽君入朝，及東周君來朝。秦以垣爲蒲阪、皮氏。王之宜陽。	魏入河東四百里。	魏世家：予秦河東地方四百里。	十七年，攻垣、枳。
289	十八年	錯攻垣、河雍，決橋取之。	客卿錯擊魏，至軹，取城大小六十一。	魏世家：秦拔我城大小六十一。 魏表：秦擊我。取城大小六十一。	十八年，攻蒲反。
288	十九年	王爲西帝，齊爲東帝，皆復去之。呂禮來自歸。齊破宋，宋王在魏，死溫。任鄙卒。	十月爲帝，十二月復爲王。任鄙卒。	齊表、魏世家、田世家、楚世家：（齊秦稱帝復爲王。） 趙世家 289：秦自置爲西帝。 魏世家 286：齊滅宋，宋王死我溫。 魏表 286：宋王死我溫。 齊表 286：齊滅宋。 田世家 286：伐宋，秦昭王怒曰：……於是齊遂伐宋，宋王出亡，死於溫。 宋微子世家：王偃立四十七年（難以確認正確紀年），齊湣王與魏、楚伐宋，殺王偃，遂滅宋而三分其地。	十九年

287	二十年	王之漢中，又之上郡、北河。			廿年，攻安邑。
286	二十一年	錯攻魏河內。魏獻安邑，秦出其人，募徙河東賜爵，赦罪人遷之。涇陽君封宛。	魏納安邑及河內。	韓世家:秦敗我師于夏山。 韓表:秦敗我兵夏山。	廿一年，攻夏山。
285	二十二年	蒙武伐齊。河東為九縣。與楚王會宛。與趙王會中陽。	蒙武擊齊。	趙世家：相國樂毅將趙、秦、韓、魏、燕攻齊，取靈丘。與秦會中陽。 趙表：與秦會中陽。 楚世家：楚頃襄王與秦昭王好會于宛，結和親。 楚表：與秦會宛。 田世家：秦來伐，拔我列城九。 齊表：秦拔我列城九。	廿二年
284	二十三年	尉斯離與三晉、燕伐齊，破之濟西。王與魏王會宜陽，與韓王會新城。	尉斯離與韓、魏、燕、趙共擊齊，破之。	魏表:與秦擊齊濟西。與秦王會西周。 韓表:與秦擊齊濟西。與秦王會西周。 齊表：五國共擊湣王，王走莒。 楚表:取齊淮北。 趙表:取齊昔陽。 趙世家:燕昭王來見。趙與韓、魏、秦共擊齊,齊王敗走,燕獨深入,取臨菑。 魏世家：與秦、趙、韓、燕共伐齊，敗之濟西，湣王出亡。燕獨入臨	廿三年

				菑。與秦王會西周。 韓世家：與秦昭王會西周而佐秦攻齊。齊敗，湣王出亡。 燕世家：與秦、楚、三晉合謀以伐齊。齊兵敗，湣王出亡於外。 田世家：燕、秦、楚、三晉合謀，各出銳師以伐，敗我濟西。王解而卻。燕將樂毅遂入臨淄，盡取齊之寶藏器。湣王出亡，之衞。 楚世家：楚王與秦、三晉、燕共伐齊，取淮北。	
283	二十四年	與楚王會鄢，又會穰。秦取魏安城，至大梁，燕、趙救之，秦軍去。魏冄免相。	與楚會穰。	楚世家：與秦昭王好會於鄢。其秋，復與秦王會穰。 楚表：與秦王會穰。 魏世家：秦拔我安城，兵到大梁，去。 魏表：秦拔我安城，兵至大梁而還。	廿四年，攻林。
282	二十五年	拔趙二城。與韓王會新城，與魏王會新明邑。		趙世家：樂毅將趙師攻魏伯陽。而秦怨趙不與己擊齊，伐趙，拔我兩城。 趙表：秦拔我兩城。 韓表、韓世家：與秦會兩周閒。	廿五年，攻茲氏。

281	二十六年	赦罪人遷之穰。侯冄復相。	魏冄復爲丞相。	趙世家:魏冄來相趙。	廿六年，攻離石。
280	二十七年	錯攻楚。赦罪人遷之南陽。白起攻趙，取代光狼城。又使司馬錯發隴西，因蜀攻楚黔中，拔之。	擊趙，斬首三萬。地動，壞城。	趙世家：秦（敗）〔取〕我二城。趙與魏伯陽。 趙表：秦敗我軍，斬首三萬。	廿七年，攻鄧。
279	二十八年	大良造白起攻楚，取鄢、鄧，赦罪人遷之。		楚世家:秦將白起拔我西陵。 楚表：秦拔鄢、西陵。	廿八年，攻鄢。
278	二十九年	大良造白起攻楚，取郢爲南郡，楚王走。周君來。王與楚王會襄陵。白起爲武安君。	白起擊楚，拔郢，更東至竟陵，以爲南郡。	楚世家:秦將白起遂拔我郢，燒先王墓夷陵。楚襄王兵散，遂不復戰，東北保於陳城。 楚表：秦拔我郢，燒夷陵。王走陳。 魏世家：秦拔郢，楚王徙陳。	廿九年，攻安陸。
277	三十年	蜀守若伐楚，取巫郡，及江南爲黔中郡。	白起封爲武安君。	楚世家:秦復拔我巫、黔中郡。 楚表：秦拔我巫、黔中。	卅年，攻□山。
276	三十一年	白起伐魏，取兩城。楚人反我江南。		楚世家:襄王乃收東地兵，得十餘萬，復西取秦所拔我江旁十五邑以爲郡，距秦。 楚表:秦所拔我江旁反秦。	卅一年，□。
275	三十二年	相穰侯攻魏，至大梁，破暴鳶，斬首四萬，鳶走，魏入三縣請和。		韓世家:使暴戴救魏，爲秦所敗，戴走開封。 韓表：暴鳶救魏，爲秦所敗，走開封。 魏世家:又拔我二城，軍大梁下，韓	卅二年，攻啓封。

				來救，予秦溫以和。 魏表：秦拔我兩城，軍大梁下，韓來救，與秦溫以和。 魏世家、魏表 274：秦拔我四城，斬首四萬。 穰侯列傳：昭王三十二年 275，穰侯爲相國，將兵攻魏，走芒卯，入北宅，遂圍大梁。……明年 274，魏背秦，與齊從親。秦使穰侯伐魏，斬首四萬，走魏將暴鳶，得魏三縣。穰侯益封。	
274	三十三年	客卿胡陽攻魏卷、蔡陽、長社，取之。擊芒卯華陽，破之，斬首十五萬。魏入南陽以和。		魏世家 273：秦破我及韓、趙，殺十五萬人，走我將芒卯。魏將段干子請予秦南陽以和。 魏表 273：與秦南陽以和。 秦表 273：白起擊魏華陽軍，芒卯走，得三晉將，斬首十五萬。 韓世家 273：趙、魏攻我華陽。韓告急於秦，……敗趙、魏於華陽之下。 周本紀 273：秦破華陽約。 白起王翦列傳 273：白起攻魏，拔華陽，走芒卯，而虜三晉將，斬首十三萬。與趙將賈偃戰	卅三年，攻蔡、中陽。

				，沈其卒二萬人於河中。 穰侯列傳：昭王三十二年275，穰侯爲相國，將兵攻魏，走芒卯，入北宅，遂圍大梁。……明年274，魏背秦，與齊從親。秦使穰侯伐魏，斬首四萬，走魏將暴鳶，得魏三縣。穰侯益封。明年273，穰侯與白起客卿胡陽復攻趙、韓、魏，破芒卯於華陽下，斬首十萬，取魏之卷、蔡陽、長社，趙氏觀津。且與趙觀津，益趙以兵，伐齊。 《魏策・魏三・華軍之戰》內有提到割地談和之事。	
273	三十四年	秦與魏、韓上庸地爲一郡，南陽免臣遷居之。	白起擊魏華陽軍，芒卯走，得三晉將，斬首十五萬。	周本紀：秦破華陽約。	卅四年，攻華陽。
272	三十五年	佐韓、魏、楚伐燕。初置南陽郡。		魏表、楚表、韓世家：（擊燕。） 楚世家：使三萬人助三晉伐燕。 燕世家：韓魏楚共伐燕。	卅五年
271	三十六年	客卿竈攻齊，取剛、壽，予穰侯。		田世家270：秦擊我剛壽。 齊表270：秦、楚擊我剛壽。	卅六年
270	三十七年				卅七年，□寇剛。

269	三十八年	中更胡（傷）〔陽〕攻趙閼與，不能取。		趙世家270：秦韓相攻，而圍閼與。趙使趙奢將，擊秦，大破秦軍閼與下，賜號爲馬服軍。 趙表270：秦（拔我）〔攻韓〕閼與。趙奢將擊秦，大敗之，賜號曰馬服。 韓表270：秦擊我閼與城，不拔。 廉頗藺相如列傳：秦伐韓，軍於閼與。……王乃令趙奢將……遂解閼與之圍而歸……。	卌八年，閼輿。
268	三十九年			魏世家：秦拔我懷。 魏表：秦拔我懷城。 范雎蔡澤列傳：卒聽范雎謀，使五大夫綰伐魏，拔懷。後二歲266，拔邢丘。	卌九年，攻懷。
267	四十年	悼太子死魏，歸葬芷陽。	太子質於魏者死，歸葬芷陽。	魏世家：秦太子外質於魏死。	卌年
266	四十一年	四十一年夏，攻魏，取邢丘、懷。		魏世家：秦拔我郪丘。 魏表：秦拔我廩丘。	卌一年，攻邢丘。
265	四十二年	安國君爲太子。十月，宣太后薨，葬芷陽酈山。九月，穰侯出之陶。	宣太后薨。安國君爲太子。		卌二年，攻少曲。
264	四十三年	武安君白起攻韓，拔九城，斬首五萬。		韓世家、韓表：秦拔我陘，城汾旁。	〔卌三年〕

263	四十四年	攻韓南（郡）〔陽〕，取之。	（秦）攻韓，取南陽。	韓世家:秦擊我於太行,我上黨郡守以上黨郡降趙。 韓表:秦擊我太行。	卌四年，攻太行，□攻。
262	四十五年	五大夫賁攻韓,取十城。葉陽君悝出之國，未至而死。	（秦）攻韓，取十城。		卌五年，攻大野王。十二月甲午雞鳴時，喜產。
261	四十六年		王之南鄭。		卌六年，攻□亭。
260	四十七年	秦攻韓上黨,上黨降趙,秦因攻趙,趙發兵擊秦，相距。秦使武安君白起擊,大破趙於長平,四十餘萬盡殺之。	白起破趙長平,殺卒四十五萬。	韓世家263:秦擊我於太行,我上黨郡守以上黨郡降趙。 韓表263:秦擊我太行。 韓世家259:秦拔趙上黨,殺馬服子卒四十餘萬於長平。 田世家259:秦攻趙，齊楚救之。……秦破趙於長平四十餘萬,遂圍邯鄲。 趙世家259:七（年）〔月〕，廉頗免而趙括代將。秦人圍趙括，趙括以軍降,卒四十餘萬皆阬之。……，秦圍邯鄲。武垣令傅豹、王容、蘇射率燕眾反燕地。趙以靈丘封楚相春申君。 白起王翦列傳:秦使左庶長王齕攻韓,取上黨。上黨	卌七年，攻長平。十一月，敢產。

				民走趙。……秦聞馬服子將，乃陰使武安君白起爲上將軍…… 廉頗藺相如列傳（未詳載紀年）：括軍敗，數十萬之眾遂降秦，秦悉阬之。趙前後所亡凡四十五萬。 春申君列傳：春申君爲楚相四年259，秦破趙之長平軍四十餘萬。	
259	四十八年	四十八年十月，韓獻垣雍。秦軍分爲二軍。武安君歸。王齕將伐趙（武安）皮牢，拔之。司馬梗北定太原，盡有韓上黨。正月，兵罷，復守上黨。其十月，五大大陵攻趙邯鄲。		趙世家258：平原君如楚請救，還，楚來救，及魏公子無忌亦來救，秦圍邯鄲乃解。 楚世家257：秦圍邯鄲，趙告急楚，楚遣將軍景陽救趙。七年256，至新中。秦兵去。 燕世家257：秦圍邯鄲者解去。 魏世家257：秦圍邯鄲，信陵君無忌矯奪將軍晉鄙兵以救趙，趙得全。無忌因留趙。 魏表257：公子無忌救邯鄲，秦兵解去。 趙表257：秦圍我邯鄲，楚、魏救我。 楚表257：春申君救趙。 白起王翦列傳：四十八年十月259，	卌八年，攻武安。

				秦復定上黨郡。秦分軍爲二：王齕攻皮牢，拔之；司馬梗定太原。韓、趙恐，使蘇代……正月，皆罷兵。……秦王使王齕代陵將，八九月圍邯鄲，不能拔。楚使春申君及魏公子將兵數十萬攻秦軍，秦軍多失亡。……於是免武安君爲士伍，遷之陰密。武安君病，未能行。居三月，諸侯攻秦軍急，秦軍數卻，使者日至。……武安君之死也，以秦昭王五十年十一月。	
258	四十九年	四十九年正月，益發卒佐陵。陵戰不善，免，王齕代將。其十月，將軍張唐攻魏，爲蔡尉捐弗守，還斬之。			〔卌九年〕，□□□。
257	五十年	五十年十月，武安君白起有罪，爲士伍，遷陰密。張唐攻鄭，拔之。十二月，益發卒軍汾城旁。武安君白起有罪，死。齕攻邯鄲，不拔，去，還奔汾軍。二月餘攻晉軍，斬首六千，晉楚流死河二萬人。攻汾城，	王齕、鄭安平圍邯鄲，及齕還軍，拔新中。	楚世家 256：至新中，秦兵去。 魏表 256：韓、魏、楚救趙新中，秦兵罷。 韓表 256：秦擊我陽城，救趙新中。 楚表 256：救趙新中。	〔五十年〕，攻邯鄲。

		即從唐拔寧新中，寧新中更名安陽。初作河橋。			
256	五十一年	將軍摎攻韓，取陽城、負黍，斬首四萬。攻趙，取二十餘縣，首虜九萬。西周君背秦，與諸侯約從，將天下銳兵出伊闕攻秦，令秦毋得通陽城。於是秦使將軍摎攻西周。西周君走來自歸，頓首受罪，盡獻其邑三十六城，口三萬。秦王受獻，歸其君於周。		周本紀：秦取韓陽城負黍，西周恐，倍秦，與諸侯約從，將天下銳師出伊闕攻秦，令秦無得通陽城。秦昭王怒，使將軍摎攻西周。西周君奔秦，頓首受罪，盡獻其邑三十六，口三萬。秦受其獻，歸其君於周。 韓世家：秦拔我陽城、負黍。 韓表：秦擊我陽城，救趙新中。 趙世家：燕攻昌壯，五月拔之。趙將樂乘、慶舍攻秦信梁軍，破之。太子死。而秦攻西周，拔之。徒父祺出。	五十一年，攻陽城。
255	五十二年	周民東亡，其器九鼎入秦。周初亡。		周本紀：……歸其君於周。（無註記年份）周君、王赧卒，周民遂東亡。秦取九鼎寶器，而遷西周公於憚狐。	〔五十二〕年，王稽、張祿死。
254	五十三年	天下來賓。魏後，秦使摎伐魏，取吳城。韓王入朝，魏委國聽令。			〔五十〕三年，吏誰從軍。
253	五十四年	王郊見上帝於雍。			五十四年
252	五十五年				五十五年

251	五十六年	五十六年秋，昭襄王卒，子孝文王立。尊唐八子爲唐太后，而合其葬於先王。韓王衰経入弔祠，諸侯皆使其將相來弔祠，視喪事。		表可知、魏世家、韓世家、燕世家：（秦昭王卒。） 楚世家：秦昭王卒，楚王使春申君弔祠于秦。	五十六年，後九月，昭死。正月，遬產。
250	孝文王元　年	孝文王元年，赦罪人，修先王功臣，褒厚親戚，弛苑囿。孝文王除喪，十月己亥即位，三日辛丑卒，子莊襄王立。			孝文王元年，立即死。
249	莊襄王楚元　年	莊襄王元年，大赦罪人，修先王功臣，施德厚骨肉而布惠於民。東周君與諸侯謀秦，秦使相國呂不韋誅之，盡入其國。秦不絕其祀，以陽人地賜周君，奉其祭祀。使蒙驁伐韓，韓獻成皋、鞏。秦界至大梁，初置三川郡。	蒙驁取成皋、滎陽。初置三川郡。呂不韋相。取東周。	周本紀：後七歲249，秦莊襄王滅東（西）周。東西周皆入于秦，周既不祀。 韓世家：秦拔我城皋、滎陽。 韓表：秦拔我成皋、滎陽。 蒙恬列傳：蒙驁爲秦將，伐韓，取成皋、滎陽，作置三川郡。 燕世家：秦滅東（西）周，置三川郡。 田世家：秦滅周。	莊王元年
248	二　年	使蒙驁攻趙，定太原。	蒙驁擊趙榆次、新城、狼孟，得三十七城。日蝕。	趙世家：延陵鈞率師從相國信平君助魏攻燕。秦拔我榆次三十七城。 燕世家：秦拔趙榆次三十七城，秦置大原郡。	莊王二年

247	三　年	蒙驁攻魏高都、汲，拔之。攻趙榆次、新城、狼孟，取三十七城。四月日食。王齕攻上黨。初置太原郡。魏將無忌率五國兵擊秦，秦卻於河外。蒙驁敗，解而去。五月丙午，莊襄王卒，子政立，是為秦始皇帝。	王齮擊上黨。初置太原郡。魏公子無忌率五國卻我軍河外，蒙驁解去，	魏世家：無忌歸魏，率五國兵攻秦，敗之河外，走蒙驁。魏太子增質於秦，秦怒，欲囚魏太子增。或為增謂秦王曰……秦乃止增。 魏表：無忌率五國兵敗秦軍河外。 魏公子列傳：公子率五國之兵破秦軍於河外，走蒙驁。遂乘勝逐秦軍至函谷關，抑秦兵，秦兵不敢出。 韓世家：秦悉拔我上黨。 韓表：秦拔我上黨。	莊王三年，莊王死。
246	始皇帝元　年	秦始皇帝者，……以秦昭王四十八年正月生於邯鄲。……王年少，初即位，委國事大臣。晉陽反，元年，將軍蒙驁擊定之。	擊取晉陽，作鄭國渠。	魏世家：秦王政初立。 燕世家：秦王政初即位。 趙表：秦拔我晉陽。 趙世家：秦王政初立。秦拔我晉陽。	今元年，喜傅。
245	二　年	麃公將卒攻卷，斬首三萬。			二　年
244	三　年	蒙驁攻韓，取十三城。王齮死。十月，將軍蒙驁攻魏氏暘、有詭。歲大饑。	蒙驁擊韓，取十三城。王齮死。		三年，卷軍。八月，喜揄吏。
243	四　年	拔暘、有詭。三月，軍罷。秦質子歸自趙，趙太子出歸國。十月庚寅，蝗蟲從東	七月，蝗蔽天下。百姓納粟千石，拜爵一級。	趙表：太子從質秦歸。	〔四年〕，□軍。十一月，喜□安陸□史。

		方來，蔽天。天下疫。百姓內粟千石，拜爵一級。			
242	五　年	將軍驁攻魏，定酸棗、燕、虛、長平、雍丘、山陽城，皆拔之，取二十城。初置東郡。冬雷。	蒙驁取魏酸棗二十城。初置東郡。	魏世家:秦拔我二十城，以爲秦東郡。 魏表:秦拔我二十城。 燕世家 243：秦拔魏二十城，置東郡。 田世家 242：秦置東郡。 衞世家:元君十四年，秦拔魏東地，秦初置東郡，更徙衞野王縣，而并濮陽爲東郡。 蒙恬列傳:蒙驁攻魏，取二十城，作置東郡。	五　年
241	六　年	韓、魏、趙、衞、楚共擊秦，取壽陵。秦出兵，五國兵罷。拔衞，迫東郡，其君角率其支屬徙居野王，阻其山以保魏之河內。	五國共擊秦。	魏世家：秦拔我朝歌。衞徙野王。 魏表:秦拔我朝歌。衞從濮陽徙野王。 趙世家：龐煖將趙、楚、魏、燕之銳師，攻秦蕞，不拔，移攻齊，取饒安。 楚世家:與諸侯共伐秦，不利而去。	六年，四月，爲安陸令史。
240	七　年	彗星先出東方，見北方，五月見西方。將軍驁死。以攻龍、孤、慶都，還兵攻汲。彗星復見西方十六日。夏太后死。	彗星見北方西方。夏太后薨。蒙驁死。	魏世家、魏表：秦拔我朝歌。衞從濮陽徙野王。秦拔我汲。	七年，正月甲寅，鄢令史。

239	八　年	王弟長安君成蟜將軍擊趙，反，死屯留，軍吏皆斬死，遷其民於臨洮。將軍壁死，卒屯留、蒲鶮反，戮其屍。河魚大上，輕車重馬東就食。	嫪毒封長信侯。		八　年
238	九　年	（無註紀年份）嫪毒封爲長信侯。……九年，彗星見，或竟天。攻魏垣、蒲陽。四月，上宿雍。己酉，王冠，帶劍。長信侯毐作亂而覺，……戰咸陽，……及其舍人，輕者爲鬼薪。及奪爵遷蜀四千餘家，家房陵。〔是〕月寒凍，有死者。楊端和攻衍氏。彗星見西方，又見北方，從斗以南八十日。	彗星見，竟天。嫪毒爲亂，遷其舍人于蜀。彗星復見。	魏世家、魏表：秦拔我垣、蒲陽、衍。	九　年
237	十　年	相國呂不韋坐嫪毒免。桓齮爲將軍。齊、趙來置酒。齊人茅焦說秦王曰：「秦方以天下爲事，而大王有遷母太后之名，恐諸侯聞之，由此倍秦也。」秦王乃迎太后於雍而入咸陽，復居	相國呂不韋免。齊、趙來，置酒。太后入咸陽。大索。	田世家、齊表、趙表：（入秦，置酒。）	〔十年〕

		甘泉宮。大索，逐客。李斯上書說，乃止逐客令。李斯因說秦王，……秦王覺，固止，……			
236	十一年	王翦、桓齮、楊端和攻鄴，取九城。王翦攻閼與、橑楊，皆并爲一軍。翦將十八日，軍歸斗食以下，什推二人從軍取鄴安陽，桓齮將。	呂不韋之河南。王翦擊鄴、閼與，取九城。	趙世家：趙攻燕，取貍陽城。兵未罷，秦攻鄴，拔之。 趙表：秦拔我閼與、鄴，取九城。 燕世家：秦拔趙之鄴九城。	十一年，十一月，獲產。
235	十二年	文信侯不韋死，竊葬。其舍人臨者，晉人也逐出之；秦人六百石以上奪爵，遷；五百石以下不臨，遷，勿奪爵。……秋，復嫪毐舍人遷蜀者。當是之時，天下大旱，六月至八月乃雨。	發四郡兵助魏擊楚。呂不韋卒。復嫪毐舍人遷蜀者。	魏表：秦助我擊楚。 楚表、楚世家：（秦、魏擊楚。）	十二年，四月癸丑，喜治獄鄢。
234	十三年	桓齮攻趙平陽，殺趙將扈輒，斬首十萬。王之河南。正月，彗星見東方。十月，桓齮攻趙。	桓齮擊平陽，殺趙扈輒，斬首十萬，因東擊。趙王之河南。彗星見。	趙世家：秦攻武城，扈輒率師救之，軍敗，死焉。 趙表：秦拔我平陽，敗扈輒，斬首十萬。	十三年，從軍。
233	十四年	攻趙軍於平陽，取宜安，破之，殺其將軍。桓齮定平陽、武城。韓非使秦，秦用李斯謀，留非，非死雲陽。韓王請爲臣。	桓齮定平陽、武城、宜安。韓使非來，我殺非。韓王請爲臣。	趙世家：秦攻赤麗、宜安，李牧率師與戰肥下，卻之。封牧爲武安君。 趙表：秦拔我宜安。 韓世家 234：秦攻韓，韓急，使韓非	十四年

				使秦，秦留非，因殺之。	
232	十五年	大興兵，一軍至鄴，一軍至太原，取狼孟。地動。	興軍至鄴。軍至太原。取狼孟。	趙世家：秦攻番吾，李牧與之戰，卻之。 趙表：秦拔我狼孟、鄱吾，軍鄴。	十五年，從平陽軍。
231	十六年	十六年九月，發卒受地韓南陽假守騰。初令男子書年。魏獻地於秦。秦置麗邑。	置麗邑。發卒受韓南陽。	魏表：獻城秦。 韓表：秦來受地。	十六年，七月丁巳，公終。自占年。
230	十七年	內史騰攻韓，得韓王安，盡納其地，以其地爲郡，命曰潁川。地動。華陽太后卒。民大饑。	內史（勝）〔騰〕擊得韓王安，盡取其地，置潁川郡。華陽太后薨。	韓世家：秦虜王安，盡入其地爲潁川郡，韓遂亡。 韓表：秦虜王安，秦滅韓。 燕世家：秦虜滅韓王安，置潁川郡。 楚世家 229、田世家：秦滅韓。 趙世家 231：代地大動，自樂徐以西，北至平陰，臺屋牆垣太半壞，地坼東西百三十步。 趙表 231：地大動。 趙世家 230：大饑，民譌言曰：「趙爲號，秦爲笑。以爲不信，視地之生毛。」	十七年，攻韓。
229	十八年	大興兵攻趙，王翦將上地，下井陘，端和將河內，羌瘣伐趙，端和圍邯鄲城。		趙世家：秦人攻趙，趙大將李牧、將軍司馬尚將，擊之。李牧誅，司馬尚免，趙忽及齊將顏聚代之。趙忽軍破，顏聚亡去。以王遷降。	十八年，攻趙。正月，恢生。

228	十九年	王翦、羌瘣盡定取趙地東陽，得趙王。引兵欲攻燕，屯中山。秦王之邯鄲，諸嘗與王生趙時母家有仇怨，皆阬之。秦王還，從太原、上郡歸。始皇帝母太后崩。趙公子嘉率其宗數百人之代，自立爲代王，東與燕合兵，軍上谷。大饑。	王翦拔趙，虜王遷（之）邯鄲。帝太后薨。	趙世家：八年十月，邯鄲爲秦。 趙表：秦王翦虜王遷邯鄲。公子嘉自立爲代王。 楚世家：秦虜趙王遷。 燕世家：秦虜趙王遷，滅趙。趙公子嘉自立爲代王。 田世家：秦滅趙。 廉頗藺相如列傳：趙王遷七年，秦使王翦攻趙，趙使李牧、司馬尚御之。秦多與趙王寵臣郭開金，爲反閒，言李牧、司馬尚欲反。趙王乃使趙蔥及齊將顏聚代李牧。李牧不受命，趙使人微捕得李牧，斬之。廢司馬尚。後三月，王翦因急擊趙，大破殺趙蔥，虜趙王遷及其將顏聚，遂滅趙。	十九年，□□□□□南郡備警。
227	二十年	燕太子丹患秦兵至國，恐，使荊軻刺秦王。秦王覺之，體解軻以徇，而使王翦、辛勝攻燕。燕、代發兵擊秦軍，秦軍破燕易水之西。	燕太子使荊軻刺王，覺之。王翦將擊燕。	燕表、魏世家、楚世家、燕世家、田世家：（荊軻刺秦王。）	廿年，七月甲寅，嫗終。韓王居□山。
226	二十一年	王賁攻（薊）〔荊〕。乃益發卒詣王翦軍，遂破燕太子軍，取	王賁擊楚。	楚世家：秦使將軍伐楚，大破楚軍，亡十餘城。 楚表：秦大破我，	廿一年，韓王死。昌平君居其處，有死□屬。

		燕薊城，得太子丹之首。燕王東收遼東而王之。王翦謝病歸老。新鄭反。昌平君徙於郢。大雨雪，深二尺五寸。		取十城。 燕世家：秦攻拔我薊，燕王亡，徙居遼東，斬丹以獻秦。 燕表：秦拔我薊，得太子丹。王徙遼東。 田世家：秦滅魏，秦兵次於歷下。	
225	二十二年	王賁攻魏，引河溝灌大梁，大梁城壞，其王請降，盡取其地。	王賁擊魏，得其王假，盡取其地。	魏世家：秦灌大梁，虜王假，遂滅魏以爲郡縣。 楚世家、田世家、燕世家：秦滅魏。 魏表：秦虜王假。	廿二年，攻魏梁。
224	二十三年	秦王復召王翦，彊起之，使將擊荊。取陳以南至平輿，虜荊王。秦王游至郢陳。荊將項燕立昌平君爲荊王，反秦於淮南。	王翦、蒙武擊破楚軍，殺其將項燕。	楚世家：秦將王翦破我軍於蘄，而殺將軍項燕。 楚表：秦破我將項燕。 白起王翦列傳：王翦果代李信擊荊……大破荊軍。至蘄南，殺其將軍項燕，荊兵遂敗走。秦因乘勝略定荊地城邑。歲餘，虜荊王負芻，竟平荊地爲郡縣。 蒙恬列傳：蒙武爲秦裨將軍，與王翦攻楚，大破之，殺項燕。	廿三年，興，攻荊，□□守陽□死。四月，昌文君死。
223	二十四年	王翦、蒙武攻荊，破荊軍，昌平君死，項燕遂自殺。	王翦、蒙武破楚，虜其王負芻。	楚世家：秦將王翦、蒙武遂破楚國，虜楚王負芻，滅楚名爲（楚）郡云。 楚表：秦虜王負芻。秦滅楚。 田世家：秦滅楚。	〔廿四年〕，□□□王□□。

222	二十五年	大興兵，使王賁將，攻燕遼東，得燕王喜。還攻代，虜代王嘉。王翦遂定荊江南地；降越君，置會稽郡。五月，天下大酺。	王賁擊燕，虜王喜。又擊得代王嘉。五月，天下大酺。	趙表：秦將王賁虜王嘉，秦滅趙。 燕表：秦虜王喜，拔遼東，秦滅燕。 趙世家：「太史公曰：『……趙之亡大夫共立嘉爲王，王代六歲，秦進兵破嘉，遂滅趙以爲郡。』」 燕世家：秦拔遼東，虜燕王喜，卒滅燕。是歲，秦將王賁亦虜代王嘉。 田世家：虜代王嘉，滅燕王喜。	廿五年
221	二十六年	齊王建與其相后勝發兵守其西界，不通秦。秦使將軍王賁從燕南攻齊，得齊王建。秦初并天下……所得諸侯美人鐘鼓，以充入之。	王賁擊齊，虜王建。初并天下，立爲皇帝。	田世家：秦兵擊齊。齊王聽相后勝計，不戰，以兵降秦。秦虜王建，遷之共。遂滅齊爲郡。天下壹并於秦，秦王政立號爲皇帝。 齊表：秦虜王建。秦滅齊。	廿六年
220	二十七年	始皇巡隴西、北地，出雞頭山，過回中。焉作信宮渭南，已更命信宮爲極廟，象天極。自極廟道通酈山，作甘泉前殿。築甬道，自咸陽屬之。是歲，賜爵一級。治馳道。	更命河爲「德水」。爲金人十二。命民曰「黔首」。同天下書。分爲三十六郡。		廿七年，八月己亥廷食時，產穿耳。
219	二十八年	始皇東行郡縣，上鄒嶧山。立石，與魯諸儒生議，刻石頌秦	爲阿房宮。之衡山。治馳道。帝之琅邪，道南郡入。爲太極廟。		〔廿八〕年，今過安陸。

		德，議封禪望祭山川之事。乃遂上泰山，立石，封，祠祀。下，風雨暴至，休於樹下，因封其樹爲五大夫。禪梁父。刻所立石，其辭曰：……上自南郡由武關歸。	賜戶三十，爵一級。		
218	二十九年	始皇東游。至陽武博狼沙中，爲盜所驚。求弗得，乃令天下大索十日。登之罘，刻石。其辭曰：……遂之瑯邪，道上黨入。	郡縣大索十日。帝之琅邪，道上黨入。		廿九年
217	三十年	無事。			卅年
216	三十一年	三十一年十二月，更名臘曰「嘉平」。賜黔首里六石米，二羊。始皇爲微行咸陽，與武士四人俱，夜出逢盜蘭池，見窘，武士擊殺盜，關中大索二十日。米石千六百。	更命臘曰「嘉平」。賜黔首里六石米二羊，以嘉平。大索二十日。		
215	三十二年	始皇之碣石，使燕人盧生求羨門、高誓。刻碣石門。壞城郭，決通隄防。其辭曰……始皇巡北邊，從上郡入。……略取河南地。	帝之碣石，道上郡入。		

214	三十三年	發諸嘗逋亡人、贅壻、賈人略取陸梁地，爲桂林、象郡、南海，以適遣戍。西北斥逐匈奴。自榆中並河以東，屬之陰山，以爲四十四縣，城河上爲塞。又使蒙恬渡河取高闕、（陶）〔陽〕山、北假中，築亭障以逐戎人。徙謫，實之初縣。禁不得祠。明星出西方。	遣諸逋亡及賈人贅壻略取陸梁，爲桂林、南海、象郡，以適戍。西北取戎爲（四）〔三〕十四縣。築長城河上，蒙恬將三十萬。	
213	三十四年	適治獄吏不直者，築長城及南越地。始皇置酒咸陽宮，……制曰：「可。」	適治獄不直者築長城。（及）〔取〕南方越地。覆獄故失。	
212	三十五年	三十五年，除道，道九原抵雲陽，塹山堙谷，直通之。……始皇怒，使扶蘇北監蒙恬於上郡。	爲直道，道九原，通甘泉。	
211	三十六年	熒惑守心。有墜星下東郡，至地爲石，黔首或刻其石曰「始皇帝死而地分」。始皇聞之，遣御史逐問，……。	徙民於北河、榆中，耐徙三處，拜爵一級。石晝下東郡，有文言「地分」。	
210	三十七年	三十七年十月癸丑，始皇出游。……十一月，行至雲夢，望祀虞舜於九疑山。浮江下，觀籍柯，渡海	十月，帝之會稽、琅邪，還至沙丘崩。子胡亥立，爲二世皇帝。殺蒙恬。道九原入。復行錢。	

		渚。過丹陽，至錢唐。臨浙江，水波惡，乃西百二十里從狹中渡。上會稽，祭大禹，……七月丙寅，始皇崩於沙丘平臺……而更詐爲丞相斯受始皇遺詔沙丘，立子胡亥爲太子。更爲書賜公子扶蘇、蒙恬，數以罪，賜死。……		
209	二世元年	二世皇帝元年，……七月，戍卒陳勝等反故荊地，爲「張楚」。……沛公起沛。項梁舉兵會稽郡。	十月戊寅，大赦罪人。十一月，爲兔園。十二月，就阿房宮。其九月，郡縣皆反。楚兵至戲，章邯擊卻之。出衞君角爲庶人。	
208	二　年	二年冬，陳涉所遣周章等將西至戲，兵數十萬。二世大驚，……使章邯將，擊破周章軍而走，遂殺章曹陽。二世益遣長史司馬欣、董翳佐章邯擊盜，殺陳勝城父，破項梁定陶，滅魏咎臨濟。楚地盜名將已死，章邯乃北渡河，擊趙王歇等於鉅鹿。……右丞相去疾、左丞相斯、將軍馮劫進諫	將軍章邯、長史司馬欣、都尉董翳追楚兵至河。誅丞相斯、去疾，將軍馮劫。	

		曰……下去疾、斯、劫吏，案責他罪。去疾、劫曰：「將相不辱。」自殺。斯卒囚，就五刑。		
207	三年	章邯等將其卒圍鉅鹿，……八月己亥，趙高欲爲亂，……二世自殺。……立二世之兄子公子嬰爲秦王……子嬰遂刺殺高於齋宮……項籍爲從長，殺子嬰及秦諸公子宗族。……項羽爲西楚霸王，主命分天下王諸侯，秦竟滅矣。後五年，天下定於漢。	趙高反，二世自殺，高立二世兄子嬰。子嬰立，刺殺高，夷三族。諸侯入秦，嬰降，爲項羽所殺。尋誅羽，天下屬漢。	

附表 1-3 〈六國年表〉魏表與〈魏世家〉記事對照表

西元前（年）	魏國國君	魏世家	魏表	《史記》他篇相關記事
476	獻子		魏獻子 衛出公輒後元年。	
474			晉出公錯元年。	
470			衛（莊）〔出〕公飲，大夫不解（履）〔襪〕，公怒，即攻公，公奔宋。	《左傳》哀公二十五年有詳細記載。
453	桓子		魏桓子敗智伯于晉陽。	韓表：韓康子敗智伯于晉陽。 趙表：襄子敗智伯晉陽，與魏、韓三分其地。 周本紀、秦本紀、魯周公世家、魏世家、韓世家、田世家、晉世家、鄭世家：（三晉滅知伯。） 燕世家：韓、魏、趙滅知伯，分其地，三晉彊。
437			晉幽公柳元年。服韓、魏。	晉世家：（無註記年份）幽公之時，晉畏，反朝韓、趙、魏之君。
424	文侯斯元年	桓子之孫曰文侯都。魏文侯元年，秦靈公之元年也。與韓武子、趙桓子、周威王同時。		
420	五年		魏誅晉幽公，立其弟止。	晉世家：十八年，幽公淫婦人，夜竊出邑中，盜殺幽公。魏文侯以兵誅晉亂，立幽公子止，是爲烈公。
419	六年	城少梁。	晉烈公止元年。 魏城少梁。	秦表 418：與魏戰少梁。 秦本紀：晉城少梁，秦擊之。
417	八年		復城少梁。	

412	十三年	使子擊圍繁、龐，出其民。	公子擊圍繁龐，出其民。	
409	十六年	伐秦，築臨晉元里。	伐秦，築臨晉、元里。	
408	十七年	伐中山，使子擊守之，趙倉唐傅之。子擊逢文侯之師田子方於朝歌，引車避，下謁。田子方不爲禮。子擊因問曰……子擊不懌而去。西攻秦，至鄭而還，築雒陰、合陽。	擊（宋）〔守〕中山。伐秦至鄭，還築洛陰、合陽。 集解徐廣曰：「一云擊宋中山，置合陽。世家云攻秦，至鄭而還，築雒陰、合陽。」	趙表：魏使太子伐中山。 趙世家：魏文侯伐中山，使太子擊守之。
407	十八年		文侯受經子夏。過段干木之閭常式。	
405	二十年		卜相，李克、翟璜爭。	
403	二十二年	魏、趙、韓列爲諸侯。	初爲侯。	韓表、趙表、楚表 周本紀、晉世家（烈公十九年）、韓世家、燕世家、齊太公世家、鄭世家：（三晉爲諸侯。） 楚世家：簡王八年 424，魏文侯、韓武子、趙桓子始列爲諸侯。
401	二十四年	秦伐我，至陽狐。	秦伐我，至陽狐。	秦表
400	二十五年	子擊生子罃。（無註記年份）文侯受子夏經藝，客段干木，過其閭，未嘗不軾也。秦嘗欲伐魏，或曰……文侯由此得譽於諸侯。任西門豹守鄴，而河內稱治。魏文侯謂李克曰：……翟璜逡巡再拜曰……	太子罃生。	

399	二十六年	虢山崩，壅河。	虢山崩，壅河。	
393	三十二年	伐鄭，城酸棗。敗秦于注。	伐鄭，城酸棗。	
390	三十五年	齊伐取我襄陵。	齊伐取襄陵。	
389	三十六年	秦侵我陰晉。	秦侵陰晉。	
387	三十八年	伐秦，敗我武下，得其將識。是歲，文侯卒，子擊立，是爲武侯。		韓世家、趙世家：是歲，魏文侯卒。
386	武侯元年	趙敬侯初立，公子朔爲亂，不勝，奔魏，與魏襲邯鄲，魏敗而去。	襲邯鄲，敗焉。	趙表：武公子朝作亂，奔魏。 趙世家：武公子朝作亂，不克，出奔魏。趙始都邯鄲。 晉世家：孝公九年，魏武侯初立，襲邯鄲，不勝而去。
385	二　年	城安邑、王垣。	城安邑、王垣。	
380	七　年	伐齊，至桑丘。	伐齊，至桑丘。	韓世家、韓表、趙表。 齊表：伐燕，取桑丘。 田世家：齊因起兵襲燕國，取桑丘。
378	九　年	翟敗我于澮。使吳起伐齊，至靈丘。齊威王初立。	翟敗我澮。伐齊，至靈丘。	韓表、趙表、韓世家：伐齊，至靈丘。 田世家：三晉因齊喪來伐我靈丘。 表可知：(齊威王初立。)
376	十一年	與韓、趙三分晉地，滅其後。	魏、韓、趙滅晉，絕無後。	韓表、趙表、齊表、晉世家、田世家、趙世家、韓世家
374	十三年	秦獻公縣櫟陽。		秦表
372	十五年	敗趙北藺。	衞聲公元年。 敗趙北藺。	趙表、趙世家：魏敗我藺。
371	十六年	伐楚，取魯陽。武侯卒，子罃立，是爲惠王。	伐楚，取魯陽。	楚表、楚世家

370	惠王元年	惠王元年，初，武侯卒也，子罃與公中緩爭爲太子。公孫頎自宋入趙，謂韓懿侯曰：……懿侯說，乃與趙成侯合軍并兵以伐魏，戰于濁澤，魏氏大敗，魏君圍。……故曰「君終無適子，其國可破也」。		趙表 369：敗魏涿澤，圍惠王。 趙世家 369：伐魏，敗湪澤，圍魏惠王。
369	二　年	魏敗韓于馬陵，敗趙于懷。	敗韓馬陵。	韓表、韓世家：魏敗我馬陵。 趙表 370、趙世家 370：魏敗我懷。
368	三　年	齊敗我觀。	齊伐我觀。	齊表 田世家：敗魏於濁澤而圍惠王。惠王請獻觀以和解。
366	五　年	與韓會宅陽。城武堵。爲秦所敗。	與韓會宅陽。城武都。	韓世家：與魏惠王會宅陽。 秦表：敗韓、魏洛陰。
365	六　年	伐取宋儀臺。	伐宋，取儀臺。	
362	九　年	伐敗韓於澮。與秦戰少梁，虜我將公孫痤，取龐。秦獻公卒，子孝公立。	與秦戰少梁，虜我太子。	秦表：與魏戰少梁，虜其太子。 韓表、趙表、韓世家：（魏敗我澮。） 秦本紀：與魏晉戰少梁，虜其將公孫痤。 趙世家：十二年 363，秦攻魏少梁，趙救之。十三年 362，秦獻公使庶長國伐魏少梁，虜其太子、痤。魏敗我澮，取皮牢。 表可知：（秦獻公卒。）
361	十　年	伐取趙皮牢。彗星見。	取趙皮牢。	趙世家 362：秦獻公使庶長國伐魏少梁，虜其太子、痤。魏敗我澮，取皮牢。 秦表：彗星見西方。

359	十二年	星晝墜，有聲。	星晝墮，有聲。	
357	十四年	與趙會鄗。	與趙會鄗。	
356	十五年	魯、衞、宋、鄭君來朝。	魯、衞、宋、鄭侯來。	
355	十六年	與秦孝公會（社）〔杜〕平。侵宋黃池，宋復取之。	與秦孝公會杜平。侵宋黃池，宋復取之。	秦表：與魏王會杜平。 秦本紀：與魏惠王會杜平。
354	十七年	與秦戰元里，秦取我少梁。圍趙邯鄲。	與秦戰元里，秦取我少梁。	秦本紀：與魏戰元里，有功。 秦表：與魏戰元里，斬首七千，取少梁。 趙世家、趙表：魏圍我邯鄲。
353	十八年	拔邯鄲。趙請救于齊，齊使田忌、孫臏救趙，敗魏桂陵。	邯鄲降。齊敗我桂陵。	趙表：魏拔邯鄲。 齊表：敗魏桂陵。 趙世家：魏惠王拔我邯鄲。齊亦敗魏於桂陵。 田世家：魏惠王圍邯鄲，趙求救於齊。齊威王召大臣而謀曰：……。
352	十九年	諸侯圍我襄陵。築長城，塞固陽。	諸侯圍我襄陵。築長城，塞固陽。	
351	二十年	歸趙邯鄲，與盟漳水上。	歸趙邯鄲。	趙表、趙世家：（魏歸邯鄲，與魏盟漳水上。）
350	二十一年	與秦會彤。趙成侯卒。	與秦遇彤。	表可知、趙世家：（趙成侯卒。）
344	二十七年		丹封名會。丹，魏大臣。	
343	二十八年	齊威王卒。中山君相魏。		表可知、燕世家、田世家：（齊威王卒。）
342	二十九年		中山君爲相。	
341	三十年	魏伐趙，趙告急齊。齊宣王用孫子計，救趙擊魏。魏遂大興師，使龐涓將，而令太子申爲	齊虜我太子申，殺將軍龐涓。	齊表：敗魏馬陵。田忌、田嬰、田肦將，孫子爲師。 秦本紀：齊敗魏馬陵。

		上將軍。過外黃，外黃徐子謂太子曰……太子果與齊人戰，敗於馬陵。齊虜魏太子申，殺將軍涓，軍遂大破。		田世家：魏伐趙。趙與韓親，共擊魏。趙不利，戰於南梁。宣王召田忌復故位。韓氏請救於齊。宣王召大臣而謀曰：……孫子曰：……乃陰告韓之使者而遣之。韓因恃齊，五戰不勝，而東委國於齊。齊因起兵，使田忌、田嬰將，孫子爲（帥）〔師〕，救韓、趙以擊魏，大敗之馬陵，殺其將龐涓，虜魏太子申。
340	三十一年	秦、趙、齊共伐我，秦將商君詐我將軍公子卬而襲其軍，破之。秦用商君，東地至河，而齊、趙數破我，安邑近秦，於是徙治大梁。以公子赫爲太子。	秦商君伐我，虜我公子卬。	秦本紀：衞鞅擊魏，虜魏公子卬。 趙世家 339：秦孝公使商君伐魏，虜其將公子卬。 商君列傳：使衞鞅將而伐魏。魏使公子卬將而擊之。……而衞鞅伏甲士而襲虜魏公子卬，因攻其軍，盡破之以歸秦。魏惠王兵數破於齊秦，國內空，日以削，恐，乃使使割河西之地獻於秦以和。而魏遂去安邑，徙都大梁。 《呂氏春秋·無義》有公孫鞅欺魏公子卬的詳細故事。
339	三十二年		公子赫爲太子。	
338	三十三年	秦孝公卒，商君亡秦歸魏，魏怒，不入。	衞鞅亡歸我，我恐，弗內。	表可知：秦孝公死。 秦表、秦本紀、趙世家：（秦孝公、商君死。） 商君列傳：後五月而秦孝公卒，太子立。……商君亡至關下，……去之魏。魏人怨其欺公子卬而破魏師，弗受。……秦發兵攻商君，殺之於鄭黽池。

336	三十五年	與齊宣王會平阿南。(無註記年份)惠王數被於軍旅，卑禮厚幣以招賢者。鄒衍、淳于髡、孟軻皆至梁。梁惠王曰……孟軻曰：「君不可以言利若是。夫君欲利則大夫欲利，大夫欲利則庶人欲利，上下爭利，國則危矣。爲人君，仁義而已矣，何以利爲！」	孟子來，王問利國，對曰：「君不可言利。」	齊表、田世家：(會平阿南。)
335	三十六年	復與齊王會甄。是歲，惠王卒，子襄王立。		齊表、田世家：(會甄。) 表可知、趙世家、田世家：(魏惠王卒。)
334	襄王元年	與諸侯會徐州，相王也。追尊父惠王爲王。	與諸侯會徐州，以相王。	齊表、田世家：(諸侯會徐州，以相王。)
333	二　年		秦敗我彫陰。	
332	三　年		伐趙。	趙表：齊、魏伐我，我決河水浸之。 齊表：與魏伐趙。 趙世家：齊、魏伐我，我決河水灌之，兵去。 田世家：與魏伐趙，趙決河水灌齊、魏，兵罷。
330	五　年	秦敗我龍賈軍四萬五千于雕陰，圍我焦、曲沃。予秦河西之地。	與秦河西地少梁。秦圍我焦、曲沃。	秦表：魏入河西地于秦。 秦本紀：魏納河西地。九年，渡河，取汾陰、皮氏。與魏王會應。圍焦，降之。十年，張儀相秦。魏納上郡十五縣。 蘇秦列傳：是時周天子致文武之胙於秦惠王。惠王使犀首攻魏，禽將龍賈，取魏之雕陰，且欲東兵。蘇秦恐秦兵之至趙也，乃激怒張儀，入之于秦。

329	六　年	與秦會應。秦取我汾陰、皮氏、焦。魏伐楚，敗之陘山。	與秦會應。秦取汾陰、皮氏。	秦表：度河，取汾陰、皮氏。圍焦，降之。與魏會應。 楚表：魏敗我陘山。 秦本紀：渡河，取汾陰、皮氏。與魏王會應。圍焦，降之。 楚世家：魏聞楚喪，伐楚，取我陘山。
328	七　年	魏盡入上郡于秦。秦降我蒲陽。	入上郡于秦。	秦表：公子桑圍蒲陽，降之。魏納上郡。 秦本紀：魏納上郡十五縣。 張儀列傳：秦惠王十年，使公子華與張儀圍蒲陽，降之。儀因言秦復與魏，而使公子繇質於魏。儀因說魏王曰：「秦王之遇魏甚厚，魏不可以無禮。」魏因入上郡、少梁，謝秦惠王。
327	八　年	秦歸我焦、曲沃。	秦歸我焦、曲沃。	秦本紀、秦表。
323	十二年	楚敗我襄陵。諸侯執政與秦相張儀會齧桑。		楚世家：楚使柱國昭陽將兵而攻魏，破之於襄陵，得八邑。 楚表：敗魏襄陵。 秦表：相張儀與齊、楚會齧桑。 秦本紀：張儀與齊、楚大臣會齧桑。 張儀列傳：其後二年 323～322，使與齊、楚之相會齧桑。 田世家：秦使張儀與諸侯執政會齧桑。 楚世家：（無註記年份）燕、韓君初稱王。秦使張儀與楚、齊、魏相會，盟齧桑。

				秦本紀：十二年326，初臘。十三年四月戊午325，魏君爲王，韓亦爲王。使張儀伐取陜，出其人與魏。 秦表325：君爲王。
322	十三年	張儀相魏。魏有女子化爲丈夫。秦取我曲沃、平周。	秦取曲沃。平周女化爲丈夫。	秦表：張儀免相，相魏。 秦本紀：三年，韓、魏太子來朝。張儀相魏。 張儀列傳：其後二年323～322，使與齊、楚之相會齧桑。東還而免相，相魏以爲秦，欲令魏先事秦而諸侯效之。魏王不肯聽儀。秦王怒，伐取魏之曲沃、平周，復陰厚張儀益甚。
319	十六年	張儀復歸秦。		秦本紀317、秦表317：（張儀復相秦。）
318	哀王元年	五國共攻秦，不勝而去。	擊秦不勝。	秦表：五國共擊秦，不勝而還。 秦本紀：樂池相秦。韓、趙、魏、燕、齊帥匈奴共攻秦。秦使庶長疾與戰修魚，虜其將申差，敗趙公子渴、韓太子奂，斬首八萬二千。 韓表、趙表、楚表、燕表：擊秦不勝。 趙世家：韓擊秦不勝而去。 楚世家：蘇秦約從山東六國共攻秦，楚懷王爲從長。至函谷關，秦出兵擊六國，六國兵皆引而歸，齊獨後。 燕世家：與楚、三晉攻秦不勝而還。
317	二　年	齊敗我觀津。	齊敗我觀澤。	趙世家、趙表：齊敗我觀澤。 齊表：敗魏、趙觀澤。

				田世家：與宋攻魏，敗之觀澤。 張儀列傳：明年，齊又來敗魏於觀津。
314	五　年	秦使樗里子伐取我曲沃，走犀首岸門。	秦拔我曲沃，歸其人。走犀首岸門。	秦本紀：樗里疾攻魏焦，降之。敗韓岸門，斬首萬，其將犀首走。 韓世家：大破我岸門。 張儀列傳：張儀歸，復相秦。三歲而魏復背秦爲從。秦攻魏，取曲沃。 樗里子甘茂列傳：秦惠王八年 317，爵樗里子右更，使將而伐曲沃，盡出其人，取其城，地入秦。
313	六　年	秦（求）〔來〕立公子政爲太子。與秦會臨晉。	秦來立公子政爲太子。與秦王會臨晉。	秦本紀：王與梁王會臨晉。
312	七　年	攻齊，與秦伐燕。	擊齊，虜聲子於濮。與秦擊燕。	秦本紀：到滿助魏攻燕。
311	八　年	伐衞，拔列城二。衞君患之。如耳約斬趙，趙分而爲二，所以不亡者，魏爲從主也。今衞已迫亡，將西請事於秦。與其以秦醳衞，不如以魏醳衞，見衞君曰……魏王聽其說，罷其兵，免成陵君，終身不見。	圍衞。	
310	九　年	與秦王會臨晉。張儀、魏章皆歸于魏。魏相田需死，楚害張儀、犀首、薛公。楚相昭魚謂蘇代曰……遂北見梁王，以此告之。太子果相魏。	與秦會臨晉。	秦表：誅蜀相壯。張儀、魏章皆（死于）〔出之〕魏。 秦本紀：與魏惠王會臨晉。誅蜀相壯。張儀、魏章皆東出之魏。

309	十　年	張儀死。	張儀死。	秦本紀
308	十一年	與秦武王會應。	與秦會應。	
307	十二年	太子朝於秦。秦來伐我皮氏，未拔而解。	太子往朝秦。	秦本紀：魏太子來朝。 樗里子甘茂列傳：昭王元年306……還擊皮氏，皮氏未降，又去。
306	十三年		秦擊皮氏，未拔而解。	
305	十四年	秦來歸武王后。	秦武王后來歸。	秦本紀：悼武王后出歸魏。
303	十六年	秦拔我蒲反、陽晉、封陵。	秦拔我蒲坂、晉陽、封陵。	秦本紀：取蒲阪。
302	十七年	與秦會臨晉，秦予我蒲反。	與秦會臨晉，復〔歸〕我蒲坂。	秦本紀：魏王來朝應亭，復與魏蒲阪。
301	十八年	與秦伐楚。	與秦擊楚。	韓表：與秦擊楚。 楚表301：秦、韓、魏、齊敗我將軍唐眛於重丘。 齊表：與秦擊楚，使公子將，大有功。 秦本紀：昭王八年299：使將軍羋戎攻楚，取新市。齊使章子，魏使公孫喜，韓使暴鳶共攻楚方城，取唐眛。 韓世家：與秦伐楚，敗楚將唐眛。 楚世家：秦乃與齊、韓、魏共攻楚，殺楚將唐眛，取我重丘而去。 田世家：與秦擊敗楚於重丘。
299	二十年		與齊王會于韓。	韓表：齊、魏王來。
298	二十一年	與齊、韓共敗秦軍函谷。	與齊、韓共擊秦于函谷。河、渭絕一日。	韓表：與齊、魏共擊秦。 齊表：與魏、韓共擊秦。 韓世家：與齊、魏王共擊秦，至函谷而軍焉。 田世家：齊與韓魏共攻秦，至函谷軍焉。

296	二十三年	秦復予我河外及封陵爲和。哀王卒，子昭王立。		秦表：復與魏封陵。 秦本紀：齊、韓、魏、趙、宋、中山五國共攻秦，至鹽氏而還。秦與韓、魏河北及封陵以和。 韓世家：秦與我河外及武遂。 韓表：（與齊魏擊秦）秦與我武遂和。 田世家：秦與韓河外以和，兵罷。
295	昭王元年	秦拔我襄城。	秦尉錯來擊我襄。	
294	二　年	與秦戰，我不利。	與秦戰，（解）〔我〕不利。	
293	三　年	佐韓攻秦，秦將白起敗我軍伊闕二十四萬。	佐韓擊秦，秦敗我兵伊闕。	韓表：秦敗我伊闕，〔斬首〕二十四萬，虜將喜。 秦本紀：左更白起攻韓、魏於伊闕，斬首二十四萬，虜公孫喜，拔五城。 韓世家：使公孫喜率周、魏攻秦。秦敗我二十四萬，虜喜伊闕。 楚世家：（伊闕之戰。）
290	六　年	予秦河東地方四百里，芒卯以詐重。	芒卯以詐見重。	秦表：魏入河東四百里。
289	七　年	秦拔我城大小六十一。	秦擊我。取城大小六十一。	
288	八　年	秦昭王爲西帝，齊湣王爲東帝，月餘，皆復稱王歸帝。		秦表、齊表、秦本紀、田世家、楚世家：（稱帝復爲王。） 趙世家 289：秦自置爲西帝。
287	九　年	秦拔我新垣、曲陽之城。	秦拔我新垣、曲陽之城。	
286	十　年	齊滅宋，宋王死我溫。	宋王死我溫。	齊表：齊滅宋。 秦本紀 288：齊破宋，宋王在魏，死溫。 田世家：齊遂伐宋，宋王出亡，死於溫。

284	十二年	與秦、趙、韓、燕共伐齊，敗之濟西，湣王出亡。燕獨入臨菑。與秦王會西周。	與秦擊齊濟西。與秦王會西周。	韓表：與秦擊齊濟西。與秦王會西周。 齊表：五國共擊湣王，王走莒。 楚表：取齊淮北。 秦本紀：尉斯離與三晉、燕伐齊，破之濟西。王與魏王會宜陽，與韓王會新城。 韓世家：與秦昭王會西周而佐秦攻齊。齊敗，湣王出亡。 燕世家：與秦、楚、三晉合謀以伐齊。齊兵敗，湣王出亡於外。 田世家：燕、秦、楚、三晉合謀，各出銳師以伐，敗我濟西。王解而卻。燕將樂毅遂入臨淄，盡取齊之寶藏器。湣王出亡，之衞。 楚世家：楚王與秦、三晉、燕共伐齊，取淮北。
283	十三年	秦拔我安城，兵到大梁，去。	秦拔我安城，兵至大梁而還。	秦本紀：秦取魏安城，至大梁，燕、趙救之，秦軍去。魏冉免相。
282	十四年		大水。	
278	十八年	秦拔郢，楚王徙陳。		秦表：白起擊楚，拔郢，更東至竟陵，以爲南郡。 楚表：秦拔我郢，燒夷陵，王亡走陳。 秦本紀：大良造白起攻楚，取郢爲南郡，楚王走。 楚世家：秦將白起遂拔我郢，燒先王墓夷陵。楚襄王兵散，遂不復戰，東北保於陳城。

276	安釐王元　年	秦拔我兩城。	秦拔我兩城。封弟公子無忌爲信陵君。	秦本紀：白起伐魏，取兩城。 魏公子列傳：昭王薨，安釐王即位，封公子爲信陵君。
275	二　年	又拔我二城，軍大梁下，韓來救，予秦溫以和。	秦拔我兩城，軍大梁下，韓來救，與秦溫以和。	韓表 275：暴鳶救魏，爲秦所敗，走開封。 秦本紀 275：相穰侯攻魏，至大梁，破暴鳶，斬首四萬，鳶走，魏入三縣請和。 韓世家 275：使暴鳶救魏，爲秦所敗，鳶走開封。
274	三　年	秦拔我四城，斬首四萬。	秦拔我四城，斬首四萬。	
273	四　年	秦破我及韓、趙，殺十五萬人，走我將芒卯。魏將段干子請予秦南陽以和。蘇代謂魏王曰：「欲璽者段干子也，今王使欲地者制璽，使欲璽者制地，魏氏地不盡則不知已。且夫以地事秦，譬猶抱薪救火，薪不盡，火不滅。」王曰：「是則然也。雖然，事始已行，不可更矣。」對曰：「王獨不見夫博之所以貴梟者，便則食，不便則止矣。今王曰『事始已行，不可更』，是何王之用智不如用梟也？」	與秦南陽以和。	秦本紀 274：客卿胡（傷）〔陽〕攻魏卷、蔡陽、長社，取之。擊芒卯華陽，破之，斬首十五萬。魏入南陽以和。 趙世家 274：燕周將，攻昌城、高唐，取之。與魏共擊秦。秦將白起破我華陽，得一將軍。 秦表：白起擊魏華陽軍，芒卯走，得三晉將，斬首十五萬。 周本紀：秦破華陽約。 韓世家：趙、魏攻我華陽。韓告急於秦，……敗趙、魏於華陽之下。
272	五　年		擊燕。	楚表、韓世家：（擊燕。） 秦本紀：佐韓、魏、楚伐燕。 楚世家：使三萬人助三晉伐燕。 燕世家：韓魏楚共伐燕。

268	九　年	秦拔我懷。	秦拔我懷城。	范睢蔡澤列傳：卒聽范睢謀，使五大夫綰伐魏，拔懷。後二歲266，拔邢丘。
267	十　年	秦太子外質於魏死。		秦本紀：悼太子死魏，歸葬芷陽。 秦表：太子質於魏者死，歸葬芷陽。
266	十一年	秦拔我郪丘。（無註記年份）秦昭王謂左右曰……於是秦王恐。 齊、楚相約而攻魏，魏使人求救於秦，……於是秦昭王遽爲發兵救魏。魏氏復定。 趙使人謂魏王曰：「爲我殺范痤，吾請獻七十里之地。」……信陵君言於王而出之。 魏王以秦救之故，欲親秦而伐韓，以求故地。無忌謂魏王曰：「秦與戎翟同俗，……今不存韓，二周、安陵必危，楚、趙大破，衞、齊甚畏，天下西鄉而馳秦入朝而爲臣不久矣。」	秦拔我廩丘。	秦本紀：四十一年夏，攻魏，取邢丘、懷。
257	二十年	秦圍邯鄲，信陵君無忌矯奪將軍晉鄙兵以救趙，趙得全。無忌因留趙。	公子無忌救邯鄲，秦兵解去。	秦表：王齕、鄭安平圍邯鄲，及齕還軍，拔新中。 魏表：公子無忌救邯鄲，秦兵解去。 趙表：秦圍我邯鄲，楚、魏救我。 楚表：春申君救趙。 秦本紀：四十八年259十月，韓獻垣雍。秦軍分爲三軍。武安君歸。王齕將

				伐趙（武安）皮牢，拔之。司馬梗北定太原，盡有韓上黨。正月，兵罷，復守上黨。其十月，五大夫陵攻趙邯鄲。四十九年 258 正月，益發卒佐陵。陵戰不善，免，王齕代將。其十月，將軍張唐攻魏，爲蔡尉捐弗守，還斬之。五十年 257 十月，……十二月，……武安君白起有罪，死。齕攻邯鄲，不拔，去，還奔汾軍。 楚世家：六年 257，秦圍邯鄲，趙告急楚，楚遣將軍景陽救趙。七年，256 至新中。秦兵去。 趙世家：王還，不聽秦，秦圍邯鄲。 趙世家：八年 258，平原君如楚請救。還，楚來救，及魏公子無忌亦來救，秦圍邯鄲乃解。 燕世家：秦圍邯鄲者解去。 白起王翦列傳：其九月，秦復發兵，使五大夫王陵攻趙邯鄲。 春申君列傳 258：圍邯鄲。邯鄲告急於楚 白起王翦列傳：秦王使王齕代陵將，八九月圍邯鄲，不能拔。 魏公子列傳：魏安釐王二十年，秦昭王已破趙長平軍，又進兵圍邯鄲。 廉頗藺相如列傳：明年，秦兵遂圍邯鄲，歲餘，幾不得脫。賴楚、魏諸侯來救，乃得解邯鄲之圍。 呂不韋列傳：使王齮圍邯鄲，……。

256	二十一年		韓、魏、楚救趙新中，秦兵罷。	秦本紀：五十年 257 十月，……十二月，益發卒軍汾城旁。武安君白起有罪，死。齕攻邯鄲，不拔，去，還奔汾軍。二月餘攻晉軍，斬首六千，晉楚流死河二萬人。攻汾城，即從唐拔寧新中，寧新中更名安陽。初作河橋。 楚世家：至新中。秦兵去。 韓表：秦擊我陽城，救趙新中。 楚表：救趙新中。
251	二十六年	秦昭王卒。		表可知、秦本紀、韓世家、楚世家、燕世家
247	三十年	無忌歸魏，率五國兵攻秦，敗之河外，走蒙驁。魏太子增質於秦，秦怒，欲囚魏太子增。或爲增謂秦王曰……秦乃止增。	無忌率五國兵敗秦軍河外。	秦表：王齮擊上黨。初置太原郡。魏公子無忌率五國卻我軍河外，蒙驁解去。 秦本紀：二年 248，使蒙驁攻趙，定太原。三年 247，蒙驁攻魏高都、汲，拔之。攻趙榆次、新城、狼孟，取三十七城。四月日食。（四年）王齕攻上黨。初置太原郡。魏將無忌率五國兵擊秦，秦卻於河外。蒙驁敗，解而去。 魏公子列傳：公子率五國之兵破秦軍於河外，走蒙驁。遂乘勝逐秦軍至函谷關，抑秦兵，秦兵不敢出。
246	三十一年	秦王政初立。		燕世家、趙世家、楚世家 247：（秦王政初立。）
243	三十四年	信陵君無忌卒。	信陵君死。	魏公子列傳：日夜爲樂飲者四歲，竟病酒而卒。其歲，魏安釐王亦薨。

242	景湣王元　年	秦拔我二十城，以爲秦東郡。	秦拔我二十城。	秦表：蒙驁取魏酸棗二十城。初置東郡。 秦本紀：將軍驁攻魏，定酸棗、燕、虛、長平、雍丘、山陽城，皆拔之，取二十城。初置東郡。 燕世家 243：秦拔魏二十城，置東郡。 田世家：秦置東郡。 衞世家：元君十四年，秦拔魏東地，秦初置東郡，更徙衞野王縣，而并濮陽爲東郡。 蒙恬列傳：蒙驁攻魏，取二十城，作置東郡。
241	二　年	秦拔我朝歌。衞徙野王。	秦拔我朝歌。 衞從濮陽徙野王。	秦本紀：韓、魏、趙、衞、楚共擊秦，取壽陵。秦出兵，五國兵罷。拔衞，迫東郡，其君角率其支屬徙居野王，阻其山以保魏之河內。
240	三　年	秦拔我汲。	秦拔我汲。	秦本紀：以攻龍、孤、慶都，還兵攻汲。
238	五　年	秦拔我垣、蒲陽、衍。	秦拔我垣、蒲陽、衍。	秦本紀：攻魏垣、蒲陽。……楊端和攻衍氏。
235	八　年		秦助我擊楚。	秦表：發四郡兵助魏擊楚。 楚表、楚世家：（秦、魏擊楚。）
231	十二年		獻城秦。	秦本紀：魏獻地於秦。
227	王假元年	燕太子丹使荊軻刺秦王，秦王覺之。		秦表、燕表、秦始皇本紀、楚世家、燕世家、田世家
225	三　年	秦灌大梁，虜王假，遂滅魏以爲郡縣。	秦虜王假。	秦表：王賁擊魏，得其王假，盡取其地。 秦始皇本紀：王賁攻魏，引河溝灌大梁，大梁城壞，其王請降，盡取其地。 楚世家、田世家、燕世家

附表 1-4　〈六國年表〉韓表與〈韓世家〉記事對照表

西元前（年）	韓國國君	韓世家	韓表	《史記》他篇相關記事
476	宣子	（無註記年份）晉悼公之十年，韓獻子老。獻子卒，子宣子代。宣子徙居州。	韓宣子	
464			知伯伐鄭，駟桓子如齊求救。	鄭世家：晉知伯伐鄭，取九邑。 趙世家：知伯伐鄭。趙簡子疾，使太子毋卹將而圍鄭。 《左傳》哀公二十七年有「晉荀瑤帥師伐鄭，次于桐丘，鄭駟弘請救于齊」事。又有「悼之四年，晉荀瑤帥師圍鄭，未至鄭駟弘曰……」事。
453	康子	（無註記年份）晉定公十五年……康子與趙襄子、魏桓子共敗知伯，分其地，地益大，大於諸侯。	韓康子敗智伯于晉陽。	魏表、趙表、周本紀、秦本紀、魯周公世家、魏世家、趙世家、燕世家、田世家、晉世家、鄭世家：（三晉滅知伯。）
423	武子二年	伐鄭，殺其君幽公。	鄭幽公元年。韓殺之。	鄭世家：韓武子伐鄭，殺幽公。鄭人立幽公弟駘，是爲繻公。
422	三年		鄭立幽公子，爲繻公，元年。	
408	景侯元年	伐鄭，取雍丘。	伐鄭，取雍丘。鄭城京。	鄭世家：韓景侯伐鄭，取雍丘。鄭城京。
407	二年	鄭敗我負黍。	鄭敗韓于負黍。	鄭世家：鄭伐韓，敗韓兵於負黍。
403	六年	與趙魏俱得列爲諸侯。	初爲侯。	魏表、趙表、楚表 周本紀、晉世家（烈公十九年）、魏世家、趙世家、燕世家、齊太公世家、鄭

				世家：（三晉爲諸侯。） 楚世家：簡王八年 424，魏文侯、韓武子、趙桓子始列爲諸侯。
400	九　年	鄭圍我陽翟。	鄭圍陽翟。	鄭世家：鄭圍韓之陽翟。
398	韓烈侯 二　年		鄭殺其相駟子陽。	鄭世家：鄭君殺其相子陽。 楚世家：鄭殺子陽。
397	列侯三年	聶政殺韓相俠累。	（鄭人殺君）三月，盜殺韓相俠累。	刺客列傳（無註記年月）
396	四　年		鄭相子陽之徒殺其君繻公。	鄭世家：子陽之黨共弒繻公駘而立幽公弟乙爲君，是爲鄭君。
394	六　年		救魯。鄭負黍反。	鄭世家：鄭君乙立二年，鄭負黍反，復歸韓。
391	九　年	秦伐我宜陽，取六邑。	秦伐宜陽，取六邑。	
387	列（表作烈）侯十三年	是歲魏文侯卒。		表可知、趙世家
385	文侯二年	伐鄭，取陽城。伐宋，到彭城，執宋君。	伐鄭，取陽城。伐宋，到彭城，執宋君。	鄭世家：韓伐鄭，取陽城。
380	七　年	伐齊，至桑丘。鄭反晉。	伐齊，至桑丘。鄭敗晉。	魏世家、魏表、趙表：伐齊，至桑丘。
378	九　年	伐齊，至靈丘。	伐齊，至靈丘。	魏表、趙表 魏世家：使吳起伐齊，至靈丘。 趙世家：伐齊，齊伐燕，趙救燕。 田世家：三晉因齊喪來伐我靈丘。
376	哀侯元年	與趙、魏分晉國。	分晉國。	魏表：魏、韓、趙滅晉，絕無後。 趙表、齊表、晉世家、魏世家、趙世家、田世家：（滅晉分地。）

375	二　年	滅鄭，因徙都鄭。	滅鄭。康公二十年滅，無後。	鄭世家：韓哀侯滅鄭，并其國。
371	六　年	韓嚴弒其君哀侯，而子懿侯立。	韓嚴殺其君。	
369	懿（表作莊）侯二年	魏敗我馬陵。	魏敗我馬陵。	魏表、魏世家
366	五　年	與魏惠王會宅陽。		魏表、魏世家
362	九　年	魏敗我澮。	魏敗我于澮。大雨三月。	魏世家：伐敗韓於澮。 趙表、趙世家：（魏敗我澮。）
358	昭侯元年	秦敗我西山。	秦敗我西山。	
357	二　年	宋取我黃池。魏取我朱。	宋取我黃池。魏取我朱。	
353	六　年	伐東周，取陵觀、邢丘。	伐東周，取陵觀、廩丘。	
351	八　年	申不害相韓，脩術行道，國內以治，諸侯不來侵伐。	申不害相。	
349	十　年	韓姬弒其君悼公。	韓姬弒其君悼公。	
348	十一年	昭侯如秦。	昭侯如秦。	
337	二十二年	申不害死。	申不害卒。	
335	二十四年	秦來拔我宜陽。	秦拔我宜陽。	秦表：拔韓宜陽。
334	二十五年	旱，作高門。屈宜臼曰：「昭侯不出此門。何也？不時。吾所謂時者，非時日也，人固有利不利時。昭侯嘗利矣，不作高門。往年秦拔宜陽，今年旱，昭侯不以此時卹民之急，而顧益奢，此謂『時絀舉贏』。」	旱。作高門，屈宜臼曰：「昭侯不出此門。」	
333	二十六年	高門成，昭侯卒，果不出此門。子宣惠王立。	高門成，昭侯卒，不出此門。	

328	宣惠王 五　年	張儀相秦。		秦表、秦本紀
325	八　年	魏敗我將韓舉。	魏敗我韓舉。	
323	十　年		君爲王。	趙表 322：與韓會區鼠。 趙世家 322：與韓會于區鼠。
322	十一年	君號爲王。與趙會區鼠。		
319	十四年	秦伐敗我鄢。	秦來擊我，取鄢。	
318	十五年		擊秦不勝。	魏表、趙表、楚表、燕表：擊秦不勝。 秦表：五國共擊秦，不勝而還。 秦本紀：樂池相秦。韓、趙、魏、燕、齊帥匈奴共攻秦。秦使庶長疾與戰修魚，虜其將申差，敗趙公子渴、韓太子奐，斬首八萬二千。 魏世家：五國共攻秦，不勝而去。 趙世家：韓擊秦不勝而去。 燕表：燕噲三年，與楚、三晉攻秦，不勝而還。
317	十六年	秦敗我脩魚，虜得韓將鯁、申差於濁澤。韓氏急，公仲謂韓王曰……韓王不聽，遂絕於秦。秦因大怒，益甲伐韓，大戰，楚救不至韓。	秦敗我脩魚，得（韓）將軍申差。	
314	十九年	大破我岸門。太子倉質於秦以和。		秦本紀 315：韓太子蒼來質。十一年 314，敗韓岸門，斬首萬，其將犀首走。
312	二十一年	與秦共攻楚，敗楚將屈丐，斬首八萬於丹陽。是歲，宣惠王卒，太子倉立，是爲襄王。	（秦）〔我〕助（我）〔秦〕攻楚，圍景座。	秦本紀：庶長章擊楚於丹陽，虜其將屈丐，斬首八萬。

308	襄王四年	與秦武王會臨晉。其秋，秦使甘茂攻我宜陽。	與秦會臨晉。秦擊我宜陽。	秦本紀：與韓襄王會臨晉外。……其秋，使甘茂、庶長封伐宜陽。四年307，拔宜陽，斬首六萬。
307	五　年	秦拔我宜陽，斬首六萬。秦武王卒。	秦拔我宜陽，斬首六萬。	表可知：秦武王卒。 秦本紀：拔宜陽，斬首六萬。涉河，城武遂。……八月，武王死。 秦表：拔宜陽城，斬首六萬。涉河，城武遂。 周本紀：秦攻宜陽，楚救之。而楚以周爲秦故，將伐之……。
306	六　年	秦復與我武遂。	秦復與我武遂。	
303	九　年	秦復取我武遂。	秦取武遂。	
302	十　年	太子嬰朝秦而歸。	太子嬰與秦王會臨晉，因至咸陽而歸。	
301	十一年	與秦伐楚，敗楚將唐昧。	與秦擊楚。	楚表：秦、韓、魏、齊敗我將軍唐昧於重丘。 秦本紀299：使將軍芈戎攻楚，取新市。齊使章子，魏使公孫喜，韓使暴鳶共攻楚方城，取唐昧。 楚世家：秦乃與齊、韓、魏共攻楚，殺楚將唐昧，取我重丘而去。
300	十二年	太子嬰死。公子咎、公子蟣蝨爭爲太子。時蟣蝨質於楚。蘇代謂韓咎曰……韓咎從其計。 楚圍雍氏，韓求救於秦。秦未爲發，使公孫昧入韓。公仲曰……於是楚解雍氏圍。 蘇代又謂秦太后弟芈戎曰……於是蟣蝨竟不得歸韓。		

299	十三年	（無註記年份）韓立咎爲太子。齊、魏王來。	齊、魏王來。立咎爲太子。	魏表：與齊王會于韓。
298	十四年	與齊、魏王共擊秦，至函谷而軍焉。	與齊、魏共擊秦。	魏表：與齊、韓共擊秦于函谷。河渭絕一日。 齊表：與魏、韓共擊秦。 魏世家：與齊、韓共敗秦軍函谷。 田世家：齊與韓魏共攻秦，至函谷軍焉。
296	十六年	秦與我河外及武遂。	（與齊魏擊秦）秦與我武遂和。	秦本紀：秦與韓、魏河北及封陵以和。 魏世家：秦復予我河外及封陵爲和。 田世家：秦與韓河外以和，兵罷。
293	釐王三年	使公孫喜率周、魏攻秦。秦敗我二十四萬，虜喜伊闕。	秦敗我伊闕，〔斬首〕二十四萬，虜將喜。	魏表、魏世家、楚世家：（伊闕之戰。） 秦本紀：左更白起攻韓、魏於伊闕，斬首二十四萬，虜公孫喜，拔五城。
291	五　年	秦拔我宛。	秦拔我宛城。	秦本紀292：攻楚，取宛。十六年291，……冉免，封公子市宛……。
290	六　年	與秦武遂地二百里。	與秦武遂地方二百里。	
286	十　年	秦敗我師于夏山。	秦敗我兵夏山。	
284	十二年	與秦昭王會西周而佐秦攻齊。齊敗，湣王出亡。	與秦擊齊濟西。與秦王會西周。	魏表：與秦擊齊濟西。與秦王會西周。 楚表：取齊淮北。 齊表：五國共擊湣王，王走莒。 秦本紀：尉斯離與三晉、燕伐齊，破之濟西。王與魏王會宜陽，與韓王會新城。 魏世家：與秦、趙、韓、燕共伐齊，敗之濟西，湣王出亡。燕獨入臨菑。與秦王會西周。

				楚世家：楚王與秦、三晉、燕共伐齊，取淮北。 燕世家：與秦、楚、三晉合謀以伐齊。齊兵敗，湣王出亡於外。 田世家：燕、秦、楚、三晉合謀，各出銳師以伐，敗我濟西。王解而卻。燕將樂毅遂入臨淄，盡取齊之寶藏器。湣王出亡，之衞。
282	十四年	與秦會兩周閒。	與秦會兩周閒。	秦本紀：與韓王會新城。
275	二十一年	使暴㦸救魏，爲秦所敗，㦸走開封。	暴鳶救魏，爲秦所敗，走開封。	秦本紀：相穰侯攻魏，至大梁，破暴鳶，斬首四萬，鳶走，魏入三縣請和。 魏表：秦拔我兩城，軍大梁下，韓來救，與秦溫以和。 魏世家：又拔我二城，軍大梁下，韓來救，與秦溫以和。
273	二十三年	趙、魏攻我華陽。韓告急於秦，秦不救。韓相國謂陳筮曰：「事急，願公雖病，爲一宿之行。」陳筮見穰侯。穰侯曰：「事急乎？故使公來。」陳筮曰：「未急也。」穰侯怒曰：「是可以爲公之主使乎？夫冠蓋相望，告敝邑甚急，公來言未急，何也？」陳筮曰：「彼韓急則將變而佗從，以未急，故復來耳。」穰侯曰：「公無見王，請今發兵救韓。」		秦本紀 274：擊芒卯華陽，破之，斬首十五萬。 秦表：白起擊魏華陽軍，芒卯走，得三晉將，斬首十五萬。 魏世家：秦破我及韓、趙，殺十五萬人，走我將芒卯。 周本紀：秦破華陽約。 趙世家 274：燕周將，攻昌城、高唐，取之。與魏共擊秦。秦將白起破我華陽，得一將軍。 穰侯列傳：昭王三十二年 275，穰侯爲相國，將兵攻魏，走芒卯，入北宅，遂圍大梁。……明年 274，魏背秦，與齊從親。秦使穰侯伐魏，斬首四

		八日而至，敗趙、魏於華陽之下。是歲，釐王卒，子桓惠王立。		萬，走魏將暴鳶，得魏三縣。穰侯益封。明年 273，穰侯與白起客卿胡陽復攻趙、韓、魏，破芒卯於華陽下，斬首十萬，取魏之卷、蔡陽、長社，趙氏觀津。且與趙觀津，益趙以兵，伐齊。 白起王翦列傳：白起攻魏，拔華陽，走芒卯，而虜三晉將，斬首十三萬。與趙將賈偃戰，沈其卒二萬人於河中。
272	桓惠王元　年	伐燕。		魏表、秦本紀、燕世家
270	三　年		秦擊我閼與城，不拔。	趙表：秦（拔我）〔攻韓〕閼與。趙奢將擊秦，大敗之，賜號曰馬服。 趙世家：秦、韓相攻，而圍閼與。趙使趙奢將，擊秦，大破秦軍閼與下，賜號爲馬服君。 秦本紀 269：中更胡（傷）〔陽〕攻趙閼與，不能取。
264	九　年	秦拔我陘，城汾旁。	秦拔我陘。城汾旁。	范睢蔡澤列傳：秦攻韓汾陘，拔之，因城河上廣武。
263	十　年	秦擊我於太行，我上黨郡守以上黨郡降趙。	秦擊我太行。	秦本紀：四十七年 260，秦攻韓上黨，上黨降趙，秦因攻趙，趙發兵擊秦，相距。秦使武安君白起擊，大破趙於長平，四十餘萬盡殺之。 白起王翦列傳：四十七年 260，秦使左庶長王齕攻韓，取上黨。上黨民走趙。……秦聞馬服子將，乃陰使武安君白起爲上將軍……
259	十四年	秦拔趙上黨，殺馬服子卒四十餘萬於長平。		

256	十七年	秦拔我陽城、負黍。	秦擊我陽城，救趙新中。	秦本紀：將軍摎攻韓，取陽城、負黍，斬首四萬。 秦表 257：王齕、鄭安平圍邯鄲，及齕還軍，拔新中。 秦本紀 257：五十年十月，武安君白起有罪，爲士伍，遷陰密。張唐攻鄭，拔之。十二月，益發卒軍汾城旁。武安君白起有罪，死。齕攻邯鄲，不拔，去，還奔汾軍。二月餘攻晉軍，斬首六千，晉楚流死河二萬人。攻汾城，即從唐拔寧新中，寧新中更名安陽。初作河橋。 魏表：韓、魏、楚救趙新中，秦兵罷。 楚表：救趙新中。 楚世家：至新中。秦兵去。
251	二十二年	秦昭王卒。		表可知、秦本紀、魏世家、楚世家、燕世家
249	二十四年	秦拔我城皋、滎陽。	秦拔我成皋、滎陽。	秦表：蒙驁取成皋、滎陽，初置三川郡。 秦本紀：使蒙驁伐韓，韓獻成皋、鞏。 蒙恬列傳：蒙驁爲秦將，伐韓，取成皋、滎陽，作置三川郡。
247	二十六年	秦悉拔我上黨。	秦拔我上黨。	秦表：王齕擊上黨。初置太原郡。 秦本紀：四月日食。(四年)王齕攻上黨。初置太原郡。
244	二十九年	秦拔我十三城。	秦拔我十三城。	秦表：蒙驁擊韓，取十三城。 秦始皇本紀、蒙恬列傳：蒙驁攻韓，取十三城。

234	王安五年	秦攻韓，韓急，使韓非使秦，秦留非，因殺之。		秦表 233：韓使非來，我殺非。韓王請為臣。 秦始皇本紀 233：攻趙軍於平陽，取宜安，破之，殺其將軍。桓齮定平陽、武城。韓非使秦，秦用李斯謀，留非，非死雲陽。韓王請為臣。
231	八　年		秦來受地。	秦表：發卒受韓南陽。 秦始皇本紀：發卒受地韓南陽假守騰。
230	九　年	秦虜王安，盡入其地為潁川郡，韓遂亡。	秦虜王安，秦滅韓。	秦表：內史騰擊得韓王安，盡取其地，置潁川郡。華陽太后薨。 秦始皇本紀：內史騰攻韓，得韓王安，盡納其地，以其地為郡，命曰潁川。 燕世家：秦虜滅韓王安，置潁川郡。 楚世家 229、田世家：秦滅韓。

附表 1-5　〈六國年表〉趙表與〈趙世家〉記事對照表

西元前（年）	趙國國君	趙世家	趙表	《史記》他篇相關記事
476	簡子四十二年	（無註記年份，應爲晉定公三十六年。）	趙簡子四十二	
475	四十三年	定公三十七年卒，而簡子除三年之喪，期而已。是歲，越王句踐滅吳。		吳太伯世家：二十三年473 十一月丁卯，越敗吳。……越王滅吳，……而歸。 齊太公世家：平公八年473，越滅吳。 魯周公世家：二十二年473，越王句踐滅吳王夫差。 楚世家：十六年 473，越滅吳。 《左傳》哀公二十二年473：冬十一月丁卯，越滅吳……。
463	五十四年	晉出公十一年，知伯伐鄭。趙簡子疾，使太子毋卹將而圍鄭。知伯醉，以酒灌擊毋卹。毋卹羣臣請死之。毋卹曰：「君所以置毋卹，爲能忍詢。」然亦慍知伯。知伯歸，因謂簡子，使廢毋卹，簡子不聽。毋卹由此怨知伯。		韓表 464：知伯伐鄭，駟桓子如齊求救。 鄭世家 464：晉知伯伐鄭，取九邑。
457	襄子元年	越圍吳。襄子降喪食，使楚隆問吳王。（無註記年份）襄子姊前爲代王夫人。簡子既葬，未除服，北登夏屋，請代王。使廚	未除服，登夏屋，誘代王，以金斗殺代王。封伯魯子周爲代成君。	

		人操銅枓以食代王及從者，行斟，陰令宰人各以枓擊殺代王及從官，遂興兵平代地。其姊聞之，泣而呼天，摩笄自殺。代人憐之，所死地名之爲摩笄之山。遂以代封伯魯子周爲代成君。伯魯者，襄子兄，故太子。太子蚤死，故封其子。		
454	四　年	襄子立四年，知伯與趙、韓、魏盡分其范、中行故地。晉出公怒，告齊、魯，欲以伐四卿。四卿恐，遂共攻出公。出公奔齊，道死。知伯乃立昭公曾孫驕，是爲晉懿公。知伯益驕。……三國反滅知氏，共分其地。……於是趙北有代，南并知氏，彊於韓、魏。遂祠三神於百邑，使原過主霍泰山祠祀。	與智伯分范、中行地。	晉世家：出公十七年，知伯與趙、韓、魏共分范、中行地以爲邑。出公怒，告齊、魯，欲以伐四卿。四卿恐，遂反攻出公。出公奔齊，道死。故知伯乃立昭公曾孫驕爲晉君，是爲哀公。
453	五　年		襄子敗智伯晉陽，與魏、韓三分其地。	魏表、韓表：（三晉敗智伯晉陽，分其地。） 周本紀、秦本紀、魯周公世家、魏世家、韓世家、田世家、晉世家、鄭世家：（三晉滅知伯。）
425	三十三年	（無註記年份）其後娶空同氏，生五子。襄子爲伯魯之不立也，不肯立子	襄子卒。	

		，且必欲傳位與伯魯子代成君。成君先死，乃取代成君子浣立爲太子。襄子立三十三年卒，浣立，是爲獻侯。		
424	桓子元年	（無註記年份）獻侯少即位，治中牟。襄子弟桓子逐獻侯，自立於代，一年卒。國人曰桓子立非襄子意，乃共殺其子而復迎立獻侯。		
423	獻侯元年			
414	十　年	中山武公初立。	中山武公初立。	
411	十三年	城平邑。	城平邑。	
408	烈侯元年	魏文侯伐中山，使太子擊守之。	魏使太子伐中山。	魏表：擊（宋）〔守〕中山。 魏世家：伐中山，使子擊守之，趙倉唐傅之。
403	六　年	魏、韓、趙皆相立爲諸侯，追尊獻子爲獻侯。	初爲侯。	魏表、韓表、楚表 周本紀、晉世家（烈公十九年）、魏世家、韓世家、燕世家、齊太公世家、鄭世家：（三晉爲諸侯。） 楚世家：簡王八年 424，魏文侯、韓武子、趙桓子始列爲諸侯。
402	七　年	（無註記年份）烈侯好音，……烈侯曰：「然。夫鄭歌者槍、石二人，吾賜之田，人萬畝。」……徐越侍，以節財儉用，察度功德。所與無不充，君說。……賜相國衣二襲。	烈侯好音，欲賜歌者田，徐越侍以仁義，乃止。	

387	武　公十三年	是歲，魏文侯卒。		表可知、魏世家、韓世家：（魏文侯卒。）
386	敬侯元年	武公子朝作亂，不克，出奔魏。趙始都邯鄲。	武公子朝作亂，奔魏。	魏表：襲邯鄲，敗焉。 魏世家：趙敬侯初立，公子朔爲亂，不勝，奔魏，與魏襲邯鄲，魏敗而去。 晉世家：孝公九年，魏武侯初立，襲邯鄲，不勝而去。
385	二　年	敗齊于靈丘。		
384	三　年	救魏于廩丘，大敗齊人。		《呂氏春秋・不廣》：齊攻廩丘。趙使孔青將死士而救之，與齊人戰，大敗之。
383	四　年	魏敗我兔臺。築剛平以侵衞。	魏敗我兔臺。	
382	五　年	齊、魏爲衞攻趙，取我剛平。		
381	六　年	借兵於楚伐魏，取棘蒲。		
380	七　年		伐齊，至桑丘。	韓表、魏表、韓世家、魏世家 齊表：伐燕，取桑丘。 田世家：齊因起兵襲燕國，取桑丘。
379	八　年	拔魏黃城。	襲衞，不克。	
378	九　年	伐齊。齊伐燕，趙救燕。	伐齊，至靈丘。	韓表、魏表、韓世家：伐齊，至靈丘。 魏世家：使吳起伐齊，至靈丘。 田世家：三晉因齊喪來伐我靈丘。
377	十　年	與中山戰于房子。		
376	十一年	魏、韓、趙共滅晉，分其地。伐中山，又戰於中人。	分晉國。	韓表、齊表 晉世家、魏世家、田世家、韓世家、魏表：魏、韓、趙滅晉，絕無後。

374	成侯元年	公子勝與成侯爭立，爲亂。		
373	二　年	二年六月，雨雪。		
372	三　年	太戊午爲相。伐衞。取鄉邑七十三。魏敗我藺。	伐衞，取都鄙七十三。魏敗我藺。	魏表、魏世家：敗趙北藺。
371	四　年	與秦戰高安，敗之。		
370	五　年	伐齊於鄄。魏敗我懷。攻鄭，敗之，以與韓，韓與我長子。	伐齊于甄。魏敗我懷。	齊表：趙伐我甄。 田世家：趙伐我，取甄。 魏世家 369：魏敗韓于馬陵，敗趙于懷。
369	六　年	中山築長城。伐魏，敗湪澤，圍魏惠王。	敗魏涿澤，圍惠王。	齊表 368：伐魏，取觀。趙侵我長城。 魏世家：惠王元年，……乃與趙成侯合軍并兵以伐魏，戰于濁澤，魏氏大敗，魏君圍。 田世家：（無註記年份）威王初即位以來，……遂起兵西擊趙、衞，敗魏於濁澤而圍惠王。惠王請獻觀以和解，趙人歸我長城。
368	七　年	侵齊，至長城。與韓攻周。	侵齊，至長城。	齊表：趙侵我長城。
367	八　年	與韓分周以爲兩。		
366	九　年	與齊戰阿下。		
365	十　年	攻衞，取甄。		
364	十一年	秦攻魏，趙救之石阿。		秦表：章蟜與晉戰石門（集解徐廣曰：「一作『阿』。」），斬首六萬，天子賀。 秦本紀：與晉戰於石門，斬首六萬，天子賀以黼黻。

363	十二年	秦攻魏少梁，趙救之。		秦表 362：與魏戰少梁，虜其太子。 秦本紀 362：與魏晉戰少梁，虜其將公孫痤。 魏表 361：取趙皮牢。 魏世家 361：伐取趙皮牢。 韓表 362：魏敗我于澮。 韓世家 362：魏敗我澮。 《魏策·魏一·魏公叔痤爲魏將》記有「魏公叔痤爲魏將，而與韓、趙戰澮北，禽樂祚……。」
362	十三年	秦獻公使庶長國伐魏少梁，虜其太子、痤。魏敗我澮，取皮牢。成侯與韓昭侯遇上黨。	魏敗我于澮。	
361	十四年	與韓攻秦。		
360	十五年	助魏攻齊。		
359	十六年	與韓、魏分晉，封晉君以端氏。		
358	十七年	成侯與魏惠王遇葛孽。		
357	十八年		趙孟如齊。	
356	十九年	與齊、宋會平陸，與燕會阿。	與燕會（河）〔阿〕。與齊、宋會平陸。	齊表：與趙會平陸。 田世家：與趙王會平陸。
355	二十年	魏獻榮椽，因以爲檀臺。		
354	二十一年	魏圍我邯鄲。	魏圍我邯鄲。	魏世家
353	二十二年	魏惠王拔我邯鄲，齊亦敗魏於桂陵。	魏拔邯鄲。	魏表：邯鄲降。齊敗我桂陵。 魏世家：拔邯鄲。趙請救于齊，齊使田忌、孫臏救趙，敗魏桂陵。 齊表：敗魏桂陵。 田世家：魏惠王圍邯鄲，趙求救於齊。……使田忌南攻襄陵。十月，邯鄲拔，齊因起兵擊魏，大敗之桂陵。

351	二十四年	魏歸我邯鄲，與魏盟漳水上。秦攻我藺。	魏歸邯鄲，與魏盟漳水上。	魏表：歸趙邯鄲。 魏世家：歸趙邯鄲，與盟漳水上。
350	二十五年	成侯卒。公子緤與太子肅侯爭立，緤敗，亡奔韓。		魏世家：趙成侯卒。
349	肅侯元年	奪晉君端氏，徙處屯留。		
348	二　年	與魏惠王遇於陰晉。		
347	三　年	公子范襲邯鄲，不勝而死。	公子范襲邯鄲，不勝，死。	
346	四　年	朝天子。		
344	六　年	攻齊，拔高唐。		
343	七　年	公子刻攻魏首垣。		
339	十一年	秦孝公使商君伐魏，虜其將公子卬。趙伐魏。		秦本紀 340：衛鞅擊魏，虜魏公子卬。 魏表 340：秦商君伐我，虜我公子卬。 魏世家 340：秦、趙、齊共伐我，秦將商君詐我將軍公子卬而襲奪其軍，破之。 齊表 340：與趙會，伐魏。
338	十二年	秦孝公卒，商君死。		表可知：（秦孝公卒。） 秦表、秦本紀 魏世家：秦孝公卒，商君亡秦歸魏，魏怒，不入。
335	十五年	起壽陵。魏惠王卒。		表可知、魏世家、田世家：魏惠王卒。
334	十六年	肅侯游大陵，出於鹿門，大戊午扣馬曰：「耕事方急，一日不作，百日不食。」肅侯下車謝。		
333	十七年	圍魏黃，不克。築長城。		

332	十八年	齊、魏伐我，我決河水灌之，兵去。	齊、魏伐我，我決河水浸之。	魏表：伐趙。 齊表：與魏伐趙。 田世家：與魏伐趙，趙決河水灌齊、魏，兵罷。
328	二十二年	張儀相秦。趙疪與秦戰，敗，秦殺疪河西，取我藺、離石。		秦表、秦本紀、韓世家、楚世家：（張儀相秦。）
327	二十三年	韓舉與齊、魏戰，死于桑丘。		
326	二十四年	肅侯卒。秦、楚、燕、齊、魏出銳師各萬人來會葬。子武靈王立。		
325	武靈王元年	陽文君趙豹相。梁襄王與太子嗣，韓宣王與太子倉來朝信宮。武靈王少，未能聽政，博聞師三人，左右司過三人。及聽政，先問先王貴臣肥義，加其秩；國三老年八十，月致其禮。	魏敗我趙護。	
324	二年		城鄗。	
323	三年	城鄗。		
322	四年	與韓會于區鼠。	與韓會區鼠。	韓世家
321	五年	取韓女爲夫人。	取韓女爲夫人。	
318	八年	韓擊秦，不勝而去。五國相王，趙獨否，曰：「無其實，敢處其名乎！」令國人謂己曰「君」。	擊秦不勝。	秦表、魏表、韓表、楚表、燕表、秦本紀、魏世家、燕世家、楚世家：（五國共擊秦不勝。）
317	九年	與韓、魏共擊秦，秦敗我，斬首八萬級。齊敗我觀澤。	與韓、魏擊秦。齊敗我觀澤。	秦表：與韓趙戰，斬首八萬。 秦本紀 318：樂池相秦。韓、趙、魏、燕、齊帥匈

				奴共攻秦。秦使庶長疾與戰修魚，虜其將申差，敗趙公子渴、韓太子奐，斬首八萬二千。 魏表：齊敗我觀澤。 魏世家：齊敗我觀津。 韓表：秦敗我脩魚，得將軍申差。 韓世家：秦敗我修魚，虜得韓將鰒、申差於濁澤。 楚世家：齊湣王伐敗趙、魏軍，秦亦伐敗韓，與齊爭長。 齊表：敗魏、趙觀澤。 田世家：與宋攻魏，敗之觀澤。 張儀列傳：明年，齊又來敗魏於觀津。秦復欲攻魏，先敗韓申差軍，斬首八萬，諸侯震恐。
316	十　年	秦取我中都及西陽。齊破燕。燕相子之爲君，君反爲臣。	秦取我中都、西陽（安邑）。	秦表：秦本紀：伐取趙中都、西陽。 燕表、燕世家：（燕相子之爲君。）
315	十一年	王召公子職於韓，立以爲燕王，使樂池送之。	秦敗我將軍英。	
313	十三年	秦拔我藺，虜將軍趙莊。楚、魏王來，過邯鄲。	秦拔我藺，虜將趙莊。	秦表：樗里子擊藺陽，虜趙將。 秦本紀：王與梁王會臨晉。庶長疾攻趙，虜趙將莊。
312	十四年	趙何攻魏。		
310	十六年	秦惠王卒。王遊大陵。他日，王夢見處女鼓琴而歌詩曰……吳廣聞之，因夫人而內其女娃嬴。孟姚也。孟姚甚有寵於王，是爲惠后。	吳廣入女，生子何，立爲惠王后。	表可知、魯周公世家平公十二年、楚世家、田世家：（秦惠王卒。）

309	十七年	王出九門，爲野臺，以望齊、中山境。		
308	十八年	秦武王與孟說舉龍文赤鼎，絕臏而死。趙王使代相趙固迎公子稷於燕，送歸，立爲秦王，是爲昭王。		表 307 可知：（秦武王死。） 秦本紀 307：王與孟說舉鼎，絕臏。八月，武王死。
307	十九年	十九年春正月，大朝信宮。召肥義與議天下，五日而畢。王北略中山之地，至於房子，遂之代，北至無窮，西至河，登黃華之上。召樓緩謀曰……於是肥義侍，王曰……於是遂胡服矣。使王紲公子成曰……於是始出胡服令也。趙文、趙造、周袑、趙俊皆諫止王毋胡服……遂胡服招騎射。	初胡服。	
306	二十年	王略中山地，至寧葭；西略胡地，至榆中。林胡王獻馬。歸，使樓緩之秦，仇液之韓，王賁之楚，富丁之魏，趙爵之齊。代相趙固主胡，致其兵。		
305	二十一年	攻中山。趙袑爲右軍，許鈞爲左軍，公子章爲中軍，王并將之。牛翦將車騎，趙希并將胡、代。趙與之陘，合軍曲陽，攻取丹丘		

		、華陽、鴟之塞。王軍取鄗、石邑、封龍、東垣。中山獻四邑和，王許之，罷兵。		
303	二十三年	攻中山。		
301	二十五年	惠后卒。使周紹胡服傅王子何。	趙攻中山。惠后卒。	《趙策·趙二·王立周紹爲傅》有關於周紹之記載。
300	二十六年	復攻中山，攘地北至燕、代，西至雲中、九原。		
299	二十七年	二十七年五月戊申，大朝於東宮，傳國，立王子何以爲王。王廟見禮畢，出臨朝。大夫悉爲臣，肥義爲相國，并傅王。是爲惠文王。……因觀秦王之爲人也。		
298	惠文王元　年		以公子勝爲相，封平原君。	
297	二　年	惠文王二年，主父行新地，遂出代，西遇樓煩王於西河而致其兵。	楚懷王亡來，弗內。	秦表：楚懷王亡之趙，趙弗內。 楚世家：楚懷王亡逃歸……趙主父在代，其子惠王初立，行王事，恐，不敢入楚王。
296	三　年	滅中山，遷其王於膚施。起靈壽，北地方從，代道大通。還歸，行賞，大赦，置酒酺五日，封長子章爲代安陽君。（無註記年份）章素侈，心不服其弟所立。主父又使田不禮相也。李兌謂肥義曰……李兌數見		秦本紀 299：趙破中山，其君亡，竟死齊。 齊表 295：佐趙滅中山。 田世家 295：趙殺其主父。齊佐趙滅中山。

		公子成，以備田不禮之事。		
295	四　年	朝羣臣，安陽君亦來朝。主父令王聽朝，……公子章即以其徒與田不禮作亂，詐以主父令召王。肥義先入，殺之。……故亂起，以至父子俱死，爲天下笑，豈不痛乎！	圍殺主父。與齊、燕共滅中山。	
294	五　年	（主父死惠文王立立）五年，與燕鄚、易。		
291	八　年	城南行唐。		
290	九　年	趙梁將，與齊合軍攻韓，至魯關下。		
289	十　年	及十年，秦自置爲西帝。		秦表、秦本紀、齊表、魏世家、楚世家、田世家：（秦、齊稱帝復爲王。）
288	十一年	董叔與魏氏伐宋得河陽於魏。秦取梗陽。	秦拔我桂陽。（集解徐廣曰：「一作『梗』。」）	
287	十二年	趙梁將攻齊。		
286	十三年	韓徐爲將，攻齊，公主死。		
285	十四年	相國樂毅將趙、秦、韓、魏、燕攻齊，取靈丘。與秦會中陽。	與秦會中陽。	秦表284：尉斯離與韓、魏、燕、趙共擊齊，破之。 秦本紀285：與趙王會中陽。 秦本紀284：尉斯離與三晉、燕伐齊，破之濟西。 魏世家284：與秦、趙、韓、燕共伐齊，敗之濟西，湣王出亡。燕獨入臨菑。 魏表、韓表284：與秦擊齊濟西。與秦王會西周。
284	十五年	燕昭王來見。趙與韓、魏、秦共擊齊，齊王敗走，燕獨深入，取臨菑。	取齊昔陽。	

				韓世家 284：與秦昭王會西周而佐秦攻齊。齊敗，湣王出亡。 燕表 284：與秦、三晉擊齊，燕獨入至臨淄，取其寶器。 燕世家 284：與秦、楚、三晉合謀以伐齊。齊兵敗，湣王出亡於外。 楚表 284：取齊淮北。 楚世家 284：楚王與秦、三晉、燕共伐齊，取淮北。 齊表 284：五國共擊湣王，王走莒。 田世家 284：燕、秦、楚、三晉合謀，各出銳師以伐，敗我濟西。王解而卻。燕將樂毅遂入臨淄，盡取齊之寶藏器。湣王出亡，之衛。
283	十六年	秦復與趙數擊齊，齊人患之。蘇厲爲齊遺趙王書曰……於是趙乃輟，謝秦不擊齊。王與燕王遇。廉頗將，攻齊昔陽，取之。		
282	十七年	樂毅將趙師攻魏伯陽。而秦怨趙不與己擊齊，伐趙，拔我兩城。	秦拔我兩城。	秦本紀：拔趙二城。
281	十八年	秦拔我石城。王再之衞東陽，決河水，伐魏氏。大潦，漳水出。魏冄來相趙。	秦拔我石城。	廉頗藺相如列傳：其後秦伐趙，拔石城。
280	十九年	秦（敗）〔取〕我二城。趙與魏伯陽。趙奢將，攻齊麥丘，取之。	秦敗我軍，斬首三萬。	秦表：擊趙，斬首三萬。 廉頗藺相如列傳：明年280，復攻趙，殺二萬人。

279	二十年	廉頗將，攻齊。王與秦昭王遇西河外。	與秦會黽池，藺相如從。	廉頗藺相如列傳：秦王使使者告趙王，欲與王爲好會於西河外澠池。趙王畏秦，欲毋行。廉頗、藺相如計曰……。
278	二十一年	趙徙漳水武平西。		
277	二十二年	大疫。置公子丹爲太子。		
276	二十三年	樓昌將，攻魏幾，不能取。十二月，廉頗將，攻幾，取之。		廉頗藺相如列傳：是歲278，廉頗東攻齊，破其一軍。居二年276，廉頗復伐齊幾，拔之。後三年274，廉頗攻魏之防陵、安陽，拔之。（此處編年甚亂，說見本文附表四。）
275	二十四年	廉頗將，攻魏房子，拔之，因城而還。又攻安陽，取之。		
274	二十五年	燕周將，攻昌城、高唐，取之。與魏共擊秦。秦將白起破我華陽，得一將軍。		秦本紀：擊芒卯華陽，破之，斬首十五萬。 秦表273：白起擊魏華陽軍，芒卯走，得三晉將，斬首十五萬。 韓世家273：趙、魏攻我華陽。韓告急於秦，……敗趙、魏於華陽之下。 魏世家 273：秦破我及韓、趙，殺十五萬人，走我將芒卯。 周本紀273： 四十二年，秦破華陽約。 穰侯列傳：昭王三十二年275，穰侯爲相國，將兵攻魏，走芒卯，入北宅，遂圍大梁。……明年274，魏背秦，與齊從親。秦使穰侯伐魏，斬首四萬，走魏將暴鳶，得魏三縣。穰侯益封。明年273，穰侯與白起客卿胡陽復攻趙、韓、魏，破芒卯於華陽下，斬首十萬，取魏之卷、蔡陽、長社，趙氏

				觀津。且與趙觀津，益趙以兵，伐齊。 白起王翦列傳：昭王三十四年 273，白起攻魏，拔華陽，走芒卯，而虜三晉將，斬首十三萬。與趙將賈偃戰，沈其卒二萬人於河中。
273	二十六年	取東胡歐代地。		
272	二十七年	徙漳水武平南。封趙豹爲平陽君。河水出，大潦。		
271	二十八年	藺相如伐齊，至平邑。罷城北九門大城。燕將成安君公孫操弒其王。	藺相如攻齊，至平邑。	廉頗藺相如列傳：後四年，藺相如將而攻齊，至平邑而罷。
270	二十九年	秦韓相攻，而圍閼與。趙使趙奢將，擊秦，大破秦軍閼與下，賜號爲馬服軍。	秦攻韓閼與。趙奢將擊秦，大敗之，賜號曰馬服。	秦本紀 269：中更胡（傷）〔陽〕攻趙閼與，不能取。 韓表 270：秦擊我閼與城，不拔。 廉頗藺相如列傳：秦伐韓，軍於閼與。王召廉頗而問曰……王乃令趙奢將，救之。……趙奢縱兵擊之，大破秦軍。秦軍解而走，遂解閼與之圍而歸。趙惠文王賜奢號爲馬服君，以許歷爲國尉。
265	孝成王元　年	秦伐我，拔三城。趙王新立，太后用事，……齊安平君田單將趙師而攻燕中陽，拔之。又攻韓注人，拔之。	秦拔我三城。平原君相。	燕表：齊田單拔中陽。 燕世家：齊田單伐我，拔中陽，拔之。
264	二　年	惠文后卒。田單爲相。		
262	四　年	王夢衣偏裻之衣，乘飛龍上天，不至而墜，見金玉		

<table>
<tr><td></td><td></td><td>之積如山。明日，王召筮史敢占之，曰：「夢衣偏裻之衣者，殘也。乘飛龍上天不至而墜者，有氣而無實也。見金玉之積如山者，憂也。」後三日，韓氏上黨守馮亭使者至，曰……趙遂發兵取上黨。廉頗將軍軍長平。</td><td></td><td></td></tr>
<tr><td>261</td><td>五　年</td><td></td><td>使廉頗拒秦於長平。</td><td></td></tr>
<tr><td>260</td><td>六　年</td><td></td><td>使趙括代廉頗將。白起破括四十五萬。</td><td rowspan="3">秦表 260：白起破趙長平，殺卒四十五萬。
秦本紀 260：秦攻韓上黨，上黨降趙，秦因攻趙，趙發兵擊秦，相距。秦使武安君白起擊，大破趙於長平，四十餘萬盡殺之。
白起王翦列傳 260：秦使左庶長王齕攻韓，取上黨。上黨民走趙。……秦聞馬服子將，乃陰使武安君白起爲上將軍……
韓世家 259：秦拔趙上黨，殺馬服子卒四十餘萬於長平。
田世家 259：秦攻趙，齊楚救之。……秦破趙於長平四十餘萬，遂圍邯鄲。
秦表 257：王齕、鄭安平圍邯鄲，及齕還軍，拔新中。</td></tr>
<tr><td>259</td><td>七　年</td><td>七（年）〔月〕，廉頗免而趙括代將。秦人圍趙括，趙括以軍降，卒四十餘萬皆阬之。王悔不聽趙豹之計，故有長平之禍焉。王還，不聽秦，秦圍邯鄲。武垣令傅豹、王容、蘇射率燕眾反燕地。趙以靈丘封楚相春申君。</td><td></td></tr>
<tr><td>258</td><td>八　年</td><td>平原君如楚請救，還，楚來救，及魏公子無忌亦來救，秦圍邯鄲乃解。</td><td></td></tr>
<tr><td>257</td><td>九　年</td><td></td><td>秦圍我邯鄲，楚、魏救我。</td><td>秦本紀 257：五十年……十二月，……齕攻邯鄲，不拔，去，還奔汾軍。二月餘攻晉軍，斬首六千，</td></tr>
</table>

				晉楚流死河二萬人。攻汾城，即從唐拔寧新中，寧新中更名安陽。初作河橋。 楚世家 257：秦圍邯鄲，趙告急楚，楚遣將軍景陽救趙。七年 256，至新中。秦兵去。 燕世家 257：秦圍邯鄲者解去。 魏世家 257：秦圍邯鄲，信陵君無忌矯奪將軍晉鄙兵以救趙，趙得全。無忌因留趙。 魏表 257：公子無忌救邯鄲，秦兵解去。 楚表 257：春申君救趙。 白起王翦列傳：四十八年十月 259，秦復定上黨郡。……正月，皆罷兵。……秦王使王齕代陵將，八九月圍邯鄲，不能拔。楚使春申君及魏公子將兵數十萬攻秦軍，秦軍多失亡。…… 魏表 256：韓、魏、楚救趙新中，秦兵罷。 韓表 256：秦擊我陽城，救趙新中。 楚表 256：救趙新中。
256	十　年	燕攻昌壯，五月拔之。趙將樂乘、慶舍攻秦信梁軍，破之。太子死。而秦攻西周，拔之。徙父祺出。		秦表 255：取西周（王）。 秦本紀 255：周民東亡，其器九鼎入秦。周初亡。
255	十一年	城元氏，縣上原。武陽君鄭安平死，收其地。		
254	十二年	邯鄲廥燒。		

252	十四年	平原君趙勝死。		
251	十五年	以尉文封相國廉頗爲信平君。燕王令丞相栗腹約驩……燕卒起二軍，車二千乘，栗腹將而攻鄗，卿秦將而攻代。廉頗爲趙將，破殺栗腹，虜卿秦、樂閒。	平原君卒。	廉頗藺相如列傳：自邯鄲圍解五年，而燕用栗腹之謀……舉兵擊趙。趙使廉頗將，擊，大破燕軍於鄗，殺栗腹，遂圍燕。燕割五城請和，乃聽之。趙以尉文封廉頗爲信平君，爲假相國。 燕表：伐趙，趙破我軍，殺栗腹。 燕世家：今王喜四年，秦昭王卒。燕王命相栗腹約歡趙……燕軍至宋子，趙使廉頗將，擊破栗腹於鄗。〔樂乘〕破卿秦（樂乘）於代。樂閒奔趙。廉頗逐之五百餘里，圍其國。燕人請和，趙人不許，必令將渠處和。燕相將渠以處和。趙聽將渠，解燕圍。 樂毅列傳：樂閒居燕三十餘年，燕王喜用其相栗腹之計，欲攻趙……燕王不聽，遂伐趙。趙使廉頗擊之，大破栗腹之軍於鄗，禽栗腹、樂乘。樂乘者，樂閒之宗也。於是樂閒奔趙，趙遂圍燕。燕重割地以與趙和，趙乃解而去。燕王恨不用樂閒，樂閒既在趙，乃遺樂閒書曰：……樂閒、樂乘怨燕不聽其計，二人卒留趙。趙封樂乘爲武襄君。
250	十六年	廉頗圍燕。以樂乘爲武襄君。		
249	十七年	假相大將武襄君攻燕，圍其國。		
248	十八年	延陵鈞率師從相國信平君助魏攻燕。秦拔我榆次三十七城。		燕世家：秦拔趙榆次三十七城，秦置大原郡。

247	十九年	趙與燕易土：以龍兌、汾門、臨樂與燕；燕以葛、武陽、平舒與趙。		
246	二十年	秦王政初立。秦拔我晉陽。	秦拔我晉陽。	魏世家：秦王政初立。 燕世家：秦王政初即位。 楚世家 247：秦莊襄王卒，秦王趙政立。 秦表：擊取晉陽。 秦始皇本紀：晉陽反，元年，將軍蒙驁擊定之。
245	二十一年	孝成王卒。廉頗將，攻繁陽，取之。使樂乘代之，廉頗攻樂乘，樂乘走，廉頗亡入魏。子偃立，是爲悼襄王。		燕世家：趙使廉頗將攻繁陽，拔之。趙孝成王卒，悼襄王立。使樂乘代廉頗，廉頗不聽，攻樂乘，樂乘走，廉頗奔大梁。
244	悼襄王元　年	大備魏。欲通平邑、中牟之道，不成。		
243	二　年	李牧將，攻燕，拔武遂、方城。秦召春平君，因而留之。泄鈞爲之謂文信侯曰……文信侯曰：「善。」因遣之。城韓皋。	太子從質秦歸。	秦始皇本紀：四年 243，拔暘、有詭。三月，軍罷。秦質子歸自趙，趙太子出歸國。 燕世家 243：趙使李牧攻燕，拔武遂、方城。劇辛故居趙，與龐煖善，已而亡走燕。燕見趙數困于秦，而廉頗去，令龐煖將也，欲因趙獘攻之。問劇辛，辛曰:「龐煖易與耳。」燕使劇辛將擊趙，趙使龐煖擊之，取燕軍二萬，殺劇辛。秦拔魏二十城，置東郡。 廉頗藺相如列傳 245：趙孝成王卒，子悼襄王立，使樂乘代廉頗。廉頗怒，攻樂乘，樂乘走。廉頗遂
242	三　年	龐煖將，攻燕，禽其將劇辛。	趙相、魏相會柯，盟。	

				奔魏之大梁。其明年244，趙乃以李牧爲將而攻燕，拔武遂、方城。……趙悼襄王元年244，廉頗既亡入魏，趙使李牧攻燕，拔武遂、方城。居二年242，龐煖破燕軍，殺劇辛。 燕表242：劇辛死於趙。
241	四　年	龐煖將趙、楚、魏、燕之鋭師，攻秦蕞，不拔，移攻齊，取饒安。		秦表：五國共擊秦。 秦始皇本紀：韓、魏、趙、衛、楚共擊秦，取壽陵。秦出兵，五國兵罷。 楚世家：與諸侯共伐秦，不利而去。
240	五　年	傅抵將，居平邑；慶舍將東陽河外師，守河梁。		
239	六　年	封長安君以饒。魏與趙鄴。		
237	八　年		入秦，置酒。	田世家、齊表 秦表、秦始皇本紀：齊、趙來置酒。
236	九　年	趙攻燕，取貍陽城。兵未罷，秦攻鄴，拔之。悼襄王卒，子幽繆王遷立。	秦拔我閼與、鄴，取九城。	秦表：王翦擊鄴、閼與，取九城。 秦始皇本紀：王翦、桓齮、楊端和攻鄴，取九城。王翦攻閼與、橑楊，皆并爲一軍。翦將十八日，軍歸斗食以下，什推二人從軍取鄴安陽，桓齮將。 燕世家：秦拔趙之鄴九城。趙悼襄王卒。 表可知：（趙悼襄王卒。）
235	王遷元年	城柏人。		
234	二　年	秦攻武城，扈輒率師救之，軍敗，死焉。	秦拔我平陽，敗扈輒，斬首十萬。	秦表：桓齮擊平陽，殺趙扈輒，斬首十萬，因東擊。趙王之河南。

				秦始皇本紀：十三年234，桓齮攻趙平陽，殺趙將扈輒，斬首十萬。王之河南。正月，彗星見東方。十月，桓齮攻趙。十四年 233，攻趙軍於平陽，取宜安，破之，殺其將軍。桓齮定平陽、武城。 廉頗藺相如列傳：秦破殺趙將扈輒於武遂，斬首十萬。趙乃以李牧為大將軍，擊秦軍於宜安，大破秦軍，走秦將桓齮。封李牧為武安君。
233	三　年	秦攻赤麗、宜安，李牧率師與戰肥下，卻之。封牧為武安君。	秦拔我宜安。	秦表：桓齮定平陽、武城、宜安。 秦始皇本紀：十三年234，桓齮攻趙平陽，殺趙將扈輒，斬首十萬。王之河南。正月，彗星見東方。十月，桓齮攻趙。十四年 233，攻趙軍於平陽，取宜安，破之，殺其將軍。桓齮定平陽、武城。
232	四　年	秦攻番吾，李牧與之戰，卻之。	秦拔我狼孟、鄱吾，軍鄴。	秦表：興軍至鄴。軍至太原。取狼孟。 秦始皇本紀：大興兵，一軍至鄴，一軍至太原，取狼孟。地動。
231	五　年	代地大動，自樂徐以西，北至平陰，臺屋牆垣太半壞，地坼東西百三十步。	地大動。	秦始皇本紀：十七年230，……地動。華陽太后卒。民大饑。
230	六　年	大饑，民譌言曰：「趙為號，秦為笑。以為不信，視地之生毛。」		

229	七　年	秦人攻趙，趙大將李牧、將軍司馬尚將，擊之。李牧誅，司馬尚免，趙忽及齊將顏聚代之。趙忽軍破，顏聚亡去。以王遷降。		秦表 228：王翦拔趙，虜王遷邯鄲。 秦始皇本紀：大興兵攻趙，烏來強羅溫泉會館羌瘣伐趙，端和圍邯鄲城。十九年 228，王翦、羌瘣盡定取趙地東陽，得趙王。引兵欲攻燕，屯中山。秦王之邯鄲……趙公子嘉率其宗數百人之代，自立爲代王，東與燕合兵，軍上谷。大饑。 燕世家 228：秦虜趙王遷，滅趙。趙公子嘉自立爲代王。 田世家 228：秦滅趙。 楚世家 228：秦虜趙王遷。 廉頗藺相如列傳：趙王遷七年，秦使王翦攻趙，趙使李牧、司馬尚御之。秦多與趙王寵臣郭開金，爲反間，言李牧、司馬尚欲反。趙王乃使趙蔥及齊將顏聚代李牧。李牧不受命，趙使人微捕得李牧，斬之。廢司馬尚。後三月，王翦因急擊趙，大破殺趙蔥，虜趙王遷及其將顏聚，遂滅趙。
228	八　年	八年十月，邯鄲爲秦。	秦王翦虜王遷邯鄲。公子嘉自立爲代王。	
222	代王嘉 六　年	太史公曰：吾聞馮王孫曰：「趙王遷，其母倡也，嬖於悼襄王。悼襄王廢適子嘉而立遷。遷素無行，信讒，故誅其良將李牧，用郭開。」豈不繆哉！秦既虜遷，趙之亡大夫共立嘉爲王，王代六歲，秦進兵破嘉，遂滅趙以爲郡。	秦將王賁虜王嘉，秦滅趙。	秦表：王賁擊燕，虜王喜。又擊得代王嘉。 秦始皇本紀：大興兵，使王賁將，攻燕遼東，得燕王喜。還攻代，虜代王嘉。 燕世家：是歲，秦將王賁亦虜代王嘉。 田世家：虜代王嘉，滅燕王喜。

附表 1-6 〈六國年表〉楚表與〈楚世家〉記事對照表

西元前（年）	楚國國君	楚世家	楚表	《史記》他篇相關記事
476	惠王章十三年	吳王夫差彊，陵齊、晉，來伐楚。	楚惠王章十三年吳伐我。	《左傳》哀公十九年：春，越人侵楚，以誤吳也。
475	十四年		越圍吳，吳怨。	《左傳》哀公二十年：越圍吳。
473	十六年	越滅吳。	越滅吳。	《左傳》哀公二十二年：越滅吳。 吳太伯世家：二十三年十一月丁卯，越敗吳……越王滅吳……。 齊太公世家：平公八年，越滅吳。 魯周公世家：二十二年，越王句踐滅吳王夫差。 趙世家：趙簡子從晉定公……定公三十七年卒475，而簡子除三年之喪，期而已。是歲，越王句踐滅吳。
470	十九年		王子英奔秦。	
466	二十三年		魯悼公元年 三桓勝，魯如小侯。	魯周公世家：悼公之時，三桓勝，魯如小侯，卑於三桓之家。
447	四十二年	楚滅蔡。	楚滅蔡。	管蔡世家：侯齊四年，楚惠王滅蔡，蔡侯齊亡，蔡遂絕祀。
445	四十四年	楚滅杞，與秦平。是時越已滅吳而不能正江、淮北；楚東侵，廣地至泗上。	滅杞。杞，夏之後。	陳杞世家：楚惠王之四十四年，滅杞。
431	簡王仲元年	北伐滅莒。	北伐滅莒。	
424	八年	魏文侯、韓武子、趙桓子始列爲諸侯。		

403	聲王當五　年		魏、韓、趙始列爲諸侯。	魏表、韓表、趙表 周本紀、晉世家（烈公十九年）、魏世家、趙世家、韓世家、燕世家、齊太公世家、鄭世家：（三晉爲諸侯。） 楚世家：簡王八年 424，魏文侯、韓武子、趙桓子始列爲諸侯。
402	六　年	盜殺聲王，子悼王熊疑立。	盜殺聲王。	周本紀：崩，子安王驕立。是歲盜殺楚聲王。
400	悼王類二　年	三晉來伐楚，至乘丘而還。	三晉來伐我，至（桑）〔乘〕丘。	
399	三　年		歸榆關于鄭。	
398	四　年	楚伐周。鄭殺子陽。	敗鄭師，圍鄭。鄭人殺子陽。	韓表：鄭殺其相駟子陽。 鄭世家：二十五年，鄭君殺其相子陽。
393	九　年	伐韓，取負黍。	伐韓，取負黍。	
391	十一年	三晉伐楚，敗我大梁、榆關。楚厚賂秦，與之平。		
377	肅王四年	蜀伐楚，取茲方。於是楚爲扞關以距之。	蜀伐我茲方。	
371	十　年	魏取我魯陽。	魏取我魯陽。	魏表、魏世家
370	十一年	肅王卒，無子，立其弟熊良夫，是爲宣王。		
364	宣王良夫六　年	周天子賀秦獻公。秦始復彊，而三晉益大，魏惠王、齊威王尤彊。		周表：賀秦。 周本紀：賀秦獻公，獻公稱伯。
357	十三年		君尹黑迎女秦。	
340	三十年	秦封衞鞅於商，南侵楚。是年，宣王卒，子威王熊商立。		秦表、秦本紀：（封衛鞅。）
334	威王熊商六年	周顯王致文武胙於秦惠王。		秦表、秦本紀、周本紀、蘇秦列傳

333	七　年	齊孟嘗君父田嬰欺楚，楚威王伐齊，敗之於徐州，而令齊必逐田嬰。田嬰恐，張丑僞謂楚王曰：……楚王因弗逐也。	圍齊于徐州。	齊表、田世家：（圍齊於徐州。）
329	十一年	威王卒，子懷王熊槐立。魏聞楚喪，伐楚，取我陘山。	魏敗我陘山。	魏世家：（魏敗楚陘山。）
328	懷王槐元　年	懷王元年，張儀始相秦惠王。		秦表、秦本紀、趙世家
325	四　年	秦惠王初稱王。		秦表：君爲王。 秦本紀：魏君爲王、韓亦爲王。 周本紀：秦惠王稱王。其後諸侯皆爲王。 田世家：秦惠王稱王。
323	六　年	楚使柱國昭陽將兵而攻魏，破之於襄陵，得八邑。又移兵而攻齊，齊王患之。陳軫適爲秦使齊……昭陽曰：「善。」引兵而去。 （無註記年份） 燕、韓君初稱王。秦使張儀與楚、齊、魏相會，盟齧桑。	敗魏襄陵。	韓表、燕表、韓世家 322、燕世家：（君爲王。） 魏世家：楚敗我襄陵。諸侯執政與秦相張儀會齧桑。 田世家：秦使張儀與諸侯執政會齧桑。 秦表：相張儀與齊、楚會齧桑。 秦本紀：張儀與齊、楚大臣會齧桑。 張儀列傳：其後二年 323～322，使與齊、楚之相會齧桑。
319	十　年		城廣陵。	
318	十一年	蘇秦約從山東六國共攻秦，楚懷王爲從長。至函谷關，秦出兵擊六國，六國兵皆引歸，齊獨後。	擊秦不勝。	秦表：五國共擊秦，不勝而還。 魏表、韓表、趙表、燕表：擊秦不勝。 秦本紀：樂池相秦。韓、趙、魏、燕、齊帥匈奴共攻秦。秦使庶長疾與戰修

				魚，虜其將申差，敗趙公子渴、韓太子奐，斬首八萬二千。 魏世家：五國共攻秦，不勝而去。 趙世家：韓擊秦不勝而去。 燕世家：與楚、三晉攻秦不勝而還。
317	十二年	齊湣王伐敗趙、魏軍，秦亦伐敗韓，與齊爭長。		趙世家、魏表、趙表：齊敗我觀澤。 齊表：敗魏、趙觀澤。 魏世家：齊敗我觀津。 田世家：與宋攻魏，敗之觀澤。 秦本紀：七年318，樂池相秦。韓、趙、魏、燕、齊帥匈奴共攻秦。秦使庶長疾與戰修魚，虜其將申差，敗趙公子渴、韓太子奐，斬首八萬二千。 韓表：秦敗我脩魚，得將軍申差。 韓世家：秦敗我修魚，虜得韓將鯁、申差於濁澤。 張儀列傳：明年，齊又來敗魏於觀津。秦復欲攻魏，先敗韓申差軍，斬首八萬，諸侯震恐。
313	十六年	秦欲伐齊，而楚與齊從親，秦惠王患之，乃宣言張儀免相，使張儀南見楚王，謂楚王曰：……楚王弗聽，因使一將軍西受封地。	張儀來相。	秦本紀：張儀相楚。
312	十七年	十七年春，與秦戰丹陽，秦大敗我軍，斬甲士八萬，虜我大將軍屈匄、	秦敗我將屈匄。	秦本紀：庶長章擊楚於丹陽，虜其將屈丐，斬首八萬；又攻楚漢中，取地六百里，置漢中郡。楚圍雍

		裨將軍逢侯丑等七十餘人，遂取漢中之郡。楚懷王大怒，乃悉國兵復襲秦，戰於藍田，大敗楚軍。韓、魏聞楚之困，乃南襲楚，至於鄧。楚聞，乃引兵歸。		氏，秦使庶長疾助韓而東攻齊，到滿助魏攻燕。 韓世家：與秦共攻楚，敗楚將屈丐，斬首八萬於丹陽。 田世家：楚圍雍氏，秦敗屈丐。 張儀列傳：陳軫曰：……楚王不聽，卒發兵而使將軍屈丐擊秦。秦齊共攻楚，斬首八萬，殺屈丐，遂取丹陽、漢中之地。楚又復益發兵而襲秦，至藍田，大戰，楚大敗，於是楚割兩城以與秦平。 樗里子甘茂列傳：明年，助魏章攻楚，敗楚將屈丐，取漢中地。 屈原賈生列傳：懷王怒，大興師伐秦。秦發兵擊之，大破楚師於丹、淅，斬首八萬，虜楚將屈丐，遂取楚之漢中地。懷王乃悉發國中兵以深入擊秦，戰於藍田。魏聞之，襲楚至鄧。楚兵懼，自秦歸。而齊竟怒不救楚，楚大困。
311	十八年	秦使使約復與楚親，分漢中之半以和楚。楚王曰：「願得張儀，不願得地。」張儀聞之，請之楚。……懷王悔，使人追儀，弗及。是歲，秦惠王卒。		張儀列傳：秦要楚欲得黔中地，欲以武關外易之。楚王曰……。 屈原賈生列傳：明年，秦割漢中地與楚以和。楚王曰：……。 魯周公世家：平公十二年，秦惠王卒。 表可知、田世家：秦惠王卒。 趙世家：十六年 310，秦惠王卒。

309	二十年	二十（六）年，齊湣王欲爲從長，惡楚之與秦合，乃使使遣楚王書曰：……於是懷王許之，竟不合秦，而合齊以善韓。		
305	二十四年	倍齊而合秦。秦昭王初立，乃厚賂於楚。楚往迎婦。	秦來迎婦。	
304	二十五年	懷王入與秦昭王盟，約於黃棘，秦復與楚上庸。	與秦王會黃棘，秦復歸我上庸。	秦本紀：與楚王會黃棘，與楚上庸。
303	二十六年	齊、韓、魏爲楚負其從親而合於秦，三國共伐楚。楚使太子入質於秦而請救。秦乃遣客卿通將兵救楚，三國引兵去。	太子質秦。	
302	二十七年	秦大夫有私與楚太子鬭，楚太子殺之而亡歸。		
301	二十八年	秦乃與齊、韓、魏共攻楚，殺楚將唐眛，取我重丘而去。	秦、韓、魏、齊敗我將軍唐眛於重丘。	魏表、韓表：與秦擊楚。 齊表：與秦擊楚，使公子將，大有功。 秦本紀 299：使將軍羋戎攻楚，取新市。齊使章子，魏使公孫喜，韓使暴鳶共攻楚方城，取唐眛。 韓世家：與秦伐楚，敗楚將唐眛。 魏世家：與秦伐楚。 田世家：與秦敗楚於重丘。
300	二十九年	秦復攻楚，大破楚，楚軍死者二萬，殺我將軍景缺。懷王恐，乃使太子爲質於齊以求平。	秦取我襄城，殺景缺。	

299	三十年	秦復伐楚，取八城。秦昭王遺楚王書曰……齊王卒用其相計而歸楚太子。太子橫至，立爲王，是爲頃襄王。乃告于秦曰：「賴社稷神靈，國有王矣。」	王入秦。秦取我八城。	秦本紀 297：楚懷王入朝秦，秦留之。
298	頃襄王元　年	秦要懷王不可得地，楚立王以應秦，秦昭王怒，發兵出武關攻楚，大敗楚軍，斬首五萬，取析十五城而去。	秦取我十六城	
297	二　年	楚懷王亡逃歸，秦覺之，遮楚道，懷王恐，乃從閒道走趙以求歸。趙主父在代，其子惠王初立，行王事，恐，不敢入楚王。楚王欲走魏，秦追至，遂與秦使復之秦。懷王遂發病。		秦本紀 297：楚懷王入朝秦，秦留之。……296 楚懷王走之趙，趙不受，還之秦，即死，歸葬。 秦表：楚懷王亡之趙，趙弗內。 趙表：楚懷王亡來，弗內。
296	三　年	懷王卒于秦，秦歸其喪于楚。楚人皆憐之，如悲親戚。諸侯由是不直秦。秦楚絕。	懷王卒于秦，來歸葬。	魯周公世家：平公十二年，……文公（七）〔元〕年，楚懷王死于秦。
293	六　年	秦使白起伐韓於伊闕，大勝，斬首二十四萬。秦乃遺楚王書曰：「楚倍秦，秦且率諸侯伐楚，爭一旦之命。願王之飭士卒，得一樂戰。」楚頃襄王患之，乃謀復與秦平。		秦本紀：左更白起攻韓、魏於伊闕，斬首二十四萬，虜公孫喜，拔五城。 韓世家：使公孫喜率周、魏攻秦。秦敗我二十四萬，虜喜伊闕。 韓表：秦敗我伊闕，〔斬首〕二十四萬，虜將喜。 魏表、魏世家：（伊闕之戰。）

292	七　年	楚迎婦於秦，秦楚復平。	迎婦秦。	
288	十一年	齊秦各自稱爲帝；月餘，復歸帝爲王。		秦本紀、秦表、齊表、魏世家、田世家：（齊、秦稱帝復爲王。） 趙世家 289：秦自置爲西帝。
285	十四年	楚頃襄王與秦昭王好會于宛，結和親。	與秦會宛。	秦本紀：與楚王會宛。
284	十五年	楚王與秦、三晉、燕共伐齊，取淮北。	取齊淮北。	秦本紀：尉斯離與三晉、燕伐齊，破之濟西。 魏世家：與秦、趙、韓、燕共伐齊，敗之濟西，湣王出亡。燕獨入臨菑。 趙世家：趙與韓、魏、秦共擊齊，齊王敗走，燕獨深入，取臨菑。 秦表：尉斯離與韓、魏、燕、趙共擊齊，破之。 魏表、韓表：與秦擊齊濟西。與秦王會西周。 趙表：取齊昔陽。 燕世家：與秦、楚、三晉合謀以伐齊，……。 燕表：與秦、三晉擊齊，燕獨入至臨菑，取其寶器。 韓世家：與秦昭王會西周而佐秦攻齊。齊敗，湣王出亡。 韓表：與秦擊齊濟西。與秦王會西周。
283	十六年	與秦昭王好會於鄢。其秋，復與秦王會穰。	與秦王會穰。	秦本紀：與楚王會鄢又會穰。 秦表：與楚會穰。
281	十八年	楚人有好以弱弓微繳加歸鴈之上者，頃襄王聞，召而問之。對曰：……於是楚計輟不行。		

280	十九年	秦伐楚，楚軍敗，割上庸、漢北地予秦。	秦擊我，與秦漢北及上庸地。	秦本紀：錯攻楚。
279	二十年	秦將白起拔我西陵。	秦拔鄢、西陵。	秦本紀：大良造白起攻楚，取鄢、鄧，赦罪人遷之。
278	二十一年	秦將白起遂拔我郢，燒先王墓夷陵。楚襄王兵散，遂不復戰，東北保於陳城。	秦拔我郢，燒夷陵。王走陳。	秦本紀：大良造白起攻楚，取郢爲南郡，楚王走。周君來。王與楚王會襄陵。 秦表：白起擊楚，拔郢，更東至竟陵，以爲南郡。 魏世家：秦拔郢，楚王徙陳。
277	二十二年	秦復拔我巫、黔中郡。	秦拔我巫、黔中。	秦本紀：蜀守若伐楚，取巫郡，及江南爲黔中郡。 秦本紀 280：又使司馬錯發隴西，因蜀攻楚黔中，拔之。
276	二十三年	襄王乃收東地兵，得十餘萬，復西取秦所拔我江旁十五邑以爲郡，距秦。	秦所拔我江旁反秦。	秦本紀：楚人反我江南。
272	二十七年	使三萬人助三晉伐燕。復與秦平，而入太子爲質於秦。楚使左徒侍太子於秦。	擊燕。 魯頃公元年	秦本紀：佐韓、魏、楚伐燕。 魏表、韓世家：（伐燕。） 燕世家：韓、魏、楚共伐燕。
263	三十六年	頃襄王病，太子亡歸。秋，頃襄王卒，太子熊元代立，是爲考烈王。考烈王以左徒爲令尹，封以吳，號春申君。		春申君列傳：（無註記年份）黃歇受約歸楚，楚使歇與太子完入質於秦，秦留之數年。楚頃襄王病，太子不得歸。而楚太子與秦相應侯善，於是黃歇乃說應侯曰：……楚太子因變衣服爲楚使者御以出關，而黃歇守舍，常爲謝病。……歇至楚三月，楚
262	考烈王元年	考烈王元年，納州于秦以平。是時楚益弱。	秦取我州。黃歇爲相。	

				頃襄王卒，太子完立，是爲考烈王。考烈王元年，以黃歇爲相，封爲春申君，賜淮北地十二縣。
257	六　年	秦圍邯鄲，趙告急楚，楚遣將軍景陽救趙。	春申君救趙。	秦表：王齕、鄭安平圍邯鄲，及齕還軍，拔新中。 魏表：公子無忌救邯鄲，秦兵解去。 趙表：秦圍我邯鄲，楚、魏救我。 秦本紀：齕攻邯鄲，不拔，去，還奔汾軍。 燕世家：秦圍邯鄲者解去。 魏世家：秦圍邯鄲，信陵君無忌矯奪將軍晉鄙兵以救趙，趙得全。 趙世家：七（年）259〔月〕，……秦圍邯鄲。……。趙以靈丘封楚相春申君。八年 258，平原君如楚請救。還，楚來救，及魏公子無忌亦來救，秦圍邯鄲乃解。 春申君列傳：春申君爲楚相四年 259，秦破趙之長平軍四十餘萬。五年 258，圍邯鄲。邯鄲告急於楚，楚使春申君將兵往救之，秦兵亦去，春申君歸。
256	七　年	至新中，秦兵去。	救趙新中。	魏表：韓、魏、楚救趙新中，秦兵罷。 韓表：秦擊我陽城，救趙新中。
255	八　年		取魯，魯君封於莒。	
253	十　年		徙於鉅陽。	
251	十二年	秦昭王卒，楚王使春申君弔祠于秦。	柱國景伯死。	秦本紀、魏世家、韓世家、燕世家：(秦昭王卒。)

249	十四年		楚滅魯，頃公遷卞，爲家人，絕祀。	魯周公世家：二十四年，楚考烈王伐滅魯。頃公亡，遷於下邑，爲家人，魯絕祀。頃公卒于柯。
248	十五年		春申君徙封於吳。	春申君列傳：後十五歲，黃歇言之楚王曰：「淮北地邊齊，其事急，請以爲郡便。」因并獻淮北十二縣。請封於江東。考烈王許之。春申君因城故吳墟，以自爲都邑。
247	十六年	秦莊襄王卒，秦王趙政立。		秦本紀
241	二十二年	與諸侯共伐秦，不利而去。楚東徙都壽春，命曰郢。	王東徙壽春，命曰郢。	秦表：五國共擊秦。 秦始皇本紀：韓、魏、趙、衛、楚共擊秦，取壽陵。秦出兵，五國兵罷。 趙世家：龐煖將趙、楚、魏、燕之銳師，攻秦蕞，不拔；移攻齊，取饒安。
238	二十五年	考烈王卒，子幽王悍立。李園殺春申君。	李園殺春申君。	春申君列傳：（李園殺春申君。）
235	幽王悼三　年	幽王三年，秦、魏伐楚。秦相呂不韋卒。	秦、魏擊我。	秦表：發四郡兵助魏擊楚。 秦本紀：（不韋死。） 魏表：秦助我擊楚。
229	九　年	秦滅韓。		秦始皇本紀 230、燕世家 230、田世家 230：（秦滅韓。）
228	十　年	幽王卒，同母弟猶代立，是爲哀王。哀王立二月餘，哀王庶兄負芻之徒襲殺哀王而立負芻爲王。是歲，秦虜趙王遷。	幽王卒，弟郝立，爲哀王。三月，負芻殺哀王。	秦表、趙表、秦本紀、燕世家：（虜趙王遷。）
227	王負芻元　年	燕太子丹使荊軻刺秦王。	負芻，哀王庶兄。	秦表、秦始皇本紀、魏世家、田世家：（荊軻刺秦王。）

226	二　年	秦使將軍伐楚，大破楚軍，亡十餘城。	秦大破我，取十城。	秦表：王賁擊楚。 秦本紀：王賁攻（薊）〔荊〕。乃益發卒詣王翦軍，遂破燕太子軍，取燕薊城，得太子丹之首。
225	三　年	秦滅魏。		秦表、魏表、秦始皇本紀、魏世家、燕世家、田世家：（秦滅魏。）
224	四　年	秦將王翦破我軍於蘄，而殺將軍項燕。	秦破我將項燕。	秦表：王翦、蒙武擊破楚軍，殺其將項燕。
223	五　年	秦將王翦、蒙武遂破楚國，虜楚王負芻，滅楚名爲（楚）郡云。	秦虜王負芻。秦滅楚。	秦表223：王翦、蒙武破楚，虜其王負芻。 田世家223：秦滅楚。 秦始皇本紀：秦王復召王翦，彊起之，使將擊荊。取陳以南至平輿，虜荊王。秦王游至郢陳。荊將項燕立昌平君爲荊王，反秦於淮南。二十四年223，王翦、蒙武攻荊，破荊軍，昌平君死，項燕遂自殺。 白起王翦列傳：王翦果代李信擊荊……大破荊軍。至蘄南，殺其將軍項燕，荊兵遂敗走。秦因乘勝略定荊地城邑。歲餘，虜荊王負芻，竟平荊地爲郡縣。 蒙恬列傳：蒙武爲秦裨將軍，與王翦攻楚，大破之，殺項燕。

附表 1-7 〈六國年表〉燕表與〈燕世家〉記事對照表

西元前（年）	燕國國君	燕世家	燕表	《史記》他篇相關記事
476	獻公十七年		燕獻公十七年	
453	孝公十二年	韓、魏、趙滅知伯，分其地，三晉彊。		魏表：魏桓子敗智伯于晉陽。 韓表：韓康子敗智伯于晉陽。 趙表：襄子敗智伯晉陽，與魏、韓三分其地。 周本紀、秦本紀、魯周公世家、魏世家、韓世家、田世家、晉世家、鄭世家：（三晉滅知伯。）
403	湣公三十一年	是歲，三晉列爲諸侯。		魏表、韓表、趙表、楚表 周本紀、晉世家（烈公十九年）、魏世家、韓世家、趙世家、齊太公世家、鄭世家：（三晉爲諸侯。） 楚世家：簡王八年 424，魏文侯、韓武子、趙桓子始列爲諸侯。
373	釐公三十年	伐敗齊于林營。	敗齊林孤。	
362	桓公十一年	是歲，秦獻公卒，秦益彊。		表可知、魏世家：（秦獻公卒。） 秦本紀：獻公二十四年 361，獻公卒，子孝公立，年已二十一歲矣。
343	文公十九年	齊威王卒。		表可知、魏世家、田世家
334	二十八年	蘇秦始來見，說文公。文公予車馬金帛以至趙，趙肅侯用之。因約六國，爲從長。秦惠王以其女爲燕太子婦。	蘇秦說燕。	楚世家：燕、韓君初稱王。 蘇秦列傳：於是資蘇秦車馬金帛以至趙。而奉陽君已死，即因說趙肅侯曰……。 蘇秦列傳：易王母，文侯夫人也，與蘇秦私通。燕王知之，而事之加厚。蘇秦恐誅，乃說燕王曰：「臣居燕不能使燕重，而在齊則燕必重。」燕王曰：「唯先生之所爲。」於是蘇秦詳爲得罪於燕而亡走齊，齊宣王以爲客卿。
333	二十九年	易王初立，齊宣王因燕喪伐我，取十城；蘇秦說齊，使復歸燕十城。		
323	易王十年	燕君爲王。蘇秦與燕文公夫人私通，懼誅，乃說王使齊	君爲王。	

		爲反間，欲以亂齊。		
320	王噲元年	（無註記年份）燕噲既立，齊人殺蘇秦。蘇秦之在燕，與其相子之爲婚，而蘇代與子之交。及蘇秦死，而齊宣王復用蘇代。		
318	三　年	與楚、三晉攻秦不勝而還。子之相燕……	擊秦不勝。	魏表、韓表、趙表、楚表：擊秦不勝。 秦表：五國共擊秦，不勝而還。 秦本紀：樂池相秦。韓、趙、魏、燕、齊帥匈奴共攻秦。秦使庶長疾與戰修魚，虜其將申差，敗趙公子渴、韓太子奐，斬首八萬二千。 魏世家：五國共攻秦，不勝而去。 趙世家：韓擊秦不勝而去。 《燕策・燕一・燕王噲既立》：燕噲三年，與楚、三晉攻秦，不勝而還。
316	五　年	（無註記年份，依燕表在此年）……噲老不聽政，顧爲臣，國事皆決於子之。	君讓其臣子之國，顧爲臣。	秦本紀 314：燕君讓其臣子之。 趙世家 316：齊破燕。燕相子之爲君，君反爲臣。
314	七　年（子之當國三年）	三年（似應指子之當國三年），國大亂，百姓恫恐。將軍市被與太子平共謀，將攻子之。……孟軻謂齊王……燕君噲死，齊大勝。（據燕表和世家，子之亡應在此年。）	君噲及太子相子之皆死。	
312	九　年	燕子之亡二年，而燕人共立太子平，是爲燕昭王。	燕人共立公子平。	

311	昭王元年	（無註記年份）燕昭王於破燕之後即位，卑身厚幣以招賢者。謂郭隗曰……樂毅自魏往，鄒衍自齊往，劇辛自趙往，士爭趨燕。燕王弔死問孤，與百姓同甘苦。		田世家：燕、秦、楚、三晉合謀，各出銳師以伐，敗我濟西。王解而卻。燕將樂毅遂入臨淄，盡取齊之寶藏器。
284	二十八年	（無註記年份）燕國殷富，士卒樂軼輕戰，於是遂以樂毅爲上將軍，與秦、楚、三晉合謀以伐齊，……，燕兵獨追北，入至臨淄，盡取其寶，燒其宮室宗廟。齊城之不下者，獨唯聊、莒、即墨，其餘皆屬燕，六歲。	與秦、三晉擊齊，燕獨入至臨菑，取其寶器。	
278	惠王元年	（無註記年份）惠王爲太子時，與樂毅有隙……使騎劫代將，樂毅亡走趙。齊田單以即墨擊敗燕軍……湣王死于莒，乃立其子爲襄王。		田單列傳、樂毅列傳。
272	七　年	韓、魏、楚共伐燕。		魏表、楚表、韓世家。 秦本紀：佐韓、魏、楚伐燕。 楚世家：使三萬人助三晉伐燕。
265	武成王七　年	齊田單伐我，拔中陽。	齊田單拔中陽。	趙世家：齊安平君田單將趙師而攻燕中陽，拔之。
259	十三年	秦敗趙於長平四十餘萬。		秦表 260、趙表 260、秦本紀 260 趙世家：（趙孝成王）七（年）〔月〕，韓世家、田世家、白起王翦列傳、廉頗藺相如列傳、春申君列傳。

257	孝王元年	秦圍邯鄲者解去。		秦表：王齕、鄭安平圍邯鄲，及齕還軍，拔新中。 魏表：公子無忌救邯鄲，秦兵解去。 趙表：秦圍我邯鄲，楚、魏救我。 楚表：春申君救趙。 魏世家：秦圍邯鄲，信陵君無忌矯奪將軍晉鄙兵以救趙，趙得全。 趙世家：王還，不聽秦，秦圍邯鄲。 趙世家：八年 258，平原君如楚請救。還，楚來救，及魏公子無忌亦來救，秦圍邯鄲乃解。 楚世家：六年 257，秦圍邯鄲，趙告急楚，楚遣將軍景陽救趙。七年，256 至新中。秦兵去。 春申君列傳：五年 258，圍邯鄲。邯鄲告急於楚。 白起王翦列傳：秦王使王齕代陵將，八九月圍邯鄲，不能拔。 魏公子列傳：秦昭王已破趙長平軍，又進兵圍邯鄲。 廉頗藺相如列傳：明年，秦兵遂圍邯鄲，歲餘，幾不得脫。賴楚、魏諸侯來救，乃得解邯鄲之圍。 呂不韋列傳：使王齮圍邯鄲，急，趙欲殺子楚。
255	三年	三年卒，子今王喜立。		
251	今王喜四　年	今王喜四年，秦昭王卒。燕王命相栗腹約歡趙……趙使廉頗將，擊破栗腹於鄗。……解燕圍。	伐趙，趙破我軍，殺栗腹	魏、韓、楚世家、秦表：（秦昭王卒。） 樂毅列傳：樂閒居燕三十餘年，燕王喜用其相栗腹之計，欲攻趙，……趙使廉頗擊之，大破栗腹之軍於鄗，禽栗腹、……於是樂閒奔趙，趙遂圍燕。燕重割地以與趙和，趙乃解而去。 廉頗藺相如列傳：自邯鄲圍解五

				年，而燕用栗腹之謀……舉兵擊趙。趙使廉頗將，擊，大破燕軍於鄗，殺栗腹，遂圍燕。燕割五城請和，乃聽之。
249	六　年	秦滅東（西）周，置三川郡。		秦表：蒙驁取成皋、滎陽。初置三川郡。呂不韋相。取東周。 秦本紀、秦始皇本紀。
248	七　年	秦拔趙榆次三十七城，秦置大原郡。		秦表：蒙驁擊趙榆次、新城、狼孟，得三十七城。日蝕。 秦表 247：王齕攻上黨。初置太原郡。 秦本紀 247：蒙驁攻魏高都、汲，拔之。攻趙榆次、新城、狼孟，取三十七城。四月日食。（四年）王齕攻上黨。初置太原郡。 趙世家：秦拔我榆次三十七城。
246	九　年	秦王政初即位。		表可知、秦本紀、秦始皇本紀、魏世家、趙世家、山世家。
245	十　年	趙使廉頗將攻繁陽，拔之。趙孝成王卒，悼襄王立。使樂乘代廉頗，廉頗不聽，攻樂乘，樂乘走，廉頗奔大梁。		趙世家：孝成王卒。廉頗將，攻繁陽，取之。使樂乘代之，廉頗攻樂乘，樂乘走，廉頗亡入魏。子偃立，是爲悼襄王。 樂毅列傳：後五歲 245，趙孝成王卒。襄王使樂乘代廉頗。廉頗攻樂乘，樂乘走，廉頗亡入魏。 廉頗藺相如列傳：趙孝成王卒，子悼襄王立，使樂乘代廉頗。廉頗怒，攻樂乘，樂乘走。廉頗遂奔魏之大梁。
243	十二年	趙使李牧攻燕，拔武遂、方城。劇辛故居趙……殺劇辛。秦拔魏二十城，置東郡。	趙拔我武遂、方城。	趙世家：李牧將，攻燕，拔武遂、方城。 秦始皇本紀 242：將軍驁攻魏，定酸棗、燕、虛、長平、雍丘、山陽城，皆拔之，取二十城。 秦表 242：蒙驁取魏酸棗二十城。初置東郡。 魏表 242：秦拔我二十城。 魏世家 242：秦拔我二十城，以爲秦東郡。

				田世家 242：秦置東郡。 衞康叔世家：元君十四年，秦拔魏東地，秦初置東郡，更徙衞野王縣，而并濮陽爲東郡。 廉頗藺相如列傳：趙悼襄王元年 244，廉頗既亡入魏，趙使李牧攻燕，拔武遂、方城。居二年 242，龐煖破燕軍，殺劇辛。 魏公子列列傳：秦聞公子死，使蒙驁攻魏，拔二十城，初置東郡。 蒙恬列傳 242：蒙驁攻魏，取二十城，作置東郡。
242	十三年		劇辛死於趙。	趙世家：龐煖將，攻燕，禽其將劇辛。 廉頗藺相如列傳：趙使李牧攻燕，拔武遂、方城。居二年，龐煖破燕軍，殺劇辛。
236	十九年	秦拔趙之鄴九城。趙悼襄王卒。		表可知：（趙悼襄王卒。） 秦表：王翦擊鄴、閼與，取九城。 趙表：秦拔我閼與、鄴，取九城。 秦始皇本紀：王翦、桓齮、楊端和攻鄴，取九城。 趙世家：秦攻鄴，拔之。悼襄王卒，子幽繆王遷立。
232	二十三年	太子丹質於秦，亡歸燕。	太子丹質於秦，亡來歸。	樗里子甘茂列傳：三年而燕王喜使太子丹入質於秦。……秦歸燕太子。趙攻燕，得上谷三十城，令秦有十一。 刺客列傳：會燕太子丹質秦亡歸燕。
230	二十五年	秦虜滅韓王安，置潁川郡。		秦表：內史騰擊得韓王安，盡取其地，置潁川郡。 韓表：秦虜王安，秦滅韓。 秦始皇本紀：內史騰攻韓，得韓王安，盡納其地，以其地爲郡，命曰潁川。 楚世家：幽王九年 229，秦滅韓。 田世家：秦滅韓。

228	二十七年	秦虜趙王遷，滅趙。趙公子嘉自立爲代王。		秦表：王翦拔趙，虜王遷邯鄲。 趙表：秦王翦虜王遷邯鄲。公子嘉自立爲代王。 秦始皇本紀：王翦、羌瘣盡定取趙地東陽，得趙王。……趙公子嘉率其宗數百人之代，自立爲代王，……。 趙世家：七年 229，秦人攻趙，……以王遷降。 楚世家：秦虜趙王遷。 田世家：秦滅趙。 廉頗藺相如列傳：趙王遷七年 229，秦使王翦攻趙，……虜趙王遷及其將顏聚，遂滅趙。
227	二十八年	（無註記年份）太子丹陰養壯士二十人，使荊軻……秦王覺，殺軻，使將軍王翦擊燕。	太子丹使荊軻刺秦王，秦伐我。	秦表：燕太子使荊軻刺王，覺之。王翦將擊燕。 秦始皇本紀：燕太子丹患秦兵至國，恐，使荊軻刺秦王。秦王覺之，體解軻以徇，而使王翦、辛勝攻燕。燕、代發兵擊秦軍，秦軍破燕易水之西。 楚世家：燕太子丹使荊軻刺秦王。 魏世家：燕太子丹使荊軻刺秦王，秦王覺之。 田世家：燕使荊軻刺秦王，秦王覺，殺軻。
226	二十九年	秦攻拔我薊，燕王亡，徙居遼東，斬丹以獻秦。	秦拔我薊，得太子丹。王徙遼東。	秦始皇本紀：王賁攻（薊）〔荊〕，……取燕薊城，得太子丹之首。 田世家：秦破燕，燕王亡走遼東。
225	三十年	秦滅魏。		秦表：王賁擊魏，得其王假，盡取其地。 魏表：秦虜王假。 秦始皇本紀：王賁攻魏，引河溝灌大梁，大梁城壞，其王請降，盡取其地。 楚世家、魏世家 田世家：秦滅魏，秦兵次於歷下。

222	三十三年	秦拔遼東，虜燕王喜，卒滅燕。是歲，秦將王賁亦虜代王嘉。	秦虜王喜，拔遼東，秦滅燕。	秦表：王賁擊燕，虜王喜。又擊得代王嘉。 趙表：秦將王賁虜王嘉，秦滅趙。 秦始皇本紀：攻燕遼東，得燕王喜。還攻代，虜代王嘉。 田世家：虜代王嘉，滅燕王喜。

附表 1-8 〈六國年表〉齊表與〈田世家〉記事對照表

西元前（年）	齊國國君	田世家	齊表	《史記》他篇相關記事
476	平公驁五年		齊平公驁五年	
474	七年		越人始來。	《左傳》哀公二十一年：夏五月，越人始來。
472	九年		晉知伯瑤來伐我。	《左傳》哀公二十三年：夏六月，晉荀瑤伐齊，……戰于犁丘，齊師敗績，知伯親禽顏庚。
464	十七年		救鄭，晉師去。中行文子謂田常：「乃今知所以亡。」	《左傳》哀公二十七年：晉荀瑤帥師伐鄭，次于桐丘，鄭駟弘請救于齊，……中行文子告成子，曰，有自晉師告寅者，將爲輕車千乘，以厭齊師之門，則可盡也，成子曰，寡君命恆囗，無及寡，無畏眾，雖過千乘，敢辟之乎，將以子之命告寡君，文子口，吾乃今知所以亡，君子之謀也，始衷終皆舉之，而後入焉，今我三不知而入之，不亦難乎，公患三桓之侈也，欲以諸侯去之，三桓亦患公之妄也，故君臣多問……
453	宣公就匝三年	（無註記年份，依年表，三晉殺智伯在此年）田襄子既相齊宣公，三晉殺知伯，分其地。襄子使其兄弟宗人盡爲齊都邑大夫，與三晉通使，且以有齊國。襄子卒，子莊子白立。田莊子相齊宣公。		魏表：魏桓子敗智伯于晉陽。 韓表：韓康子敗智伯于晉陽。 趙表：襄子敗智伯晉陽，與魏、韓三分其地。 周本紀、秦本紀、魯周公世家、魏世家、韓世家、晉世家、鄭世家：（三晉滅知伯。）
413	宣公四十三年	伐晉、毀黃城，圍陽狐。明年，	伐晉、毀黃城，圍陽狐。	
412	四十四年	伐魯、葛及安陵。明年，	伐魯、莒及安陽。	

411	四十五年	取魯之一城。	伐魯，取都。	
408	四十八年	莊子卒，子太公和立。田太公相齊宣公。宣公四十八年，取魯之郕。明年，	取魯郕。	
407	四十九年	宣公與鄭人會西城。伐衞，取毌丘。	與鄭會于西城。伐衞，取毌。	
405	五十一年	宣公五十一年卒，田會自廩丘反。宣公卒，子康公貸立。	田會以廩丘反。	齊太公世家
394	康公十一年		伐魯，取最。	
391	十四年	貸立十四年，淫於酒婦人，不聽政。太公乃遷康公於海上，食一城，以奉其先祀。明年，		齊太公世家：十九年 386，田常曾孫田和始爲諸侯，遷康公海濱。
390	十五年	魯敗齊平陸。	魯敗我平陸。	
389	十六年	（不知此所指爲康公十六年或十八年）三年，太公與魏文侯會濁澤，求爲諸侯。魏文侯乃使使言周天子及諸侯，請立齊相田和爲諸侯。周天子許之。	與晉、衞會濁澤。	
386	十九年	田和立爲齊侯，列於周室，紀元年。	田常曾孫田和始列爲諸侯。遷康公海上，食一城。	齊太公世家：田常曾孫田和始爲諸侯，遷康公海濱。
385	二十年	齊侯太公和立二年，和卒，子桓公午立。	伐魯，破之。田和卒。	
384	二十一年		田和子桓公午立。	

380	二十五年	桓公午五年，秦魏攻韓，韓求救於齊。齊桓公召大臣而謀曰……齊因起兵襲燕國，取桑丘。	伐燕，取桑丘。	魏世家、韓世家、魏表、韓表、趙表：伐齊，至桑丘。
379	二十六年	六年，救衞。桓公卒，子威王因齊立。是歲，故齊康公卒，絕無後，奉邑皆入田氏。	康公卒，田氏遂并齊而有之。太公望之後絕祀。	齊太公世家：康公卒，呂氏遂絕其祀。田氏卒有齊國，爲齊威王，彊於天下。
378	威王因（齊）元　年	三晉因齊喪來伐我靈丘。	自田常至威王，威王始以齊彊天下。	魏世家：使吳起伐齊，至靈丘。 魏表、韓表、趙表、韓世家：伐齊，至靈丘。
376	三　年	三晉滅晉後而分其地。	三晉滅其君。	晉世家、魏世家、趙世家、韓世家、魏表：魏、韓、趙滅晉，絕無後。 韓表、趙表
373	六　年	魯伐我，入陽關。晉伐我，至博陵。	魯伐入陽關。晉伐到鱄陵。	
372	七　年	衞伐我，取薛陵。	宋辟公元年	
370	九　年	趙伐我，取甄。	趙伐我甄。	趙表：伐齊于甄。 趙世家：伐齊于鄄。
369	十　年	（無註記年份）威王初即位以來，不治，委政卿大夫，九年之閒，諸侯并伐，國人不治。於是威王召即墨大夫而語之曰……是日，烹阿大夫，及左右嘗譽者皆并烹之。	宋剔成元年	
368	十一年	（無註記年份）遂起兵西擊趙魏，敗魏於濁澤而圍惠王。惠王請獻觀以	伐魏，取觀。趙侵我長城。	趙表369：敗魏涿澤，圍惠王。 魏表：齊伐我觀。 趙表：侵齊，至長城。

		和解，趙人歸我長城。於是齊國震懼人人不敢飾非，務盡其誠。齊國大治。諸侯聞之，莫敢致兵於齊二十餘年。		魏世家：惠王元年 370，初，武侯卒也，子罃與公中緩爭爲太子。公孫頎自宋入趙，自趙入韓，謂韓懿侯曰：……懿侯說，乃與趙成侯合軍并兵以伐魏，戰于濁澤，魏氏大敗，魏君圍。……二年 369，魏敗韓于馬陵，敗趙于懷。三年 368，齊敗我觀。 趙世家 369：伐魏，敗湪澤，圍魏惠王。七年 368，侵齊，至長城。
358	二十一年	（無註記年份）騶忌子以鼓琴見威王，……王曰：「善。」	鄒忌以鼓琴見威王。	
357	二十二年	騶忌子見三月而受相印。淳于髡見之曰……居朞年，封以下邳，號曰成侯。	封鄒忌爲成侯。	
356	二十三年	與趙會平陸。	與趙會平陸。	趙表、趙世家：與齊、宋會平陸。
355	二十四年	與魏王會田於郊，魏王問曰……梁惠王慚，不懌而去。	與魏會田於郊。	
353	二十六年	魏惠王圍邯鄲，趙求救於齊。齊威王召大臣而謀曰……威王從其計。其後成侯騶忌與田忌不善，公孫閱謂成侯忌曰……大敗之桂陵。於是齊最彊於諸侯，自稱爲王，以令天下。	敗魏桂陵。	魏表：邯鄲降。齊敗我桂陵。 趙表：魏拔邯鄲。 魏世家：拔邯鄲。趙請救于齊，齊使田忌、孫臏救趙，敗魏桂陵。 趙世家：魏惠王拔我邯鄲。齊亦敗魏於桂陵。
346	三十三年	殺其大夫牟辛。	殺其大夫牟辛。	
344	三十五年	公孫閱又謂成侯忌曰……田忌聞之，因率其徒襲攻	田忌襲齊，不勝	孟嘗君列傳：成侯與田忌爭寵，成侯賣田忌。田忌懼，襲齊之邊邑，不勝，亡走。

		臨淄，求成侯，不勝而犇。		
342	宣王辟彊元年	秦用商鞅。周致伯於秦孝公。		周表：致伯秦。 周本紀：周致伯於秦孝公。
341	二　年	魏伐趙。趙與韓親，共擊魏。趙不利，戰於南梁。宣王召田忌復故位。韓氏請救於齊宣王召大臣而謀曰……齊因起兵，使田忌、田嬰將，孫子爲（帥）〔師〕，救韓、趙以擊魏，大敗之馬陵，殺其將龐涓，虜魏太子申。其後三晉之王皆因田嬰朝齊王於博望，盟而去。	敗魏馬陵。田忌、田嬰、田盼將，孫子爲師。	魏表：齊虜魏太子申，殺將軍龐涓。 秦本紀：齊敗魏馬陵。 魏世家：魏伐趙，趙告急齊。齊宣王用孫子計，救趙擊魏。魏遂人興師，使龐涓將，而令太子申爲上將軍。……太子果與齊人戰，敗於馬陵。齊虜魏太子申，殺將軍涓，軍遂大破。 孫子吳起列傳：後十三歲，魏與趙攻韓，韓告急於齊。……齊因乘勝盡破其軍，虜魏太子申以歸。 商君列傳：其明年，齊敗魏兵於馬陵，虜其太子申，殺將軍龐涓。 孟嘗君列傳：田忌與孫臏、田嬰俱伐魏，敗之馬陵，虜魏太子申而殺魏將龐涓。
340	三　年		與趙會，伐魏。	趙世家 339：趙伐魏。
336	七　年	與魏王會平阿南。	與魏會平阿南。	魏世家：與齊宣王會平阿南。 孟嘗君列傳：田嬰使於韓、魏，韓、魏服於齊。嬰與韓昭侯、魏惠王會齊宣王東阿南，盟而去。
335	八　年	復會甄。魏惠王卒。	與魏會于甄。	魏世家：復與齊王會甄。 趙世家：魏惠王卒。 孟嘗君列傳：復與梁惠王會甄。是歲，梁惠王卒。
334	九　年	與魏襄王會徐州，諸侯相王也。	與魏會徐州，諸侯相王。	魏表、魏世家：（徐州相王。） 孟嘗君列傳：田嬰相齊。齊宣王與魏襄王會徐州而相王也。
333	十　年	楚圍我徐州。	楚圍我徐州。	楚表、楚世家

332	十一年	與魏伐趙，趙決河水灌齊、魏，兵罷。	與魏伐趙。	魏表：伐趙。 趙表：齊、魏伐我，我決河水浸之。 趙世家：齊、魏伐我，我決河水灌之，兵去。
325	十八年	秦惠王稱王。		秦表：君爲王。 秦本紀：魏君爲王、韓亦爲王。 周本紀：秦惠王稱王。其後諸侯皆爲王。 楚世家：秦惠王稱王。
324	十九年	（無註記年份）宣王喜文學游說之士，自如騶衍、淳于髡、田駢、接子、慎到、環淵之徒七十六人，皆賜列第，爲上大夫，不治而議論。是以齊稷下學士復盛，且數百千人。十九年，宣王卒，湣王地立。		
323	湣王地元年	秦使張儀與諸侯執政會于齧桑。		秦表：相張儀與齊、楚會齧桑。 張儀列傳：其後二年 323～322，使與齊、楚之相會齧桑。 秦本紀：張儀與齊、楚大臣會齧桑。 魏世家：楚敗我襄陵。諸侯執政與秦相張儀會齧桑。 楚世家：（無註記年份）燕、韓君初稱王。秦使張儀與楚、齊、魏相會，盟齧桑。
321	三　年	封田嬰於薛。	封田嬰於薛。	孟嘗君列傳：湣王即位。即位三年，而封田嬰於薛。
320	四　年	迎婦于秦。	迎婦于秦。	
318	六　年		宋自立爲王。	宋微子世家：君偃十一年 320 或 319，自立爲王。

317	七　年	與宋攻魏，敗之觀澤。	敗魏、趙觀澤。	魏表、趙表、趙世家：齊敗我觀澤。 魏世家：齊敗我觀津。 張儀列傳：明年，齊又來敗魏於觀津。秦復欲攻魏，先敗韓申差軍，斬首八萬，諸侯震恐。
312	十二年	攻魏。楚圍雍氏，秦敗屈丐。蘇代謂田軫曰：「……秦韓之王劫於韓馮、張儀而東兵以徇服魏，公常執左券以責於秦韓，此其善於公而惡張子多資矣。」		周本紀：王赧謂成君。楚圍雍氏，……果與周高都。 秦本紀：庶長章擊楚於丹陽，虜其將屈丐，斬首八萬；又攻楚漢中，取地六百里，置漢中郡。楚圍雍氏。 韓世家：楚圍雍氏，韓求救於秦。……於是楚解雍氏圍。 樗里子甘茂列傳：楚懷王怨前秦敗楚於丹陽而韓不救，乃以兵圍韓雍氏。……楚兵去。
311	十三年	秦惠王卒。		表可知、魯周公世家平公十二年、楚世家、趙世家 310
301	二十三年	與秦擊敗楚於重丘。	與秦擊楚，使公子將，大有功。	秦本紀：庶長奐伐楚，斬首二萬。 楚世家：秦乃與齊、韓、魏共攻楚，殺楚將唐眛，取我重丘而去。 秦表：伐楚。 魏表、韓表：與秦擊楚。 魏世家：與秦伐楚。魏表、韓表：與秦擊楚。 楚表：秦、韓、魏、齊敗我將軍唐眛於重丘。
300	二十四年	秦使涇陽君爲於質。	秦使涇陽君來爲質。	秦本紀 301：涇陽君質於齊。 穰侯列傳：樗里子死，而使涇陽君質於齊。 孟嘗君列傳：（無註記年份）秦昭王聞其賢，乃先使涇陽君爲質於齊，以求見孟嘗君。
299	二十五年	歸涇陽君于秦。孟嘗君薛文入秦，即相秦。文亡去。	涇陽君復歸秦。薛文入相秦。	秦本紀 298：孟嘗君薛文來相秦。……十年 297，楚懷王入朝秦，秦留之。薛文以金受免。

298	二十六年	齊與韓、魏共攻秦，至函谷軍焉。	與魏、韓共擊秦。孟嘗君歸相齊。	魏世家：與齊、韓共敗秦軍函谷。 魏表：與齊、韓共擊秦于函谷。河渭絕一日。 韓表：與齊、魏共擊秦。
296	二十八年	秦與韓河外以和，兵罷。		秦本紀：秦與韓、魏河北及封陵以和。 魏世家：秦復予我河外及封陵爲和。 韓世家：秦與我河外及武遂。 韓表：（與齊魏擊秦）秦與我武遂和。 秦表：彗星見。復與魏封陵。
295	二十九年	趙殺其主父。齊佐趙滅中山。	佐趙滅中山。	趙世家：三年 296，滅中山，遷其王於膚施。 趙表：圍殺主父。與齊、燕共滅中山。
294	三十年		田甲劫王，相薛文走。	孟嘗君列傳：及田甲劫湣王，湣王意疑孟嘗君，孟嘗君乃奔。
288	三十六年	王爲東帝，秦昭王爲西帝。蘇代自燕來，入齊，見於章華東門。齊王曰……於是齊去帝復爲王，秦亦去帝位。	爲東帝二月，復爲王。	秦本紀、秦表、魏世家、楚世家：（齊、秦稱帝復爲王。） 趙世家 289：秦自置爲西帝。
286	三十八年	伐宋，秦昭王怒曰：……蘇代爲齊謂秦王曰：……秦王曰：「諾。」於是齊遂伐宋，宋王出亡，死於溫。齊南割楚之淮北，西侵三晉，欲以幷周室，爲天子。泗上諸侯鄒魯之君皆稱臣，諸侯恐懼。	齊滅宋。	魏表、魏世家：宋王死我溫。 秦本紀：十九年 288，王爲西帝，齊爲東帝，皆復去之。呂禮來自歸。齊破宋，宋王在魏，死溫。 宋微子世家：王偃立四十七年（難以確認西元前紀年），齊湣王與魏、楚伐宋，殺王偃，遂滅宋而三分其地。
285	三十九年	秦來伐，拔我列城九。	秦拔我列城九。	秦表：蒙武擊齊。 秦本紀：蒙武伐齊。

284	四十年	燕、秦、楚、三晉合謀，各出銳師以伐，敗我濟西。王解而卻。燕將樂毅遂入臨淄，盡取齊之寶藏器。湣王出亡……淖齒遂殺湣王而與燕共分齊之侵地鹵器。	五國共擊湣王，王走莒。	秦表：尉斯離與韓、魏、燕、趙共擊齊，破之。 魏表、韓表：與秦擊齊濟西。與秦王會西周。 韓表：與秦擊齊濟西。與秦王會西周。 趙表：取齊昔陽。 楚表：取齊淮北。 燕表：與秦、三晉擊齊，燕獨入至臨菑，取其寶器。 秦本紀：尉斯離與三晉、燕伐齊，破之濟西。 魏世家：與秦、趙、韓、燕共伐齊，敗之濟西，湣王出亡。燕獨入臨菑。 韓世家：與秦昭王會西周而佐秦攻齊。齊敗，湣王出亡。 趙世家：趙與韓、魏、秦共擊齊，齊王敗走，燕獨深入，取臨菑。 楚世家：楚王與秦、三晉、燕共伐齊，取淮北。 燕世家：燕國殷富，士卒樂軼輕戰，於是遂以樂毅爲上將軍，與秦、楚、三晉合謀以伐齊，……燕兵獨追北，入至臨淄，盡取其寶。
283	襄王法章元年	（無註記年份）湣王之遇殺，其子法章變名姓爲莒太史敫家庸。……於是莒人共立法章，是爲襄王。以保莒城而布告齊國中：「王已立在莒矣。」襄王既立，立太史氏女爲王后，是爲君王后，生子建。太史敫曰……君王后賢，不以不睹故失人子之禮。		田單列傳：初，淖齒之殺湣王也，莒人求湣王子法章，得之太史嬓之家，爲人灌園。嬓女憐而善遇之。后法章私以情告女，女遂與通。及莒人共立法章爲齊王，以莒距燕，而太史氏女遂爲后，所謂「君王后」也。

279	五　年	襄王在莒五年，田單以即墨攻破燕軍，迎襄王於莒，入臨淄。齊故地盡復屬齊。齊封田單爲安平君。	殺燕騎劫。	樂毅列傳、田單列傳
270	十四年	秦擊我剛壽。	秦、楚擊我剛壽。	秦本紀：三十六年 271，客卿竈攻齊，取剛、壽，予穰侯。
259	王建六年	（無註記年份，不知應爲齊王建五年或六年）王建立六年，秦攻趙，齊楚救之。秦計曰……齊王弗聽。秦破趙於長平四十餘萬，遂圍邯鄲。		
249	十六年	秦滅周。君王后卒。		秦表、周本紀、秦本紀、燕世家：（滅周。）
242	二十三年	秦置東郡。		秦表、秦始皇本紀、燕世家、衞世家
237	二十八年	王入朝秦，秦王政置酒咸陽。	入秦，置酒。	秦表、秦始皇本紀：齊、趙來置酒。 趙表：入秦，置酒。
230	三十五年	秦滅韓。		秦表：內史騰擊得韓王安，盡取其地，置潁川郡。 秦始皇本紀：內史騰攻韓，得韓王安，盡納其地，以其地爲郡，命曰潁川。 燕世家：秦虜滅韓王安，置潁川郡。 楚世家：楚幽王九年 229，秦滅韓。 韓表、韓世家：秦滅韓。秦虜王安，
228	三十七年	秦滅趙。		燕世家
227	三十八年	燕使荊軻刺秦王，秦王覺，殺軻。		秦表：燕太子使荊軻刺王，覺之。王翦將擊燕。 秦始皇本紀：燕太子丹患秦兵至

226	三十九年	秦破燕，燕王亡走遼東。		國，恐，使荊軻刺秦王。秦王覺之，體解軻以徇，而使王翦、辛勝攻燕。燕、代發兵擊秦軍，秦軍破燕易水之西。 魏世家：燕太子丹使荊軻刺秦王，秦王覺之。 楚世家 227：燕太子丹使荊軻刺秦王。二年 226，秦使將軍伐楚，大破楚軍，亡十餘城。 燕表、燕世家
225	四十年	秦滅魏，秦兵次於歷下。		魏世家、楚世家、燕世家：秦滅魏。
223	四十二年	秦滅楚。		楚表、楚世家
222	四十三年	虜代王嘉，滅燕王喜。		秦表：王賁擊燕，虜王喜。又擊得代王嘉。五月，天下大酺。 趙表：秦將王賁虜王嘉，秦滅趙。 燕表：秦虜王喜，拔遼東，秦滅燕。 秦始皇本紀：大興兵，使王賁將，攻燕遼東，得燕王喜。還攻代，虜代王嘉。 燕世家：秦拔遼東，虜燕王喜，卒滅燕。是歲，秦將王賁亦虜代王嘉。 趙世家
221	四十四年	秦兵擊齊。齊王聽相后勝計，不戰，以兵降秦。秦虜王建，遷之共。遂滅齊爲郡。天下壹并於秦，秦王政立號爲皇帝。始，君王后賢……君王后死，后勝相齊，……疾建用客之不詳也。	秦虜王建。秦滅齊。	秦表、秦始皇本紀：（虜齊王建。）

附表二、《史記》世家所記戰國故事可能出處表〔註3〕

附表 2-1　〈周本紀〉所記戰國故事可能出處表

編號	西元前（年）	〈周本紀〉所記戰國故事	史料來源（或有相同史料來源）、相關記事、說明
1	314	（無註記年份）王赧時東西周分治。王赧徙都西周。西周武公之共太子死，有五庶子，毋適立。司馬翦謂楚王曰：……果立公子咎爲太子。	《東周策・周共太子死》大致相同。
2	307	（以下紀年皆爲赧王）八年，秦攻宜陽，楚救之。而楚以周爲秦故，將伐之。蘇代爲周說楚王曰：「何以周爲秦之禍也？……周絕於秦，必入於郢矣。」	
		秦借道兩周之閒，將以伐韓，周恐借之畏於韓，不借畏於秦。史厭謂周君曰：「何不令人謂韓公叔曰……秦必無辭而令周不受，是受地於韓而聽於秦。」	《東周策・秦假道於周以伐韓》幾同。
		秦召西周君，西周君惡往，故令人謂韓王曰：「秦召西周君，將以使攻王之南陽也，王何不出兵於南陽？周君將以爲辭於秦。周君不入秦，秦必不敢踰河而攻南陽矣。」	《西周策・秦召周君》幾同。
		東周與西周戰，韓救西周。或爲東周說韓王曰：「西周故天子之國，多名器重寶。王案兵毋出，可以德東周，而西周之寶必可以盡矣。」	《東周策・東周與西周戰》幾同。
		王赧謂成君。楚圍雍氏，韓徵甲與粟於東周，東周君恐，召蘇代而告之。……果與周高都。	《西周策・雍氏之役》內容幾同，但記載更詳細。

〔註3〕《史記》之撰述早於劉向所輯《戰國策》，故司馬遷應是根據了比《戰國策》更早期的原始資料來編寫戰國故事。但劉向在編輯《戰國策》時，有可能運用了司馬遷所見的相關史料，即《史記》與《戰國策》所記戰國故事至少有部分可能有相同史料來源。本表把〈周本紀〉所記戰國故事的可能史料來源也一併納入，凡未註明史料來源即代表查無相關文獻。因篇幅所限，在此僅能列出故事首尾和大概，全文請參照《史記》原書。而《戰國策》所記故事一般均無編年，如遇《戰國策》故事有編年的情況，會另行註明。

<table>
<tr><td>3</td><td>281</td><td>三十四年，蘇厲謂周君曰：「秦破韓、魏，撲師武，北取趙藺、離石者，皆白起也。是善用兵，又有天命。今又將兵出塞攻梁，梁破則周危矣。君何不令人說白起乎？……。」</td><td>《西周策・蘇厲謂周君》幾同。</td></tr>
<tr><td>4</td><td>273</td><td>四十二年，秦破華陽約。馬犯謂周君曰：「請令梁城周。」乃謂梁王曰：……梁王曰：「善。」遂使城周。</td><td></td></tr>
<tr><td rowspan="2">5</td><td rowspan="2">270</td><td>四十五年，周君之秦客謂周（最）〔聚〕曰：「公不若譽秦王之孝，因以應爲太后養地，秦王必喜，是公有秦交。交善，周君必以爲公功。交惡，勸周君入秦者必有罪矣。」</td><td>《西周策・周君之秦》幾同。</td></tr>
<tr><td>秦攻周，而周聚謂秦王曰：「爲王計者不攻周。攻周，實不足以利，聲畏天下。天下以聲畏秦，必東合於齊。兵獘於周。合天下於齊，則秦不王矣。天下欲獘秦，勸王攻周。秦與天下獘，則令不行矣。」</td><td>《西周策秦欲攻周》幾同。</td></tr>
<tr><td>6</td><td>257</td><td>五十八年，三晉距秦。周令其相國之秦，以秦之輕也，還其行。客謂相國曰：「秦之輕重未可知也。秦欲知三國之情。公不如急見秦王曰『請爲王聽東方之變』，秦王必重公。重公，是秦重周，周以取秦也；齊重，則固有周聚以收齊：是周常不失重國之交也。」秦信周，發兵攻三晉。</td><td>《東周策・三國隘秦》幾同，不過沒有「發兵攻三晉」這句結尾。</td></tr>
</table>

附表 2-2　〈魏世家〉所記戰國故事可能出處表

編號	西元前（年）	〈魏世家〉所記戰國故事	史料來源（或有相同史料來源）、相關記事、說明
1	408	（文侯）十七年，伐中山，使子擊守之，趙倉唐傅之。	《說苑・奉使》有「趙倉唐一使而文侯爲慈父，而擊爲孝子」的故事。
		子擊逢文侯之師田子方於朝歌，引車避，下謁。田子方不爲禮。子擊因問曰：「富貴者驕人乎？且貧賤者驕人乎？」子方曰：「亦貧賤者驕人耳。夫諸侯而驕人則失其國，大夫而驕人則失其家。貧賤者，行不合，言不用，則去之楚、越，若脫屣然，柰何其同之哉！」子擊不懌而去。西攻秦，至鄭而還，築雒陰、合陽。	太子擊遇田子方之事和《說苑・尊賢》所記略同，但是《說苑・尊賢》的結尾沒有「子擊不懌而去」之事，只有文侯的感慨之語。另外《說苑・敬慎》有田子方見太子擊坐而不起，引起文侯和太子擊不悅，而田子方藉以說教之事，與《說苑・尊賢》故事性質類似，其結局是「文侯曰：『善。』太子擊前誦恭王之言，誦三遍而請習之。」《史記》只記載「子擊不懌而去」，似乎暗示武侯不如文侯。
2	400	（文侯）二十五年，子擊生子罃。（無註記年份）文侯受經子夏。過段干木之閭常式。文侯受子夏經藝，客段干木，過其閭，未嘗不軾也。……任西門豹守鄴，而河內稱治。魏文侯謂李克曰：……李克趨而出，過翟璜之家。翟璜曰：「今者聞君召先生而卜相，果誰爲之？」李克曰：「魏成子爲相矣。」翟璜忿然作色曰：……李克曰：……翟璜逡巡再拜曰：「璜，鄙人也，失對，願卒爲弟子。」	《呂氏春秋・舉難》、《呂氏春秋・察賢》有提到魏文侯師子夏事。 《淮南子・修務》、《呂氏春秋・期賢》、《新序・雜事五》有魏文侯過段干木之閭而軾的故事。 魏表 407：文侯受經子夏。過段干木之閭常式。 《說苑・政理》有提到「魏文侯使西門豹往治於鄴」事。 魏表 405：卜相，李克、翟璜爭。此事和《韓詩外傳・卷三》、《說苑・臣術》所記大致相同，人名略不同。
3	370	惠王元年，初，武侯卒也，子罃與公中緩爭爲太子。公孫頎自宋入趙，自趙入韓，謂韓懿侯曰：……懿侯說，	

		乃與趙成侯合軍并兵以伐魏，戰于濁澤，魏氏大敗，魏君圍。趙謂韓曰：……趙不聽。韓不說，以其少卒夜去。惠王之所以身不死，國不分者，二家謀不和也。若從一家之謀，則魏必分矣。故曰「君終無適子，其國可破也」。	
4	353	（惠王）十八年，拔邯鄲。趙請救于齊，齊使田忌、孫臏救趙，敗魏桂陵。	此並非是以人物對話所構成的戰國故事，但是根據《齊策・齊一・邯鄲之難》和《成侯鄒忌爲齊相》的前半部，可以描繪出這樣的敘事。
5	341	（惠王）三十年，魏伐趙，趙告急齊。齊宣王用孫子計，救趙擊魏。	
		魏遂大興師，使龐涓將，而令太子申爲上將軍。過外黃，外黃徐子謂太子曰：……太子果與齊人戰，敗於馬陵。齊虜魏太子申，殺將軍涓，軍遂大破。	《宋衛策・魏太子自將過宋外黃》所記大致相同，但是並非「龐涓將，而令太子申爲上將軍」而是「魏太子自將。」且結局是太子「與齊人戰而死」。
6	336	（惠王）三十五年，與齊宣王會平阿南。（無註記年份）惠王數被於軍旅，卑禮厚幣以招賢者。鄒衍、淳于髡、孟軻皆至梁。梁惠王曰：……孟軻曰：「君不可以言利若是。夫君欲利則大夫欲利，大夫欲利則庶人欲利，上下爭利，國則危矣。爲人君，仁義而已矣，何以利爲！」	孟子見梁惠王之事，《孟子・梁惠王上》所記大致相同，但言詞略有異。
7	311	（哀王）八年，伐衛，拔列城二。衛君患之。如耳約斬趙，趙分而爲二，所以不亡者，魏爲從主也。今衛已迫亡，將西請事於秦。與其以秦醳衛，不如以魏醳衛，見衛君曰：……如耳見魏王曰：……魏王聽其說，罷其兵，免成陵君，終身不見。	
8	310	（哀王）九年，與秦王會臨晉。張儀、魏章皆歸于魏。	
		魏相田需死，楚害張儀、犀首、薛公。楚相昭魚謂蘇代曰：……代曰：……遂北見梁王，以此告之。太子果相魏。	《魏策・魏二・田需死》幾同。

<table>
<tr><td>9</td><td>290</td><td>（昭王）六年，予秦河東地方四百里，芒卯以詐重。</td><td>此並非是有人物對話的戰國故事，但有可能是根據《魏策・魏三・芒卯謂秦王》而來的記事。</td></tr>
<tr><td>10</td><td>273</td><td>（安釐王）四年，秦破我及韓、趙，殺十五萬人，走我將芒卯。魏將段干子請予秦南陽以和。蘇代謂魏王曰：……王曰：……對曰：「王獨不見夫博之所以貴梟者，……是何王之用智不如用梟也？」</td><td>《魏策・魏三・華軍之戰》所記大致相同，但乃是「孫臣」和魏王對話，且結尾有句「魏王曰：『善。』乃案其行。」</td></tr>
<tr><td rowspan="5">11</td><td rowspan="5">266</td><td>（安釐王）十一年，秦拔我郪丘。</td><td></td></tr>
<tr><td>秦昭王謂左右曰：「今時韓、魏與始孰彊？」對曰：……於是秦王恐。</td><td>《韓非子・難三》、《秦策・秦四・秦昭王謂左右》、
《說苑・敬慎》有大致相同的記載。</td></tr>
<tr><td>齊、楚相約而攻魏，魏使人求救於秦，冠蓋相望也，而秦救不至。魏人有唐雎者，……於是秦昭王遽爲發兵救魏。魏氏復定。</td><td>《魏策・魏四・秦魏爲與國》有大致相同的記載。
《新序・雜事二》大致相同，但後面有一長段的評論。</td></tr>
<tr><td>趙使人謂魏王曰：「爲我殺范痤，吾請獻七十里之地。」……信陵君言於王而出之。</td><td>《說苑・善說》幾同。</td></tr>
<tr><td>魏王以秦救之故，欲親秦而伐韓，以求故地。無忌謂魏王曰：「秦與戎翟同俗，有虎狼之心，貪戾好利無信，……天下西鄉而馳秦入朝而爲臣不久矣。」</td><td>《魏策・魏三・魏將與秦攻韓》、《戰國縱橫家書・十六・朱己謂魏王章》有大致相同的記載，「無忌」皆作「朱己」。</td></tr>
<tr><td>12</td><td>247</td><td>（安釐王）三十年，……魏太子增質於秦，秦怒，欲囚魏太子增。或爲增謂秦王曰：「公孫喜固謂魏相曰『請以魏疾擊秦，秦王怒，必囚增。魏王又怒，擊秦，秦必傷。』今王囚增，是喜之計中也。故不若貴增而合魏，以疑之於齊、韓。」秦乃止增。</td><td></td></tr>
</table>

附表 2-3　〈韓世家〉所記戰國故事可能出處表

編號	西元前（年）	〈韓世家〉所記戰國故事	史料來源（或有相同史料來源）、相關記事、說明
1	334	（昭侯）二十五年，旱，作高門。屈宜臼曰：「昭侯不出此門。……」	《說苑・權謀》幾同。 韓表 334：旱。作高門，屈宜臼曰：「昭侯不出此門。」 韓表 333：高門成，昭侯卒，不出此門。
	333	（昭侯）二十六年，高門成，昭侯卒，果不出此門。子宣惠王立。	
2	317	（宣惠王）十六年，秦敗我脩魚，虜得韓將鯁、申差於濁澤。	韓表：秦敗我脩魚，得（韓）將軍申差。
		韓氏急，公仲謂韓王曰：……秦因大怒，益甲伐韓，大戰，楚救不至韓。	《戰國縱橫家書・二十四・公仲倗謂韓王章》、《韓策・韓一・秦韓戰於濁澤》有大致相同的記載。世家似乎把脩魚之戰和濁澤之戰混爲一談。
3	300	（襄王）十一年，太子嬰死。公子咎、公子蟣蝨爭爲太子。	
		時蟣蝨質於楚。蘇代謂韓咎曰：「蟣蝨亡在楚，楚王欲內之甚。今楚兵十餘萬在方城之外，公何不令楚王筑萬室之都雍氏之旁，韓必起兵以救之，公必將矣。公因以韓楚之兵奉蟣蝨而內之，其聽公必矣，必以楚韓封公也。」韓咎從其計。	《韓策・韓二・冷向謂韓咎》「蘇代」作「冷向」，「蟣蝨」作「幾瑟」，其他幾同，不過沒有以「韓咎從其計」作結尾。
		楚圍雍氏，韓求救於秦。秦未爲發，使公孫昧入韓。公仲曰：……於是楚解雍氏圍。	《韓策・韓二・楚圍雍氏韓令冷向借救於秦》幾同，但沒有以「楚解雍氏圍」作結尾。
		蘇代又謂秦太后弟芈戎曰：……於是蟣蝨竟不得歸韓。	《韓策・韓二・謂新城君曰》幾同，但「蟣蝨」作「幾瑟」，且沒有以「蟣蝨竟不得歸韓」作結尾。
4	273	（釐王）二十三年，趙、魏攻我華陽。韓告急於秦，秦不救。韓相國謂陳筮曰：……八日而至，敗趙、魏於華陽之下。	《韓策・韓三・趙魏攻華陽》幾同，但韓相國說話的對象是「田苓」。

附表 2-4　〈趙世家〉所記戰國故事可能出處表

編號	西元前（年）	〈趙世家〉所記戰國故事	史料來源（或有相同史料來源）、相關記事、說明
1	463	晉出公十一年，知伯伐鄭。趙簡子疾，使太子毋卹將而圍鄭。知伯醉，以酒灌擊毋卹。毋卹羣臣請死之。毋卹曰：「君所以置毋卹，爲能忍詢。」然亦慍知伯。知伯歸，因謂簡子，使廢毋卹，簡子不聽。毋卹由此怨知伯。	《淮南子・道應訓》、《說苑・建本》記載更詳細，但是沒有提到「毋卹由此怨知伯。」
2	457	趙襄子元年，越圍吳。	
		襄子降喪食，使楚隆問吳王。（無註記年份）襄子姊前爲代王夫人。簡子既葬，未除服，北登夏屋，請代王。使廚人操銅枓以食代王及從者，行斟，陰令宰人各以枓擊殺代王及從官，遂興兵平代地。其姊聞之，泣而呼天，摩笄自殺。代人憐之，所死地名之爲摩笄之山。遂以代封伯魯子周爲代成君。	《呂氏春秋・長攻》所記略有異同，且敘事更多。 趙表：未除服，登夏屋，誘代王，以金斗殺代王。封伯魯子周爲代成君。
3	454	襄子立四年，……趙襄子懼，乃奔保晉陽。原過從，後，至於王澤，見三人，自帶以上可見，自帶以下不可見。與原過竹二節，莫通。曰……襄子再拜，受三神之令。三國攻晉陽，歲餘，引汾水灌其城，城不浸者三版。城中懸釜而炊，易子而食。群臣皆有外心，禮益慢，唯高共不敢失禮。襄子懼，乃夜使相張孟同私於韓、魏。韓、魏與合謀，以三月丙戌，三國反滅知氏，共分其地。	
		於是襄子行賞，高共爲上。張孟同曰：「晉陽之難，唯共無功。」襄子曰：「方晉陽急，群臣皆懈，惟共不敢失人臣禮，是以先之。」	《韓非子・難一》、《說苑・復恩》有大致相同記載，但更詳細。
4	402	（列侯）六年，……烈侯好音，謂相國公仲連曰：……烈侯使使謂相國曰：「歌者之田且止。」官牛畜爲師，荀欣爲中尉，徐越爲內史，賜相國衣二襲。	趙表：烈侯好音，欲賜歌者田，徐越侍以仁義，乃止。 據世家，應是牛畜侍烈侯以仁義。

5	334	（肅侯）十六年，肅侯游大陵，出於鹿門，大戊午扣馬曰：「耕事方急，一日不作，百日不食。」肅侯下車謝。	
6	310	（武靈王）十六年，秦惠王卒。王遊大陵。他日，王夢見處女鼓琴而歌詩曰……吳廣聞之，因夫人而內其女娃嬴。孟姚也。孟姚甚有寵於王，是爲惠后。	趙表：吳廣入女，生子何，立爲惠王后。
7	307	（武靈王）十九年春正月，大朝信宮……召樓緩謀曰……於是肥義侍，王曰……於是遂胡服矣。使王緤公子成曰……於是始出胡服令也。趙文、趙造、周袑、趙俊皆諫止王毋胡服……遂胡服招騎射。	《趙策·趙二·武靈王平晝間居》有極詳細之記載。 趙表：初胡服。
8	299	（武靈王）二十七年五月戊申，大朝於東宮，傳國，立王子何以爲王。王廟見禮畢，出臨朝。大夫悉爲臣，肥義爲相國，并傅王。是爲惠文王。……主父欲令子主治國，而身胡服將士大夫西北略胡地，而欲從雲中、九原直南襲秦，於是詐自爲使者入秦。秦昭王不知，已而怪其狀甚偉，非人臣之度，使人逐之，而主父馳已脫關矣。審問之，乃主父也。秦人大驚。主父所以入秦者，欲自略地形，因觀秦王之爲人也。	
9	296	（惠文王）三年，……章素侈，心不服其弟所立。主父又使田不禮相也。李兌謂肥義曰……李兌數見公子成，以備田不禮之事。	
10	283	（惠文王）十六年，秦復與趙數擊齊，齊人患之。蘇厲爲齊遺趙王書曰……於是趙乃輟，謝秦不擊齊。王與燕王遇。廉頗將，攻齊昔陽，取之。	《趙策·趙一·趙收天下且以伐齊》有大致相同的記載，「蘇厲」作「蘇秦」。
11	265	孝成王元年，秦伐我，拔三城。	趙表：秦拔我三城。平原君相。
		趙王新立，太后用事，……齊安平君田單將趙師而攻燕中陽，拔之。又攻韓注人，拔之。	《趙策·趙四·趙太后新用事》、《戰國縱橫家書·十八·觸龍見趙太后章》有大致相同的記載。

12	262	（孝成王）四年，王夢衣偏裻之衣，乘飛龍上天，不至而墜，見金玉之積如山。明日，王召筮史敢占之，曰：「夢衣偏裻之衣者，殘也。乘飛龍上天不至而墜者，有氣而無實也。見金玉之積如山者，憂也。」	
		後三日，韓氏上黨守馮亭使者至，曰……趙遂發兵取上黨。廉頗將軍軍長平。	《趙策・趙一・秦王謂公子他》有大致相同的記載。
13	251	（孝成王）十五年，……燕王令丞相栗腹約驩……燕卒起二軍，車二千乘，栗腹將而攻鄗，卿秦將而攻代。廉頗爲趙將，破殺栗腹，虜卿秦、樂閒。	《燕策・燕三・燕王喜使栗腹以百金爲趙孝成王壽》有詳細的記載。
14	243	（悼襄王）二年，……秦召春平君，因而留之。泄鈞爲之謂文信侯曰……文信侯曰：「善。」因遣之。	《趙策・趙四・秦召春平侯》同。

附表 2-5 〈楚世家〉所記戰國故事可能出處表

編號	西元前（年）	〈楚世家〉所記戰國故事	史料來源（或有相同史料來源）、相關記事、說明
1	333	（威王）七年，齊孟嘗君父田嬰欺楚，楚威王伐齊，敗之於徐州，而令齊必逐田嬰。田嬰恐，張丑僞謂楚王曰：……楚王因弗逐也。	《齊策・齊一・楚威王戰勝於徐州》幾同。
2	323	（懷王）六年，楚使杜國昭陽將兵而攻魏，破之於襄陵，得八邑。又移兵而攻齊，齊王患之。……陳軫曰：「王勿憂，請令罷之。」即往見昭陽軍中，曰：……昭陽曰：「善。」引兵而去。	《齊策・齊二・昭陽爲楚伐魏》大致相同，但沒有寫楚破魏是在襄陵。
3	313	（懷王）十六年，秦欲伐齊，而楚與齊從親，秦惠王患之，乃宣言張儀免相，使張儀南見楚王，謂楚王曰：……楚王弗聽，因使一將軍西受封地。張儀至秦，詳醉墜車，……楚王不聽，遂絕和於秦，發兵西攻秦。秦亦發兵擊之。	《秦策・秦二・齊助楚攻秦》大致相同，並提到了秦齊先陰合之事，爲世家所無。 張儀列傳有相關記載。
4	311	（懷王）十八年，秦使使約復與楚親，分漢中之半以和楚。楚王曰：「願得張儀，不願得地。」……懷王悔，使人追儀，弗及。	《楚策・楚二・楚懷王拘張儀》幾同。 張儀列傳、屈原賈生列傳有相關記載。
5	309 懷王二十年	（懷王）二十（六）年，齊湣王欲爲從長，惡楚之與秦合，乃使使遣楚王書曰：……於是懷王許之，竟不合秦，而合齊以善韓。	
6	299	（懷王）三十年，秦復伐楚，取八城。秦昭王遺楚王書曰：……齊王卒用其相計而歸楚太子。太子橫至，立爲王，是爲頃襄王。乃告于秦曰：「賴社稷神靈，國有王矣。」	《齊策・齊三・楚王死》有部份相同的內容。
7	293	（頃襄王）六年，秦使白起伐韓於伊闕，大勝，斬首二十四萬。秦乃遺楚王書曰：「楚倍秦，秦且率諸侯伐楚，爭一旦之命。願王之飭士卒，得一樂戰。」楚頃襄王患之，乃謀復與秦平。	

8	281	（頃襄王）十八年，楚人有好以弱弓微繳加歸鴈之上者，頃襄王聞，召而問之。對曰：……於是頃襄王遣使於諸侯，復爲從，欲以伐秦。秦聞之，發兵來伐楚。	楊寬：（楚人有好以弱弓微繳加歸鴈之上者）此文原載《戰國策》，宋以後逸失。《藝文類聚》六十、《北堂書鈔》一百二十五、《太平御覽》三百四十七，皆引有《戰國策》同於此文開首之片段……。（見楊寬，《戰國史料編年輯證》，頁 833。）
		楚欲與齊韓連和伐秦，因欲圖周。周王赧使武公謂楚相昭子曰：……於是楚計輟不行。	
9	279	（頃襄王）二十年，秦將白起拔我西陵。	《秦策・秦四・頃襄王二十年》：頃襄王二十年，秦白起拔楚西陵，或拔鄢、郢、夷陵，燒先王之墓。王徙東北，保於陳城。楚遂削弱，爲秦所輕。 楚表 279：秦拔鄢、西陵。 楚表 278：秦拔我郢，燒夷陵。王走陳。 秦本紀 279：大良造白起攻楚，取鄢、鄧，赦罪人遷之。 秦本紀 278：大良造白起攻楚，取郢爲南郡，楚王走。 秦表 278：白起擊楚，拔郢，更東至竟陵，以爲南郡。 魏世家 278：秦拔郢，楚王徙陳。
10	238	考烈王卒，子幽王悍立。李園殺春申君。	《楚策・楚四・楚考烈王無子》：楚考烈王崩，……園死士夾刺春申君，斬其頭，投之棘門外。……而入之王所生子者，遂立爲楚幽王也。

附表 2-6　〈燕世家〉所記戰國故事可能出處表

編號	西元前（年）	〈燕世家〉所記戰國故事	史料來源（或有相同史料來源）、相關記事、說明
1	334	（文公）二十八年，蘇秦始來見，說文公。文公予車馬金帛以至趙，趙肅侯用之。因約六國，爲從長。秦惠王以其女爲燕太子婦。	《燕策・燕一・蘇秦將爲從北說燕文侯》：蘇秦將爲從，北說燕文侯曰……於是齎蘇秦車馬金帛以至趙。 燕表：蘇秦說燕。 蘇秦列傳：於是資蘇秦車馬金帛以至趙。而奉陽君已死，即因說趙肅侯曰……。 《燕策・燕一・燕文公時》有「燕文公時，秦惠王以其女爲燕太子婦」的記載。
2	333	易王初立，齊宣王因燕喪伐我，取十城；蘇秦說齊，使復歸燕十城。	燕表 323：君爲王。
3	323	（易王）十年，燕君爲王。蘇秦與燕文公夫人私通，懼誅，乃說王使齊爲反閒，欲以亂齊。	蘇秦列傳有相關記載。
4	320	（無註記年份）燕噲既立，齊人殺蘇秦。蘇秦之在燕，與其相子之爲婚，而蘇代與子之交。及蘇秦死，而齊宣王復用蘇代。	《燕策・燕一・燕王噲既立》敘事幾同，但是「蘇秦之在燕也，與其相子之爲患難」這句略異。
5	318	燕噲三年，與楚、三晉攻秦，不勝而還。子之相燕，貴重，主斷。蘇代爲齊使於燕，燕王問曰……子之因遺蘇代百金，而聽其所使。	《燕策・燕一・燕王噲既立》內有幾同之內容。 燕表、魏表、韓表、趙表、楚表：擊秦不勝。 秦表：五國共擊秦，不勝而還。 秦本紀：七年 318，樂池相秦。韓、趙、魏、燕、齊帥匈奴共攻秦。秦使庶長疾與戰修魚，虜其將申差，敗趙公子渴、韓太子奐，斬首八萬二千。 魏世家：五國共攻秦，不勝而去。 趙世家：韓擊秦不勝而去。

6	316	（燕噲三年之後，無註記年份，依燕表在此年。）鹿毛壽謂燕王：……王因收印自三百石吏已上而效之子之。子之南面行王事，而噲老不聽政，顧爲臣，國事皆決於子之。	《燕策・燕一・燕王噲既立》內有幾同之內容。 燕表 316（燕王噲五年）：君讓其臣子之國，顧爲臣。
7	314	三年（似指子之當國三年），國大亂，百姓恫恐。將軍市被與太子平共謀，將攻子之。……燕君噲死，齊大勝。	《燕策・燕一・燕王噲既立》內有幾同之內容，且對於子之事有極詳細之記載。 燕表 314：君噲及太子相子之皆死。 燕表 312：燕人共立公子平。 蘇秦列傳有相關記載。
8	312	燕子之亡二年，而燕人共立太子平，是爲燕昭王。	
9	311	（無註記年份）燕昭王於破燕之後即位，卑身厚幣以招賢者。謂郭隗曰……於是昭王爲隗改筑宮而師事之。樂毅自魏往，鄒衍自齊往，劇辛自趙往，士爭趨燕。燕王弔死問孤，與百姓同甘苦。	《燕策・燕一・燕昭王收破燕後即位》和《新序・雜事三》對燕昭王即位招賢又破齊之事有極詳細之記載。
10	284	（昭王）二十八年，燕國殷富，士卒樂軼輕戰，於是遂以樂毅爲上將軍，與秦、楚、三晉合謀以伐齊。……	燕表：與秦、三晉擊齊，燕獨入至臨菑，取其寶器。 田世家：燕、秦、楚、三晉合謀，各出銳師以伐，敗我濟西。王解而卻。燕將樂毅遂入臨淄，盡取齊之寶藏器。
11	278	（無註記年份）惠王爲太子時，與樂毅有隙；及即位，疑毅，使騎劫代將，樂毅亡走趙。齊田單以即墨擊敗燕軍，騎劫死，燕兵引歸，齊悉復得其故城。湣王死于莒，乃立其子爲襄王。	《燕策・燕二・昌國君樂毅爲燕昭王合五國之兵而攻齊》、《新序・雜事三》、田單列傳、樂毅列傳有相關記載。
12	251	今王喜四年，秦昭王卒。	
		燕王命相栗腹約歡趙，以五百金爲趙王酒。……卒起二軍，車二千乘，栗腹將而攻鄗，卿秦攻代。唯獨大夫將渠謂燕王曰：……燕軍至宋子，趙使廉頗將，擊破栗腹於鄗。〔樂乘〕破卿秦（樂乘）於代。樂閒奔趙。廉頗逐之五百餘里，圍其國。燕人請和，趙人不許，必令將渠處和。燕相將渠以處和。趙聽將渠，解燕圍。	《燕策・燕三・燕王喜使栗腹以百金爲趙孝成王壽》大致相同，但沒有提到任何有關「大夫將渠」的情節。 樂毅列傳、廉頗藺相如列傳、趙世家有簡略記載。

附表 2-7　〈田世家〉所記戰國故事可能出處表

<table>
<tr><th>編號</th><th>西元前（年）</th><th>〈田世家〉所記戰國故事</th><th>史料來源（或有相同史料來源）、相關記事、說明</th></tr>
<tr><td>1</td><td>380</td><td>桓公午五年，秦魏攻韓，韓求救於齊。齊桓公召大臣而謀曰：……乃陰告韓使者而遣之。韓自以爲得齊之救，因與秦、魏戰。楚、趙聞之，果起兵而救之。齊因起兵襲燕國，取桑丘。</td><td>《齊策・齊一・南梁之難》有類似情節，但人名、地名、具體內容皆不同。
齊表：伐燕，取桑丘。
魏世家、韓世家、魏表、韓表、趙表：伐齊，至桑丘。</td></tr>
<tr><td>2</td><td>369</td><td>威王初即位以來，不治，委政卿大夫，九年之閒，諸侯并伐，國人不治。於是威王召即墨大夫而語之曰……是日，烹阿大夫，及左右嘗譽者皆并烹之。</td><td></td></tr>
<tr><td rowspan="2">3</td><td>358</td><td>（無註記年份）騶忌子以鼓琴見威王，……王曰：「善。」</td><td rowspan="2">《新序・雜事二》有類似記載，但不如世家詳細，也沒提到騶忌子「居朞年，封以下邳，號曰成侯。」
齊表 358：鄒忌以鼓琴見威王。
齊表 357：封鄒忌爲成侯。</td></tr>
<tr><td>357</td><td>騶忌子見三月而受相印。淳于髡見之曰：……騶忌子曰：……居朞年，封以下邳，號曰成侯。</td></tr>
<tr><td>4</td><td>355</td><td>（威王）二十四年，與魏王會田於郊，魏王問曰：「王亦有寶乎？」威王曰：……梁惠王慚，不懌而去。</td><td>《韓詩外傳・卷十》幾同，但是「齊威王」作「齊宣王」，且末尾有「《詩》曰：『辭之懌矣，民之莫矣。』」一句。
齊表：與魏會田於郊。</td></tr>
<tr><td>5</td><td>353</td><td>（威王）二十六年，魏惠王圍邯鄲，趙求救於齊。齊威王召大臣而謀曰：……威王從其計。其後成侯騶忌與田忌不善，公孫閱謂成侯忌曰：……於是成侯言威王，使田忌南攻襄陵。十月，邯鄲拔，齊因起兵擊魏，大敗之桂陵。於是齊最彊於諸侯，自稱爲王，以令天下。</td><td>《齊策・齊一・邯鄲之難》的前半部和《齊策・齊一・成侯鄒忌爲齊相》的前半部都有類似記載，但人名略不同。
魏表、趙表、魏世家、趙世家記有魏拔邯鄲事。
齊表、魏表、魏世家、趙世家記有齊敗魏桂陵事。</td></tr>
<tr><td>6</td><td>344</td><td>（威王）三十五年，公孫閱又謂成侯忌曰：「公何不令人操十金卜於市，曰『我田忌之人也。吾三戰而三勝，聲威天下。欲爲大事，亦吉乎不吉乎』？」卜者出，因令人捕爲之卜者，驗其辭於王之所。田忌聞之，因率其徒襲攻臨淄，求成侯，不勝而犇。</td><td>《齊策・齊一・成侯鄒忌爲齊相》的後半部大致相同，不過只記載「田忌遂走」，沒記載他「因率其徒襲攻臨淄，求成侯，不勝而犇。」
齊表、孟嘗君列傳記有田忌襲齊事。</td></tr>
</table>

7	341	（宣王）二年，……戰於南梁。宣王召田忌復故位。韓氏請救於齊宣王召大臣而謀曰……齊因起兵，使田忌、田嬰將，孫子爲（帥）〔師〕，救韓、趙以擊魏，大敗之馬陵，殺其將龐涓，虜魏太子申。其後三晉之王皆因田嬰朝齊王於博望，盟而去。	《齊策・齊一・南梁之難》有大致相同的記載，但諸多人名不同。 秦本紀、魏世家、魏表、齊表、孫子吳起列傳、商君列傳、孟嘗君列傳有「齊敗魏馬陵」的相關記載。
8	324	（無註記年份）宣王喜文學游說之士，自如騶衍、淳于髡、田駢、接子、慎到、環淵之徒七十六人，皆賜列第，爲上大夫，不治而議論。是以齊稷下學士復盛，且數百千人。十九年，宣王卒，湣王地立。	
9	321	（湣王）三年，封田嬰於薛。	《齊策・齊一・齊將封田嬰於薛》、齊表、孟嘗君列傳記有此事。
10	312	（湣王）十二年，攻魏。楚圍雍氏，秦敗屈丐。蘇代謂田軫曰：……。	《戰國縱橫家書・二十二・蘇秦謂陳軫章》大致相同，但人名不同。 周本紀、秦本紀、韓世家、樗里子甘茂列傳有「楚圍雍氏」的記載。
11	288	（湣王）三十六年，……蘇代自燕來，入齊，見於章華東門。齊王曰：……於是齊去帝復爲王，秦亦去帝位。	《齊策・齊四・蘇秦謂齊王》有大致相同記載，與齊王對話者是「蘇秦」，且沒有「齊去帝復爲王，秦亦去帝位」的結尾。整體而言，田世家似乎較詳細一點。
12	286	（湣王）三十八年，伐宋，秦昭王怒曰：……蘇代爲齊謂秦王曰：：……秦王曰:「諾。」於是齊遂伐宋，宋王出亡，死於溫。齊南割楚之淮北，西侵三晉，欲以并周室，爲天子。泗上諸侯鄒魯之君皆稱臣，諸侯恐懼。	《韓策・韓三・韓人攻宋》所記大致相同，但人名略不同，且是「韓人攻宋」，也沒有提到「於是齊遂伐宋，宋王出亡，死於溫。齊南割楚之淮北，西侵三晉，欲以并周室，爲天子。泗上諸侯鄒魯之君皆稱臣，諸侯恐懼。」 齊表、秦本紀、魏表、魏世家、宋微子世家有宋王被滅的記載。

13	284	（湣王）四十年，燕、秦、楚、三晉合謀，各出銳師以伐，敗我濟西。王解而卻。燕將樂毅遂入臨淄，盡取齊之寶藏器。湣王出亡，之衛。衛君辟宮捨之，稱臣而共具。湣王不遜，衛人侵之。湣王去，走鄒、魯，有驕色，鄒、魯君弗內，遂走莒。楚使淖齒將兵救齊，因相齊湣王。淖齒遂殺湣王而與燕共分齊之侵地鹵器。	《新序・雜事五》裡有「閔王不遜，衛人侵之，閔王去走鄒、魯，有驕色，鄒、魯不納，遂走莒，楚使淖齒將兵救齊，因相閔王，淖齒擢閔王之筋，而縣之廟梁，宿昔而殺之，而與燕共分齊地」的記載。 秦本紀和各國世家、年表有相關記載。
14	283	（無註記年份）湣王之遇殺，其子法章變名姓爲莒太史敫家庸。太史敫女奇法章狀貌，……於是莒人共立法章，是爲襄王。……襄王既立，立太史氏女爲王后，是爲君王后，生子建。太史敫曰：……終身不睹君王后。君王后賢，不以不睹故失人子之禮。	《齊策・齊六・齊閔王之遇殺》的前半部份大致相同。 田單列傳有簡單記載。
15	279	襄王在莒五年，田單以即墨攻破燕軍，迎襄王於莒，入臨淄。齊故地盡復屬齊。齊封田單爲安平君。	《齊策・齊六・齊負郭之民有（孤）狐咺者》：田單以即墨之城，破亡餘卒，破燕兵，紿騎劫，遂以復齊，遽迎太子於莒，立之以爲王。襄王即位，君王后以爲后，生齊王建。
16	259	王建立六年，秦攻趙，齊楚救之。秦計曰：「齊楚救趙，親則退兵，不親遂攻之。」趙無食，請粟於齊，齊不聽。周子曰：……齊王弗聽。秦破趙於長平四十餘萬，遂圍邯鄲。	《齊策・齊二・秦攻趙長平》記與齊王對話者是「蘇秦」，而且沒有「齊王弗聽。秦破趙於長平四十餘萬，遂圍邯鄲」一段。
17	221	（齊王建）四十四年，……始，君王后賢，事秦謹，與諸侯信，……以故王建立四十餘年不受兵。君王后死，后勝相齊，多受秦閒金，……不修攻戰之備，不助五國攻秦，秦以故得滅五國。	《齊策・齊六・齊閔王之遇殺》的後半部份大致相同。
		五國已亡，秦兵卒入臨淄，民莫敢格者。王建遂降，遷於共。故齊人怨王建不蚤與諸侯合從攻秦，聽姦臣賓客以亡其國，歌之曰：「松耶柏耶？住建共者客耶？」疾建用客之不詳也。	

附表三、秦國人物列傳記事編年表〔註 4〕

西元前（年）	秦國國君紀年	〈商君列傳〉〈張儀列傳〉〈樗里子甘茂列傳〉〈呂不韋列傳〉	〈穰侯列傳〉〈范雎蔡澤列傳〉〈蒙恬列傳〉〈李斯列傳〉	〈白起王翦列傳〉
359	秦孝公三年	〈商君列傳〉以衛鞅爲左庶長，卒定變法之令。（據〈秦本紀〉在此年。）		
358	四年	〈商君列傳〉令行於民朞年，秦民之國都言初令之不便者以千數。於是太子犯法。		
352	十年	〈商君列傳〉行之十年，秦民大說，道不拾遺，山無盜賊，家給人足。民勇於公戰，怯於私斗，鄉邑大治。 於是以鞅爲大良造。將兵圍魏安邑，降之。（據〈秦本紀〉和秦表，鞅爲大良造和取魏安邑在此年。）		
西元前 351 年（秦孝公十一年）				
350	十二年	〈商君列傳〉居三年，作爲筑冀闕宮庭於咸陽，秦自雍徙都之。而令民父子兄弟同室內息者爲禁。而集小（都）鄉邑聚爲縣，置令、丞，凡三十一縣。爲田開阡陌封疆，而賦稅平。平斗桶權衡丈尺。（〈秦本紀〉：「十二年，作爲咸陽，筑冀闕，秦徙都之。并諸小鄉聚，集爲大縣，縣一令，四十一縣。爲田開阡陌。東地渡洛。十四年，初爲賦。」		

〔註 4〕秦國人物列傳所指爲以秦國重要人物活動爲主的列傳，計有〈商君列傳〉、〈張儀列傳〉、〈樗里子甘茂列傳〉、〈呂不韋列傳〉、〈穰侯列傳〉、〈范雎蔡澤列傳〉、〈蒙恬列傳〉、〈李斯列傳〉、〈白起王翦列傳〉共九篇。本表僅列出列傳本文內原已明確編年或可推算紀年之記事，如遇這些編年的記事中有以人物對話所構成的戰國故事，則儘可能標示出相關史料的出處。（但本表並無法全面詳列出列傳中所有戰國故事及其出處）。列傳中有許多紀年與《史記》他篇有所矛盾，另以括號內的文字作簡略說明。

		秦表十二年：初（取）〔聚〕小邑爲三十一縣，令。爲田開阡陌。）有所不同。		
西元前349年（秦孝公十三年）、西元前348年（秦孝公十四年）				
347	十五年	〈商君列傳〉行之四年，公子虔復犯約，劓之。（此處難以編年，或爲十六年。）		
西元前346年（秦孝公十六年）至西元前343年（秦孝公十九年）				
342	二十年	〈商君列傳〉居五年，秦人富彊，天子致胙於孝公，諸侯畢賀。（〈秦本紀〉：「十九年，天子致伯。二十年，諸侯畢賀。」秦表同。此處把兩年事記爲一年，紀年有誤。）		
341	二十一年	〈商君列傳〉其明年，齊敗魏兵於馬陵，虜其太子申，殺將軍龐涓。（據年表在此年。）		
340	二十二年	〈商君列傳〉其明年，衛鞅說孝公曰：……而衛鞅伏甲士而襲虜魏公子卬，因攻其軍，盡破之以歸秦。魏惠王兵數破於齊秦，國內空，日以削，恐，乃使使割河西之地獻於秦以和。而魏遂去安邑，徙都大梁。……衛鞅既破魏還，秦封之於商十五邑，號爲商君。（年表記秦虜魏公子卬及封商鞅事在此年。〈趙世家〉記秦虜魏公子卬在下一年。）		
西元前339年（秦孝公二十三年）				
338	二十四年	〈商君列傳〉商君相秦十年，宗室貴戚多怨望者。趙良見商君。商君曰：……商君弗從。後五月而秦孝公卒，太子立。公子虔之徒告商君欲反，發吏捕商君。……去之魏。魏人怨其欺公子卬而破魏師，弗受。商君欲之他國。魏人曰：……遂內		

		秦。商君既復入秦，走商邑，與其徒屬發邑兵北出擊鄭。秦發兵攻商君，殺之於鄭黽池。秦惠王車裂商君以徇，曰：「莫如商鞅反者！」遂滅商君之家。		
330	秦惠王八　年	〈樗里子甘茂列傳〉秦惠王八年，爵樗里子右更，使將而伐曲沃，盡出其人，取其城，地入秦。（秦表、〈秦本紀〉未載，但魏表、〈魏世家〉有圍焦、曲沃事。）		
329	九　年	〈張儀列傳〉惠王曰：……卒起兵伐蜀，十月，取之，遂定蜀，貶蜀王更號爲侯，而使陳莊相蜀。……（此處無明確紀年，似指秦惠文王九年。但如據秦表和〈秦本紀〉，滅蜀是在秦惠文王更元九年。）		
328	十　年	〈張儀列傳〉秦惠王十年，使公子華與張儀圍蒲陽，降之。儀因言秦復與魏，而使公子繇質於魏。儀因說魏王曰：……魏因入上郡、少梁，謝秦惠王。惠王乃以張儀爲相，更名少梁曰夏陽。		
西元前 327 年（秦惠王十一年）、西元前 326 年（秦惠王十二年）				
325	十三年	〈張儀列傳〉儀相秦四歲，立惠王爲王。		
324	秦惠王更元元年	〈張儀列傳〉居一歲，爲秦將，取陝。（秦表亦在此年。）筑上郡塞。		
西元前 323 年（秦惠王更元二年）				
322	三　年	〈張儀列傳〉其後二年，使與齊、楚之相會齧桑。東還而免相，相魏以爲秦，欲令魏先事秦而諸侯效之。魏王不肯聽儀。秦王怒，伐取魏之曲沃、平周，復陰厚張儀益甚。張儀慚，無以歸報。（據秦表、〈魏世家〉、〈田世家〉，齧桑之會是在秦惠		

		王更元二年，張儀相魏和秦取曲沃、平周則在秦惠王更元三年。此處把兩年之事記於一年。）		
西元前321年（秦惠王更元四年）、西元前320年（秦惠王更元五年）				
319	六　年	〈張儀列傳〉留魏四歲而魏襄王卒，哀王立。張儀復說哀王，哀王不聽。於是張儀陰令秦伐魏。魏與秦戰，敗。（此處似乎未區分國君立年和元年。）		
318	七　年	〈張儀列傳〉明年，齊又來敗魏於觀津。秦復欲攻魏，先敗韓申差軍，斬首八萬，諸侯震恐。（上述兩事，年表記於下一年。）而張儀復說魏王曰：……哀王於是乃倍從約而因儀請成於秦。張儀歸，復相秦。（張儀復相之事，秦表記於下一年。）		
315	十　年	〈張儀列傳〉三歲而魏復背秦爲從。秦攻魏，取曲沃。（魏表記拔曲沃事在下一年。）		
314	十一年	〈張儀列傳〉明年，魏復事秦。（魏表記秦魏之會在下一年。）		
313	十二年	〈張儀列傳〉秦欲伐齊，齊楚從親，於是張儀往相楚。（此處無明確紀年，據楚表、〈秦本紀〉、〈楚世家〉在此年。）楚懷王聞張儀來，虛上舍而自館之。曰：……。 〈樗里子甘茂列傳〉秦惠王二十五年，使樗里子爲將伐趙，虜趙將軍莊豹，拔藺。（此處未使用更元後的紀年。）		
312	十三年	〈張儀列傳〉楚王不聽，卒發兵而使將軍屈丐擊秦。秦齊共攻楚，斬首八萬，殺屈丐，遂取丹陽、漢中之地。楚又復益發兵而襲秦，至藍田，大戰，楚大敗，於是楚割兩城以		

		與秦平。秦要楚欲得黔中地，欲以武關外易之。楚王曰：……懷王後悔，赦張儀，厚禮之如故。張儀既出，未去，聞蘇秦死，乃說楚王曰：……未至咸陽而秦惠王卒，武王立。武王自爲太子時不說張儀，及即位，群臣多讒張儀曰：……諸侯聞張儀有卻武王，皆畔衡，復合從。（以上諸事發生於秦惠文王更元十三年至秦武王元年，列傳並未仔細編年。） 〈樗里子甘茂列傳〉明年，助魏章攻楚，敗楚將屈丐，取漢中地。秦封樗里子，號爲嚴君。（秦表、〈秦本紀〉有庶長章伐楚取漢中地事。）		
311	十四年	〈樗里子甘茂列傳〉秦惠王卒，太子武王立，逐張儀、魏章，（秦表記張儀、魏章出之魏於秦武王元年。）而以樗里子、甘茂爲左右丞相。（秦表、〈秦本紀〉記於秦武王二年。）秦使甘茂攻韓，拔宜陽。（秦表、韓表、〈秦本紀〉記秦拔宜陽於秦武王四年。）使樗里子以車百乘入周。周以卒迎之，意甚敬。楚王怒，讓周，以其重秦客。游騰爲周說楚王曰：……（列傳故事）〔註5〕		
310	秦武王元年	〈張儀列傳〉秦武王元年，群臣日夜惡張儀未已，而齊讓又至。張儀懼誅，乃因謂秦武王曰：……秦王以爲然，乃具革車三十乘，入儀之梁。齊果興師伐之。梁哀王恐。張儀曰：「王勿患也，請令罷齊兵。」乃使		

〔註 5〕《西周策・秦令樗里疾以車百乘入周》有相似記載。

		其舍人馮喜之楚，借使之齊，謂齊王曰：……齊王曰：「善。」乃使解兵。		
309	二　年	〈張儀列傳〉張儀相魏一歲，卒於魏也。		
308	三　年	〈樗里子甘茂列傳〉秦武王三年，謂甘茂曰：……因大悉起兵，使甘茂擊之。斬首六萬，遂拔宜陽。（列傳故事）〔註6〕（秦表、韓表、〈秦本紀〉記秦拔宜陽於秦武王四年。）韓襄王使公仲侈入謝，與秦平。……		
西元前307年（秦武王四年）				
306	秦昭襄王 元　年	〈樗里子甘茂列傳〉昭王元年，樗里子將伐蒲。（秦表、〈秦本紀〉皆無。）蒲守恐，請胡衍。胡衍爲蒲謂樗里子曰：……（列傳故事）〔註7〕故胡衍受金於蒲以自貴於衛。於是遂解蒲而去。 還擊皮氏，皮氏未降，又去。（魏表記此事於秦昭王元年，〈魏世家〉記於秦武王四年，《編年記》記（昭王）「二年，攻皮氏。」）	〈穰侯列傳〉昭王即位，以冉爲將軍，衛咸陽。誅季君之亂，而逐武王后出之魏，……（秦表、魏表、〈秦本紀〉記於昭王二年。）	
西元前305年（秦昭襄王二年）至西元前301年（秦昭襄王六年）				
300	七　年	〈樗里子甘茂列傳〉昭王七年，樗里子卒，葬于渭南章臺之東。	〈穰侯列傳〉昭王七年，樗里子死（秦表、〈秦本紀〉有。），而使涇陽君質於齊。（齊表、〈田世家〉有。）趙人樓緩來相秦，趙不利，乃使仇液之秦，請以魏冉爲秦相。仇液將行，其客宋公謂液曰：……（列傳故事）〔註8〕於是仇液從之。而秦果免樓緩而魏冉相秦。	

〔註6〕《秦策・秦二・秦武王謂甘茂》有相似記載。

〔註7〕《宋衛策・秦攻衛之蒲》有相似記載。

〔註8〕《趙策・趙三・趙使機郝之秦》有相似記載。

			欲誅呂禮，禮出奔齊。〔註 9〕	
西元前 299 年（秦昭襄王八年）至西元前 295 年（秦昭襄王十二年）				
294	十三年			昭王十三年，而白起爲左庶長，將而擊韓之新城。（〈秦本紀〉記「左更白起攻新城」。）是歲，穰侯相秦，（據秦表、〈秦本紀〉，穰侯相秦是十二年事。）舉任鄙以爲漢中守。（秦表、〈秦本紀〉同在此年。）
293	十四年		〈穰侯列傳〉昭王十四年，魏冉舉白起，使代向壽將而攻韓、魏，敗之伊闕，斬首二十四萬，虜魏將公孫喜。（秦表、〈秦本紀〉大致有。）	其明年，白起爲左更，攻韓、魏於伊闕，斬首二十四萬，又虜其將公孫喜，拔五城。（〈秦本紀〉幾同，秦表大致有。）起遷爲國尉。 涉河取韓安邑以東，到乾河。（此處獨有。）
292	十五年		〈穰侯列傳〉明年，又取楚之宛（〈秦本紀〉有。）、葉。（此處獨有。）魏冉謝病免相，（秦表有，〈秦本紀〉在十六年。）以客卿壽燭爲相。	明年，白起爲大良造。攻魏，拔之，取城小大六十。（此處疑編年有誤。〈秦本紀〉記：「十五年，大良造白起攻魏，取垣，復予之。攻楚，取宛。」秦表、魏表、〈魏世家〉記「取城大小六十一」事在十八年。）
291	十六年		〈穰侯列傳〉其明年，燭免，復相冉，乃封魏冉於穰，復益封陶，號曰穰侯。（只〈秦本紀〉記有封陶事。）	明年，起與客卿錯攻垣城，拔之。（此處疑編年有誤。〈秦本紀〉記：「十五年，大良造白起攻魏，取垣，復予之。攻楚，取宛。」〈秦本紀〉十八年另有攻垣之事，但均非此年。）
西元前 290 年（秦昭襄王十七年）、西元前 289 年（秦昭襄王十八年）				
288	十九年		〈穰侯列傳〉穰侯封四歲，爲秦將攻魏。魏獻河東方四百里。拔魏之河內，取城大小六十餘。（據秦表、魏表、〈魏世家〉爲昭王十八年，與封四歲不合。）昭王十九年，秦稱西帝，齊	

〔註 9〕《秦策・秦三・薛公爲魏謂魏冉》所記略異，但可能有相關。

			稱東帝。月餘，呂禮來，而齊、秦各復歸帝爲王。魏冉復相秦，（下接）	
西元前 287 年（秦昭襄王二十年）				
286	二十一年			後五年，白起攻趙，拔光狼城。（此處獨有。）
西元前 285 年（秦昭襄王二十二年）、西元前 284 年（秦昭襄王二十三年）				
283	二十四年		〈穰侯列傳〉（上接）六歲而免。（據〈秦本紀〉在此年。）	
西元前 282 年（秦昭襄王二十五年）				
281	二十六年		〈穰侯列傳〉免二歲，復相秦。（據秦表、〈秦本紀〉在此年。）	
西元前 280 年（秦昭襄王二十七年）				
279	二十八年			後七年，白起攻楚，拔鄢、鄧五城。（〈秦本紀〉在此年，但未記「五城」，《編年記》「攻鄧」在二十七年。）
278	二十九年		〈穰侯列傳〉四歲，而使白起拔楚之郢，秦置南郡。（據秦表、〈秦本紀〉在此年。）乃封白起爲武安君。（〈秦本紀〉在此年，秦表在下一年。）	其明年，攻楚，拔郢，燒夷陵，遂東至竟陵。楚王亡去郢，東走徙陳。秦以郢爲南郡。（秦表、〈秦本紀〉在此年。）白起遷爲武安君。（秦表在三十年。）武安君因取楚，定巫、黔中郡。（〈秦本紀〉、楚表、〈楚世家〉在三十年。）此處又可見列傳編年並不仔細。
西元前 277 年（秦昭襄王三十年）、西元前 276 年（秦昭襄王三十一年）				
275	三十二年		〈穰侯列傳〉昭王三十二年，穰侯爲相國，將兵攻魏，走芒卯，入北宅，遂圍大梁。（與三十三年、三十四年事比對可知編年有誤。）梁大夫須賈說穰侯曰：……穰侯曰：「善。」乃罷梁圍。（列傳故事）〔註 10〕	

〔註 10〕《魏策・魏三・秦敗魏於華走芒卯而圍大梁》、《戰國縱橫家書・十五・須賈說穰侯章》有相似記載。

274	三十三年		〈穰侯列傳〉明年，魏背秦，與齊從親。秦使穰侯伐魏，斬首四萬，走魏將暴鳶，得魏三縣。（伐魏之事昭王三十二年〈秦本紀〉和〈韓世家〉大致有。）穰侯益封。	
273	三十四年		〈穰侯列傳〉明年，穰侯與白起客卿胡陽復攻趙、韓、魏，破芒卯於華陽下，斬首十萬，取魏之卷、蔡陽、長社，（秦表記破芒卯在此年，〈秦本紀〉則在三十三年。）趙氏觀津。且與趙觀津，益趙以兵，伐齊。（此處獨有。）齊襄王懼，使蘇代爲齊陰遺穰侯書曰：……（列傳故事）〔註 11〕於是穰侯不行，引兵而歸。	昭王三十四年，白起攻魏，拔華陽，走芒卯，而虜三晉將，斬首十三萬。（秦表記破芒卯在此年，〈秦本紀〉則在三十三年。）與趙將賈偃戰，沈其卒二萬人於河中。
西元前 272 年（秦昭襄王二十五年）				
271	三十六年		〈穰侯列傳〉昭王三十六年，相國穰侯言客卿竈，欲伐齊取剛、壽，以廣其陶邑。於是魏人范睢自謂張祿先生，譏穰侯之伐齊，乃越三晉以攻齊也，以此時奸說秦昭王。昭王於是用范睢。范睢言宣太后專制，穰侯擅權於諸侯，涇陽君、高陵君之屬太侈，富於王室。於是秦昭王悟，乃免相國，令涇陽之屬皆出關，就封邑。穰侯出關，輜車千乘有餘。穰侯卒於陶，而因葬焉。秦復收陶爲郡。（〈秦本紀〉記秦伐齊取剛、壽在此年，但齊表、〈田世家〉在下一年，《編年記》「□寇剛」亦在下一年。）〈范睢蔡澤列傳〉當是時，	

〔註 11〕《秦策・秦二・陘山之事》有相似記載。

			昭王已立三十六年。南拔楚之鄢郢，楚懷王幽死於秦。秦東破齊。湣王嘗稱帝，後去之。……范睢恐，未敢言內，先言外事，以觀秦王之俯仰。因進曰：……	
西元前270年（秦昭襄王三十七年）、西元前269年（秦昭襄王三十八年）				
268	三十九年		〈范睢蔡澤列傳〉乃拜范睢為客卿，謀兵事。卒聽范睢謀，使五大夫綰伐魏，拔懷。（魏表、魏世家〉、《編年記》「攻懷」在此年。）	
267	四十年	〈呂不韋列傳〉秦昭王四十年，太子死。		
266	四十一年		〈范睢蔡澤列傳〉後二歲，拔邢丘。（魏表、魏世家〉、《編年記》「攻邢丘」在此年。）秦封范睢以應，號為應侯。當是時，秦昭王四十一年也。	
265	四十二年	〈呂不韋列傳〉其四十二年，以其次子安國君為太子。（同秦表、〈秦本紀〉，〈秦本紀〉多了「十月」之記載。）	〈范睢蔡澤列傳〉范睢相秦二年，秦昭王之四十二年，東伐韓少曲、高平，拔之。（《編年記》「攻少曲」在此年。）	
264	四十三年		〈范睢蔡澤列傳〉昭王四十三年，秦攻韓汾陘，拔之，因城河上廣武。（〈秦本紀〉記白起攻韓拔九城，斬首五萬。）	昭王四十三年，白起攻韓陘城，拔五城，斬首五萬。（〈秦本紀〉記白起攻韓拔九城，斬首五萬。）
263	四十四年			四十四年，白起攻南陽太行道，絕之。（秦表、〈秦本紀〉有攻韓取南陽事，《編年記》「攻太行」在此年。）
262	四十五年			四十五年，伐韓之野王。野王降秦，上黨道絕。其守馮亭與民謀曰：……（列傳故事）〔註12〕趙受之，因封馮亭為華陽君。

〔註12〕《趙策·趙一·秦王謂公子他》有相似記載。

261	四十六年			四十六年，秦攻韓緱氏、藺，拔之。（此處獨有。）
260	四十七年			四十七年，秦使左庶長王齕攻韓，取上黨。上黨民走趙。趙軍長平，以按據上黨民。四月，齕因攻趙。趙使廉頗將。（趙表記「使廉頗拒秦於長平」在四十六年。）趙軍士卒犯秦斥兵，秦斥兵斬趙裨將茄。六月，陷趙軍，取二鄣四尉。七月，趙軍築壘壁而守之。……廉頗堅壁以待秦，秦數挑戰，趙兵不出。趙王數以爲讓。……因使趙括代廉頗將以擊秦。……至九月，趙卒不得食四十六日，……括軍敗，卒四十萬人降武安君。……（〈秦本紀〉、秦表、趙表記秦破趙於長平在此年，〈韓世家〉、〈燕世家〉記在下一年。）
259	四十八年		〈范睢蔡澤列傳〉後五年，昭王用應侯謀，縱反閒賣趙，趙以其故，令馬服子代廉頗將。秦大破趙於長平，遂圍邯鄲。（秦破趙於長平事，《史記》各篇紀年不一，《編年記》四十七年「攻長平」。而秦圍邯鄲事《史記》各篇則記於昭王五十年，唯〈趙世家〉和〈廉頗傳〉記爲四十九年事，此處未仔細編年。）已而與武安君白起有隙，言而殺之。任鄭安平，使擊趙。鄭安平爲趙所圍，急，以兵二萬人降趙。……	四十八年十月，秦復定上黨郡。秦分軍爲二：王齕攻皮牢，拔之；司馬梗定太原。韓、趙恐，使蘇代厚幣說秦相應侯曰：……（列傳故事）〔註13〕於是應侯言於秦王曰：「秦兵勞，請許韓、趙之割地以和，且休士卒。」王聽之，割韓垣雍、趙六城以和。〔註14〕正月，皆罷兵。武安君聞之，由是與應侯有隙。 其九月，秦復發兵，使五大夫王陵攻趙邯鄲。是時武安君病，不任行。（《編年記》四十八年「攻武安」、五十年「攻邯鄲」。〈秦本紀〉：「四十八年十月，韓獻垣雍。秦軍分爲三軍。武安君歸。王齕將

〔註13〕《秦策・秦三・謂應侯曰君禽馬服乎》有相似記載。

〔註14〕割地之事似與《魏策・魏四・長平之役》內容有所關聯。

				伐趙（武安）皮牢，拔之。司馬梗北定太原，盡有韓上黨。正月，兵罷，復守上黨。其十月，五大夫陵攻趙邯鄲。四十九年正月，益發卒佐陵。陵戰不善，免，王齕代將。」）
258	四十九年			四十九年正月，陵攻邯鄲，少利，秦益發兵佐陵。陵兵亡五校。武安君病愈，秦王欲使武安君代陵將。武安君言曰：……秦王自命，不行；乃使應侯請之，武安君終辭不肯行，遂稱病。秦王使王齕代陵將，八九月圍邯鄲，不能拔。楚使春申君及魏公子將兵數十萬攻秦軍，秦軍多失亡。武安君言曰：「秦不聽臣計，今如何矣！」秦王聞之，怒，彊起武安君，武安君遂稱病篤。應侯請之，不起。（列傳故事）〔註 15〕
257	五十年	〈呂不韋列傳〉……秦昭王五十年，使王齮圍邯鄲，急，趙欲殺子楚。子楚與呂不韋謀，行金六百斤予守者吏，得脫，亡赴秦軍，遂以得歸。趙欲殺子楚妻子，子楚夫人趙豪家女也，得匿，以故母子竟得活。		於是免武安君爲士伍，遷之陰密。武安君病，未能行。居三月，諸侯攻秦軍急，秦軍數卻，使者日至。秦王乃使人遣白起，不得留咸陽中。……遂自殺。武安君之死也，以秦昭王五十年十一月。（〈秦本紀〉記載不同：「五十年十月，武安君白起有罪，爲士伍，遷陰密。張唐攻鄭，拔之。十二月，益發卒軍汾城旁。武安君白起有罪，死。」）
西元前 256 年（秦昭襄王五十一年）				
255	五十二年		〈范睢蔡澤列傳〉後二歲，王稽爲河東守，與諸侯通，坐法誅。（從昭王五十年秦圍邯鄲推算，應爲昭王五十二年，同秦表、《編年記》五十二年「王稽、張祿死」。）	

〔註 15〕《中山策・昭王既息民繕兵》有類似之記載。

西元前 254 年（秦昭襄王五十三年）至西元前 252 年（秦昭襄王五十五年）				
251	五十六年	〈呂不韋列傳〉秦昭王五十六年，薨，太子安國君立爲王，華陽夫人爲王后，子楚爲太子。趙亦奉子楚夫人及子政歸秦。		
250	秦孝文王 元　年	〈呂不韋列傳〉秦王立一年，薨，謚爲孝文王。太子子楚代立，是爲莊襄王。莊襄王所母華陽后爲華陽太后，眞母夏姬尊以爲夏太后。		
249	秦莊襄王 元　年	〈呂不韋列傳〉莊襄王元年，以呂不韋爲丞相，封爲文信侯，食河南雒陽十萬戶。	〈蒙恬列傳〉秦莊襄王元年，蒙驁爲秦將，伐韓，取成皋、滎陽，作置三川郡。	
248	二　年		〈蒙恬列傳〉二年，蒙驁攻趙，取三十七城。	
247	三　年	〈呂不韋列傳〉莊襄王即位三年，薨，太子政立爲王，尊呂不韋爲相國，號稱「仲父」。秦王年少，太后時時竊私通呂不韋。不韋家僮萬人。		
西元前 246 年（秦始皇帝元年）、西元前 245 年（秦始皇帝二年）				
244	秦始皇帝 三　年		〈蒙恬列傳〉始皇三年，蒙驁攻韓，取十三城。	
西元前 243 年（秦始皇帝四年）				
242	五　年		〈蒙恬列傳〉五年，蒙驁攻魏，取二十城，作置東郡。	
西元前 241 年（秦始皇帝六年）				
240	七　年	〈呂不韋列傳〉始皇七年，莊襄王母夏太后薨。……	〈蒙恬列傳〉始皇七年，蒙驁卒。驁子曰武，武子曰恬。恬嘗書獄典文學。	
西元前 239 年（秦始皇帝八年）				
238	九　年	〈呂不韋列傳〉始皇九年，有告嫪毐實非宦者，常與太后私亂，生子二人，皆匿之。與太后謀曰……於是秦王下吏治，具得情實，事連相國呂不韋。九月，夷嫪毐三族，殺太后所生兩子，而遂遷太後於雍。諸嫪毐舍		

		人皆沒其家而遷之蜀。……		
237	十　年	〈呂不韋列傳〉秦王十年十月，免相國呂不韋。及齊人茅焦說秦王，秦王乃迎太后於雍，歸復咸陽，而出文信侯就國河南。		
236	十一年	〈呂不韋列傳〉歲餘，諸侯賓客使者相望於道，請文信侯。秦王恐其爲變，乃賜文信侯書曰：……呂不韋自度稍侵，恐誅，乃飲酖而死。秦王所加怒呂不韋、嫪毐皆已死，乃皆復歸嫪毐舍人遷蜀者。（秦表、〈秦始皇本紀〉記呂不韋卒和復嫪毐舍人遷蜀者於下一年。）		始皇十一年，翦將攻趙閼與，破之，拔九城。（對照〈秦始皇本紀〉、秦表、趙表、〈趙世家〉、〈燕世家〉，攻鄴拔九城和攻閼與應爲二事。）
西元前235年（秦始皇帝十二年）				
234	十三年		〈范雎蔡澤列傳〉卒事始皇帝，爲秦使於燕，（據三年後事上推在此年。）	
西元前233年（秦始皇帝十四年）				
232	十五年		〈范雎蔡澤列傳〉三年而燕使太子丹入質於秦。（據燕表、〈燕世家〉在此年。）	
西元前231年（秦始皇帝十六年）、西元前230年（秦始皇帝十七年）				
229	十八年			十八年，翦將攻趙。
228	十九年	〈呂不韋列傳〉始皇十九年，太后薨，謚爲帝太后，與莊襄王會葬茝陽。		歲餘，遂拔趙，趙王降，盡定趙地爲郡。（唯〈趙世家〉記王遷降在上年。）
227	二十年			明年，燕使荊軻爲賊於秦，秦王使王翦攻燕。（《史記》他篇同在此年。）燕王喜走遼東，翦遂定燕薊而還。（疑編年有誤，燕表、〈燕世家〉、〈田世家〉在二十一年。）秦使翦子王賁擊荊，荊兵敗。（疑編年有誤，秦表、〈秦本紀〉在二十一年。）還擊魏，魏王降，遂定魏地。（疑編年有誤，《史記》各篇在二十二年。）

西元前226年（秦始皇帝二十一年）、西元前225年（秦始皇帝二十二年）				
224	二十三年		〈蒙恬列傳〉始皇二十三年，蒙武爲秦裨將軍，與王翦攻楚，大破之，殺項燕。	（以下未編年，應在始皇二十一年至二十三年之間。）遂使李信及蒙恬將二十萬南伐荊。王翦言不用，……王翦果代李信擊荊。……荊數挑戰而秦不出，乃引而東。翦因舉兵追之，令壯士擊，大破荊軍。至蘄南，殺其將軍項燕，荊兵遂敗走。秦因乘勝略定荊地城邑。
223	二十四年		〈蒙恬列傳〉二十四年，蒙武攻楚，虜楚王。蒙恬弟毅。	歲餘，虜荊王負芻，竟平荊地爲郡縣。（據秦表、楚表虜荊王負芻在此年，〈秦始皇本紀〉未載。）因南征百越之君。而王翦子王賁，與李信破定燕、齊地。（此處未編年，《史記》他篇記於二十五年。）
西元前222年（秦始皇帝二十五年）				
221	二十六年		〈蒙恬列傳〉始皇二十六年，蒙恬因家世得爲秦將，攻齊，大破之，拜爲內史。秦已并天下，乃使蒙恬將三十萬眾北逐戎狄，收河南。	秦始皇二十六年，盡并天下，……。
213	三十四年		〈李斯列傳〉始皇三十四年，置酒咸陽宮，博士仆射周青臣等頌始皇威德。齊人淳于越進諫曰：……	
212	三十五年		〈李斯列傳〉明年，又巡狩，外攘四夷，斯皆有力焉。	
西元前211年（秦始皇帝三十六年）				
210	三十七年		〈蒙恬列傳〉始皇三十七年冬，行出游會稽，并海上，北走琅邪。道病，使蒙毅還禱山川，未反。 〈李斯列傳〉始皇三十七年十月，行出游會稽，并海上，北抵琅邪。丞相斯、中車府令趙高兼行符璽令事，皆	

			從。……其年七月，始皇帝至沙丘，病甚，令趙高爲書賜公子扶蘇曰：……始皇崩，餘群臣皆莫知也。……宦者輒從轀輬車中可諸奏事。	
西元前209年（二世元年）				
208	二世二年		〈李斯列傳〉二世二年七月，具斯五刑，論腰斬咸陽市。斯出獄，……遂父子相哭，而夷三族。	

附表四、六國人物列傳記事編年表〔註16〕

西元前（年）	各國國君紀年	《史記》篇目及其內容
353	齊威王二十六年 魏惠王十八年	〈孫子吳起列傳〉與齊戰於桂陵，大破梁軍。（據年表在此年。）
西元前352年至西元前342年		
341	齊宣王二年 魏惠王三十年	〈孫子吳起列傳〉後十三歲，魏與趙攻韓，韓告急於齊。齊使田忌將而往。……齊因乘勝盡破其軍，虜魏太子申以歸。（據年表在此年。本列傳《索隱》王劭〔按〕：《紀年》云「梁惠王十七年，齊田忌敗梁于桂陵，至二十七年十二月，齊田盼敗梁於馬陵」，計相去無十三歲。） 〈孟嘗君列傳〉宣王二年，田忌與孫臏、田嬰俱伐魏，敗之馬陵，虜魏太子申而殺魏將龐涓。
西元前340年至西元前337年		
336	齊宣王七年	〈孟嘗君列傳〉宣王七年，田嬰使於韓、魏，韓、魏服於齊。嬰與韓昭侯、魏惠王會齊宣王東阿南，盟而去。
335	齊宣王八年	〈孟嘗君列傳〉明年，復與梁惠王會甄。是歲，梁惠王卒。
334	齊宣王九年	〈孟嘗君列傳〉宣王九年，田嬰相齊。齊宣王與魏襄王會徐州而相王也。楚威王聞之，怒田嬰。
333	齊宣王十年	〈孟嘗君列傳〉明年，楚伐敗齊師於徐州，而使人逐田嬰。田嬰使張丑說楚威王，威王乃止。
西元前332年至西元前325年		
324	齊宣王十九年	〈孟嘗君列傳〉田嬰相齊十一年，宣王卒，湣王即位。
西元前323年、西元前322年		
321	齊湣王三年	〈孟嘗君列傳〉即位三年，而封田嬰於薛。（據年表在此年，即湣王三年，理應爲湣王即位第四年。）

〔註16〕本表整理原則同附表三。六國人物列傳所指爲以六國重要人物活動爲主之列傳，計有〈孫子吳起列傳〉、〈孟嘗君列傳〉、〈平原君虞卿列傳〉、〈魏公子列傳〉、〈春申君列傳〉、〈樂毅列傳〉、〈廉頗藺相如列傳〉、〈田單列傳〉共八篇，而〈蘇秦列傳〉、〈魯仲連鄒陽列傳〉、〈屈原賈生列傳〉、〈刺客列傳〉內明確編年之資料僅一、二例，不列入本表中。

西元前 320 年至西元前 300 年		
299	齊湣王二十五年	〈孟嘗君列傳〉齊湣王二十五年，復卒使孟嘗君入秦，昭王即以孟嘗君爲秦相。人或說秦昭王曰：……。
西元前 298 年至西元前 285 年		
284	趙惠文王十五年	〈樂毅列傳〉樂毅攻入臨菑，盡取齊寶財物祭器輸之燕。……（據年表在此年，但〈趙世家〉記樂毅攻齊事在上一年。）
283	趙惠文王十六年	〈廉頗藺相如列傳〉趙惠文王十六年，廉頗爲趙將伐齊，大破之，取陽晉……。（〈趙世家〉同在此年，唯「陽晉」作「昔陽」。）
西元前 282 年		
281	趙惠文王十八年	〈廉頗藺相如列傳〉……其後秦伐趙，拔石城。（據年表、〈趙世家〉在此年。）
280	趙惠文王十九年	〈廉頗藺相如列傳〉明年，復攻趙，殺二萬人。（年表、〈趙世家〉同在此年，唯年表「二萬」作「三萬」。）
279	趙惠文王二十年	〈樂毅列傳〉樂毅留徇齊五歲，下齊七十餘城，皆爲郡縣以屬燕，唯獨莒、即墨未服。會燕昭王死，子立爲燕惠王。（據年表在此年，如從樂毅破齊當年推算，此爲第六年。） 〈廉頗藺相如列傳〉秦王使使者告趙王，欲與王爲好會於西河外澠池。……（據年表、〈趙世家〉在此年。世家記地點爲「西河」，年表記爲「黽池」。）
278	趙惠文王二十一年	〈廉頗藺相如列傳〉……卒相與驩，爲刎頸之交。是歲，廉頗東攻齊，破其一軍。（說見下。）
西元前 277 年		
276	趙惠文王二十三年	〈廉頗藺相如列傳〉居二年，廉頗復伐齊幾，拔之。（據〈趙世家〉在此年，上推廉頗東攻齊在前二年。從世家可知攻幾有二次，故此用「復」字。）
西元前 275 年		
274	趙惠文王二十五年	〈廉頗藺相如列傳〉後三年，廉頗攻魏之防陵、安陽，拔之。（從廉頗復伐齊幾當年推算在此年。）
西元前 273 年、西元前 272 年		
271	趙惠文王二十八年	〈廉頗藺相如列傳〉後四年，藺相如將而攻齊，至平邑而罷。（據年表、〈趙世家〉在此年。）
270	趙惠文王二十九年	〈廉頗藺相如列傳〉其明年，趙奢破秦軍閼與下。……（年表、〈趙世家〉亦在此年。）趙惠文王賜奢號爲馬服君，以許歷爲國尉。趙奢於是與廉頗、藺相如同位。

西元前 269 年、西元前 268 年、西元前 267 年		
266	趙惠文王三十三年	〈廉頗藺相如列傳〉後四年，趙惠文王卒，子孝成王立。（據年表、〈趙世家〉在此年，但從趙奢封爲馬服君當年推算應爲「後五年」。）
西元前 265 年、西元前 264 年		
263	楚頃襄王三十六年	〈春申君列傳〉歇至楚三月，楚頃襄王卒，太子完立，是爲考烈王。
262	楚考烈王元年	〈春申君列傳〉考烈王元年，以黃歇爲相，封爲春申君，賜淮北地十二縣。
西元前 261 年、西元前 260 年		
259	楚考烈王四年 趙孝成王七年	〈春申君列傳〉春申君爲楚相四年，秦破趙之長平軍四十餘萬。（《史記》各篇所記秦破趙於長平之年份不同，年表記於上一年。） 〈廉頗藺相如列傳〉七年，秦與趙兵相距長平……括軍敗，數十萬之眾遂降秦，秦悉阬之。趙前後所亡凡四十五萬。（據〈趙世家〉在此年。）
258	楚考烈王五年 趙孝成王八年	〈春申君列傳〉五年，圍邯鄲。邯鄲告急於楚，楚使春申君將兵往救之，秦兵亦去，春申君歸。（《史記》各篇包括年表皆記於下一年，唯〈趙世家〉記平原君如楚請救事在此年。） 〈廉頗藺相如列傳〉明年，秦兵遂圍邯鄲，歲餘，幾不得脫。賴楚、魏諸侯來救，乃得解邯鄲之圍。趙王亦以括母先言，竟不誅也。（接上文在此年，但與年表等篇所記邯鄲戰役年份不同，從「歲餘」二字可知戰事可能並未止於發生當年。）
257	魏安釐王二十年	〈魏公子列傳〉魏安釐王二十年，秦昭王已破趙長平軍，又進兵圍邯鄲。……魏王使將軍晉鄙將十萬眾救趙。秦王使使者告魏王曰：……。
西元前 256 年		
255	楚考烈王八年	〈春申君列傳〉春申君相楚八年，爲楚北伐滅魯，以荀卿爲蘭陵令。當是時，楚復彊。
西元前 254 年、西元前 253 年、西元前 252 年		
251	趙孝成王十五年	〈廉頗藺相如列傳〉自邯鄲圍解五年，而燕用栗腹之謀，曰「趙壯者盡於長平，其孤未壯」，舉兵擊趙。趙使廉頗將，擊，大破燕軍於鄗，殺栗腹，遂圍燕。燕割五城請和，乃聽之。趙以尉文封廉頗爲信平君，爲假相國。（據年表和〈趙世家〉破栗腹事在此年，但與上文之紀年不相接。疑列傳紀年有誤。） 〈平原君列傳〉平原君以趙孝成王十五年卒。（據年表在此年，〈趙世家〉則在趙孝成王十四年。本列傳《索隱》按：〈六國年表〉及世家並云十四年卒，與此不同。）

250	趙孝成王十六年	〈樂毅列傳〉趙封樂乘爲武襄君。(據〈趙世家〉在此年。)
249	楚考烈王十四年 趙孝成王十七年	〈春申君列傳〉春申君相十四年，秦莊襄王立，以呂不韋爲相，封爲文信侯。取東周。 〈樂毅列傳〉其明年，樂乘、廉頗爲趙圍燕，燕重禮以和，乃解。(據〈趙世家〉攻燕事在此年。)
248	楚考烈王十五年	〈春申君列傳〉後十五歲(上接楚考烈王元年)，黃歇言之楚王曰：「淮北地邊齊，其事急，請以爲郡便。」因并獻淮北十二縣。請封於江東。考烈王許之。春申君因城故吳墟，以自爲都邑。(據年表春申君徙封吳在此年。)
247	魏安釐王三十年	〈魏公子列傳〉魏安釐王三十年，公子使使遍告諸侯。諸侯聞公子將，各遣將將兵救魏。公子率五國之兵破秦軍於河外，走蒙驁。遂乘勝逐秦軍至函谷關，抑秦兵，秦兵不敢出。
西元前 246 年		
245	趙孝成王二十一年	〈樂毅列傳〉後五歲，趙孝成王卒。襄王使樂乘代廉頗。廉頗攻樂乘，樂乘走，廉頗亡入魏。(據〈趙世家〉、〈燕世家〉在此年。) 〈廉頗藺相如列傳〉廉頗之免長平歸也，……居六年，趙使廉頗伐魏之繁陽，拔之。趙孝成王卒，子悼襄王立，使樂乘代廉頗。廉頗怒，攻樂乘，樂乘走。廉頗遂奔魏之大梁。(據〈趙世家〉、〈燕世家〉廉頗奔魏在此年。)
244	趙悼襄王元年	〈廉頗藺相如列傳〉其明年，趙乃以李牧爲將而攻燕，拔武遂、方城。(以下〈李牧傳〉)趙悼襄王元年，廉頗既亡入魏，趙使李牧攻燕，拔武遂、方城。(據〈趙世家〉在此年。)
243	魏安釐王三十四年	〈魏公子列傳〉日夜爲樂飲者四歲，竟病酒而卒。其歲，魏安釐王亦薨。
242	趙悼襄王三年 魏景湣王元年	〈廉頗藺相如列傳〉居二年，龐煖破燕軍，殺劇辛。(據〈趙世家〉在此年。) 〈魏公子列傳〉秦聞公子死，使蒙驁攻魏，拔二十城，初置東郡。(據年表在此年。)
241	楚考烈王二十二年	〈春申君列傳〉春申君相二十二年，諸侯患秦攻伐無已時，乃相與合從，西伐秦，而楚王爲從長，春申君用事。至函谷關，秦出兵攻，諸侯兵皆敗走。楚考烈王以咎春申君，春申君以此益疏。

西元前 240 年、西元前 239 年		
238	楚考烈王二十五年	〈春申君列傳〉春申君相二十五年，楚考烈王病。朱英謂春申君曰：……於是遂使吏盡滅春申君之家。而李園女弟初幸春申君有身而入之王所生子者遂立，是爲楚幽王。 是歲也，秦始皇帝立九年矣。嫪毐亦爲亂於秦，覺，夷其三族，而呂不韋廢。（據年表呂不韋被廢是在下一年。）
西元前 237 年、西元前 236 年、西元前 235 年		
234	趙王遷二年	〈廉頗藺相如列傳〉後七年秦破殺趙將扈輒於武遂，斬首十萬。（據趙表、〈趙世家〉在此年，但與上文紀年不相接。）趙乃以李牧爲大將軍，擊秦軍於宜安，大破秦軍，走秦將桓齮。封李牧爲武安君。（據〈趙世家〉在下一年。）
西元前 233 年		
232	趙王遷四年	〈廉頗藺相如列傳〉居三年，秦攻番吾，李牧擊破秦軍，南距韓、魏。（據〈趙世家〉在此年。）
西元前 231 年、西元前 230 年		
229	趙王遷七年	〈樂毅列傳〉其後十六年而秦滅趙。（據〈趙世家〉在此年。如從廉頗亡入魏當年推算，至此年爲十七年。《史記》各篇記秦滅趙則在下一年。） 〈廉頗藺相如列傳〉趙王遷七年，秦使王翦攻趙，趙使李牧、司馬尚御之……趙使人微捕得李牧，斬之。廢司馬尚。後三月，王翦因急擊趙，大破殺趙蔥，虜趙王遷及其將顏聚，遂滅趙。
西元前 228 年、西元前 227 年、西元前 226 年		
225	魏王假三年	〈魏公子列傳〉其後秦稍蠶食魏，十八歲而虜魏王，屠大梁。

附表五、睡虎地秦墓竹簡《編年記》與《史記》相關記事對照表〔註 17〕

西元前（年）	《編年記》	《史記》中可能之相關記事
305	二年，攻皮氏。	魏表 306：秦擊皮氏，未拔而解。 魏世家 307：秦來伐我皮氏，未拔而解。 樗里子甘茂列傳：昭王元年 306……還擊皮氏，皮氏未降，又去。
303	四年，攻封陵。	魏表：秦拔我蒲坂、晉陽、封陵。 魏世家：秦拔我蒲反、陽晉、封陵。
302	五年，歸蒲反。	秦本紀：魏王來朝應亭，復與魏蒲阪。 魏表：與秦會臨晉，復〔歸〕我蒲坂。 魏世家：與秦會臨晉，秦予我蒲反。
301	六年，攻新城。	秦本紀：庶長奐伐楚，斬首二萬。 秦表：伐楚。 魏表、韓表：與秦擊楚。 楚表：秦、韓、魏、齊敗我將軍唐昧於重丘。 齊表：與秦擊楚，使公子將，大有功。 魏世家：與秦伐楚。 韓世家：與秦伐楚，敗楚將唐昧。 楚世家：秦乃與齊、韓、魏共攻楚，殺楚將唐昧，取我重丘而去。 田世家：與秦敗楚於重丘。
300	七年，新城陷。	秦本紀：拔新城。 秦表：擊楚，斬首三萬。 楚表：秦取我襄城，殺景缺。 楚世家：秦復攻楚，大破楚，楚軍死者二萬，殺我將軍景缺。懷王恐，乃使太子爲質於齊以求平。
299	八年，新城歸。	
298	九年，攻析。	秦本紀：奐攻楚，取八城，殺其將景快。 楚表：秦取我十六城。 楚世家：秦要懷王不可得地，楚立王以應秦，秦昭王怒，發兵出武關攻楚，大敗楚軍，斬首五萬，取析十五城而去。

〔註 17〕本表並未摘錄《編年記》全文，僅選取《編年記》內可與《史記》內容對照之記事入表。表內阿拉伯數字表示西元前紀年。未標示出阿拉伯數字之記事的紀年即爲第一欄的西元前紀年。

294	十三年，攻伊闕。	秦本紀：左更白起攻新城。 白起王翦列傳：將而擊韓之新城。
293	十四年，伊闕。	秦本紀：左更白起攻韓、魏於伊闕，斬首二十四萬，虜公孫喜，拔五城。 秦表：白起擊伊闕，斬首二十四萬。 魏表：佐韓擊秦，秦敗我兵伊闕。魏世家：佐韓攻秦，秦將白起敗我軍伊闕二十四萬。 韓表：秦敗我伊闕，〔斬首〕二十四萬，虜將喜。 韓世家：使公孫喜率周、魏攻秦。秦敗我二十四萬，虜喜伊闕。 楚世家：秦使白起伐韓於伊闕，大勝，斬首二十四萬。
292	十五年，攻魏。	秦本紀：大良造白起攻魏，取垣，復予之。攻楚，取宛。
291	十六年，攻宛。	秦本紀：左更錯取軹及鄧。冄免，封公子市宛，公子悝鄧，魏冄陶，爲諸侯。 韓表：秦拔我宛城。 韓世家：秦拔我宛。
290	十七年，攻垣、枳。	秦本紀：秦以垣爲蒲阪、皮氏。 白起王翦列傳：明年291，起與客卿錯攻垣城，拔之。
289	十八年，攻蒲反。	秦本紀：錯攻垣、河雍，決橋取之。 秦表：客卿錯擊魏，至軹，取城大小六十一。 魏表：秦擊我。取城大小六十一。 魏世家：秦拔我城大小六十一。
287	廿年，攻安邑。	
286	廿一年，攻夏山。	秦本紀：錯攻魏河內。魏獻安邑，秦出其人，募徙河東賜爵，赦罪人遷之。 秦表：魏納安邑及河內。 韓表：秦敗我兵夏山。 韓世家：秦敗我師于夏山。
283	廿四年，攻林。	秦本紀：與楚王會鄢，又會穰。秦取魏安城，至大梁，燕、趙救之，秦軍去。魏冄免相。 魏表：秦拔我安城，兵至大梁而還。 魏世家：秦拔我安城，兵到大梁，去。
282	廿五年，攻茲氏。	秦本紀：拔趙二城。 趙表：秦拔我兩城。 趙世家：樂毅將趙師攻魏伯陽。而秦怨趙不與己擊齊，伐趙，拔我兩城。

281	廿六年，攻離石。	趙表、趙世家：秦拔我石城。
280	廿七年，攻藺。	秦本紀：錯攻楚。赦罪人遷之南陽。白起攻趙，取代光狼城。又使司馬錯發隴西，因蜀攻楚黔中，拔之。 秦表：擊趙，斬首三萬。地動，壞城。 趙表：秦敗我軍，斬首三萬。 趙世家：秦（敗）〔取〕我二城。趙與魏伯陽。
279	廿八年，攻鄢。	秦本紀：大良造白起攻楚，取鄢、鄧，赦罪人遷之。 楚表：秦拔鄢、西陵。 楚世家：秦將白起拔我西陵。 白起王翦列傳：後七年，白起攻楚，拔鄢、鄧五城。
278	廿九年，攻安陸。	秦本紀：大良造白起攻楚，取郢爲南郡，楚王走。 秦表：白起擊楚，拔郢，更東至竟陵，以爲南郡。 楚表：秦拔我郢，燒夷陵。王走陳。 魏世家：秦拔郢，楚王徙陳。 楚世家：秦將白起遂拔我郢，燒先王墓夷陵。
277	卅年，攻□山。	秦本紀：蜀守若伐楚，取巫郡，及江南爲黔中郡。 楚表：秦拔我巫、黔中。 楚世家：秦復拔我巫、黔中郡。
275	卅二年，攻啓封。	秦本紀：相穰侯攻魏，至大梁，破暴鳶，斬首四萬，鳶走，魏入三縣請和。 魏表：秦拔我兩城，軍大梁下，韓來救，與秦溫以和。 韓表：暴鳶救魏，爲秦所敗，走開封。 韓世家：使暴䳒救魏，爲秦所敗，䳒走開封。 魏世家：又拔我二城，軍大梁下，韓來救，予秦溫以和。 穰侯列傳：穰侯爲相國，將兵攻魏，走芒卯，入北宅，遂圍大梁。……明年 274，魏背秦，與齊從親。秦使穰侯伐魏，斬首四萬，走魏將暴鳶，得魏三縣。穰侯益封。
274	卅三年，攻蔡、中陽。	秦本紀：客卿胡陽攻魏卷、蔡陽、長社，取之。擊芒卯華陽，破之，斬首十五萬。魏入南陽以和。 魏表、魏世家：秦拔我四城，斬首四萬。 穰侯列傳：明年 273，穰侯與白起客卿胡陽復攻趙、韓、魏，破芒卯於華陽下，斬首十萬，取魏之卷、蔡陽、長社，趙氏觀津。且與趙觀津，益趙以兵，伐齊。

273	卅四年，攻華陽。	秦本紀 274：擊芒卯華陽，破之，斬首十五萬。 秦表：白起擊魏華陽軍，芒卯走，得三晉將，斬首十五萬。 周本紀：秦破華陽約。 韓世家：趙、魏攻我華陽。韓告急於秦，……敗趙、魏於華陽之下。 魏世家：秦破我及韓、趙，殺十五萬人，走我將芒卯。 趙世家 274：燕周將，攻昌城、高唐，取之。與魏共擊秦。秦將白起破我華陽，得一將軍。 穰侯列傳：明年 273，穰侯與白起客卿胡陽復攻趙、韓、魏，破芒卯於華陽下，斬首十萬，取魏之卷、蔡陽、長社，趙氏觀津。且與趙觀津，益趙以兵，伐齊。 白起王翦列傳：白起攻魏，拔華陽，走芒卯，而虜三晉將，斬首十三萬。
270	卅七年，□寇剛。	秦本紀：三十六年 271，客卿竈攻齊，取剛、壽，予穰侯。 齊表：秦、楚擊我剛壽。 田世家：秦擊我剛壽。 穰侯列傳：昭王三十六年 271，相國穰侯言客卿竈，欲伐齊取剛、壽，以廣其陶邑。
269	卅八年，閼輿。	秦本紀：中更胡（傷）〔陽〕攻趙閼與，不能取。 韓表 270：秦擊我閼與城，不拔。 趙表 270：秦（拔我）〔攻韓〕閼與。趙奢將擊秦，大敗之，賜號曰馬服。 趙世家 270：秦韓相攻，而圍閼與。趙使趙奢將，擊秦，大破秦軍閼與下，賜號爲馬服軍。 廉頗藺相如列傳 270：秦伐韓，軍於閼與。王召廉頗而問曰……趙奢縱兵擊之，大破秦軍。秦軍解而走，遂解閼與之圍而歸。趙惠文王賜奢號爲馬服君，……。
268	卅九年，攻懷。	魏表：秦拔我懷城。 魏世家：秦拔我懷。 范睢蔡澤列傳：卒聽范睢謀，使五大夫綰伐魏，拔懷。後二歲 266，拔邢丘。
266	卌一年，攻邢丘。	秦本紀：四十一年夏，攻魏，取邢丘、懷。 魏表：秦拔我廩丘。 魏世家：秦拔我鄴丘。 范睢蔡澤列傳：卒聽范睢謀，使五大夫綰伐魏，拔懷。後二歲，拔邢丘。

265	卌二年，攻少曲。	范睢蔡澤列傳：范睢相秦二年，秦昭王之四十二年，東伐韓少曲、高平，拔之。
263	卌四年，攻太行，·□攻。	秦本紀：攻韓南（郡）〔陽〕，取之。 秦表：（秦）攻韓，取南陽。 韓表：秦擊我太行。 韓世家：秦擊我於太行，我上黨郡守以上黨郡降趙。
262	卌五年，攻大野王。	秦本紀：五大夫賁攻韓，取十城。 秦表：（秦）攻韓，取十城。 白起王翦列傳：伐韓之野王。野王降秦，上黨道絕。
261	卌六年，攻□亭。	
260	卌七年，攻長平。	秦本紀：秦攻韓上黨，上黨降趙，秦因攻趙，趙發兵擊秦，相距。秦使武安君白起擊，大破趙於長平，四十餘萬盡殺之。 秦表：白起破趙長平，殺卒四十五萬。 趙表 261：使廉頗拒秦於長平。 韓世家 259：秦拔趙上黨，殺馬服子卒四十餘萬於長平。 趙世家 259：七（年）〔月〕，廉頗免而趙括代將。秦人圍趙括，趙括以軍降，卒四十餘萬皆阬之。……王還，不聽秦，秦圍邯鄲。…… 田世家 259：秦攻趙，齊楚救之。……秦破趙於長平四十餘萬，遂圍邯鄲。 白起王翦列傳：秦使左庶長王齕攻韓，取上黨。上黨民走趙。……秦聞馬服子將，乃陰使武安君白起為上將軍……。 廉頗藺相如列傳：括軍敗，數十萬之眾遂降秦，秦悉阬之。趙前後所亡凡四十五萬。
259	卌年，攻武安。	秦本紀：四十八年十月 259，韓獻垣雍。秦軍分為三軍。武安君歸。王齕將伐趙（武安）皮牢，拔之。司馬梗北定太原，盡有韓上黨。正月，兵罷，復守上黨。其十月，五大夫陵攻趙邯鄲。 白起王翦列傳：四十八年十月 259，秦復定上黨郡。秦分軍為二：王齕攻皮牢，拔之；司馬梗定太原。韓、趙恐，使蘇代……正月，皆罷兵。……秦王使王齕代陵將，八九月圍邯鄲，不能拔。楚使春申君及魏公子將兵數十萬攻秦軍，秦軍多失亡。……於是免武安君為士伍，遷之陰密。武安君病，未能行。居三月，諸侯攻秦軍急，秦軍數卻，使者日至。……武安君之死也，以秦昭王五十年十一月。

257	〔五十年〕，攻邯鄲。	秦本紀：五十年十月，武安君白起有罪，爲士伍，遷陰密。張唐攻鄭，拔之。十二月，益發卒軍汾城旁。武安君白起有罪，死。齕攻邯鄲，不拔，去，還奔汾軍。 秦表：王齕、鄭安平圍邯鄲，及齕還軍，拔新中。 魏表：公子無忌救邯鄲，秦兵解去。 趙表：秦圍我邯鄲，楚、魏救我。 楚表：春申君救趙。 魏世家：秦圍邯鄲，信陵君無忌矯奪將軍晉鄙兵以救趙，趙得全。無忌因留趙。 趙世家 258：平原君如楚請救，還，楚來救，及魏公子無忌亦來救，秦圍邯鄲乃解。 楚世家 257：秦圍邯鄲，趙告急楚，楚遣將軍景陽救趙。七年 256，至新中。秦兵去。 燕世家：秦圍邯鄲者解去。
256	五十一年，攻陽城。	秦本紀：將軍摎攻韓，取陽城、負黍，斬首四萬。 周本紀：秦取韓陽城負黍，西周恐，倍秦，與諸侯約從，將天下銳師出伊闕攻秦，令秦無得通陽城。秦昭王怒，使將軍摎攻西周。 韓表：秦擊我陽城，救趙新中。 韓世家：秦拔我陽城、負黍。
255	〔五十二〕年，王稽、張祿死。	秦表：王稽棄市。
251	五十六年，後九月，昭死。正月，速產。	秦本紀：五十六年秋，昭襄王卒，子孝文王立。 秦表：表可知、魏世家、韓世家、燕世家：（秦昭王卒。） 楚世家：秦昭王卒，楚王使春申君弔祠于秦。
250	孝文王元年，立即死。	秦本紀：孝文王元年，赦罪人，修先王功臣，褒厚親戚，弛苑囿。孝文王除喪，十月己亥即位，三日辛丑卒，子莊襄王立。 秦表：秦孝文王元年。
247	莊王三年，莊王死。	秦本紀：五月丙午，莊襄王卒，子政立，是爲秦始皇帝。 楚世家：秦莊襄王卒，秦王趙政立。
246	今元年，喜傅。	秦表：始皇帝元年。
244	三年，卷軍。八月，喜揄吏。	秦始皇本紀 245：麃公將卒攻卷，斬首三萬。

243	〔四年〕，□軍。十一月，喜□安陸□史。	秦始皇本紀：拔暘、有詭。三月，軍罷。秦質子歸自趙，趙太子出歸國。十月庚寅，蝗蟲從東方來，蔽天。天下疫。百姓內粟千石，拜爵一級。
232	十五年，從平陽軍。	秦始皇本紀：桓齮攻趙平陽，殺趙將扈輒，斬首十萬。王之河南。正月，彗星見東方。十月，桓齮攻趙。 秦表：桓齮擊平陽，殺趙扈輒，斬首十萬，因東擊。趙王之河南。彗星見。 趙表：秦拔我平陽，敗扈輒，斬首十萬。 趙世家：秦攻武城，扈輒率師救之，軍敗，死焉。 秦始皇本紀 233：攻趙軍於平陽，取宜安，破之，殺其將軍。桓齮定平陽、武城。 秦表 233：桓齮定平陽、武城、宜安。
231	十六年，七月丁巳，公終。自占年。	秦始皇本紀：十六年九月，發卒受地韓南陽假守騰。初令男子書年。魏獻地於秦。
230	十七年，攻韓。	秦始皇本紀：內史騰攻韓，得韓王安，盡納其地，以其地爲郡，命曰潁川。 秦表：內史（勝）〔騰〕擊得韓王安，盡取其地，置潁川郡。 韓世家：秦虜王安，盡入其地爲潁川郡，韓遂亡。 韓表：秦虜王安，秦滅韓。 燕世家：秦虜滅韓王安，置潁川郡。 楚世家 229、田世家：秦滅韓。
229	十八年，攻趙。	秦始皇本紀：大興兵攻趙，王翦將上地，下井陘，端和將河內，羌瘣伐趙，端和圍邯鄲城。 趙世家：秦人攻趙，趙大將李牧、將軍司馬尚將，擊之。李牧誅，司馬尚免，趙忽及齊將顏聚代之。趙忽軍破，顏聚亡去。以王遷降。
228	十九年，□□□□南郡備警。	秦始皇本紀：王翦、羌瘣盡定取趙地東陽，得趙王。引兵欲攻燕，屯中山。……始皇帝母太后崩。趙公子嘉率其宗數百人之代，自立爲代王，東與燕合兵，軍上谷。大饑。 秦表：王翦拔趙，虜王遷（之）邯鄲。帝太后薨。 趙世家：八年十月，邯鄲爲秦。 趙表：秦王翦虜王遷邯鄲。公子嘉自立爲代王。 楚世家：秦虜趙王遷。 燕世家：秦虜趙王遷，滅趙。趙公子嘉自立爲代王。

		田世家：秦滅趙。 廉頗藺相如列傳：趙王遷七年，秦使王翦攻趙，趙使李牧、司馬尙御之。……三月，王翦因急擊趙，大破殺趙蔥，虜趙王遷及其將顏聚，遂滅趙。
225	廿二年，攻魏梁。	秦始皇本紀：王賁攻魏，引河溝灌大梁，大梁城壞，其王請降，盡取其地。 秦表：王賁擊魏，得其王假，盡取其地。 魏世家：秦灌大梁，虜王假，遂滅魏以爲郡縣。 楚世家、田世家、燕世家：秦滅魏。 魏表：秦虜王假。
224	廿三年，興，攻荊，□□守陽□死。四月，昌文君死。	秦始皇本紀：秦王復召王翦，彊起之，使將擊荊。取陳以南至平輿，虜荊王。秦王游至郢陳。荊將項燕立昌平君爲荊王，反秦於淮南。 秦表：王翦、蒙武擊破楚軍，殺其將項燕。 楚世家：秦將王翦破我軍於蘄，而殺將軍項燕。 楚表：秦破我將項燕。 白起王翦列傳：王翦果代李信擊荊……大破荊軍。至蘄南，殺其將軍項燕，荊兵遂敗走。秦因乘勝略定荊地城邑。歲餘，虜荊王負芻，竟平荊地爲郡縣。 蒙恬列傳：蒙武爲秦裨將軍，與王翦攻楚，大破之，殺項燕。
223	〔廿四年〕，□□□王□□。	秦始皇本紀：王翦、蒙武攻荊，破荊軍，昌平君死，項燕遂自殺。 秦表：王翦、蒙武破楚，虜其王負芻。
219	〔廿八〕年，今過安陸。	秦始皇本紀：始皇東行郡縣，上鄒嶧山。……乃遂上泰山，……上自南郡由武關歸。 秦表：爲阿房宮。之衡山。治馳道。帝之琅邪，道南郡入。爲太極廟。賜戶三十，爵一級。

附表六、《史記》戰國記事之紀年矛盾表〔註 18〕

編號	西元前（年）	《史記》戰國記事	矛盾之紀年	說　明
1	463	趙世家：知伯伐鄭。趙簡子疾，使太子毋卹將而圍鄭。知伯醉，以酒灌擊毋卹。……知伯歸，因謂簡子，使廢毋卹，簡子不聽。毋卹由此怨知伯。	韓表 464：知伯伐鄭，駟桓子如齊求救。 鄭世家：三十六年 464，晉知伯伐鄭，取九邑。	趙世家較韓表、鄭世家晚 1 年。
2	419	秦本紀：晉城少梁，秦擊之。 魏世家：城少梁。 魏表：魏城少梁。	秦表 418：與魏戰少梁。	秦表較秦本紀、魏世家、魏表晚 1 年。
3	409	秦本紀：令吏初帶劍。塹洛，城重泉。	秦表 408：塹洛，城重泉。初租禾。	秦表較秦本紀晚 1 年。
4	403	魏表、韓表、楚表、魏世家、韓世家、燕世家、齊太公世家、鄭世家：（魏、趙、韓列爲諸侯。）	楚世家：簡王八年 424，魏文侯、韓武子、趙桓子始列爲諸侯。	楚世家較他篇早 21 年。
5	388	秦本紀：惠公十二年，子出子生。	秦表 389：太子生。	秦表較秦本紀早 1 年。
6	386	齊太公世家：十九年，田常曾孫田和始爲諸侯，遷康公海濱。 齊表：田常曾孫田和始列爲諸侯。遷康公海上食一城。	田世家：貸立十四年 391，淫於酒婦人，不聽政。太公乃遷康公於海上，食一城，以奉其先祀。	田世家早齊太公世家、齊表 5 年。〔註 19〕

〔註 18〕本表列出《史記》內兩處以上所記爲同事但紀年不同的戰國記事，（戰國記事即《史記》內以〈六國年表〉斷限爲標準，同一時期的記事，不包括戰國故事）以供研究者參考。不過本表並未將《史記》兩處以上所記爲同事且紀年一致但據學者考證爲紀年同誤的記事納入表中。表內阿拉伯數字表示西元前紀年。未標示出阿拉伯數字之記事的紀年即爲第二欄的西元前紀年。

〔註 19〕一般而言，在年表中，「某國君立（即位）」之事均會記載在此國君「元年」的前一年，但是在《史記》文中凡提到「某君立若干年」，指的往往是從國君元年當年所計算出來的年份。例如「貸立十四年」指的是康公貸十四年，而非康公貸十三年。

7	385	田世家：齊侯太公和立二年，和卒，子桓公午立。 齊表：伐魯，破之。田和卒。	齊表 384：田和子桓公午立。	田世家把「田和卒」和「桓公午立」之事記於同一年，即齊表記「桓公午立」較田世家晚 1 年。
8	370	魏世家：惠王元年，初，武侯卒也，……乃與趙成侯合軍并兵以伐魏，戰于濁澤，魏氏大敗，魏君圍。	趙表 369：敗魏涿澤，圍惠王。 趙世家 369：伐魏，敗湪澤，圍魏惠王。 齊表 368：伐魏，取觀。趙侵我長城。 田世家：（無註記年份）威王初即位以來，不治，委政卿大夫，九年之閒，諸侯并伐，……遂起兵西擊趙、衞，敗魏於濁澤而圍惠王。惠王請獻觀以和解，趙人歸我長城。	魏世家和田世家似乎沒有仔細編年。
9	369	魏世家：敗趙于懷。	趙表 370、趙世家 370：魏敗我懷。	魏世家晚趙表、趙世家 1 年。
10	367	秦本紀：雨金櫟陽。	秦表 368：櫟陽雨金，四月至八月。	秦表較秦本紀早 1 年。
11	362	秦本紀：與魏晉戰少梁，虜其將公孫痤。 魏世家：伐敗韓於澮。與秦戰少梁，虜我將公孫痤，取龐。秦獻公卒，子孝公立。 秦表：與魏戰少梁，虜其太子。 魏表：與秦戰少梁，虜我太子。 韓表、趙表、韓世家：（魏敗我澮。） 表可知、魏世家、燕世家：（秦獻公卒。）	趙世家 363：秦攻魏少梁，趙救之。 趙世家 362：秦獻公使庶長國伐魏少梁，虜其太子、痤。魏敗我澮，取皮牢。 秦本紀：獻公二十四年 361，獻公卒，子孝公立，年已二十一歲矣。	趙世家「秦攻魏少梁」事分兩年記了兩次。 趙世家「取皮牢」事早魏世家、魏表 1 年。

	361	魏世家：伐取趙皮牢。 魏表：取趙皮牢。		秦本紀「獻公」在位年數多年表 1 年，故獻公卒年晚年表、魏世家、燕世家 1 年。
12	343	秦本紀、秦表：天子致伯。 周表：致伯秦。 周本紀：周致伯於秦孝公。	田世家 342：周致伯於秦孝公。	田世家晚他篇 1 年。
13	342	魏表：中山君爲相。	魏世家 343：中山君相魏。	魏表較魏世家晚 1 年。
14	340	秦本紀：衛鞅擊魏，虜魏公子卬。 魏世家：秦、趙、齊共伐我，秦將商君詐我將軍公子卬而襲其軍，破之。秦用商君，東地至河，而齊、趙數破我，安邑近秦，於是徙治大梁。以公子赫爲太子。 魏表：秦商君伐我，虜我公子卬。 齊表：與趙會，伐魏。 商君列傳：其明年 340，衛鞅說孝公曰……孝公以爲然，使衛鞅將而伐魏。魏使公子卬將而擊之。……而衛鞅伏甲士而襲虜魏公子卬，因攻其軍，盡破之以歸秦。	趙世家 339：秦孝公使商君伐魏，虜其將公子卬。趙伐魏。 魏表 339：公子赫爲太子。	趙世家「秦伐魏虜公子卬」事晚秦本紀 1 年，此戰應是秦、趙、齊共伐魏，趙世家把「秦孝公使商君伐魏，虜其將公子卬」、「趙伐魏」分兩事記載。 魏表「公子赫爲太子」事晚魏世家 1 年。
15	340	齊表：與趙會，伐魏。	趙世家 339：趙伐魏。	齊表較趙世家早 1 年。
16	338	秦本紀：與晉戰鴈門。虜其將魏錯。	秦表 339：與晉戰岸門。	秦表較秦本紀早 1 年。
17	330	魏世家：秦敗我龍賈軍四萬五千于雕陰，圍我焦、曲沃。予秦河西之地。	秦本紀 329：渡河，取汾陰、皮氏。與魏王會應。圍焦，降之。	秦本紀「圍焦」事晚魏表、魏世家 1 年。

		魏表：與秦河西地少梁。秦圍我焦、曲沃。 秦本紀：魏納河西地。 秦表：魏入（少梁）河西地于秦。	魏表 333：秦敗我彫陰。	魏表「秦敗我彫陰」事早魏世家 3 年。
18	325～323	秦本紀：十三年 325 四月戊午，魏君爲王，韓亦爲王。使張儀伐取陝，出其人與魏。 秦表 325：君爲王。 田世家 325：秦惠王稱王。 楚世家 325：秦惠王初稱王。 秦本紀 323：張儀與齊、楚大臣會齧桑。 魏世家 323：楚敗我襄陵。諸侯執政與秦相張儀會齧桑。 秦表 323：相張儀與齊、楚會齧桑。 田世家 323：秦使張儀與諸侯執政會齧桑。 楚世家 323：楚使柱國昭陽將兵而攻魏，破之於襄陵，得八邑。又移兵而攻齊，齊王患之。陳軫適爲秦使齊……昭陽曰：「善。」引兵而去。……（無註記年份）燕、韓君初稱王。秦使張儀與楚、齊、魏相會，盟齧桑。	韓表 323：君爲王。 燕表 323：君爲王。 燕世家 323：燕君爲王。 韓世家 322：君號爲王。 秦表 324：相張儀將兵取陝。 張儀列傳：其後二年 323～322，使與齊、楚之相會齧桑。	「君爲王」事各篇所記國家和年份不同。〔註 20〕 秦表「張儀取陝」事晚秦本紀 1 年。 張儀列傳「會齧桑」事並未仔細編年，說見本文附表三於秦惠王更元三年的說明。
19	318	秦本紀：樂池相秦。韓、趙、魏、燕、齊帥匈奴共攻秦。秦使庶長疾與戰修魚，虜其將申差，敗趙公子渴、韓太子奐，斬首八萬二千。	魏表 317：齊敗我觀澤。 魏世家 317：齊敗我觀津。 趙表 317：與韓、魏擊秦。齊敗我觀澤。	秦本紀「秦敗韓脩魚，得韓將」事，早韓表、韓世家 1 年。 如據這幾篇，

〔註 20〕詳細之考證可見楊寬，《戰國史料編年輯證》，430～431。

		張儀列傳：齊又來敗魏於觀津。秦復欲攻魏，先敗韓申差軍，斬首八萬，諸侯震恐。 秦表：五國共擊秦，不勝而還。 魏表、韓表、趙表、楚表、燕表：擊秦不勝。 魏世家：五國共攻秦，不勝而去。 趙世家：韓擊秦不勝而去。 楚世家：蘇秦約從山東六國共攻秦，楚懷王爲從長。至函谷關，秦出兵擊六國，六國兵皆引歸，齊獨後。 燕世家：與楚、三晉攻秦不勝而還。	秦表 317：與韓趙戰，斬首八萬。 楚世家 317：齊湣王伐敗趙、魏軍，秦亦伐敗韓，與齊爭長。 齊表 317：敗魏、趙觀澤。 田世家 317：與宋攻魏，敗之觀澤。 趙世家 317：與韓、魏共擊秦，秦敗我，斬首八萬級。齊敗我觀澤。 韓表 317：秦敗我脩魚，得將軍申差。 韓世家 317：秦敗我修魚，虜得韓將鯁、申差於濁澤。	史事之排序似乎是：五國共攻秦在先，其後齊伐敗趙、魏，接著秦敗韓、魏，但各篇紀年甚亂。
20	317	秦本紀、秦表：（張儀復相秦。）	魏世家 319：張儀復歸秦。	魏世家較秦本紀、秦表早 2 年。
21	315	秦本紀：韓太子蒼來質。伐取韓石章。伐敗趙將泥。伐取義渠二十五城。十一年 314，樗里疾攻魏焦，降之。敗韓岸門，斬首萬，其將犀首走。	韓世家 314：大破我岸門。太子倉質於秦以和。	秦本紀「韓太子質秦」事早韓世家 1 年。
22	314	魏世家：秦使樗里子伐取我曲沃，走犀首岸門。 魏表：秦拔我曲沃，歸其人。走犀首岸門。	樗里子甘茂列傳：秦惠王八年 317，爵樗里子右更，使將而伐曲沃，盡出其人，取其城，地入秦。 張儀列傳：三歲 315 而魏復背秦爲從。秦攻魏，取曲沃。	樗里子甘茂列傳「取曲沃」事較魏世家、魏表早 3 年。 張儀列傳「取曲沃」事較魏世家、魏表早 1 年。
23	314	秦本紀：……燕君讓其臣子之。	趙世家 316：齊破燕。燕相子之爲君，君反爲臣。 燕表 316：君讓其臣子之，顧爲臣。	秦本紀晚趙世家、燕表 2 年。燕世家未詳載紀年。

			燕世家（無註記年份）：王因收印自三百石吏已上而效之子之。子之南面行王事，而噲老不聽政，顧爲臣，國事皆決於子之。	
24	311	楚世家：秦惠王卒。 表可知、田世家：秦惠王卒。 魯周公世家：平公十二年，秦惠王卒。	趙世家：十六年 310，秦惠王卒。	趙世家晚他篇 1 年。
25	307	魏世家：太子朝於秦。秦來伐我皮氏，未拔而解。	魏表 306：秦擊皮氏，未拔而解。 樗里子甘茂列傳：昭王元年 306……還擊皮氏，皮氏未降，又去。	魏世家早他篇 1 年。
26	307	秦本紀：王與孟說舉鼎，絕臏。八月，武王死。 表可知：（秦武王死。）	趙世家 308：秦武王與孟說舉龍文赤鼎，絕臏而死。趙王使代相趙固迎公子稷於燕，送歸，立爲秦王，是爲昭王。	趙世家早他篇 1 年。
27	303	趙世家：攻中山。	趙表 301：趙攻中山。惠后卒。	趙表「攻中山」事晚趙世家 2 年。
28	301	秦本紀：涇陽君質於齊。	田世家 300：秦使涇陽君爲於質。 齊表 300：秦使涇陽君來爲質。 穰侯列傳 300：樗里子死，而使涇陽君質於齊。 孟嘗君列傳：（未詳載紀年）秦昭王聞其賢，乃先使涇陽君爲質於齊，以求見孟嘗君。	秦本紀較他篇早 1 年。
29	299	秦本紀：使將軍芈戎攻楚，取新市。齊使章子，魏使公孫喜，韓使暴鳶共攻楚方城，取唐眛。	魏世家 301：與秦伐楚。 韓世家 301：與秦伐楚，敗楚將唐眛。 楚世家 301：秦乃與齊、韓、魏共攻楚，殺楚將唐	秦本紀「伐楚」事較他篇晚 2 年。

			昧，取我重丘而去。 田世家 301：與秦擊敗楚於重丘。 魏表、韓表 301：與秦擊楚。 楚表 301：秦、韓、魏、齊敗我將軍唐昧於重丘。 齊表 301：與秦擊楚，使公子將，大有功。	
30	299	秦本紀（承上）：趙破中山，其君亡，竟死齊。	趙世家 296：滅中山，遷其王於膚施。…… 趙表 295：圍殺主父。與齊、燕共滅中山。 齊表 295：佐趙滅中山。 田世家 295：趙殺其主父。齊佐趙滅中山。 趙世家 295：……主父令王聽朝，……公子章即以其徒與田不禮作亂，……故亂起，以至父子俱死，……	秦本紀「趙破中山」事與他篇所記年份不同。 趙世家「主父死」事與他篇所記年份不同。
31	298	秦本紀 298：孟嘗君薛文來相秦。……十年 297，楚懷王入朝秦，秦留之。薛文以金受免。 齊表 298：與魏、韓共擊秦。孟嘗君歸相齊。	田世家 299：歸涇陽君于秦。孟嘗君薛文入秦，即相秦。文亡去。 齊表 299：涇陽君復歸秦。薛文入相秦。	秦本紀、齊表「孟嘗君相齊」事較田世家、齊表晚 1 年。
32	298	秦本紀：奐攻楚，取八城，殺其將景快。	楚世家 300：秦復攻楚，大破楚，楚軍死者二萬，殺我將軍景缺。懷王恐，乃使太子爲質於齊以求平。 楚表 300：秦取我襄城，殺景缺。	秦本紀所記事與他篇紀年不同。 楚世家和楚表所記事順序似乎亦有不同。

33	297	秦本紀：楚懷王入朝秦，秦留之。	楚世家 299：秦復伐楚，取八城。秦昭王遣楚王書曰……齊王卒用其相計而歸楚太子。太子橫至，立爲王，是爲頃襄王。…… 楚表 299：王入秦。秦取我八城。	秦本紀「楚懷王入秦」事晚楚表、楚世家 2 年。
34	296	秦本紀：楚懷王走之趙，趙不受，還之秦，即死，歸葬。	秦表 297：楚懷王亡之趙，趙弗內。 趙表 297：楚懷王亡來，弗內。 楚世家 297：楚懷王亡逃歸，……走趙以求歸……不敢入楚王……遂與秦使復之秦。懷王遂發病。	秦本紀晚秦表、趙表、楚世家 1 年。
35	292	秦本紀：攻楚，取宛。	韓世家 291：秦拔我宛。 韓表 291：秦拔我宛城。	秦本紀早韓世家、韓表 1 年。
36	288	秦表、齊表、秦本紀、魏世家、田世家、楚世家：（秦、齊稱帝復爲王。）	趙世家 289：秦自置爲西帝。	趙世家早他篇 1 年。
37	288	秦本紀：王爲西帝，齊爲東帝，皆復去之。呂禮來自歸。齊破宋，宋王在魏，死溫。	魏世家 286：齊滅宋，宋王死我溫。 魏表 286：宋王死我溫。 齊表 286：齊滅宋。 田世家 286：伐宋，秦昭王怒曰：……於是齊遂伐宋，宋王出亡，死於溫。 宋微子世家：王偃立四十七年（難以確定西元前紀年），齊湣王與魏、楚伐宋，殺王偃，遂滅宋而三分其地。	秦本紀記事早他篇 2 年。
38	285	趙世家：相國樂毅將趙、秦、韓、魏、燕攻齊，取靈丘。與秦會中陽。 秦本紀：與趙王會中陽。 趙表：與秦會中陽。	秦本紀 284：尉斯離與三晉、燕伐齊，破之濟西。 秦表 284：尉斯離與韓、魏、燕、趙共擊齊，破之。 魏世家 284：與秦、趙、	趙世家「共擊齊」事早他篇 1 年。

	284	趙世家：燕昭王來見。趙與韓、魏、秦共擊齊，齊王敗走，燕獨深入，取臨菑。 趙表：取齊昔陽。	韓、燕共伐齊，敗之濟西，湣王出亡。燕獨入臨菑。 魏表、韓表 284：與秦擊齊濟西。與秦王會西周。 韓世家 284：與秦昭王會西周而佐秦攻齊。齊敗，湣王出亡。 燕表 284：與秦、三晉擊齊，燕獨入至臨淄，取其寶器。 燕世家 284：與秦、楚、三晉合謀以伐齊。齊兵敗，湣王出亡於外。 楚表 284：取齊淮北。 楚世家 284：楚王與秦、三晉、燕共伐齊，取淮北。 齊表 284：五國共擊湣王，土走莒。 田世家 284：燕、秦、楚、三晉合謀，各出銳師以伐，敗我濟西。王解而卻。燕將樂毅遂入臨淄，盡取齊之寶藏器。湣王出亡，之衞。	趙世家似乎分兩年重複記載了「共擊齊」、「會燕王」事。
	283	趙世家：秦復與趙數擊齊，齊人患之。蘇厲爲齊遺趙王書曰……於是趙乃輟，謝秦不擊齊。王與燕王遇。廉頗將，攻齊昔陽，取之。		
39	277	秦本紀：蜀守若伐楚，取巫郡，及江南爲黔中郡。 楚世家：秦復拔我巫、黔中郡。 楚表：秦拔我巫、黔中。	秦本紀 280：又使司馬錯發隴西，因蜀攻楚黔中，拔之。	如據楚世家，再比對秦本紀的記載，秦似乎曾在三年內拔楚黔中兩次。
40	275	秦本紀：相穰侯攻魏，至大梁，破暴鳶，斬首四萬，鳶走，魏入三縣請和。 韓世家：使暴𪈁救魏，爲秦所敗，𪈁走開封。 韓表：暴鳶救魏，爲秦所敗，走開封。	魏世家、魏表 274：秦拔我四城，斬首四萬。 穰侯列傳：昭王三十二年 275，穰侯爲相國，將兵攻魏，走芒卯，入北宅，遂圍大梁。……明年 274，魏背秦，與齊從親。秦使穰侯伐魏，斬首四萬，走魏將暴鳶，得魏三縣。穰侯益封。	各篇所記事之紀年多有異同。

41	274	秦本紀：客卿胡（傷）〔陽〕攻魏卷、蔡陽、長社，取之。擊芒卯華陽，破之，斬首十五萬。魏入南陽以和。 趙世家：……與魏共擊秦。秦將白起破我華陽，得一將軍。	魏世家 273：秦破我及韓、趙，殺十五萬人，走我將芒卯。魏將段干子請予秦南陽以和。 魏表 273：與秦南陽以和。 秦表 273：白起擊魏華陽軍，芒卯走，得三晉將，斬首十五萬。 韓世家 273：趙、魏攻我華陽。韓告急於秦，……敗趙、魏於華陽之下。 周本紀 273：秦破華陽約。 白起王翦列傳 273：白起攻魏，拔華陽，走芒卯，而虜三晉將，斬首十三萬。與趙將賈偃戰，沈其卒二萬人於河中。 穰侯列傳：昭王三十二年 275，穰侯爲相國，將兵攻魏，走芒卯，入北宅，遂圍大梁。……明年 274，魏背秦，與齊從親。秦使穰侯伐魏，斬首四萬，走魏將暴鳶，得魏三縣。穰侯益封。明年 273，穰侯與白起客卿胡陽復攻趙、韓、魏，破芒卯於華陽下，斬首十萬，取魏之卷、蔡陽、長社，趙氏觀津。且與趙觀津，益趙以兵，伐齊。	秦本紀、趙世家「秦破趙、魏華陽」事較他篇早 1 年。 穰侯列傳似重複記載「破芒卯」事，紀年有誤。
42	271	秦本紀：客卿竈攻齊，取剛、壽，予穰侯。	田世家 270：秦擊我剛壽。齊表 270：秦、楚擊我剛壽。	秦本紀較田世家、齊表早 1 年。
43	269	秦本紀：中更胡（傷）〔陽〕攻趙閼與，不能取。	趙世家 270：秦韓相攻，而圍閼與。趙使趙奢將，擊秦，大破秦軍閼與下，賜號爲馬服軍。 趙表 270：秦（拔我）〔攻韓〕閼與。趙奢將擊秦，大敗之，賜號曰馬服。 韓表 270：秦擊我閼與	秦本紀較他篇晚 1 年。

			城，不拔。 廉頗藺相如列傳 270：秦伐韓，軍於閼與。……王乃令趙奢將，救之。……大破秦軍。秦軍解而走，遂解閼與之圍而歸。……	
44	262	趙世家：王夢衣偏裻之衣，乘飛龍上天，不至而墜，見金玉之積如山。明日，王召筮史敢占之，曰……後三日，韓氏上黨守馮亭使者至，曰……趙遂發兵取上黨。廉頗將軍軍長平。	趙表 261：使廉頗拒秦於長平。	趙世家記「廉頗將軍軍長平」事較趙表早 1 年。
45	260	秦本紀：秦攻韓上黨，上黨降趙，秦因攻趙，趙發兵擊秦，相距。秦使武安君白起擊，大破趙於長平，四十餘萬盡殺之。 秦表：白起破趙長平，殺卒四十五萬。 趙表：使趙括代廉頗將。白起破括四十五萬。 白起王翦列傳：秦使左庶長王齕攻韓，取上黨。上黨民走趙。……秦聞馬服子將，乃陰使武安君白起爲上將軍……	韓世家 263：秦擊我於太行，我上黨郡守以上黨郡降趙。 韓表 263：秦擊我太行。 韓世家 259：秦拔趙上黨，殺馬服子卒四十餘萬於長平。 田世家 259：秦攻趙，齊楚救之。……秦破趙於長平四十餘萬，遂圍邯鄲。 趙世家：七年 259，廉頗免而趙括代將。秦人圍趙括，趙括以軍降，卒四十餘萬皆阬之。……，秦圍邯鄲。武垣令傅豹、王容、蘇射率燕眾反燕地。趙以靈丘封楚相春申君。廉頗藺相如列傳：七年 259，秦與趙兵相距長平……括軍敗，數十萬之眾遂降秦，秦悉阬之。趙前後所亡凡四十五萬。 春申君列傳：春申君爲楚相四年 259，秦破趙之長平軍四十餘萬。	各篇所記「長平之戰」紀年多不同。

46	257	魏世家：秦圍邯鄲，信陵君無忌矯奪將軍晉鄙兵以救趙，趙得全。無忌因留趙。 魏表：公子無忌救邯鄲，秦兵解去。 秦表：王齕、鄭安平圍邯鄲，及齕還軍，拔新中。 魏表：公子無忌救邯鄲，秦兵解去。 趙表：秦圍我邯鄲，楚、魏救我。 楚表：春申君救趙。 魏公子列傳：魏安釐王二十年，秦昭王已破趙長平軍，又進兵圍邯鄲。 呂不韋列傳：使王齮圍邯鄲，……。 廉頗藺相如列傳：明年（據趙表在此年，與趙世家不同），秦兵遂圍邯鄲，歲餘，幾不得脫。賴楚、魏諸侯來救，乃得解邯鄲之圍。	秦本紀：四十八年259……其十月，五大夫陵攻趙邯鄲。四十九年258正月，益發卒佐陵。陵戰不善，免，王齕代將。……五十年257……十二月益發卒軍汾城旁。武安君白起有罪，死。齕攻邯鄲，不拔，去，還奔汾軍…… 趙世家258：平原君如楚請救，還，楚來救，及魏公子無忌亦來救，秦圍邯鄲乃解。 春申君列傳258：圍邯鄲。邯鄲告急於楚 楚世家257：秦圍邯鄲，趙告急楚，楚遣將軍景陽救趙。 燕世家257：秦圍邯鄲者解去。 白起王翦列傳：四十八年十月259，秦復定上黨郡。……其九月，秦復發兵，使五大夫王陵攻趙邯鄲。是時武安君病，不任行。四十九年正月258，陵攻邯鄲，少利，秦益發兵佐陵。……秦王使王齕代陵將，八九月圍邯鄲，不能拔。楚使春申君及魏公子將兵數十萬攻秦軍，秦軍多失亡。……	各篇所記「圍邯鄲」、「救邯鄲」事紀年多不同。
47	256	魏表：韓、魏、楚救趙新中，秦兵罷。 韓表：秦擊我陽城，救趙新中。 楚世家：至新中。秦兵去。	秦表257：王齕、鄭安平圍邯鄲，及齕還軍，拔新中。 秦本紀257：五十年十月，武安君白起有罪，爲士伍，遷陰密。張唐攻鄭，拔之。十二月，益發	各篇所記之「新中」事紀年和結果似乎不同。

			卒軍汾城旁。武安君白起有罪，死。齕攻邯鄲，不拔，去，還奔汾軍。二月餘攻晉軍，斬首六千，晉楚流死河二萬人。攻汾城，即從唐拔寧新中，寧新中更名安陽。初作河橋。	
48	255	秦本紀：周民東亡，其器九鼎入秦。周初亡。 秦表：取西周（王）。	趙世家 256：燕攻昌壯，五月拔之。趙將樂乘、慶舍攻秦信梁軍，破之。太子死。而秦攻西周，拔之。徒父祺出。	趙世家「秦取西周」事較他篇早 1 年。
49	251	趙表：平原君卒。	趙世家 252：平原君趙勝死。	趙世家早趙表 1 年。
50	247	秦本紀：蒙驁攻魏高都、汲，拔之。攻趙榆次、新城、狼孟，取三十七城。	秦表 248：蒙驁擊趙榆次、新城、狼孟，得三十七城。日蝕。 趙世家 248：延陵鈞率師從相國信平君助魏攻燕。秦拔我榆次三十七城。 燕世家 248：秦拔趙榆次三十七城，秦置大原郡。	秦本紀晚他篇 1 年。
51	246	魏世家：秦王政初立。 趙世家：秦王政初立。 燕世家：秦王政初即位。	楚世家 247：秦莊襄王卒，秦王趙政立。	楚世家早他篇 1 年。
52	245	趙世家：孝成王卒。廉頗將，攻繁陽，取之。使樂乘代之，廉頗攻樂乘，樂乘走，廉頗亡入魏。子偃立，是爲悼襄王。	燕世家：趙使廉頗將攻繁陽，拔之。趙孝成王卒，悼襄王立。使樂乘代廉頗，廉頗不聽，攻樂乘，樂乘走，廉頗奔大梁。 樂毅列傳：趙孝成王卒。襄王使樂乘代廉頗。廉頗攻樂乘，樂乘走，廉頗亡入魏。 廉頗藺相如列傳：趙孝成王卒，子悼襄王立，使樂乘代廉頗。廉頗怒，攻樂乘，樂乘走。廉頗遂奔魏之大梁。（據〈趙世家〉、	趙世家記「悼襄王立」與「廉頗走」順序與他篇不同。

			〈燕世家〉，廉頗奔魏在此年。）	
53	243	趙世家：李牧將，攻燕，拔武遂、方城。 燕世家：趙使李牧攻燕，拔武遂、方城。劇辛故居趙，與龐煖善，已而亡走燕。燕見趙數困于秦，而廉頗去，令龐煖將也，欲因趙獘攻之。……燕使劇辛將擊趙，趙使龐煖擊之，取燕軍二萬，殺劇辛。秦拔魏二十城，置東郡。	廉頗藺相如列傳 245：趙孝成王卒，子悼襄王立，使樂乘代廉頗。廉頗怒，攻樂乘，樂乘走。廉頗遂奔魏之大梁。其明年 244，趙乃以李牧為將而攻燕，拔武遂、方城。 廉頗藺相如列傳（李牧傳部份）：趙悼襄王元年 244，廉頗既亡入魏，趙使李牧攻燕，拔武遂、方城。居二年 242，龐煖破燕軍，殺劇辛。	燕世家「劇辛死」事較他篇早 1 年。
54	242	趙世家：龐煖將，攻燕，禽其將劇辛。 燕表：劇辛死於趙。		
55	242	秦本紀：將軍驁攻魏，定酸棗、燕、虛、長平、雍丘、山陽城，皆拔之，取二十城。初置東郡。 魏世家：秦拔我二十城，以為秦東郡。 田世家：秦置東郡。 秦表：蒙驁取魏酸棗二十城。初置東郡。 魏表：秦拔我二十城。 蒙恬列傳：蒙驁攻魏，取二十城，作置東郡。	燕世家 243：秦拔魏二十城，置東郡。 衞世家：元君十四年（難以確認其西元前紀年），秦拔魏東地，秦初置東郡，更徙衞野王縣，而并濮陽為東郡。 魏公子列傳：（未詳載紀年）秦聞公子死，使蒙驁攻魏，拔二十城，初置東郡。	燕世家較他篇早 1 年。
56	234	秦始皇本紀：十三年 234，桓齮攻趙平陽，殺趙將扈輒，斬首十萬。王之河南。正月，彗星見東方。十月，桓齮攻趙。十四年 233，攻趙軍於平陽，取宜安，破之，殺其將軍。桓齮定平陽、武城。 趙世家 234：秦攻武城，扈輒率師救之，軍敗，死焉。 秦表 234：桓齮擊平陽，殺趙扈輒，斬首十萬，因東擊。趙王之河南。	廉頗藺相如列傳：趙悼襄王元年 244，廉頗既亡入魏，趙使李牧攻燕，拔武遂、方城。居二年 242，龐煖破燕軍，殺劇辛。後七年，秦破殺趙將扈輒於武遂，斬首十萬。（據趙表、趙世家在西元前 234 年，但與上文不相接。）趙乃以李牧為大將軍，擊秦軍於宜安，大破秦軍，走秦將桓齮。封李牧為武安君。居三年，（據趙世家在西元前 232 年。）秦	秦始皇本紀記兩次攻趙事。各篇記事順序和結果不盡相同。

		趙表 234：秦拔我平陽，敗扈輒，斬首十萬。	攻番吾，李牧擊破秦軍，南距韓、魏。	
57	233	趙世家：秦攻赤麗、宜安，李牧率師與戰肥下，卻之。封牧爲武安君。 趙表：秦拔我宜安。		
58	233	秦始皇本紀：韓非使秦，秦用李斯謀，留非，非死雲陽。韓王請爲臣。 秦表：韓使非來，我殺非。韓王請爲臣。	韓世家 234：秦攻韓，韓急，使韓非使秦，秦留非，因殺之。	韓世家早秦表、秦始皇本紀 1 年。
59	230	秦始皇本紀：地動。華陽太后卒。民大饑。 趙世家 230：大饑，民謌言曰：「趙爲號，秦爲笑。以爲不信，視地之生毛。」	趙世家 231：代地大動，自樂徐以西，北至平陰，臺屋牆垣太半壞，地坼東西百三十步。 趙表 231：地大動。	不知各篇所記「地動」和「大饑」事是否爲同一事。
60	230	秦始皇本紀、韓世家、燕世家、田世家、秦表、韓表：（秦滅韓。）	楚世家 229：秦滅韓。	楚世家晚他篇 1 年。
61	228	秦始皇本紀：王翦、羌瘣盡定取趙地東陽，得趙王。引兵欲攻燕，屯中山。秦王之邯鄲……趙公子嘉率其宗數百人之代，自立爲代王，東與燕合兵，軍上谷。大饑。 趙世家：秦人攻趙，趙大將李牧、將軍司馬尚將，擊之。李牧誅，司馬尚免，趙忽及齊將顏聚代之。趙忽軍破，顏聚亡去。以王遷降。 楚世家：秦虜趙王遷。 燕世家：秦虜趙王遷，滅趙。趙公子嘉自立爲代王。 田世家：秦滅趙。 秦表：王翦拔趙，虜王遷邯鄲。 趙世家：八年十月，邯鄲	廉頗藺相如列傳：趙王遷七年 229，秦使王翦攻趙，趙使李牧、司馬尚御之。秦多與趙王寵臣郭開金，爲反閒，言李牧、司馬尚欲反。趙王乃使趙蔥及齊將顏聚代李牧。李牧不受命，趙使人微捕得李牧，斬之。廢司馬尚。後三月，王翦因急擊趙，大破殺趙蔥，虜趙王遷及其將顏聚，遂滅趙。	廉頗藺相如列傳較他篇早 1 年。

		爲秦。 趙表：秦王翦虜王遷邯鄲。公子嘉自立爲代王。		
62	226	燕世家：秦攻拔我薊，燕王亡，徙居遼東，斬丹以獻秦。 燕表：秦拔我薊，得太子丹。王徙遼東。	秦始皇本紀：王賁攻（薊）〔荊〕，……取燕薊城，得太子丹之首。 田世家：秦破燕，燕王亡走遼東。	各篇內各項記事順序不同。
63	224	秦始皇本紀 224：秦王復召王翦，彊起之，使將擊荊。取陳以南至平輿，虜荊王。秦王游至郢陳。荊將項燕立昌平君爲荊王，反秦於淮南。二十四年 223，王翦、蒙武攻荊，破荊軍，昌平君死，項燕遂自殺。 楚世家：秦將王翦破我軍於蘄，而殺將軍項燕。 秦表：王翦、蒙武擊破楚軍，殺其將項燕。 楚表：秦破我將項燕。 蒙恬列傳：蒙武爲秦裨將軍，與王翦攻楚，大破之，殺項燕。	楚世家 223：秦將王翦、蒙武遂破楚國，虜楚王負芻，滅楚名爲（楚）郡云。 秦表 223：王翦、蒙武破楚，虜其王負芻。 楚表 223：秦虜王負芻。秦滅楚。 白起王翦列傳：（未詳細編年，應在西元前 226 至西元前 224 年之間）王翦果代李信擊荊……大破荊軍。至蘄南，殺其將軍項燕，荊兵遂敗走。秦因乘勝略定荊地城邑。歲餘，（據秦表、楚表虜荊王負芻爲西元前 223 年。）虜荊王負芻，竟平荊地爲郡縣。	各篇內各項記事順序不同。
64	222	燕世家：秦拔遼東，虜燕王喜，卒滅燕。是歲，秦將王賁亦虜代王嘉。 燕表：秦虜王喜，拔遼東，秦滅燕。	秦表：王賁擊燕，虜王喜。又擊得代王嘉。 趙表：秦將王賁虜王嘉，秦滅趙。 秦始皇本紀：攻燕遼東，得燕王喜。還攻代，虜代王嘉。 田世家：虜代王嘉，滅燕王喜。	各篇內各項記事順序不同。

附表七、《史記》各篇所記秦國國君在位年世對照表〔註21〕

〈秦始皇本紀〉附編	〈秦本紀〉及〈秦始皇本紀〉	〈十二諸侯年表〉及〈六國年表〉
襄公立，享國十二年	襄公十二年卒	777 秦襄公元年至十二年 766
文公立，居西垂宮，五十年死	文公五十年卒	765 秦文公元年至五十年 716
靜公不享國而死	文公太子卒，賜謚爲竫公	
憲公享國十二年	寧公生十歲立，立十二年卒	715 秦寧公元年至十二年 704
出子享國六年	出子生五歲立，立六年卒	703 秦出（公）〔子〕元年至六年 698
武公享國二十年	武公二十年卒	697 秦武公元年至二十年 678
德公享國二年	德公生三十三歲而立，立二年卒	677 秦德公元年至二年 676
宣公享國十二年	宣公十二年卒	675 秦宣公元年至十二年 664
成公享國四年	成公四年卒	663 秦成公元年至四年 660
繆公享國三十九年	繆公任好三十九年卒	659 秦穆公任好元年至三十九年 621
康公享國十二年	康公罃十二年卒	620 秦康公罃元年至十二年 609
共公享國五年	共公五年卒	608 秦共公和元年至五年 604
桓公享國二十七年	桓公二十七年卒	603 秦桓公元年至二十七年 577
景公享國四十年	景公四十年卒	576 秦景公元年至四十年 537
畢公享國三十六年	哀公三十六年卒	536 秦哀公元年至三十六年 501
夷公不享國		
惠公享國十年	惠公十年卒	500 秦惠公元年至十年 491
悼公享國十五年◎	悼公十四年卒	490 秦悼公元年至十四年 477
剌龔公享國三十四年	厲共公三十四年卒	476 秦厲共公元年至三十四年 443
躁公享國十四年	躁公十四年卒	442 秦躁公元年至十四年 429
懷公從晉來。享國四年	懷公四年自殺	428 秦懷公元年至四年 425
肅靈公，昭子子也。居涇陽。享國十年	靈公十三年卒◎	424 秦靈公元年至十年 415
簡公從晉來。享國十五年	簡公十六年卒◎	414 秦簡公元年至十五年 400
惠公享國十三年	惠公十三年卒	399 秦惠公元年至十三年 387

〔註21〕有標示◎符號者表示與他篇所記卒年不同。字體爲楷字者表示乃他篇所無或與他篇記載不同。表內阿拉伯數字爲西元前紀年。

出公享國二年	出子二年卒	386 秦出公元年至二年 385
獻公享國二十三年	獻公二十四年卒◎	384 秦獻公元年至二十三年 362
孝公享國二十四年	孝公二十四年卒	361 秦孝公元年至二十四年 338
惠文王享國二十七年	惠文君……十四年更爲元年，十四年……惠王卒	337 秦惠文王元年至十四年 324 初更元年，至更元十四年 311
悼武王享國四年	武王四年八月卒	310 秦武王元年至四年 307
昭襄王享國五十六年	昭襄王五十六年秋卒	306 秦昭〔襄〕王元年至五十六年 251
孝文王享國一年	孝文王元年十月己亥即位，三日辛丑卒	250 秦孝文王元年
莊襄王享國三年	莊襄王三年五月丙午卒	249 秦莊襄王元年至三年 247
始皇享國三十七年	始皇帝三十七年七月丙寅崩	246 始皇帝元年至三十七年 210
二世皇帝享國三年	二世三年自殺	209 二世元年至三年 207
右秦襄公至二世，六百一十歲。〔註 22〕		
實計五百七十二年	實計五百七十六年	實計五百七十一年

〔註 22〕《正義》:「〈秦本紀〉自襄公至二世，五百七十六年矣。年表自襄公至二世，五百六十一年。三說並不同，未知孰是。」見司馬遷，《史記・秦本紀》，頁 290。